工程项目管理

（第2版）

陈　勇　曲赜胜　主编

刘　坤　宋艳双　副主编

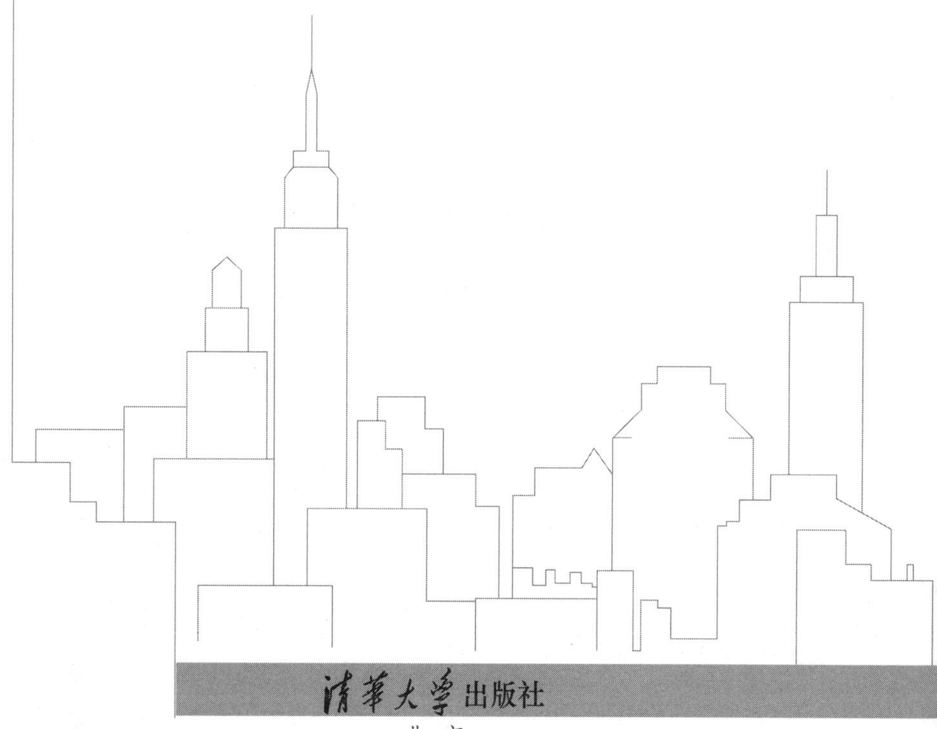

清華大学出版社

北　京

内 容 简 介

本书结合工程项目管理的最新理论和学科发展动态，参照相关最新国家标准及行业规范，系统地介绍了工程项目实施全过程的管理理论和方法。全书共11章，分别为工程项目管理概述、工程项目策划、工程项目组织、工程项目招标投标与合同管理、工程项目进度管理、工程项目质量管理、工程项目资源与成本管理、工程项目安全与环境管理、工程项目沟通管理、工程项目信息管理、工程项目风险管理。

本书可以作为高等院校工程管理专业本科生的教材，也可以作为相关专业人员及工程项目管理从业人员学习和工作的参考书。

本书提供课件，请读者扫描封底的二维码获取。本书提供课后习题及答案，请读者扫描正文中的二维码获取。

图书在版编目(CIP)数据

工程项目管理 / 陈勇，曲赜胜主编 . -- 2 版 .
北京 : 清华大学出版社 , 2025. 6. -- ISBN 978-7-302-69260-7

I. F284

中国国家版本馆 CIP 数据核字第 2025MS6122 号

责任编辑：施 猛 王 欢
封面设计：常雪影
版式设计：恒复文化
责任校对：马遥遥
责任印制：刘海龙

出版发行：清华大学出版社
网 址：https://www.tup.com.cn，https://www.wqxuetang.com
地 址：北京清华大学学研大厦 A 座 邮 编：100084
社 总 机：010-83470000 邮 购：010-62786544
投稿与读者服务：010-62776969，c-service@tup.tsinghua.edu.cn
质 量 反 馈：010-62772015，zhiliang@tup.tsinghua.edu.cn
印 装 者：三河市龙大印装有限公司
经 销：全国新华书店
开 本：185mm×260mm **印 张：**23 **字 数：**504 千字
版 次：2016 年 5 月第 1 版 2025 年 6 月第 2 版 **印 次：**2025 年 6 月第 1 次印刷
定 价：69.00 元

产品编号：105622-01

前言(第2版)

改革开放已近半个世纪，中国建筑业取得了举世瞩目的伟大成就，实现了从追赶到领跑的飞跃，中国已成为国际公认的建筑业强国。伟大成就的取得既得益于改革开放带来的活力，也得益于伟大祖国的制度优势，更离不开广大建筑从业者在党的领导下几十年来持之以恒的努力和追求。此外，工程技术、工程材料、工程装备等方面的持续进步也极大地推动着中国建筑业日益迈向成熟，以3D打印、大数据、云计算、人工智能等为代表的新兴技术的出现促使传统的建筑产品生产方式向数字化、智能化方向发展，中国建筑业已经走上了数字化转型之路，正以全新姿态迎接智能建造时代的到来。在新质生产力发展的推动下，人们深切地感受到中国建筑业的未来已然到来。

在发展新质生产力的大背景下，人们倾向于从技术发展的逻辑中展望中国建筑业的未来。根据马克思生产力理论，生产力和生产关系是社会生产不可分割的两个方面，两者的有机结合和统一，构成了社会生产方式，进而规定着社会经济形态。生产力决定生产关系，生产关系反作用于生产力，生产关系必须适应生产力发展的需要。在建筑产品生产过程中，工程项目管理无疑是体现生产关系的重要载体。中国古代先人为我们留下了宝贵的营造技术，同时也积累了丰富的营造管理经验、创造了宝贵的营造方法，书写了中国建筑业绚烂辉煌的发展历史。中国建筑业在20世纪80年代真正系统地引入现代工程项目管理模式，在近半个世纪的发展中不断汲取现代工程项目管理理论与实践中所蕴含的养分，实现了从规模速度型发展向质量效益型发展的转变。

党的二十大报告提出："高质量发展是全面建设社会主义现代化国家的首要任务。"为了更好地贯彻落实党的二十大精神，中国建筑业正在努力实现高质量发展。广大建筑从业者既要深入学习掌握并运用工程项目管理理论，又要在工程项目管理实践中积极探索、勇于创新，这也是将新时代中国建筑业发展融入中国式现代化进程伟大实践的必然要求。

本书在第1版的基础上进行修订。在修订过程中，我们广泛听取读者意见，汲取了近年来我国建筑业在工程实践中所进行的探索与创新，紧密联系最新国家标准、规范的相关规定，在注重内容的系统性、规范性和时代性的同时，更加注重内容的可读性，以方便读者学习和使用。

编者在编写本书的过程中参阅了大量的相关文献，在此对相关作者表示诚挚的感谢。由于编者能力有限，书中难免存在疏漏之处，恳请各界读者指正，不胜感激。反馈邮箱：shim@tup.tsinghua.edu.cn。

编者

2025年2月

前言(第1版)

工程项目是指为完成依法立项的新建、改建、扩建的各类工程(土木工程、建筑工程及安装工程等)而进行的，由具有起止日期、投资、安全以及质量要求的一组相互关联的受控活动组成的特定过程，包括策划、勘察、设计、采购、施工、试运行、竣工验收和考核评价等环节。工程项目管理是指从事建设工程项目管理的企业受业主委托，按照合同约定，代表业主对工程项目的实施进行全过程或部分阶段的管理和服务。工程项目以及工程项目管理涉及政治、经济、社会、科学等诸多领域。工程项目管理的管理主体包括政府相关部门、项目发起人、项目承包人以及项目监理方等。工程项目管理按自身特点可以具体分为新建工程项目管理、改/扩建项目管理以及工程加固管理等；按照项目分解结构又可以对工程项目管理的内容做进一步细化。

本书结合《建设工程项目管理规范》(GB/T 50326—2006)以及《项目管理知识体系指南(PMBOK®指南)(第5版)》的相关内容，按照系统管理原则，以工程项目整个生命周期为主线，讲解了工程项目管理的组织设计、前期策划、合同管理、采购管理、进度管理、质量管理、成本管理、施工项目资源管理、信息管理以及风险管理等相关内容，力争使读者通过阅读本书，对工程项目管理形成系统的认识，掌握和熟悉常用的工程项目管理方法。

编者在编写本书的过程中参阅了大量的文献，在此对相关作者表示由衷的感谢。由于编者能力有限，虽经努力审核，书中仍难免存在疏漏之处，恳请各界读者指正，不胜感激。反馈邮箱：wkservice@vip.163.com。

编者

2016年1月

目　录

第1章 工程项目管理概述

1.1 工程项目管理基本概念

1.1.1 项目

1. 项目的概念

关于项目的概念，比较有代表性的主要有以下几个。

(1) 马蒂诺(Martino，1964)认为，项目是一个具有规定开始时间和结束时间的任务，它需要使用一种或多种资源，完成相互独立、相互联系和相互依赖的多种活动。

(2) 德国国家标准DIN 69910提出，项目是指在总体上符合如下条件的具有唯一性的任务：具有预定的目标；具有时间、财务、人力和其他限制条件；具有专门的组织。

(3) 英国项目管理协会(Association of Project Management，APM)认为，项目是为了在规定的时间、费用和性能参数下满足特定目标，而由个人或组织实施的具有规定的开始日期和结束日期、相互协调的独特的活动集合。

(4) 世界银行在《开发投资——世界银行的经验教训》《农业项目的经济分析》等著作中，对项目做了较多的界定，总结归纳起来包括以下几种：项目是一次性的投资方案或执行方案；项目是一个系统的有机整体；项目是一种规范化、系统化的管理方法；项目有明确的起点和终点；项目有明确的目标。

(5) 美国项目管理协会(Project Management Institute，PMI)在《项目管理知识体系指南：PMBOK®指南》(第7版)中提出，项目是指为创造独特的产品、服务或结果而进行的临时性工作。项目的临时性表明项目工作或项目工作的某一阶段有开始时间和结束时间。项目可以独立运作，也可以是项目集或项目组合的一部分。

综合以上观点，本书认为，项目是由一组有起止时间的、相互协调的受控活动组成的特定过程。该过程要达到符合规定要求的目标，包括时间、成本和资源的约束条件。

2. 项目的特征

项目通常具有以下几个特征。

(1) 唯一性。项目的唯一性也称为项目的单件性，它是项目的主要特征。实践中没有完全相同的项目任务，不同项目的内容、完成过程及最终成果存在一定的区别。项目的唯一性从客观上揭示了项目是不断变化的，项目管理者不能用固定的组织方式和生产要素配置形式去管理不同的项目，而应根据项目任务的具体条件和特殊要求，采取有针对性的措施管理项目，以保证项目目标得以顺利实现。正确认识到项目的唯一性，有助于项目管理者更好地根据项目的特点与目标，实施科学有效的管理。

(2) 时限性。项目的时限性是指项目具有明确的开始时间和结束时间。当项目目标达成时，就意味着项目的结束；或者当项目目标无法达成时，项目也会随之终止。时限性的存在并不意味着项目的持续时间短，许多项目都会持续数年。但无论如何，项目持续的时间都是确定的，不具备连续性。

(3) 生命周期性。项目与其他有机体一样，具有相应的生命周期，包含开始时间、发展时间和结束时间，并在不同的生命周期阶段都有其特定的任务。虽然不同项目的生命周期阶段划分不一致，但实现“时间—成本—绩效”的优化组合是项目生命周期不同阶段所追求的永恒目标。

(4) 整体性。一个项目往往是由多个单体工程组成的，这些单体工程都围绕着一个总体目标，并且相互之间具有明确的组织联系。项目作为一个统一的整体，在按照目标要求进行资源配置时，必然注重整体效益，追求数量、质量和结构的整体优化，重视过程和目标、时间和内容的统一。

1.1.2 工程项目

1. 工程项目的概念

本教材所称的“工程项目”即建设工程项目，是指为完成依法立项的新建、改建、扩建工程而进行的，由具有起止日期、投资、安全以及质量要求的一组相互关联的受控活动组成的特定过程，包括策划、勘察、设计、采购、施工、试运行、竣工验收和考核评价等阶段。

2. 工程项目的特征

工程项目一般具有以下基本特征。

(1) 唯一性。不同的工程项目，其建设的时间、地点、条件、内容等都会有所差别，因此它总是唯一的。例如，在成千上万座住宅楼中，每一座住宅楼都是唯一的。两栋建筑即使按照相同的图样建设，也经常由于受到地质环境或者地区经济等的影响而不同。

(2) 一次性。每个工程项目都有确定的终点，工程项目建设并不是一种持续不断的工作。从这个意义来讲，工程项目是一次性的。当一个工程项目的目标已经实现，或者已经明确知道该工程项目的目标不可能实现时，该工程项目即达到终点。但一次性并不意味着建设时间短，实际上许多工程项目要经历若干年才能建成，例如三峡工程。

(3) 项目目标的明确性。工程项目具有明确的目标，建设成果用于某种特定的目的。工程项目的建设目标是项目分类的依据，同时也是确定项目范围、规模、界限的依据。项目目标一般可分为宏观目标和微观目标。政府主管部门主要审核项目宏观目标的经济、社会、环境效果；企业更加关注工程项目的盈利能力、企业形象等微观目标。例如，某工程企业主导修建一所希望小学，宏观目标为改善当地的教育条件，微观目标为树立良好的企业形象。

(4) 实施条件的约束性。工程项目是在一定的约束条件下实施的，如项目工期、项目产品或服务的质量、人财物等资源条件、法律法规、公众习俗习惯等。这些约束条件既是衡量工程项目是否成功的标准，也是工程项目实施的依据。

(5) 管理的系统性和复杂性。现代工程项目一般具有规模大、范围广、投资高、周期长等特点。由于涉及专业多、参与单位多、人员和环境及建设地点经常变化以及项目管理组织为临时性组织，工程项目管理通常具有复杂性。在项目建设中，应采用系统的力量和方法，根据具体的对象，把松散的组织、单位、人员组成有机整体，在不同的限制条件下，圆满达成项目的建设目标。

此外，工程项目还具有不确定性因素多、整体性强、建设周期长、不可逆转性、固定性以及生产要素的流动性等特征。

3. 工程项目的分类

工程项目种类繁多，为了更好地进行科学管理，从不同层面反映工程项目的性质、行业结构及比例关系，按不同的分类方法可将工程项目分为不同的类别。

(1) 按照投资主体分类。按照投资主体进行划分，工程项目可分为国家政府投资工程项目、地方政府投资工程项目、企业投资工程项目、三资(国外独资、合资、合作)企业投资工程项目、私人投资工程项目、各类投资主体联合投资工程项目等。

(2) 按照管理主体分类。管理主体是指掌握企业管理权力，承担管理责任，决定管理方向和进程的有关组织和人员。管理主体包括管理者和管理机构。按照管理主体所负责的项目内容划分，工程项目可分为设计项目、施工项目、业主项目等。设计项目的管理主体是设计承包商，也就是设计单位，主要负责项目设计阶段的一系列工作。设计项目可能是一个单项工程，也可能是一个群体工程或建设项目。施工项目的管理主体是施工承包商，即施工单位，主要负责项目施工阶段的一系列工作。施工项目可能是一个单位工程，可能是一个建设项目或群体工程，也可能是一个单项工程。业主项目的管理主体是设计承包商，也就是设计单位，主要负责包括项目建设的全过程。

(3) 按性质分类。按照性质进行划分，工程项目可分为新建项目、扩建项目、改建项目、恢复项目和迁建项目。新建项目是指过去不存在、现在开始建设的项目，或者原有规模较小、进行扩建的项目，其新增固定资产价值应超过原有固定资产价值3倍。扩建项目是指企业为提升原有的产品生产能力或效益，或增加新产品的生产能力，在原有资产的基础上，对主要车间、工程项目、行政事业单位等增加业务用房等。改建项目是指原有企事业单位为了改进产品质量或改变产品方向，对原有固定资产进行整体性技术改造的项目。为了提高综合生产能力而增加的附属辅助车间或非生产性工程，也属于改建项目。恢复项目是指对因重大自然灾害或战争而遭受破坏的固定资产，按原来规模重新建设或在重建的同时进行扩建的项目。迁建项目是指为改变生产力布局或由于其他原因，将原有单位迁至异地重建的项目。对于易地建设，不论其是否维持原有规模，都属于迁建项目。

(4) 按用途分类。按照用途进行划分，工程项目可分为生产性项目和非生产性项目。生产性项目是指可直接用于物质生产或满足物质生产需要的建设项目，包括工业、农业、林业、水利、气象、交通运输、邮电通信、商业和物资供应设施建设、地质资源勘探建设等。非生产性项目是指用于满足人民物质和文化生活需要的建设项目，包括住宅建设、文教卫生建设、公用事业设施建设、科学实验研究以及其他非生产性建设项目。

(5) 按建设规模分类。按照国家对项目建设规模的有关规定进行划分，工程项目可分为大、中、小型项目。

(6) 按照建设阶段分类。按照建设项目所处阶段进行划分，工程项目可分为筹建项目或预备项目(投资前期项目)、在建项目(正在建设中的项目)、投产项目(已全部竣工并已投产或交付使用的项目)、收尾项目(基本全部投产，只剩少量的不影响正常生产或使用的辅助工程项目)。

(7) 按照项目资金来源渠道分类。按照项目资金来源渠道进行划分，工程项目可分为国家投资的建设项目、银行信用筹资的建设项目、自筹资金的建设项目、引进外资的建设项目和资金市场筹资的建设项目。

1.1.3 项目管理

1. 项目管理的概念

美国项目管理协会在《项目管理知识体系指南：PMBOK®指南》(第7版)中提出，将知识、技能、工具与技术应用于项目活动，以满足项目的需求，即为项目管理。

《中国项目管理知识体系》(C-PMBOK2006)提出，项目管理是指以项目为管理对象，采用系统管理方法，通过一个临时性的专门的柔性组织，对项目进行高效率的计划、组织、指导和控制，以实现项目全过程的动态管理和项目目标的综合协调与优化。

关于项目管理的概念，可以从以下几个方面进行理解。

(1) 项目管理是一种管理方法体系。项目管理从诞生至今，始终作为一种管理项目的科学方法。项目管理不是任意一次管理项目的实践过程，而是在长期研究和实践的基础上总结而成的管理方法。应用项目管理就必须按照项目管理的方法体系基本要求去做。此外，项目管理作为一种方法体系，在不同国家及行业的不同发展阶段，其内容、技术、手段及结构都有一定的区别。

(2) 项目管理对象和目的。项目管理的对象是项目，也就是一系列临时的、唯一的任务。我们不应将项目与企业管理的对象混为一谈。项目仅仅是企业运作过程中的一部分，不应将企业管理的目的作为项目管理的目的，因为项目管理具有临时性特点。我们应将项目预定的目标具体化，保证企业的项目目标与企业发展的总目标一致。

(3) 项目管理的知识领域。美国《项目管理知识体系指南：PMBOK®指南》(第7版)

确定了项目管理的十大知识领域，包括整合、范围、进度计划、成本、质量、资源、沟通、风险、采购、干系人。

(4) 项目管理的实施。项目管理是以项目经理负责制为基础的目标管理，项目管理的实施是以项目经理为核心的管理团队中的各职能部门根据项目计划协同完成的。在项目不同阶段，可以通过进度管理、成本管理、质量管理、人力资源管理、沟通管理、风险管理、采购管理、整合管理等具体的管理活动来推进项目管理的实施。

2. 项目管理的特征

(1) 项目管理的复杂性。项目一般是由多个部分构成的，相关工作跨越多个部门，需要运用多种学科的知识来解决问题；项目实施中存在许多不确定性因素与风险；项目工作中缺少或者没有可以借鉴的经验；项目团队的成员通常来自多个不同的组织，各自具有不同的工作背景与经验；项目开展与实施是在成本、技术、进度等较为严格的约束条件下实现目标。以上因素决定了项目管理是一项复杂的活动，需要综合运用多种知识、技能、工具和技巧等。

(2) 项目管理的创造性。由于项目的一致性和单一性，项目管理不仅需要承担风险，还需要发挥创造力。这也是项目管理与一般重复性管理的主要区别。

(3) 项目管理的协调性与沟通性。项目规模越大，所涉及的知识、技术、学科和技能等要求越高，项目管理就越复杂。在项目进行过程中，往往需要组织内外部多个部门互相配合，各部门应能对项目需求迅速做出反应。这就对项目经理的人员沟通和协调资源能力提出了更高的要求，如果缺乏具备良好协调与沟通能力的项目经理，项目很难取得成功。

(4) 项目管理的周期性。由于项目自身的特点，项目管理属于计划和控制一次性的工作，在规定的期限内达成预定目标后，项目管理也就失去了存在的意义，所以说，项目管理具有可预知的寿命周期。

项目管理工作具有连贯性，但为了便于对项目管理工作的研究与描述，我们可以按照项目管理的生命周期将其划分为启动、计划、执行、控制和收尾等若干阶段，如表 1-1所示。

表 1-1　项目管理的生命周期阶段划分

启动	计划	执行	控制	收尾
项目批准；确立目标；资源估算；建立项目组	确定项目组织方法；明确基本预算和进度安排；为阶段执行做准备	项目实施(包括设计、建设、生产等)	通过项目进度动态监测，确定实际与计划存在的偏差，以便在必要的时候采取纠正措施，保证项目目标的实现	完成项目或阶段成果的正式验收，做到有序结束

(5) 项目经理的重要性。项目经理即项目负责人，是组织法定代表人针对工程项目的授权委托代理人。项目经理除了需要行使一般职能经理的职能外，还需要了解并运用项目管理的专业知识、技能、工具以及技巧等去解决项目中的突发事件和各种矛盾等。项目经理是项目小组的核心与灵魂，也是项目成功与否的关键影响因素之一。

1.2 工程项目管理基础知识

1.2.1 工程项目管理的内涵

在中华文明五千年发展史中，古人不仅给我们留下了万里长城、都江堰、应县木塔等众多闻名于世、令后人赞叹的伟大工程，还给我们留下了熠熠生辉的管理智慧。古代中国王朝十分重视工程项目管理，不仅分工明确，而且有专设职位从事工程项目管理，据《周礼》记载，“封人”主筑城邑；“遗人”主规划道路、市场和旅舍；“遂人”主井田水渠；“冢人”主陵墓选址、规划、守卫和维护；“量人”主管都城和城邑规划、军营修造；“掌固”掌修城郭及维护；“司险”主道路管理；“土方氏”主测量放线等。通过1975年12月从湖北省云梦县睡虎地秦墓出土的秦简可知，秦统一六国后就颁布了涉及建筑物和土木构筑物的相关律令，其内容包括工程项目的立项管理、劳动定额管理、工匠培养、工料估算、保修制度等。这充分表明中国早在两千多年前就实现了工程项目管理的专业化、规范化和法治化。当代中国继承并发扬了古人留下的宝贵营造技艺和管理智慧，伴随国力的不断提升和科技的不断进步，中国建筑业的发展蜚声海内外。持续学习、研究、掌握和创新工程项目管理理论和方法，对推动我国建筑业持续进步、提升国际竞争力具有重要意义。

本书提到的“工程项目管理”作为项目管理的一大类，管理对象主要是建设工程，因此，这里所说的“工程项目管理”即建设工程项目管理。依据《建设工程项目管理规范》(GB/T 50326—2017)中的定义，建设工程项目管理是指运用系统的理论和方法，对建设工程项目进行的计划、组织、指挥、协调和控制等专业化活动。具体可以从以下几个方面进行理解。

(1) 工程项目管理是以建设工程项目为主要管理对象，以实现建设工程项目目标为目的，以工程项目管理体制为基础，在项目实施全过程进行管理和控制的系统性方法。

(2) 工程项目管理的理论基础是现代管理理论和方法，在项目各阶段实施科学化管理。

(3) 工程项目管理依照项目内在规律组织项目建设活动，自有一套与其相适应的劳动组织与管理体系作为保障。

根据建设工程项目不同参与方的工作性质和组织特征，可以将工程项目分为业主的项目管理、项目方的项目管理、施工方的项目管理、供货方的项目管理、建设项目总承包方的项目管理。其中，业主是建设工程项目生产过程的总组织者，也是项目管理的核心。

工程项目管理的三大基本目标是投资(成本)目标、质量目标、进度目标，三者存在对立统一的关系，若要提高质量，就必须增加投资，盲目加快进度不可能获得好的工程质量；若要加快施工进度，也必须增加投资。工程项目管理的目的就是在保证质量的前提下，加快施工进度，降低工程造价。

工程项目管理的主要任务是安全管理、投资(成本)控制、进度控制、质量控制、合同管理、信息管理、组织和协调。其中，安全管理是项目管理最重要的任务，而投资(成本)控制、进度控制、质量控制和合同管理则主要涉及物质利益。

1.2.2　工程项目管理的特点

1. 工程项目管理是一种一次性、独特性和不可逆的管理

工程项目的独特性和不可逆性，决定了工程项目管理的一次性特征。由于工程项目的特殊性，不存在完全相同的工程管理模式，管理过程中一旦出现失误，将会造成严重损失。因此，工程项目管理应严密组织、严格实施。

2. 工程项目管理是一种全过程的综合性管理

工程项目管理是对项目生命周期全过程的综合管理。从建设程序来说，工程项目管理对项目的可行性研究、勘察设计、招标投标、施工、交付使用等各阶段实施管理，每个阶段又包含进度、质量、投资、安全管理。因此，工程项目管理是全过程的综合性管理。

3. 工程项目管理是一种制约性强的控制管理

在建设资源节约型社会和追求效益最大化的条件下，每个工程项目都有严格的投资成本、质量、功能、时间和安全性等方面的限制。工程项目管理的重点是在不超越限制条件的前提下，通过精密策划、充分调动并利用各种资源来实现工程项目建设目标。

1.2.3　工程项目管理的职能

1. 策划职能

工程项目策划是把建设意图转换成定义明确、系统清晰、目标具体、活动科学、过程有效、思路富有战略性和策略性、高智能的系统活动的过程，也是工程项目概念阶段的主要工作。策划结果是工程项目管理各阶段的活动总纲。

2. 决策职能

决策是工程项目管理者在工程项目策划的基础上，通过调查研究、比较分析、论证评估等活动，得出结论性意见，并付诸实施的过程。一个工程项目的每个阶段、每个过程，均需要在项目管理者做出正确决策以后才能成功启动，否则就是盲目的、指导思想不明确的，极有可能造成损失。

3. 计划职能

计划职能决定了工程项目的实施步骤、各环节搭接关系、起止时间、持续时间、中间目标、最终目标及措施。计划是工程项目目标控制的依据和方向。计划职能可分为相

互关联的4个阶段。

第一阶段：确定目标及实现目标的先后次序，即科学确定工程项目的总目标、分目标及实现各分目标的先后次序、时间。

第二阶段：预测对实现目标可能产生影响的事态、计划期内各阶段活动能够完成到何种程度以及能够获得多少资源来保障计划的顺利实施。

第三阶段：确定预算，明确能够利用的资源、各资源预算之间的内在关系以及采用何种预算方法等。

第四阶段：通过分析评价，提出指导实现预期目标的最优方案或准则。方案应反映组织的基本目标，是整个组织开展活动的指导方针。为确保方案能够有效实施，在制定方案时，需要保证方案的灵活性、全面性、协调性和明确性。

4. 组织职能

组织职能包括划分建设单位、设计单位、施工单位、监理单位在各阶段的任务，对与达成目标相关的业务活动进行分类组合，把监督每类业务活动所必需的职权授予主要人员，规定工程项目中各部门之间的协调关系，制订以责任制为中心的工作制度，以确保工程项目目标的实现。

5. 控制职能

控制职能是项目管理人员为保证实际工作按计划完成所采取的一切行动，即项目管理人员采取一系列纠正措施，把不符合要求的活动拉回到正常轨道上。控制职能在一定程度上使管理工作成为一个闭环系统。

6. 协调职能

协调是指联结、联合及调和所有的活动和力量，目的是处理好项目内外的大量复杂关系，调动协作各方的积极性，使之协同一致、齐心协力，从而提高项目组织的运转效率，保证项目目标的实现。

7. 指挥职能

指挥是管理的主要职能，计划、组织、控制、协调等都需要强有力的指挥。工程项目的顺利进行始终需要强有力的指挥，项目经理就是实现指挥职能的重要角色。指挥者需要将分散的信息集中起来变为指挥意图，用集中的意图来统一管理者的步调、指导管理者的行动、集合管理者的力量。指挥职能是各类管理职能的动力和灵魂。

8. 监督职能

工程项目管理需要监督职能，以保证工程符合法规、制度、标准要求，确保宏观调控措施的实施。工程项目的监督方式包括自我监督、相互监督、领导监督、权力部门监督、业主监督、司法监督、公众监督等。

工程项目管理有众多职能，这些职能既是独立的，又是密切相关的，不能孤立地看待它们。只有各种职能协调一致地发挥作用，才是管理有力的表现。

1.2.4　工程项目管理的内容

工程项目管理是对工程项目的全过程、多方面的管理，具体包括成本、进度、质量、合同、组织、风险、竣工验收、后评价管理等。归纳起来，就是通过组织协调与合同管理来实现项目的三大目标——质量目标、进度目标和成本目标。其中，合同管理最为重要，它是工程项目管理的核心，它以契约形式规定了签约各方的权利和义务；质量控制、进度控制、费用控制是工程项目管理的基本手段，也是完成合同规定的任务所必须开展的工作。

在实施工程项目管理时，具体的管理工作内容与工程项目管理的主体和范围有关。从工程项目的组织建立、合同管理、质量控制、进度控制和费用控制等几个方面来看，建设单位、设计单位和施工单位的工程项目管理内容各有不同。

1. 建设单位的工程项目管理

(1) 组织建立。选择设计、施工、监理单位，制定工作和组织条例等。

(2) 合同管理。起草合同文件，参加合同谈判，签订各项合同，实施合同管理等。

(3) 质量控制。提出各项工作的质量要求，进行质量监督，处理质量问题等。

(4) 进度控制。提出工程的控制性进度要求，审批并监督进度计划的执行，处理进度计划执行过程中出现的问题等。

(5) 费用控制。进行投资估算，编制费用计划，审核支付申请，提出节省工程费用的方法等。

2. 设计单位的工程项目管理

(1) 组织建立。组建设计队伍，制定工作和组织条例，开展设计工作，进行校对、会签、审核、批准，组织设计图纸供应等。

(2) 合同管理。与建设单位签订设计合同，与专业工程师签订设计协议或合同，监督各项合同的执行等。

(3) 质量控制。保证设计图纸能够满足建设单位和施工单位的需要，并符合国家相关法律和政策的规定等。

(4) 进度控制。制订设计工作进度计划和出图进度计划，并监督执行等。

(5) 费用控制。按投资额确定设计内容和投资分配，按设计任务确定酬金，控制设计成本等。

3. 施工单位的工程项目管理

(1) 组织建立。选择项目经理和施工队伍，确认材料和设备供应单位，协调劳动力资源等。

(2) 合同管理。签订承包合同以及分包合同，实施合同的日常管理等。

(3) 质量控制。依据设计图纸和施工及验收规范施工，预防质量问题的出现，处理质量事故等。

(4) 进度控制。编制并执行工程施工安装进度计划，对比、检查进度计划的执行情况，采取相应措施调整进度计划。

(5) 费用控制。编制施工图预算和施工预算，开展工程款的结算和决算以及日常财务管理等。

1.2.5　工程项目管理的程序

工程项目管理的各种职能以及各管理部门在项目实施过程中形成的关系，有工作过程的联系(工作流)，也有信息联系(信息流)，从而构成一个项目管理整体，这也是项目管理工作的基本逻辑关系。以下为施工单位的工程项目管理程序。

(1) 编制项目管理规划大纲。

(2) 编制投标书并进行投标。

(3) 签订施工合同。

(4) 选定项目经理。

(5) 项目经理接受企业法定代表人的委托，组建项目经理部。

(6) 企业法定代表人与项目经理签订“项目管理目标责任书”。

(7) 项目经理部编制“项目管理实施规划”。

(8) 进行项目开工前的准备。

(9) 施工期间按照“项目管理实施规划”进行管理。

(10) 在项目竣工验收阶段，进行竣工结算，清理各种债权债务，移交资料和工程。

(11) 进行经济分析，做出项目管理总结报告并送企业管理层有关职能部门。

(12) 企业管理层组织考核委员会对项目管理工作进行考核评价并兑现“项目管理目标责任书”提出的奖罚承诺。

(13) 项目经理部解体。

(14) 在保修期满前，企业管理层根据“工程质量保修书”和相关约定进行项目回访保修。

1.2.6　工程项目管理的类型

按照管理层次、管理范围和内涵、管理主体等方面，工程项目管理可进行不同的分类。

1. 按照管理层次分类

按照项目管理层次进行分类，工程项目管理可以分为宏观项目管理和微观项目管理。

(1) 宏观项目管理。宏观项目管理是指政府作为主体对项目活动进行的管理。宏观项目管理的对象是某一类或某一地区的项目，而不是特指某一个具体项目；管理目标是追求国家或地区的整体利益，而不是某一个具体项目的利益；管理手段是行政、法律和经济手段等并存，包括制定和贯彻相关法律法规、政策，调控项目资源要素市场，制定与贯彻项目实施程序、规范和标准，监督项目实施过程和结果等。

(2) 微观项目管理。微观项目管理是指项目的主要参与方对项目所进行的管理，包括业主对建设项目的管理、承包商对承包项目的管理、供应商对供应项目的管理等，它也是一般意义上的项目管理。微观项目管理的管理对象是管理主体所承担的项目，例如，业主的管理对象是建设项目，施工单位的管理对象是施工项目，设计单位的管理对象是设计项目；管理目标是追求项目整体利益和项目相关方自身的利益；管理手段包括运用项目管理方法、工具与技术。

2. 按照管理范围和内涵分类

按照工程项目管理范围和内涵进行分类，工程项目管理可以分为广义项目管理和狭义项目管理。

(1) 广义项目管理。广义项目管理是从确立项目投资意向、编制项目建议书、可行性研究、建设准备、设计、施工、竣工验收、项目后评价到项目运营的全过程管理，其实质是项目全生命周期管理。管理主体是业主；追求的是项目全生命周期最优，而不是一时一事的得失。

(2) 狭义项目管理。狭义项目管理是指将项目全生命周期的某个阶段或若干阶段作为一个项目管理对象所进行的管理。管理主体是与项目管理对象对应的相关方；追求的是项目阶段性目标的实现。

3. 按照管理主体分类

工程项目建设涉及不同的管理主体，如项目业主、项目使用者、科研单位、设计单位、施工单位、生产厂商、监理单位等，各参与单位对同一个工程项目承担不同的任务和责任，因此形成了不同相关方的项目管理，具体包括业主方项目管理、咨询方项目管理、承包方项目管理。

(1) 业主方项目管理。业主方项目管理是由项目业主或委托人对工程项目建设全过程所实施的管理，它是业主为实现项目目标，运用所有者权利组织或委托有关单位对项目进行策划、计划、组织、实施、协调、控制等的过程。

业主方项目管理的主体是业主或代表业主利益的咨询方。1992年11月，原国家计委(现为国家发展和改革委员会)发布了《关于建设项目实行业主责任制的暂行规定》(计建设〔1992〕2006号)，其中明确了项目业主是指由投资方派代表组成，从建设项目的筹划、筹资、设计、建设实施直至生产经营、归还贷款及债券本息等全面负责并承担投资风险的项目(企业)管理班子。1996年1月，原国家计委又依据《中华人民共和国公司法》发布了《关于实行建设项目法人责任制的暂行规定》(计建设〔1996〕673号)，将原来推行的建设项目业主责任制调整为建设项目法人责任制。建设项目法人责任制在投资责任约束方面较项目业主责任制得到了进一步加强，责、权、利在项目法人责任制下也更为明确，更重要的是将建设项目管理制度全面纳入法治化、规范化的轨道。2020年9月1日，中华人民共和国住房和城乡建设部发布了《关于落实建设单位工程质量首要责任的通知》，明确了建设单位是工程质量第一责任人，应依法对工程质量承担全面责任；项目负责人应依据质量终身责任制对房屋市政工程质量承担直接责任；建设单位应当建立、健全房屋市政工程项目档案和建设、勘察、设计、施工、监理单位项目负责人质量终身责任信息档案。

业主方项目管理是为业主方利益服务的，同时也服务于其他相关方的利益。业主方项目管理的根本目的在于既要实现项目的安全目标、投资目标、进度目标和质量目标，又要实现投资者的期望。

业主方项目管理的特点：①体现了所有投资方对项目的要求。业主方是工程项目投资方的最终代表，业主对工程项目的管理集中反映了各投资方对工程项目的利益要求。②业主是工程项目管理的中心。业主既是项目的决策者又是项目决策的主持者，也是最终受益者，项目的成败与业主利益直接相关。③业主采用的管理方式多为监控而非直接控制。业主通常采用委托的方式，将工程项目的各项任务委托给其他相关方，而业主的主要工作是协调、监督和控制。

在项目的不同阶段，业主方项目管理的主要任务有所不同，但总体上可归纳为“三控、三管、一协调”。具体来说，“三控”是指投资控制、进度控制、质量控制；“三管”是指安全管理、合同管理、信息管理；“一协调”是指组织和协调。

(2) 咨询方项目管理。咨询方项目管理是指咨询单位接受委托，对工程项目的某一个阶段或某一项内容进行管理。现阶段，我国工程领域的咨询单位主要受业主的委托从事项目管理工作，最主要的工作内容就是监理。目前，我国建筑业正处于由传统的工程监理向全过程咨询管理转型的阶段。

咨询方项目管理的目的是保障委托方实现工程项目的预期目标；按合同规定获得合法收入；创造良好的社会信誉。

咨询方项目管理的特点：①属于智力密集型工作。咨询方实施项目管理依靠的是咨询工程师自身所具备的知识、经验、能力和素质，咨询方项目管理是集工程、经济、管理等各学科知识和项目管理经验于一体的管理活动。②管理内容与委托内容相一致。咨询方根据委托合同从事项目管理工作，管理内容与委托内容一致，不应超越委托范围从事无关的管理咨询活动。③咨询的本质是提供规范服务。咨询方一般不直接从事工程项目实体的建设工作，而仅仅是提供阶段性或全过程的咨询服务，咨询方根据国家有关规定和行业规则向委托方收取工程咨询费用。④职业的规范性。咨询方有独立的行业管理组织、规范的市场准入、执业规则和道德准则，在执业过程中，咨询方受政府和有关管理组织的监督。

由于工程项目的一次性特征，咨询方的项目管理组织方式具有很大的局限性。咨询方在技术和管理方面缺乏配套的力量和项目管理经验，如果配套了项目管理班子，在无连续建设任务的情况下是不经济的。因此，我国结合国情并参照国外工程项目管理方式，在全国范围内，提出了工程项目建设监理制。工程项目建设监理是指监理单位受项目法人的委托，对国家批准的工程项目建设实施监督管理。社会监理单位是依法成立的、独立的、智力密集型的经济实体，接受业主的委托，并采取经济、技术、组织、合同等措施，对项目建设过程及参与各方的行为进行监督、协调和控制，以保证项目按规定的工期、投资、质量目标顺利建成。社会监理是对工程项目建设过程实施的监督管理，类似于国外的CM(construction management，快速路径施工管理方法的简称)项目管理模式，属于咨询监理方的项目管理。

(3) 承包方项目管理。承包方项目管理是指承包商为完成业主委托的设计、施工或供货任务所进行的计划、组织、协调和控制的过程，其目的是实现承包项目的目标并使相关方满意。根据承包方式的不同，承包方项目管理具体可分为设计项目管理、施工项目管理、供应项目管理和总承包项目管理。

设计项目管理是指设计单位受业主委托承担工程项目的设计任务，以设计合同所界定的工作目标及其责任和义务作为该项工程设计管理的对象、内容和条件。设计项目管理是设计单位对履行工程设计合同和实现设计单位经营目标而进行的管理，主要目标包括设计项目的成本、进度、质量和安全目标，以及项目投资目标和相关方的满意度目标等。设计项目管理的主要任务包括与设计工作相关的安全管理、设计成本控制、与设计工作有关的工程造价控制、设计进度控制、设计质量控制、设计合同管理、设计信息管理、与设计工作有关的组织和协调等，也就是“三控、三管、一协调”。

施工项目管理是指施工单位通过工程施工投标取得工程施工承包合同，并以施工合同所界定的工程范围、组织实施项目管理。施工项目管理主要在施工阶段进行，其目标是实现施工项目的成本、质量、安全和进度目标，以及相关方的满意度目标等。施工项目管理关注的是项目的整体利益和施工单位自身的利益，主要任务可以归纳为“四控、四管、一协调”。其中，“四控”是指施工中的安全控制、质量控制、成本控制、进度控制；“四管”是指施工中的信息管理、生产要素管理、合同管理、现场管理；“一协调”是指与施工有关的组织和协调。

供应项目管理是工程项目管理的一个子系统，它有明确的任务和约束条件，并且与工程项目实施系统具有紧密的内在联系。因此，供应项目具有工程项目的所有要素，可以将其按工程项目进行管理。供应项目管理主要在施工阶段进行，其目标是实现供应中的安全、成本、进度、质量和相关方的满意度等目标。供应项目管理任务可以归纳为“三控、三管、一协调”。其中，“三控”是指供应成本控制、进度控制、质量控制；“三管”是指供应安全管理、合同管理、信息管理；“一协调”是指与供应有关的组织和协调。

总承包项目管理是贯穿整个工程项目的管理，包括设计准备阶段、设计阶段、施工阶段、使用前的准备阶段和保修期的管理，其实质是全面履行工程总承包合同，以实现企业承建工程的经营方针为目标，以取得预期经营效益为动力的工程项目自主管理。

总承包项目管理的目标是实现项目总投资目标、成本目标、进度目标、安全目标和质量目标，以及相关方的满意度目标等，主要任务可以归纳为“四控、四管、一协调”。其中，“四控”是指安全控制、质量控制、成本控制、进度控制；“四管”是指信息管理、生产要素管理、合同管理、现场管理；“一协调”是指与施工有关的组织和协调。

4. 不同工程项目管理类型之间的关系

各个类型的工程项目管理都是在特定的环境条件下，为实现项目总体目标，从不同角度、不同利益方面，对项目实施过程进行管理的一个子系统。它们在管理的主体、目标、方式、范围、内容、时间范畴等方面有所不同，既相互制约，又相互联系，共同构成一个完整的工程项目管理体系。工程项目的总目标受不同类型项目管理目标的影响，只有实现各类型的项目管理目标，工程项目的总目标才可以达成。

例如，业主项目管理、设计项目管理和施工项目管理三者之间既相互联系又有着显著区别。

首先，三者之间存在较高的关联度和依存度。三者都是以工程项目为对象进行的一次性系统活动，都可以应用工程项目管理原理的相关理论和方法实施管理；三者都是工程建设活动中较为核心的活动主体，必须相互配合才能有助于项目目标的最终实现；业主方是建筑市场的买方，而设计单位和施工单位是建筑市场的卖方，三者是建筑市场的主要交易活动方。

其次，三者之间也存在明显的差异，它们是不同的管理主体，管理的目标性质差异性大。业主方项目管理主要以成果为导向，追求如何以最少的投资取得最有效，且满足功能要求的项目使用价值；设计方和施工方更加追求在确保实现业主所要求的建筑产品功能的前提下，在建筑产品设计生产过程中降低成本，提高效率，以实现建筑产品设计生产价值的最大化，即利润最大化。对设计方和施工方而言，建筑产品功能的实现只是确保其获得利润的手段而不是目的。业主方项目管理过程的实现主要依赖合同管理等间接方式，而设计方和施工方项目管理过程的完成主要采取指挥和控制等具体而直接的方法。

最后，三者之间的管理范围和内容是不同的。业主方项目管理贯穿从投资机会研究到项目寿命期结束的全过程；设计方项目管理以项目设计阶段为主；施工方项目管理主要体现在从建设项目招标到项目竣工验收移交结束期间。

1.2.7 工程项目管理的生命周期

工程项目通常由两个过程构成，即建设项目的实现过程和建设项目的管理过程。因此，工程项目管理特别强调过程性和阶段性。整个项目管理工作可以视作一个完整的过程。现代项目管理要求根据项目特性和项目过程的特定情况，将一个项目划分为若干个便于管理的项目阶段，并将这些不同的项目阶段(具体包含起始、计划、组织、控制和结束)也视作一个工程项目的生命周期。现代工程项目管理的根本目标是管理好工程项目的生命周期，并在生成项目产出物的过程中，通过实施项目管理来保障项目目标的实现。

1. 工程项目的生命周期

工程项目的生命周期是指从设想、研究、决策、设计、建造、使用直至项目报废所经历的全部时间，一般分为项目决策、实施、使用(也称运营或运行)3个阶段，这3个阶段还可以进一步细分，如图1-1所示。

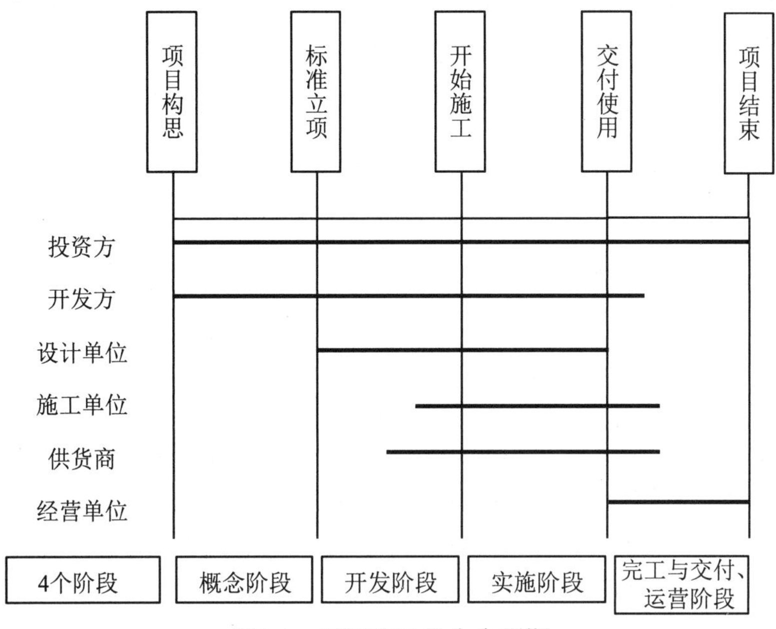

图1-1　工程项目的生命周期

一般的工程项目的生命周期可分为4或5个阶段，大型工程项目需要划分更多的生命周期阶段。本书以一般的工程项目的生命周期阶段划分为例进行说明。

(1) 工程项目的概念阶段。该阶段又称为工程项目的定义和决策阶段，是指从项目构思到批准立项的过程。在这个阶段，开发方提出工程项目提案，同时根据项目提案进行必要的需求与机遇分析和识别，根据情况提出具体的工程项目建议书。在项目建议书获得批准后，进一步开展不同程度的工程项目可行性分析，找出可行的工程项目备选方案，分析和评价这些备选方案的收益和风险情况，最终做出工程项目方案抉择和工程项目决策。这一阶段的主要任务是提出项目、定义项目和做出项目决策。

(2) 工程项目的开发阶段。该阶段从批准立项到施工前，主要是对批准立项的项目进行计划和设计。这一阶段应针对即将实施的工程项目编制项目计划书，具体内容包括工程项目的范围计划、工期计划、成本计划、质量计划、资源计划和集成计划等。同时，还应开展必要的工程项目设计工作，全面设计和界定整个工程项目的范围、项目各阶段所需开展的工作和项目的产出物，包括技术、质量、数量和经济等各个方面。该阶段的主要任务是对工程项目的产出物和所需开展的工作做出全面的设计和规定。

(3) 工程项目的实施阶段。该阶段包括施工和控制两个方面。在工程项目施工之前，需要进一步将项目划分成一系列具体的工作阶段；在工程项目施工过程中，需要根据工程项目不同阶段的范围、工期、成本和质量等方面开展控制工作，以保证工程项目实施结果与设计要求相一致。

(4) 工程项目的完工与交付、运营阶段。在工程项目的完工与交付阶段，项目团队根据工程项目的概念阶段所提出的项目目标和工程项目的开发阶段所提出的各种计划及要求，检验项目产出物及项目工作，然后开展项目验收和移交工作，直至项目业主(客户)最终接受工程项目的工作结果和最终交付物，工程项目才算完成和结束，进而可以进入到项目运营阶段(物业管理)。

2. 工程项目全生命周期管理的作用

工程项目全生命周期管理不仅扩大了项目管理的时间跨度，丰富了项目管理的内涵，还具有以下重要作用。

(1) 从工程项目的整体出发，反映项目全生命周期的要求，保证项目目标的完整性和一致性。

(2) 有助于工程项目形成连续、系统的管理组织责任体系，保证项目管理的连续性和系统性，极大地提高了项目管理效率，改善了项目运行状况。

(3) 有助于形成工程项目全生命周期管理的新理念，构建项目管理的目标体系，提升项目管理者的伦理道德以及对社会的责任感和使命感。此外，工程项目全生命周期管理理念还能展示项目的组织文化和品位，反映了项目管理者良好的管理理念、思维方式、价值观、伦理道德和管理哲学。

(4) 促进项目管理理论和方法的发展。例如，项目全生命周期评价理论和方法、项目可持续发展理论和方法、项目集成化管理方法等的持续发展。

(5) 能够改进项目的组织文化，促进项目组织的内、外部交流。工程项目参加者在不同的阶段承担不同的任务，追求不同的目标，项目全生命周期管理有助于他们达成共识，形成项目全生命周期的理念，树立为工程项目全生命周期负责的精神。

3. 工程项目的相关单位

如图1-1所示，工程项目的生命周期分为不同的阶段，与此相对应，参与项目的各个建设方在工程项目生命周期的不同阶段也扮演着不同的角色，承担着不同的任务。

(1) 投资方。他们参与项目全生命周期的管理，从项目构思、前期策划、决策到项目交付使用，进入运营阶段，直至合同终止。他们的目的不仅仅是建设工程，更重要的是收回投资和获得预期效益，其工作重点在决策阶段和运营阶段。

(2) 开发方。开发方又称为建设方或甲方，主要参与项目决策阶段、开发阶段和实施阶段的工作，代替投资方对建设项目进行策划、可行性研究，并对建设过程实施专业化管理，提供专业化服务，但一般不参与运营阶段的管理。

(3) 设计单位。在项目被批准立项后，经过设计招标或委托，设计单位进入项目。设计单位负责按照项目设计任务书来完成项目设计工作，参与主要材料和设备的选型，并在施工过程中提供技术服务。

(4) 施工单位。在项目设计完成后，施工单位(承包商)通过投标取得工程承包资格，按照施工承包合同进行工程施工直至交付使用，并负责工程保修。施工单位承担的任务主要在项目实施阶段。

(5) 供货商。在开发阶段后期，供货商根据业主和设计所要求的主要材料和设备的选型，通过投标或商务谈判的方式，取得主要材料或设备的供应权，按照供货合同的要求，在实施阶段为项目提供质量可靠的材料和设备。在项目生命周期中，供货商主要在开发阶段的后期和实施阶段发挥作用。

(6) 经营单位。经营单位一般由投资方组建或委托，主要负责项目运营阶段的管理，其目的是为投资方收回投资和获得预期效益。经营单位主要在项目交付使用后开始发挥作用，到投资合同结束或项目消亡为止。

(7) 咨询单位。咨询单位包括设计咨询、监理咨询、项目管理咨询、造价咨询等诸多类型的咨询服务企业。在不同的项目中，咨询单位面对不同的业主，根据其与业主通过投标或委托的方式所签订的合同，承担项目策划任务、项目可行性研究、设计阶段的项目管理、施工阶段的项目管理等，甚至可能在项目生命周期内提供全过程咨询服务。国家发展改革委在《关于推进全过程工程咨询服务发展的指导意见》(发改投资规〔2019〕515号)中明确了全过程工程咨询的内容，具体包括投资咨询、招标代理、勘察、设计、监理、造价、项目管理等专业化的咨询服务业态。

上述项目参与者在项目中的角色和立场不同，其工作内容、范围、侧重点也不同，但他们都必须围绕同一工程项目进行“项目管理”，所采用的基本项目管理理论和方法相同，管理目标也一致，即“多快好省”地完成项目建设任务。

1.3 建设工程项目管理概述

1.3.1 建设工程项目管理的概念

建设工程项目简称为项目，是指为完成依法立项的新建、扩建、改建工程而进行的、有起止日期的、达到规定要求的一组相互关联的受控活动，包括策划、勘察、设计、采购、施工、试运行、竣工验收和考核评价等阶段。

建设工程项目管理简称为项目管理，是指运用系统的理论和方法，对建设工程项目进行的计划、组织、指挥、协调和控制等专业化活动。

1.3.2 建设工程项目管理的特征

建设工程项目管理的特征主要表现在以下4个方面。

(1) 管理任务。建设项目工程管理的管理任务是取得符合要求且能发挥应有效益的固定资产。

(2) 管理内容。建设项目工程管理涵盖资金周转和建设全过程的管理。

(3) 管理范围。建设项目工程管理的管理范围是由可行性报告所确定的所有工程，同时也是一个建设项目。

(4) 管理主体。建设项目工程管理的管理主体是建设单位或其委托的咨询单位。

1.3.3 建设工程项目管理的类型

按照建设工程项目不同参与方的工作性质和组织特征，建设工程项目管理可以分为如下几种类型。

(1) 业主方的项目管理。例如，投资方和开发方的项目管理，或者由工程管理咨询公司提供的代表业主方利益的项目管理服务。

(2) 设计方的项目管理。

(3) 施工方的项目管理。例如，施工总承包方、施工总承包管理方和分包方的项目管理。

(4) 建设物资供货方的项目管理。例如，材料和设备供应方的项目管理。

(5) 建设项目总承包(建设项目工程总承包)方的项目管理。例如，设计和施工任务综合承包的项目管理，或者设计、采购和施工任务综合承包(engineering，procurement，construction，EPC)的项目管理等。

1.3.4 建设工程项目管理的范围

我国建设工程项目管理范围的确定应以完成项目目标为根本目的，并且通过明确各项目参与方的职责，确保建设工程项目的顺利进行。

在建设工程项目实施前，项目主管部门应当依据以下资料明确界定项目范围，提出有关项目范围说明的文件，以作为今后项目设计、计划、实施和评价的依据。

(1) 项目目标的定义或范围说明文件。

(2) 环境条件调查资料。

(3) 项目的限制条件和制约因素。

(4) 同类项目的相关资料。

同时，在建设工程项目的计划文件、设计文件和招投标文件中，应包含对工程项目范围的说明。

1.3.5 建设工程项目管理的目标和任务

目前，工程项目管理在建设领域已经得到广泛宣传和深入推广。提及工程项目管理或者建设工程项目管理，人们首先想到的就是项目目标控制，具体包括费用、进度和质量控制。建设工程项目管理工作是一项增值性工作，其核心任务是为工程的建设和使用增值。

1. 业主方项目管理的目标和任务

业主方项目管理主要服务于业主利益，其管理目标包括项目投资目标、进度目标以及质量目标，涉及项目实施全过程。业主方在设计前准备阶段、设计阶段、施工阶段、动工前准备阶段和保修期主要负责如下工作。

(1) 安全管理。

(2) 投资控制。

(3) 进度控制。

(4) 质量控制。

(5) 合同管理。

(6) 信息管理。

(7) 组织和协调。

2. 咨询方项目管理的目标和任务

工程咨询服务涉及投资咨询、招标代理、勘察、设计、监理、造价、项目管理等诸多专业化机构，这里仅以设计单位为例，对其项目管理的目标和任务加以介绍。

设计单位作为项目建设的参与方之一，主要服务于项目整体利益和设计方本身的利益。项目投资目标能否实现与设计工作密切相关，设计单位的项目管理目标通常包括设计成本目标、设计进度目标、设计质量目标以及投资目标。

设计单位的项目管理工作主要在设计阶段进行，但是也涉及设计前准备阶段、施工阶段以及动工前准备阶段和保修期。设计单位项目管理的主要任务包括以下几个方面。

(1) 与设计工作有关的安全管理。

(2) 设计成本控制和与设计工作有关的工程造价控制。

(3) 设计进度控制。

(4) 设计质量控制。

(5) 设计合同管理。

(6) 设计信息管理。

(7) 与设计工作有关的组织和协调。

3. 供货方项目管理的目标和任务

供货方作为建设工程项目的参与方之一，主要服务于项目整体利益和供货方本身的利益，管理目标包括供货成本目标、供货进度目标和供货质量目标。

供货方的项目管理工作主要在施工阶段进行，也涉及设计前准备阶段、设计阶段、动工前准备阶段和保修期。供货方项目管理的主要任务包括以下几个方面。

(1) 供货安全管理。

(2) 供货成本控制。

(3) 供货进度控制。

(4) 供货质量控制。

(5) 供货合同管理。

(6) 供货信息管理。

(7) 与供货有关的组织和协调。

复习思考题

1. 简述工程项目管理的内涵。

2. 什么是项目？它有什么特征？

3. 工程项目管理具有哪些职能？

4. 什么是工程项目生命周期？为什么要强调对项目进行全生命周期管理？

5. 建设工程项目管理的内容有哪些？

扫码自测①

① 教师和学生拿到书，先扫描封底刮刮卡，再扫描书内习题码，确认是否能正常做题；关注“文泉考试”公众号，这个公众号可作为除图书以外的第二入口；教师在公众号内先进行教师认证，待认证通过后可创建班级，将班级码分享给学生，提示学生加入；学生扫描书内习题码或者点击公众号上的“做题”，做完题后，输入班课码，可提交答案；教师可从后台导出成绩。

第2章　工程项目策划

工程项目策划是指在建设领域内，项目策划人员根据建设业主的总体目标要求，从不同的角度出发，通过对建设项目进行系统分析，对建设活动的总体战略进行运筹规划，对建设活动的全过程做出考虑和设想，以便在建设活动的时间、空间、结构三维关系中选择最佳结合点调配资源和展开项目运作，为保证项目的经济效益、环境效益和社会效益提供科学的依据。在建设工程项目管理中，有效且充分地开展策划工作既是项目成功的重要保证，也是提升企业盈利水平的有效途径。

2.1　工程项目前期策划

工程项目前期策划是指以工程项目投资方案为核心的、全面的、综合的调查研究、项目构思、计划编制、技术经济分析与评价等工作的统称。由于工程项目投资期长、资金占用量大、涉及面广、技术复杂、风险大，工程项目前期策划必须按照系统的工作方法，有计划、有步骤地进行。工程项目前期策划直接关系到项目投资方案和投资计划的编制，对项目的投资结果有着重要影响，因此一直以来都是投资者高度关注的重要环节。

2.1.1　工程项目前期策划的内容

工程项目前期策划是一个系统的过程，条理清晰、简明易懂的策划方案能够指导项目的实施，有助于项目顺利完成。工程项目前期策划主要包括以下几个方面的内容。

1. 确定组织架构

工程项目组织架构包括各个单位的构成、承担的责任、权利等信息。确定组织架构是实施工程项目管理的前提。通过分析参与工程项目各单位的综合情况，不仅可以构建完整的组织架构，还可以明确各个部门的责任与工作流程，从而保证后续工作人员的配合，提升管理质量。

2. 投资机会研究

投资机会研究是项目投资构思的基础，它是指为寻找有价值的投资机会而进行的准备性调查研究，其任务在于发现合适的项目和投资机会，为明确项目投资方向提供建议。在开展项目投资机会研究时，首先应确定项目地区，以便相关部门能够基于当地的资源条件和市场预测结果来选择项目，从而寻找最有利的投资机会。

3. 项目构思和选择

项目构思是项目策划的关键环节和首要步骤，它是一种极具创造性的探索过程，其实质在于挖掘企业可能捕捉的市场机会。工程项目构思是指从现实经验中得出项目策划的系列前提和假设，以此对未来项目的目标、功能、范围以及项目涉及的各主要因素和大体轮廓进行设想与初步界定。工程项目一般是根据国际国内社会经济的发展趋势和当地远期或近期规划以及提出者经营、生产或生活需要提出的，因此，项目构思产生后，项目管理者应对其进行调查研究和收集资料，并对构思方案进行反复论证，根据项目情况和组织状况，择优选取方案。

工程项目构思策划必须以国家及当地法律法规和有关方针政策为依据，同时还需结合国际国内社会经济发展趋势和实际建设条件来进行。工程项目构思策划主要包括以下几个方面内容。

(1) 工程项目构思的提出。

(2) 工程项目在社会经济发展中的地位、作用和影响力的策划。

(3) 工程项目的性质、用途、建设规模、建设水准的策划。

(4) 工程项目的总体功能、项目系统内部各单项单位工程的构成以及各自的功能和相互关系、项目内部系统与外部系统的协调和配套的策划。

(5) 与工程项目实施及运行相关的重要环节的策划。

工程项目构思的好坏，不仅直接影响整个项目策划的成败，而且关系到项目策划过程的繁简、工作量的大小等，因此应格外慎重。

4. 情况分析

工程项目情况分析是项目策划的重要环节，它是对项目整体状况、环境、资源、风险等方面进行全面评估的过程。项目情况分析通常包括项目背景与范围分析、市场环境分析、技术分析、资源分析、进度分析、成本分析、风险分析、环境与社会影响分析等内容。对工程项目进行全面、系统的情况分析，不仅可以帮助项目团队更好地理解项目，制定科学的决策，还可以降低项目风险，提高项目成功的可能性。

5. 项目目标设计

项目目标设计是整个项目前期策划活动解决问题、取得效果的必要前提。项目目标设计是指在项目构思的基础上，进行项目基本目标策划，并对项目构成、项目过程、项目环境进行深入分析，结合项目主体自身状况提出目标，直至建立目标系统的全部工作。工程项目目标系统是一种层次结构，将工程项目总目标分解成子目标，再将子目标分解成可执行的第三级目标，如此一直分解下去，就可以形成层次性的目标结构。

工程项目目标系统的建立可采用工作分解结构(work breakdown structure，WBS)法，将工程项目划分为可管理的工程项目单元，通过控制这些单元的费用、进度和质量目标，达到控制整个工程项目的目的。

6. 项目定义

明确工程项目目标后，需要规划项目的构成和界限，对项目进行定义。项目定义是指在项目启动阶段，明确项目目标、范围、交付物和可交付物要求等方面的过程。项目定义是项目管理中的重要一环，它确定了项目的基本框架和目标，为项目执行提供了指导方向。在项目定义阶段，项目经理会与利益相关方讨论，明确项目目标和范围，并制订项目计划和项目管理计划。

通过项目定义，项目团队成员和利益相关方能够共同理解项目目标和期望，达成一致，避免项目实施过程中产生混乱和误解，提高合作和沟通的效率；项目经理和团队成员能够明确项目的关键要素和关键点，确定项目的可交付物和关键路径，从而更好地进行项目计划和项目执行；项目经理能够识别项目风险并制订相应的风险管理计划，从而提高项目成功的可能性。

7. 编制项目建议书

项目建议书是对项目总体目标、项目情况和问题、项目环境条件、项目定义和总体方案等的说明和细化，也是后续工作的指导和依据。

项目建议书是将项目目标转化为具体、详细的任务，其内容通常包括市场预测、资源条件评价、建设规模与产品方案、场址选择、技术设备方案、原材料与燃料供应、环境影响评价、组织机构与人力资源配置、项目实施进度、投资估算、融资方案、财务评价、国民经济评价与社会评价、风险分析、研究结论与建议、附图、附表和附件等。

8. 可行性研究

可行性研究是指对工程项目做出投资决策之前，从市场、经济、生产、法律等角度对项目进行全面策划和论证的过程。可行性研究贯穿于工程项目前期策划的所有环节，它是项目决策的重要依据。可行性研究广泛用于新建、改建和扩建等项目。做好可行性研究，能够让项目投资决策建立在科学可靠的基础之上，从而实现项目投资决策的科学化，有效减少和避免投资决策失误的发生，进而提高项目投资的经济效益。

9. 项目评价与决策

在可行性研究的基础上，对项目进行财务、国民经济和环境等方面的评价，并根据评价结果，对项目做出最后决策。

项目前期策划是按步骤有规律地进行的，如图2-1所示，环境与市场调查贯穿于工程项目前期策划的全过程。策划者必须深入研究市场

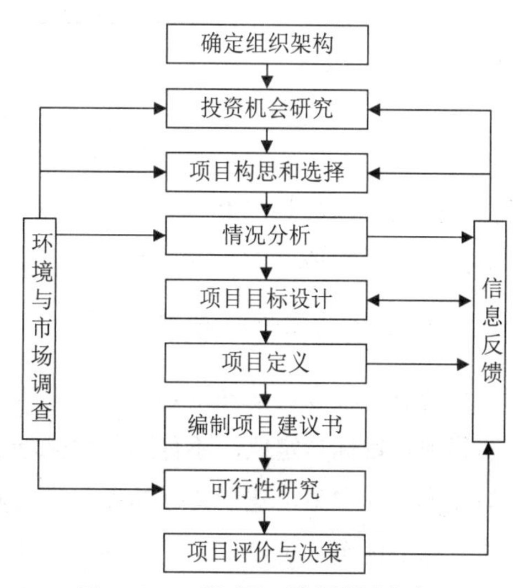

图2-1　工程项目前期策划过程

信息和环境条件，有针对性地进行方案设计。工程项目前期策划的实质是反复论证、不断优化的动态过程，也是将项目构思不断细化、将投资方案不断优化的过程。

2.1.2　工程项目前期策划的作用

工程项目前期策划的作用主要体现在以下几个方面。

1. 构建项目系统框架定位

工程项目前期策划的首要任务是通过研究投资机会进行项目构思、目标设计和项目定义，形成一个完善的待建项目。

项目构思和目标设计确定了项目的目标和范围，对后续工作具有指导作用，因此，这一阶段的工作对项目的影响程度是最高的。但是，项目策划阶段成本占项目总成本的比重通常较低，如图2-2所示，这一阶段的成本效率是整个项目周期中最高的。因此，项目策划阶段的工作必须得到高度重视，不仅要提供必要的资金支持，还要科学合理地进行项目策划，以保证项目顺利实施。工程项目的目标决定了项目的任务，从而决定了项目技术方案和实施方案，最终影响项目工程建设活动，进而形成完整的项目技术体系和项目管理系统。

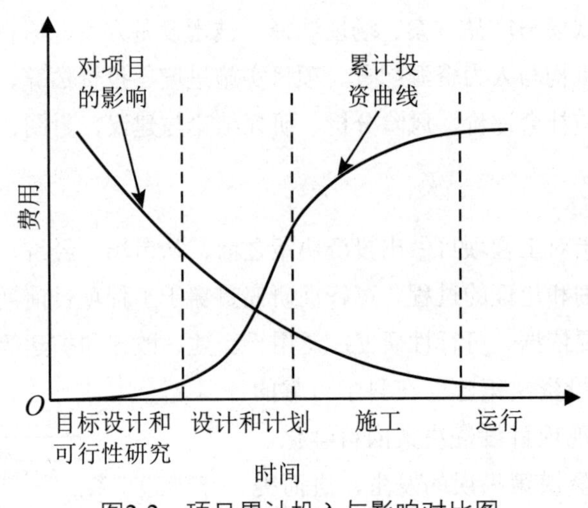

图2-2　项目累计投入与影响对比图

在完成项目构思和项目定义的前提下，可构建项目系统框架，分析项目系统的组成结构，进而形成完整配套的项目方案。

2. 建立项目竞争优势

通过工程项目前期策划，不仅可以了解行业趋势、客户需求和竞争对手情况，也可以明确项目目标与定位，还有助于优化项目资源配置，制定科学合理的项目实施方案、质量与成本管理方案，建立良好的参与方沟通机制，从而在资源、技术、成本、质量等多方面建立竞争优势。可以说，工程项目前期策划不仅有助于项目顺利实施，还有助于提升企业的市场竞争力，提高客户满意度，促使企业在激烈的市场竞争中占据有利地位。

3. 保证决策的科学性

工程项目必须满足国家、地方和企业发展的需求，为社会提供相应的产品和服务。在项目前期策划过程中，策划者应进行科学、缜密的规划、探索，设计多种备选方案。决策者以策划方案为基础进行选择和决断，能够保证决策的程序化，提高决策的科学性。

4. 提高项目整体策划的合理性

在项目前期策划过程中，策划者应根据市场环境和项目业主的需求，深入研究项目生命周期内的社会环境和市场情况，预测未来发展趋势，思考项目长远发展问题，以提高项目对未来的适应性。在此基础上所做的项目整体策划，更具合理性和可行性。

5. 增强项目策划管理的创新性

工程项目前期策划有助于项目团队识别项目新的机会点，激发项目团队的创新思维，制定更具针对性和前瞻性的项目方案；有助于团队设计明确的激励机制，鼓励项目成员勇于创新；有助于项目团队明确项目的目标和愿景，从而保证在整个项目策划管理过程中，各项创新举措均围绕项目目标和愿景展开，避免方向偏离。总之，工程项目前期策划能够提升项目策划管理创新水平，起到引导、推动和保障项目创新实施的作用，为项目的成功奠定基础。

2.1.3　工程项目前期策划的原则

在开展工程项目前期策划时，策划者需要对项目进行系统分析，综合运用多种策划方法，并遵循以下几项原则。

1. 以科学为依据

在项目前期策划过程中，策划者需要收集大量相关资料，并对其进行整理、归类，使其系统化、科学化，从而将针对不同项目的特殊性认识上升到对项目的共性认识。策划者可以通过系统分析、分类比较、归纳演绎和数理统计等方法来解决项目存在的问题，认识项目的发展规律和方向，从而充分了解项目本质，制定合理的策划方案。

2. 以经验为手段

策划者的经验或相关专家的经验都极具超高价值，因为这些经验产生在对众多类似项目进行总结和概括的基础上。策划者借鉴经验，做出合理判断，能够提高规划的准确性。

3. 以规范为标准

在进行前期策划时，策划者应遵守工程建设项目相关的法律法规和规范标准。这些规范标准是行业多年的经验总结，既具有高度的普遍性和适用性，又能够最大限度地保证项目策划的可靠性和准确性。

4. 建立系统的体系

项目策划是一个庞大复杂的过程体系，不同的项目具有不同的特性，在策划时需要做到具体问题具体分析，综合运用多种方法，不断检验、不断纠正，寻求最优方案，以保证项目后续工作的顺利进行和项目的圆满完成。

2.2 工程项目目标确定

工程项目目标是对预期结果的描述，要取得项目的成功，必须有明确的目标。确定工程项目目标是一项复杂的系统工程，具体包括总体分析、确定目标因素和建立目标系统3个步骤。

2.2.1 总体分析

项目总体分析是确立项目目标的基础，它是指在项目构思的前提下对项目内外部环境进行调查研究并做出合理的评价与分析。

工程项目总体分析的内容主要包括：拟建工程所提供的服务或产品的市场现状及趋向的分析；上层系统的组织形式及系统运行存在的问题；企业的发展战略、所有者或业主的状况；项目合作者的状况；政治和法律环境；社会经济、文化和技术环境；自然环境及制约因素等。

总体分析的方法主要包括调查表法、现场观察法、ABC分类法、专家咨询法、敏感性分析法、决策表法、价值分析法、回归分析法、企业比较法、趋势分析法和对过去项目的比较分析法等。总体分析应尽可能采用定量分析，运用客观数据对项目未来状况进行合理预测和初步评价。

2.2.2 确定目标因素

在建立项目目标系统前，应确定项目的目标因素。目标因素应以工程项目定位为指导，在项目问题定义的基础上加以确定。常见的目标因素包括：工程项目本身的目标因素，如项目规模、工期目标、质量目标及经济目标等；针对项目问题解决程度的目标因素，如项目建成后实现的功能，解决居住、交通、绿化、服务等问题；与工程项目相关的其他目标因素，如工程项目对自然环境、企业形象、施工安全的影响等因素。

目标因素是用时间、成本、数量和特性指标来明确表示的，需要进一步定量分析、对比评价，进行目标因素间的相容性分析，从而形成一个协调的目标系统。在确定目标因素时，应注意以下几个方面。

(1) 目标因素的确定应建立在总体分析和问题定义的基础上，真实反映上层系统需求。

(2) 项目目标应切合实际情况，不可过于保守或夸大。

(3) 目标因素指标应有弹性和可改变性。

(4) 项目目标应尽量让各方满意。

(5) 目标因素是动态的，应具有时效性。

确定目标因素可以采用相似情况比较法、头脑风暴法、指标计算法、费用/效益分析法和价值工程法等，也可以根据具体情况加以确定。

2.2.3 建立目标系统

建立目标系统是指在确定目标因素后，对其做进一步的评价与分析，使工程目标协调一致，形成目标系统。

1. 工程项目目标的分类

1) 按目标系统结构层次分类

按照目标系统结构层次进行分类，工程项目目标可以分为以下3类。

(1) 系统目标。系统目标是整个工程项目的总目标，它是由项目的上层系统决定的，具有较强的适用性。系统目标通常可以分为工程项目功能目标、技术目标、经济目标、社会目标和生态环境目标等。

(2) 子目标。子目标通常由系统目标分解得到，仅适用于工程项目的某一方面，相当于目标系统中的子系统目标，它是对系统目标的细化和补充。

(3) 可执行目标。可执行目标应具有可操作性，因此也称为操作性目标，它是对子目标的进一步分解和细化，用于确定工程项目的详细构成。可执行目标一般在可行性研究以及技术设计和计划中形成，并得到进一步解释和定量化，逐渐转化为具体的工作任务。

2) 按目标性质分类

按照目标性质进行分类，工程项目目标可以分为以下两类。

(1) 强制性目标。强制性目标一般是指必须与法律法规和规范标准等相关规定相符合的目标，如项目的质量目标必须满足工程项目的质量验收标准和相关规范要求。

(2) 期望性目标。期望性目标是指应尽可能满足的，在一定范围内可弹性变化的、可优化的目标。

此外，工程项目目标按照控制内容可以分为质量目标、进度目标和成本目标，这是项目实施阶段的三大目标。项目目标是影响项目成果的关键因素，没有量化的目标就会引发较高的风险。

2. 建立目标系统时应注意的问题

在建立工程项目目标系统的过程中，应注意以下几个问题。

(1) 满足不同群体的利益。目标系统因素都是由项目利益相关人提出的，应充分考虑不同群体的利益诉求。项目投资者和客户是最重要的群体，应优先考虑，当投资者参与项目时，其行为受自身集团利益的影响，应进行充分预测；而当项目客户与其他相关群体产生矛盾时，也应将客户的利益和需求放在首位。不同群体的目标和利益在项目前期多是不明确或者盲目的，所以应进行充分的调查研究，界定利益相关者的需求，并随时跟踪其变化。在实际操作中，上层系统部门人员在参与项目前期策划时，大多会将各自部门的利益和期望加入目标设计中，导致子目标与总目标相背离，因此应预防因不同部门之间的利益冲突而引发的目标因素冲突。

(2) 考虑参与人员的多样性。目标系统设计是一项复杂的项目管理工作，需要不同专业和学科的工作人员共同参与。因此，工作小组应由具有广泛代表性、专业工种齐全的人员组成，同时吸引上层系统的工作人员形成外围圈子，广泛接收外部意见和信息。项目参与人员主要有目标系统设计的组织和管理人员、市场调研分析人员、项目开发和技术人员，以及法律、财务、销售、现场、人事、后勤等人员。

(3) 符合市场需求的变化。在确定项目的功能目标时，工程经济生产规模与预测的市场需求之间极易出现差异与矛盾，容易导致不合社会实际情况的项目落成。所以，前期的市场调研分析至关重要。对于有前景的风险型项目，特别是投资回收期很长的项目，最好分阶段实施。但是，在分阶段实施工程项目的前期，应进行总体的目标系统设计，考虑扩建改建、自动化的可能性等，使长期目标与近期目标协调一致。当然，分阶段实施工程项目会带来管理上的困难，还会增加项目建设成本。

2.3 工程项目范围管理

工程项目范围是指项目组织为了达成项目目标，实现工程交付所必须完成的工作总和。项目范围界定了项目工作的界限，既不能超出也不能小于项目可交付成果，同时应符合项目目标。

工程项目范围管理是指对项目全生命周期所涉及的项目工作范围进行管理和控制的过程，其目的是确定并完成项目的既定目标，通过明确项目各方的职责界限，保证项目管理工作的充分性和有效性。工程项目范围管理是项目管理工作的基础，贯穿项目管理全过程，属于动态管理。工程项目范围管理主要包括工程项目范围确定、工程项目结构分析、项目范围控制3个方面。

2.3.1 工程项目范围确定

1. 工程项目范围分析

项目组织决定启动项目后，应根据项目自身的特点确定项目范围，即明确项目目标和可交付成果的内容，提出项目总体系统范围并形成说明文件，以作为项目设计、计划、实施和评价的重要依据，以及项目进度管理、成本管理、合同管理、质量管理和资源管理的依据。一般来说，确定项目范围的工作主要包括以下几个方面。

(1) 项目目标分析。

(2) 项目环境调查。

(3) 项目交付成果的范围和项目范围的确定。

(4) 项目工程结构分解。

(5) 项目单元定义。

2. 工程项目范围确定过程

1) 确定项目目标

项目目标是影响项目成果的关键因素，没有量化的目标容易引发较高的风险。在确定项目目标时，项目团队应先明确相关方需求，因为相关方需求决定了项目的方向和最终成果。然后将这些需求转化为具体、可衡量的目标，确保这些目标能够帮助项目团队清晰了解需要完成的工作，并能够在项目执行过程中进行有效的监控和评估。

2) 调查环境条件

工程项目环境条件调查主要包括以下两个方面。

(1) 社会环境调查。社会环境调查包括政治环境、经济环境、法律环境和自然环境的调查。其中，政治环境调查是指对国家或地方的政局环境的调查，调查内容包含与项目有关的相关政策及政府可提供的最大限度的环境支持等；经济环境调查是指对地区经济发展水平、国家财政状况、社会资金供应能力和条件，以及当地市场需求、“人、材、机”的价格水平等的调查；法律环境调查是指对项目地区的各种法律法规、部门规章、技术标准规范等的调查；自然人文环境调查是指对项目的相关自然资源的储备情况、气候状况、地质条件以及当地人文、风俗等的调查。

(2) 项目关系人情况调查。项目关系人情况调查主要是指对项目参与各方的企业状况、发展目标、经营管理水平、技术水平和竞争对手等情况的调查。

在开展环境条件调查时，项目团队需要注意收集各种资料以及前沿信息，并进行详细的归档处理，强调准确性、客观性及全面性。

工程项目环境调查分析表如表 2-1所示。

表 2-1　工程项目环境调查分析表

编码	内容	对象	结果简述	结果评价	文档号	备注	负责人	日期

3) 分析项目限制条件和制约因素

在完成环境条件调查后，项目团队需要分析影响项目管理组织正常运行的相关限制条件和制约因素，如有限的资金或劳动力资源，各种假设因素或替代者等。这些信息都需要以附加说明的形式记录下来。

4) 收集同类项目资料

同类项目资料包括同类工程的工期、成本、效率、存在问题、经验、教训等方面。

通过参考、比较同类工程项目资料，项目团队可以更好地整体把握项目情况，避开一些施工误区和不利因素，有助于项目建设的顺利进行。

5) 制订项目范围管理计划

在项目范围确定后，项目团队需要制订项目范围管理计划，并描述项目范围管理过程及变更情况。在此之前还应确定选择标准，建立一个完善的指标体系，相关指标包括投资收益率、市场占有率、用户满意度等。

6) 编制项目范围说明文件

项目范围说明文件是用于项目各个阶段的规定性基础文件，其内容主要包括：项目满足客户需求的论证；项目概况；项目可交付成果；项目成功完成所需的定量标准，如进度、费用和质量等目标，以及不可量化目标，如客户满意度。

根据项目技术系统划分，项目范围说明文件包括：项目决策阶段的项目建议书、可行性研究报告、项目评估决策报告等；设计阶段的许可证、勘测设计文件；项目招投标阶段的招标文件、投标文件、中标通知书和施工合同书；项目施工阶段的项目合同等；项目竣工验收阶段的工程档案、竣工结算等。

2.3.2 工程项目结构分析

对工程项目范围内的工作进行研究和分解，即工程项目结构分析。项目结构分析在国外被称为工作分解结构(work breakdown structure，WBS)，是指把工作对象(工程、项目、管理等过程)作为一个系统，将它们分解为相互独立、相互影响(制约)和相互联系的活动。项目结构分析有助于项目管理人员更精确地把握工程项目的系统组成，并为建立项目组织、分解项目管理目标、安排各种职能管理工作提供依据。在工程施工、实施项目管理(包括编制计划、计算造价、工程结算等)以及项目目标管理之前，都必须进行项目结构分析，它是编制施工项目管理规划的前提。

1. 工程项目结构分析的内容

(1) 项目目标与任务研究。为了准确地对工程项目结构进行分解，需要对项目总目标和总任务进行全面研究，以规划项目范围，保证项目构成和系统单元之间的联系。

(2) 项目结构分解。项目结构分解是从系统分析的角度对项目目标和任务进行分解，从而得到不同层次的项目工作单元。项目结构分解是项目系统分析最重要的工作，需要按照一定的规则由粗到细、由总体到具体、由上而下地进行。

(3) 项目单元定义。项目单元定义是指将项目目标和任务分解到具体的工作单元，从技术要求、工作质量、实施责任人、费用限制、工期限制等各个方面对其进行详细的说明和定义。项目单元定义应与项目技术设计、计划和组织安排管理同步进行。

(4) 工作界面分析。工作界面分析包含工作界限划分与定义、项目逻辑关系分析以及建设实施顺序的安排。工作界面分析是进行工程组织设计和网络分析的基础。

项目结构分析是项目管理的基础工作，应随着项目目标设计、规划设计、详细设计和工作计划的开展而逐渐细化，它是一个渐进的过程。

实践证明，对于一个大型、复杂的项目而言，缺乏科学系统的项目结构分析，或项目结构分析结果得不到充分利用，不可能实现高水平项目管理。这是因为项目的设计、计划、控制不可能仅以整个笼统的项目为对象，而必须考虑各个部分、各个细节以及具体的工程活动。因此，在定义项目的总目标和总任务之后，需要详细、周密地进行项目结构分析，系统地剖析整个项目。

2. 工程项目结构分解的过程

不同的工程项目，其种类、性质、规模等方面存在巨大的差异，其结构分解的思路和方法也存在较大的区别，但分解过程类似，一般包括以下几个步骤。

(1) 将项目分解成能够单独定义且范围明确的子项目。

(2) 研究并确定每个子项目的特点、结构规则、实施结果以及完成该子项目所需的活动，以便做进一步分解。

(3) 将各层次结构单元列于检查表上，评价各层次的分解结果。

(4) 按系统规则将项目单元分组，构成系统结构图和子结构图。

(5) 分析并讨论结构分解的完整性。

(6) 由决策者确定结构图，并制作相应的文件。

(7) 确定项目的编码规则，对分解结果进行编码。

通常，项目结构分解工作主要由项目管理者承担，但是所有项目单元都是由实施者完成的，所以在结构分解过程中，需要相关部门的专家、项目相关任务的承担者集体参加，并广泛听取他们的意见，确保分解的合理性和实用性以及整个计划的科学性。

3. 工程项目结构分解的方法

工程项目结构分解是一项重要又十分困难的工作，主要依靠项目管理者的经验和技能，分解结果的优劣将会在项目设计、计划和实施控制中体现出来。常见的工程项目结构分解的方法包括技术系统的结构分解和按照实施过程的结构分解两类。

1) 技术系统的结构分解

技术系统的结构分解可以分为按照项目功能区间进行分解和按照专业要素进行分解两类。

(1) 按照项目功能区间进行分解。功能是工程建成后应具有的作用。项目的运行是工程具有的各项功能综合作用的结果。分析、分解、综合、说明项目功能是项目策划、技术设计、制订计划的重要工作。通常在项目设计前将项目总功能目标分解成各个局部功能目标，再编制功能目标目录，详细地说明功能的特征，如面积、结构、装备、采光、通风要求等。例如，一个新建的大型工厂，可以分为多个分区和办公区，彼此之间的建筑有过道相连。其中，办公区分为办公室、展示厅、会议室、停车场等，分区功能分为生产功能和服务功能，而办公室也可以分为多个科室，如财务科、人事处等。需注意，对于在整个工程中起作用的多功能要素，常常可以将其作为独立的功能对待。例如，系统工程，如控制系统、通信系统、闭路电视系统等；统一的供排设施，如给排水系统、通风系统等。

(2) 按照专业要素进行分解。一个功能面可以分为多个专业要素，各个专业要素一般不能独立存在，它们必须通过有机组合构成功能。要素具有明显的专业特征，例如，一个车间的结构可以分解为厂房结构、吊车设施、设备基础和框架等；厂房结构可以分解为基础、柱、墙体、屋顶及饰面等。在现代工程中，软件工程可以分为自动控制系统、人工智能系统、运行管理系统等。

我国对工程技术系统的结构分解过程为：将一个工程分解为多个单项工程，将单项工程分解为单位工程，将单位工程分解为分部工程，将分部工程再分解为分项工程。这样分解不仅有利于进度安排、成本控制，还有利于精确地进行项目控制，从而确保项目质量。

2) 按照实施过程的结构分解

工程项目的实施是从项目构思立项到项目竣工的一系列前后衔接的工程过程的集合，因此，可以按照项目的实施过程进行分解，从而得到项目各阶段的工作活动，如常见的建设工程项目可以分为设计和计划、招投标、施工准备、建设施工、竣工验收、投产保修和运行等阶段。从承包商或分包商的角度来看，实施过程应依据相应的合同内容来分解。某建设工程项目的分解结构如图2-3所示。

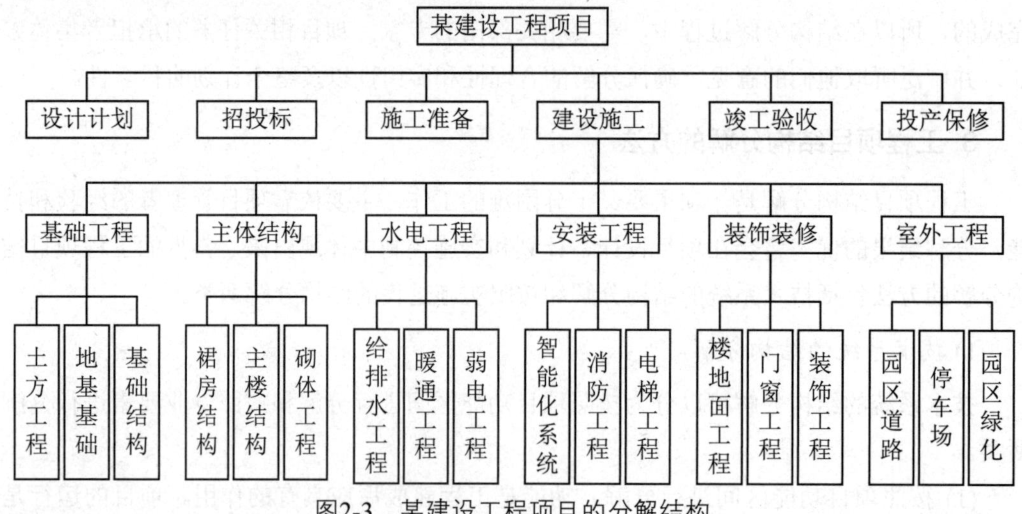

图2-3 某建设工程项目的分解结构

2.3.3 工程项目范围控制

工程项目范围控制是指在确定的项目范围内保证建设项目的实施，有效控制项目变更，保证项目系统的完备性和合理性。项目范围控制需要项目组织严格按照项目的范围和结构分析文件来开展工作。工程项目在实施过程中会遇到许多不确定性因素，从而造成项目范围的变更，这会导致项目工期、成本、质量等各种项目目标的变更，对建设项目的影响是巨大的，因此，必须重视项目范围控制。

1. 工程项目范围控制的内容

工程项目范围控制的内容主要包括以下几个方面。

(1) 对潜在的，并且能够造成项目范围变动的条件和因素进行识别、分析和评价。

(2) 采用合理的技术方法，采取有效控制措施，争取在最优成本下实现最佳控制。

(3) 参考原有标准，合理判断项目范围的变动情况，分析项目范围变动对项目目标、实施工作造成的影响。

(4) 在项目范围发生变更时，应对变动进行合理管控，采取纠正措施，保证项目顺利进行。

工程项目范围控制并不是一个孤立的单元，而是需要运用整体管理的思想，全面考虑不同因素的影响，尤其要注意对项目三大目标——质量、进度和成本目标的控制。

2. 工程项目范围控制的程序

(1) 检查和记录。在项目实施过程中，项目组织应经常跟踪检查和记录项目的实施情况并建立档案，以便判断项目任务范围、标准和工作内容的变化。

(2) 变更管理。在项目范围发生变化时，项目组织应及时分析范围变更控制情况和影响程度，及时变更项目目标、设计和实施过程，了解项目费用、工期和组织责任的改变情况，以便及时规避计划调整、索赔和合同纠纷等问题。

(3) 审查与核实。在工程项目竣工阶段，在交付项目最终成果前，项目组织应对项目的可交付成果进行审查，核实项目范围内规定的工作或活动是否全部完成以及交付成果是否完备。

(4) 总结经验。项目结束后，项目组织应对项目范围管理经验进行归纳总结，以供今后类似项目的范围管理借鉴和参考。总结内容通常包括：项目范围管理程序和方法；项目范围确定、项目结构分解和范围控制方面的准确性和科学性经验；项目范围确定、界面划分、范围变更管理及范围控制方面的经验与教训。

2.4　工程项目可行性研究

工程项目可行性研究(feasibility study)是指在项目投资决策前，通过对拟建项目有关的技术、工程、经济、环境、社会等方面的情况和条件进行调查、研究与分析，对项目建成后可能取得的财务、经济效益及社会环境影响进行预测和评价，为项目决策提供科学依据的综合论证方法。

可行性研究的目的是按照国民经济长期规划、地区规划和行业规划的要求，对拟建项目进行投资方案规划、工程技术论证、社会与经济效果预测、组织机构分析，对投资建议、工程项目建设方案或研究课题的所有方面，尽可能详细地调查研究和做出鉴定，并对下一阶段是否终止或继续进行研究提出必要的论证。可行性研究是对新建或改建工程项目从技术和经济两个方面进行全面、系统的研究和分析，旨在合理利用资源，达到预期的社会效益和经济效益。工程项目可行性研究是保证建设项目以最少的投资耗费取得最佳经济效果的科学手段，也是实现工程项目在技术上先进、经济上合理、建设上可行的科学方法。

2.4.1　工程项目可行性研究的作用

在工程项目建设中，工程项目可行性研究有着特别重要的地位和作用，主要体现在以下几个方面。

1. 作为建设项目投资决策和编制可行性研究报告的依据

一个投资项目能否成功，受到诸多因素的影响，包括政治、经济、技术、法律、管理以及自然因素等。如何对这些因素进行科学的调查与预测、分析与计算、比较与评价，是一项重要又复杂的系统性工作。可行性研究为这些工作的开展提供了科学的方法和理论，可以为项目决策提供科学的信息，使决策者有据可依，避免主观判断；同时分析各种合理的投资方案，便于投资者在此基础上进行比较和选择，从而降低投资风险，提高投资收益。

2. 作为项目建设单位进行项目融资的重要依据

一般情况下，项目运行离不开金融贷款，可行性研究详细预测了项目的财务效益、经济效益和贷款偿还能力。世界银行等国际金融组织均把可行性研究报告作为申请项目投资贷款的前提条件，我国的建设银行、国家开发银行和投资银行等也把可行性研究报告作为审批建设项目投资贷款的依据。银行等金融机构只有在确认项目具有偿还贷款的能力、不承担过大风险的情况下，才会批准贷款。

3. 作为项目主管部门与其他单位商谈合同、签订协议的依据

可行性研究报告通过之后，项目就进入到实施阶段，在此期间需要进行多方面谈判，才能签订相关协议。可行性研究报告的许多内容可以作为直接或间接的谈判依据，建设项目主管部门可据此与有关部门签订项目所需原材料、能源资源和基础设施等方面的协议和合同，以及与国外厂商就引进新技术和设备正式签约。

4. 作为项目规划设计及组织实施的依据

项目可行性研究的基本任务之一就是形成多种可行的投资方案，甚至可以认为项目可行性研究本身就是关于拟建项目的总体性方案，因为项目可行性研究涉及项目的目

标、规模、地点、融资、功能、技术方案等，这就相当于一个项目总体规划。此外，项目可行性研究关于投资条件和实施等方面的构思或各种因素分析，可以作为项目实施的重要依据。对于项目实施过程中出现的一些问题，项目管理者也可以参考可行性研究中的内容来解决。

5. 作为项目拟采用的新技术、新设备的研制和进行地形、地质及工业性试验工作的依据

项目拟采用新技术、新设备，必须经过技术经济论证，确认可行方能拟订研制计划。项目场址地形以及地质条件直接决定项目建设的可行性及建设难度，对项目的总投资有重大影响，应根据可行性研究的结果，进行针对性分析和论证，制定具体的实施方案。

6. 作为环保部门审查项目对环境影响的依据，也作为向项目建设所在地政府与规划部门申请施工许可证的依据

项目在建设中和投产后对市政建设、环境及生态都有影响，因此项目开工建设需要得到当地市政、规划和环保部门的许可。可行性研究报告对选址、总图布置、环境及生态保护方案等方面进行了论证，为申请和批准施工许可证提供了依据。

7. 作为项目考核与后评价的重要依据

在建设项目的项目后评价阶段，可行性研究的资料和成果大多要用来与运营效果进行对比分析，从而将项目的预期效果与实际效果进行对比考核，并可据此对项目的运营情况进行全面评价。

2.4.2　工程项目可行性研究的阶段

按研究深度进行划分，广义的可行性研究可分为投资机会研究、初步可行性研究和详细可行性研究3个阶段。

1. 投资机会研究

投资机会研究(opportunity study)也称投资机会鉴别，是指根据市场需求，预测资金的可得性，评估其他各种约束条件，以寻求和识别有利的投资机会。投资机会研究的主要任务是为工程项目投资方向提出建议，即在一定的地区和部门内，以自然资源和市场调查预测为基础，寻找最有利的投资机会。

在此阶段，项目的调查和分析主要包括以下几个方面内容。

(1) 相关的宏观经济规划、建设方针及投资政策。

(2) 特定部门、区域的现状、环境和条件。

(3) 项目资产在国内外市场的需求量与发展前景。

(4) 项目产品的进出口情况、替代进口产品的可能性及出口产品的国际竞争力。

(5) 现有企业的潜力，如资金条件、技术改造、改扩建、发展多种经营、达到合理经济规模的可行性。

(6) 项目的经济因素和财务因素的初步研究。

(7) 完善建设布局，填补国家产业门类、地区经济空白的可能性。

投资机会研究分为一般机会研究和特定项目机会研究。一般机会研究包括地区研究、部门研究和资源研究；特定项目机会研究即在确定项目发展方向或领域后，做进一步的调查研究，经方案筛选，将项目发展方向或投资领域转变为概括的项目提案或建议。

投资机会研究的工作比较粗略，投资与成本的数据通常是通过与现有可比项目的对比得来的，因而数据的精度误差可控制在30%以内，所需费用占投资总额的0.2%～0.3%。如果投资机会研究证明投资项目是可行的，就可以进行下一阶段的研究。

2. 初步可行性研究

初步可行性研究(pre-feasibility study)也称为预可行性研究或前可行性研究，是在投资机会研究的基础上，对项目方案进行初步的技术、财务、经济分析和初步的社会、环境评价，对项目是否可行做出初步判断。初步可行性研究解决的问题主要是判断项目是否有前景，是否有关键性技术问题需要解决，是否值得投入更多的人力和资金进行详细可行性研究和辅助研究，并据此做出是否进行投资的初步决定。

初步可行性研究是介于投资机会研究和详细可行性研究之间的研究阶段，在研究的内容和结构方面与详细可行性研究基本相同，主要区别是获取资料的详尽程度、研究的深度和详细程度、研究的精确和准确程度有所差别。

初步可行性研究阶段的工作目标主要是分析投资机会研究的结论，并在现有详细资料的基础上做出初步投资估价；对某些关键性问题进行专题辅助研究，对各类技术方案进行筛选，选择效益最佳方案；鉴定项目的选择依据和标准，初步确定项目的可行性。

初步可行性研究的内容具体包括以下几个方面。

(1) 市场和生产能力。进行市场需求分析、渠道与摊销分析、销售量和销售价格预测，依据市场销售量做出初步生产规划。

(2) 物料投入分析。物料投入分析包括从建设到经营的所有物料的投入分析。

(3) 项目地点及场址的选择。

(4) 项目设计。项目设计是指项目总体规划、工艺设备计划和土建工程规划等。

(5) 项目进度安排。

(6) 企业管理费用。

(7) 财务经济分析。

(8) 社会经济效益分析。

(9) 环境效益分析。

在初步可行性研究阶段，投资估算的精度误差可控制在20%以内，所需费用占总投资额的0.25%～1.5%。

经过初步可行性研究，形成初步可行性研究报告，对项目进行全面、粗略的描述、分析、论证。初步可行性研究报告可以作为正式的文件以供参考，也可以作为形成项目建议书的依据。项目管理人员通过审查项目建议书来决定项目的取舍，做出项目“立项”决策。需要指出的是，不是所有项目都必须进行初步可行性研究，小型项目或者简单的技术改造项目在选定投资机会后，可以直接进行详细可行性研究。

3. 详细可行性研究

初步可行性研究是为判定投资项目是否实施提供科学依据，详细可行性研究是为如何实施投资项目以及分析建成后的经济效益提供科学依据。

详细可行性研究(detailed feasibility study)即通常所说的可行性研究，是建设项目投资前期阶段最重要的工作。详细可行性研究是在项目决策前对项目有关的工程、技术、经济等各方面条件和情况进行详尽、系统、全面的调查、研究和分析，对各种可能的建设方案和技术方案进行详细的比较论证，并对项目建成后的经济效益、国民经济和社会效益进行预测和评价的一种科学分析过程和方法。

详细可行性研究的主要目标是深入研究有关产品方案、生产流程、资源效应、场址选择、工艺技术、设备选型、工程实施进度计划、资金筹措计划以及组织管理机构和定员等各种技术方案，进行全面、深入的技术经济分析和比较选择工作。完成可行性研究后，要将项目在技术、经济、环境等方面可行与否的情况形成结论，写成报告，即可行性研究报告。可行性研究报告是该阶段的重要成果，也是项目审批、贷款申请、项目实施的重要依据。

在详细可行性研究阶段，项目管理人员要根据项目的实际情况认真调查、预测和详细计算投资额和成本，计算精度应控制在10%以内。大型项目的可行性研究工作需要8～12个月，所需费用占投资总额的0.8%～1%；中小型项目的可行性研究工作需要4～6个月，所需费用占投资总额的1%～3%。

投资机会研究、初步可行性研究和详细可行性研究的内容比较如表2-2所示。

表 2-2　投资前期各阶段研究内容比较

项目	研究阶段		
	投资机会研究	初步可行性研究	详细可行性研究
研究性质	项目设想	项目初步选择	项目拟定
目的和内容	鉴别投资方向； 寻找投资机会； 确定初步可行性研究范围； 确定辅助研究的关键方面	鉴定项目的选择标准； 确定项目暂定的可行性； 评价是否应当开始详细可行性研究； 辅助研究	确定项目选择标准； 深入进行技术经济论证和效益分析； 多方案比较； 详细调查研究； 确定项目可行性
工作成果及作用	编制项目建议书； 提供初步可行性研究依据	编制初步可行性研究报告； 为可行性研究提供依据	编制可行性研究报告； 设计任务书，为项目决策提供依据

(续表)

项目	研究阶段		
	投资机会研究	初步可行性研究	详细可行性研究
估算精度	±30%	±20%	±10%
费用占总投资的百分比/%	0.2～1.0	0.25～1.25	中小项目1.0～3.0 大项目0.8～1.0
需要时间/月	1～3	4～6	4～12

下面以房地产项目为例，可行性研究的工作步骤如图2-4所示。

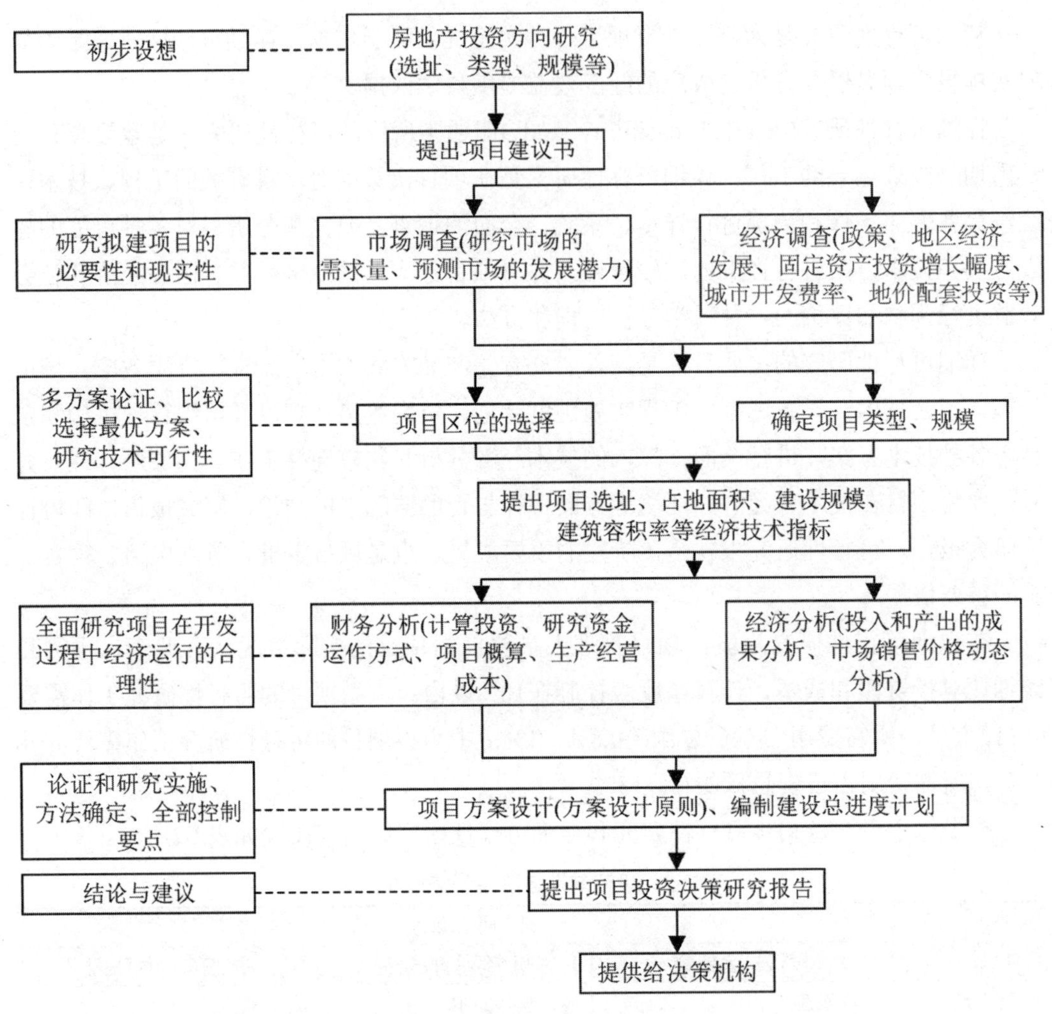

图2-4　可行性研究的工作步骤

2.4.3　工程项目可行性研究报告的内容

工程项目可行性研究报告的内容因项目的性质、行业特点的不同而有所差别。可行性研究是围绕项目诸多关联要素展开的，这些要素主要包括市场需求、资源条件、技术条件、资金可得性、环境状况、外部协作、盈利能力等。通常，工程项目可行性研究报告包括以下几项内容。

1. 总论

总论是从总体上对项目进行简明扼要的概述，其内容包括：项目名称、主办单位；项目背景、投资的必要性和社会经济意义；项目调查研究的主要依据、工作范围和要求；可行性研究的主要结论概要；列明主要的研究结论；说明项目存在的问题并提出建议。

2. 市场研究和拟建规模

市场是企业一切活动的出发点，市场研究是可行性研究最基础的工作。任何项目的提出，都要以市场需求为主要依据。获利是项目建设的目的，而项目效益主要取决于项目生产能力或拟建规模。拟建规模主要依据市场研究、产品供需预测、销售价格预测、市场竞争和风险分析等因素综合确定。

项目规模是指用产品产量表示的工程项目所具有的综合生产能力。首先，通过对现有企业生产规模进行预测，可以判断现有企业的产品产量满足市场需求的程度，进而可以通过定量分析判断产品在市场中的状态；其次，对在建项目和规划建设项目的生产规模进行预测，可以了解在建项目的生产能力、投产时间、生产条件、产品销售区域和市场分布情况。

3. 资源、原材料、燃料及公用设施情况

资源、原材料、燃料是项目建设和生产经营中极其重要的物质基础和保证条件，因此，需要对项目建设所需要的资源、原材料、燃料的来源、种类、数量、价格及运输供应等方面的情况进行研究和分析。此外，还应对有毒、有害及危险品的种类、数量和储运条件，所需资源(水、电、气等)供应设施的数量、供应方式和供应条件，以及签订协议和合同的情况进行研究和分析。

4. 项目场址方案

对于新建项目的场址研究和分析，具体包括：明确场址的选择是否符合城市规划，与原材料产地和市场的距离，场址周边的条件；根据建设项目的生产技术要求，对建设项目的地理位置、气象、水文、地质、地形条件、地震、洪水情况和社会经济现状进行调查研究，收集基础资料；了解交通运输及水、电、气、热的供应现状和发展趋势；了解场址面积、占地范围、场区总体布置方案、建设条件以及地价、拆迁和其他工程费用情况；对场址选择进行多方案的技术经济分析和比选，提出选择意见。

除对以上工程条件进行分析外，场址方案的比选还要参考经济因素，即比较建设投资和运营费用，具体包括：土地购置费、场地平整费、基础工程费、场外运输投资等；原材料与燃料运输费、产品运输费、动力费、排污费等。

5. 项目设计方案

项目设计方案的内容主要包括：在选定的建设地点内设计总图和交通运输路线，进

行多方案比选，确定项目的构成范围、主要单项工程的组成，对主体工程和公用辅助工程的方案进行比较论证；项目土建工程总量估算；土建工程布置方案的选择，包括场地平整、主要建筑和构筑物与场外工程的策划；对项目的工场布置、生产技术、工艺流程、设备选型、设备来源与数量、技术参数以及生产和操作工艺的自动化和机械化等方面进行研究、分析和评价。

6. 环境保护与劳动安全

在环境研究方面，主要是对建场地区环境现状进行调研，具体包括：拟建项目“三废”(废水、废渣和废气)的种类、成分和数量及其对环境影响的预测；“三废”治理方案的选择和回收利用情况；对环境影响的预评价；劳动保护与安全卫生；城市规划、防震、防洪、文物保护等要求以及相应的措施和方案。

7. 组织机构、人力资源配置

明确项目法人组建方案，给出组织系统表，说明人力资源配置情况，具体包括：全场生产管理体制、机构的设置；方案的选择与论证；工程技术和管理人员的素质和数量要求；劳动定员的配备方案；人员培训规划和费用估算。

8. 项目实施计划和进度要求

按照勘察设计、设备制造、工程施工、安装、试生产所需的时间和进度要求，确定整个工程项目实施方案和总进度，具体包括：确定建设工期；项目实施进度安排；最佳实施计划方案及相关的甘特图和网络图等。

9. 投资估算和资金筹措规划

投资估算具体包括：项目总投资的估算；主体工程及辅助、配套工程的估算；流动资金的估算。资金筹措规划具体包括：资金来源；资金投入的时间；资金偿还方式；建设期各阶段的资金安排。

10. 项目的经济评价和社会评价

项目的经济评价主要是指项目的财务评价和国民经济评价。其中，财务评价是根据国家现行财税制度和现行价格，分析和测算项目直接发生的财务效益的费用，考查项目的获利能力、清偿能力以及外汇平衡能力，据此判别项目的财务可行性。财务评价采用的指标和参数为市场实际价格和基准收益率，主要以企业自身为系统，追求企业自身的经济效益。国民经济评价是从国家整体的角度考查项目的效益和费用，用货物的影子价格、影子工资、影子汇率和社会折现率等经济参数计算和分析项目给国民经济带来的净贡献，也就是按照资源配置的原则评价项目在经济上的合理性。国民经济评价是以整个国家为系统，追求社会最终产品和劳务的价值。

项目的社会评价是指评价项目对社会的影响，分析项目实施可能给社会带来的正面和负面影响，旨在使项目的内容和设计符合项目所在地区的社会发展目标，如减轻或消除贫困、促进社会平等、维护社会稳定、促进经济与社会的协调发展。

11. 结论和建议

结论和建议的内容包括：建设方案的综合分析评价与方案选择；运用各项数据，从技术、经济、社会、财务等方面综合论述项目的可行性，如效益情况、主要优缺点、存在的问题等；项目基本方案描述，说明主要争论与分歧意见；给出项目可行性研究的基本结论以及有利于项目发展的建设性意见。

12. 附件和附图

1) 附件

凡属于项目可行性研究范围的，但在研究报告以外单独成册的文件，均须列为可行性研究报告的附件，所列附件应注明名称、日期、编号。附件主要包括以下内容。

(1) 项目建议书(初步可行性研究报告)。

(2) 项目立项批文。

(3) 场址选择报告。

(4) 资源勘探报告。

(5) 贷款意向书。

(6) 环境影响报告。

(7) 需要单独进行可行性研究的单项或配套工程的可行性研究报告。

(8) 市场调查报告。

(9) 引进技术项目的考察报告。

(10) 引用外资的各类协议文件。

(11) 主要对比方案说明。

(12) 其他。

2) 附图

(1) 场址地形图或位置图(设有等高线)。

(2) 总平面布置方案图(设有标高)。

(3) 工艺流程图。

(4) 主要车间布置方案简图。

(5) 其他。

建设项目可行性研究的范围是十分广泛而全面的，以上内容主要是针对新建项目而言的。对于改建或扩建项目的可行性研究，还应该增加对原有固定资产的利用和企业现有概况的说明和分析等内容。

综上，可行性研究报告的内容大致可以分为三大部分。首先是市场预测，这是项目可行性研究的前提和基础，主要解决项目的“必要性”问题；其次是生产条件与技术条件研究，这是项目可行性研究的技术基础，主要解决项目在技术上的“可行性”问题；最后是经济评价，即对项目经济效益的分析和评价，这是项目可行性研究的核心部分，主要解决项目在经济上的“合理性”问题。这三部分内容是项目可行性研究的三大支柱。

2.5 工程项目管理规划

按照管理学对规划的定义，规划实质上就是计划，但与传统的计划不同的是，规划的范围更大、综合性更强。规划是指一个综合、完整、全面的总体计划，它包含目标、政策、程序、任务分配、步骤、使用的资源以及为完成既定行动所需要的其他因素。

工程项目管理规划是在工程项目管理目标的实现过程中，对工程项目管理的全过程中的各种管理职能、管理过程以及管理要素所做的综合、完整、全面的总体计划，它是指导项目管理工作的纲领性文件。

工程项目管理规划包括两类文件，即项目管理规划大纲和项目管理实施规划。项目管理规划大纲是由企业管理层在投标之前编制的，旨在作为投标依据，以中标和经济效益为目标，遵照招标文件要求及签订合同要求，带有规划性的文件；项目管理实施规划是在开工之前由项目经理主持编制的，旨在指导自施工准备、开工、施工直至竣工验收的全过程，以提高施工效率和效益为目标，带有作业性的项目管理文件。项目管理规划大纲和项目管理实施规划之间关系密切，前者是后者的编制依据，而后者贯彻前者的相关精神，对前者确定的目标和决策做出更具体的安排，以指导实施阶段的项目管理。两类规划文件的区别如表2-3所示。

表 2-3　两类规划文件的区别

种类	编制者	编制时间	服务范围	主要特征	主要目标
项目管理规划大纲	经营管理层	编制投标书前	投标与签约	规划性	中标和经济效益
项目管理实施规划	项目管理层	签约后、开工前	施工准备至验收	作业性	提高施工效率和效益

2.5.1 工程项目管理规划的作用

工程项目管理规划的作用主要有以下几个方面。

(1) 工程项目管理规划是对整个工程项目总目标进行分解的过程。规划结果是各个组织在各个阶段承担责任及其进行中间决策的依据。

(2) 工程项目管理规划是项目实施的管理规范，也是对相应工程项目实施控制的依据。通过工程项目管理规划，可以对整个工程项目管理实施过程进行监督和诊断，也可以评价和检验工程项目管理实施的成果。

(3) 工程项目管理规划是考核各层次项目管理人员业绩的依据。

(4) 工程项目管理规划可以为业主和项目其他方(如投资方)提供需要了解和能够利用的工程项目管理规划信息。

在现代工程项目中，如果没有周密的项目管理规划，或项目管理规划得不到贯彻和保证，很难取得项目的成功。

2.5.2　工程项目管理规划的内容

在工程项目建设过程中，不同的人(单位)负责不同内容、范围、层次和对象的项目管理工作，所以针对不同人(单位)的项目管理规划的内容会有一定的差别，但从总体来看，工程项目管理规划的内容主要包括以下几项。

1. 工程项目管理目标分析

工程项目管理目标分析的目的是确定适合建设项目特点和要求的项目目标体系。制定工程项目管理规划是为了保证工程项目管理目标的实现，所以目标是工程项目管理规划的灵魂。

工程项目立项后，项目总目标即已确定。通过对总目标的研究和分解，可以确定阶段性的项目管理目标。在这个阶段，还应确定编制工程项目管理规划的指导思想或策略，作为各方人员在编制和执行计划过程中的指导方针或实施策略。

2. 工程项目实施环境分析

工程项目实施环境分析是工程项目管理规划的基础性工作。在工程项目规划工作中，掌握相应的项目环境信息是开展各项工作的前提和重要依据。通过环境调查，可以确定工程项目管理规划的环境因素和制约条件，也可以收集影响工程项目实施以及工程项目管理规划执行的宏观和微观环境因素的相关资料，特别要注意，应尽可能利用以前同类工程项目的总结和反馈信息。

3. 工程项目范围划定和工作结构分解

根据工程项目管理目标分析划定项目范围。对工程项目范围内的工作进行研究和分解，即工程项目的工作结构分解。工作结构分解是指把工作对象(工程、项目、管理等过程)作为一个系统，将它们分解为相互独立、相互影响(制约)和相互联系的活动(或过程)。工作结构分解，有助于工程项目管理人员更精确地把握工程项目的系统组成，并为建立工程项目组织、进行工程项目管理目标的分解、安排各种职能管理工作提供依据。

在工程项目施工和工程项目管理(包括编制计划、计算造价、工程结算等)过程中，应进行工作结构分解；在实施目标管理时，也必须进行工作结构分解。工作结构分解是编制施工项目管理规划的前提。

4. 工程项目实施方针和组织策略的制定

工程项目实施方针和组织策略的制定是指确定工程项目实施总体指导思想和总体安排，具体包括以下几个方面。

(1) 确定该项目实施方案，明确业主的项目管理权限。

(2) 确定发包方式、材料和设备供应方式。

(3) 确定组织内部和承包商或委托管理公司的管理工作分工，以及准备投入的管理力量。

5. 工程项目实施总规划

工程项目实施总规划包括以下几个方面。

(1) 工程项目总体的时间安排，以及重要的里程碑事件安排。

(2) 工程项目总体的实施顺序。

(3) 工程项目总体的实施方案，具体包括：施工工艺、设备、模板方案和给排水方案等；各种安全和质量保证措施；采购方案；现场运输和平面布置方案；各种组织措施等。

6. 工程项目组织设计

工程项目组织设计的目标是确定项目管理模式和项目实施的组织模式，建立建设期项目组织的基本架构，明确责权利关系，具体包括以下几个方面。

(1) 项目实施的组织策略，包括采用的分标方式和工程承包方式，以及工程项目可采用的管理模式。

(2) 项目分标策划，即对工程项目结构分解得到的项目活动进行分类、打包和发包，考虑哪些工作需要由项目组织内部完成，哪些工作需要委托外部组织完成。

(3) 招标与合同策划工作。

(4) 项目管理模式的确定，包括设计管理模式、施工管理模式以及是否采用监理制度等。

(5) 项目管理组织设置。主要包括以下几个方面。

① 按照项目管理的组织策略、分标方式、管理模式等构建项目管理组织体系。

② 部门设置。管理组织中的部门是指承担一定管理职能的组织单位，是由某些具有紧密联系的管理业务和人员所组成的集合，它分布在项目管理组织的各个层次。部门设置的过程，实质上就是管理工作的组合过程，即按照一定的方式，采用一定的策略，遵循一定的原则，对项目管理组织各项管理工作进行科学分类、合理组合，明确承担各项工作的部门，同时授予相关部门从事这些管理业务所必需的各种职权。

③ 部门职责分工。绘制项目管理责任矩阵，明确各个管理部门的基本职责、工作范围、权限、协调关系等，并配备具有相应能力的人员。

④ 管理规范设计。为了保证项目组织结构能够按照设计要求正常运行，需要设计项目管理规范，这是项目组织设计制度化和规范化的过程。管理规范包含内容较多，在大型工程项目管理规划阶段，管理规范设计主要着眼于项目管理组织中各部门的责任分工以及项目管理主要工作的流程设计。

7. 工程项目管理工作的流程设计

工程项目管理的工作流程按照涉及的范围可以划分为不同层次。项目管理规划主要研究部门之间在具体管理活动中的流程关系。

8. 工程项目管理信息系统规划

对于新建的大型项目，必须对项目管理信息系统做出总体规划。

9. 其他

根据需要，工程项目管理规划还包括许多内容，因管理对象不同而有所差异。

需要注意的是，需将项目管理规划的基础资料和成果形成文件，并具有可追溯性，以便项目的各相关方应用和沟通。

2.5.3　工程项目管理规划大纲

工程项目管理规划大纲是由企业管理层依据招标文件及发包人对招标文件的解释、企业管理层对招标文件的分析研究结果、工程现场情况、发包人提供的信息资料、有关市场信息以及企业法定代表人的投标决策意见编写的，是具有战略性、全局性和宏观性的指导文件。

1. 工程项目管理规划大纲的内容

(1) 项目概况。项目概况包括项目基本情况描述和承包范围描述。其中，项目基本情况可以用一些数据指标来描述；承包范围描述包括承包人的主要合同责任、承包工程范围的主要数据指标、主要工程量等。在工程项目管理规划大纲的编制阶段，可以先粗略绘制施工项目工作分解结构图，并进行相应说明。

(2) 项目实施条件分析。项目实施条件包括发包人条件、相关市场条件、自然条件、政治和法律及社会条件、现场条件、招标条件等方面。该部分主要根据招标文件的要求分析上述条件对竞争及项目管理的影响。

(3) 项目投标活动及签订施工合同的策略。

(4) 项目管理目标。项目管理目标是指项目在实施过程中预期达到的成果或效果。工程项目管理目标是多方面、多层次的，它是由许多个目标构成的一个完整的目标体系，同时又是企业目标体系的重要组成部分。项目管理目标的内容包括：合同要求的目标，如合同规定的使用功能要求、工期、造价、质量目标；合同或法律规定的环境保护标准和安全标准；企业对施工项目的要求，如成本目标、企业形象要求、对合同目标的调整要求等。

(5) 项目组织结构。从管理学的定义来看，组织结构所描述的是组织框架体系。在一个项目开始之前，企业必须先确定采取何种组织结构，以便将该项目与企业的经营活动紧密联系起来。项目管理组织的人员由企业派驻，项目管理组织解体后，其人员仍回归原企业。工程项目组织结构形式与企业组织结构形式相关，而且要根据各种项目的具体特点来选定项目组织结构形式。常见的工程项目组织形式有混合工作队制、部门控制式、矩阵制和事业部制。

(6) 质量目标和施工总进度计划。质量目标包括招标文件(或发包人)要求的总体质量目标、分解质量目标以及保证质量目标实现的技术组织措施。施工总进度计划是施工现场各项施工活动在时间上的体现，它主要根据施工部署的要求，合理确定工程项目施工的先后顺序、开工和竣工日期、施工期限和各项施工活动之间的搭接关系。根据施工总进度计划，可以确定劳动力、材料、成品、半成品、机具等的需求量及供应计划，各附属企业的生产能力，临时房屋和仓库的面积，临时供水、供电、供热、供气的要求等。

(7) 施工方案。施工方案的内容包括：施工程序；重点单位工程或重点分部工程施工方案；保证质量目标实现的主要技术组织措施；拟采用的新技术和新工艺；拟选用的主要施工机械设备等。

(8) 成本目标。成本目标的内容包括项目的总成本目标、成本目标分解、保证成本目标实现的技术组织措施等。

(9) 项目风险预测和安全目标。项目风险预测和安全目标的内容包括：主要风险因素预测；风险对策；总体安全目标责任；施工中的主要不安全因素；保证安全的主要技术组织措施等。

(10) 项目现场管理和施工平面图。该项内容包括：施工现场的情况和特点；施工现场平面布置的原则；现场管理目标、管理原则；施工总平面图及其说明；施工现场管理的主要技术组织措施等。

(11) 投标和签订施工合同。

(12) 文明施工及环境保护。该项内容包括文明施工和环境保护特点、组织体系及相关技术组织措施等。

2. 工程项目管理规划大纲的特点

工程项目管理规划大纲是工程项目管理工作中具有战略性、全局性和宏观性的指导文件，它具有以下几个特点。

(1) 可作为投标签约的依据。施工企业为了取得项目，在投标之前，应根据工程项目管理规划大纲认真规划投标方案。根据项目管理规划大纲编制投标文件。既可以使投标文件具有竞争力，又可以满足招标文件对施工组织设计的要求，还可以为谈判及签订合同做好筹划并提供相关资料。

(2) 内容具有纲领性。工程项目管理规划大纲实际上是投标之前对项目管理的全过程所进行的规划。它既是准备中标后实现对发包人承诺的管理纲领，又是预期未来项目管理可实现的计划目标，影响工程项目管理的全生命周期。

(3) 追求经济效益。工程项目管理规划大纲首先有利于中标，其次有利于全过程的项目管理，所以它是一份经营性文件，追求的是经济效益。这份文件的主线是投标报价和工程成本，体现了企业通过承揽该项目所期望获得的经济成果。

2.5.4　工程项目管理实施规划

工程项目管理实施规划与工程项目管理规划大纲不同，它是在项目实施前编制的，旨在指导工程项目的顺利实施。因此，工程项目管理实施规划是工程项目管理规划大纲的细化，具有操作性。工程项目管理实施规划以工程项目管理规划大纲的总体构想和决策意图为指导，具体规定各项管理业务的目标要求、职责分工和管理方法，为履行合同和完成项目管理目标责任书规定的任务做出精细的安排。它可以整个项目为对象，也可以某一阶段或某一部分项目为对象，它是项目管理的执行规划，也是项目管理的规范。

1. 工程项目管理实施规划的特点

(1) 工程项目管理实施规划是项目实施过程的管理依据。工程项目管理实施规划在签订合同之后编制，指导从施工准备到竣工验收全过程的项目管理。它既提出管理目标，又为实现目标做出管理规划，也是项目实施过程的管理依据，对项目管理取得成功具有决定性作用。

(2) 工程项目管理实施规划的内容具有实施性。实施性是指工程项目管理实施规划可以作为实施阶段项目管理实际操作的依据和工作目标，因为它不仅是由项目经理组织或参与编制的，还是依据项目情况、现实具体情况编制而成的，所以具有实施性。

(3) 工程项目管理实施规划追求管理效率和良好效果。工程项目管理实施规划可以起到提高管理效率的作用。在项目管理过程中，事先有策划、过程中有办法和制度、目标明确、安排得当、措施得力，必然会提高管理效率，取得理想的效果。

2. 工程项目管理实施规划的内容

工程项目管理实施规划的内容主要包括以下几个方面。

1) 工程概况

工程概况是指工程项目的基本情况，主要包括以下几个方面。

(1) 工程特点。工程特点主要反映工程建设概况、建筑设计概况、结构设计特点、设备安装设计特点和工程施工特点，并结合调查资料进行分析研究，找出关键性问题加以说明，同时着重说明新材料、新技术、新结构、新工艺及施工难点。

(2) 建设地点及环境特征。建设地点及环境特征主要反映拟建工程的位置、地形、地质(不同深度的土质分析、结冰期及冰层厚度)、地下水位、水质、气温、冬雨期时间、主导风向、风力和地震烈度等特征。

(3) 施工条件。施工条件主要说明水、电、气、道路及场地平整的“三通一平”情况；施工现场及周围环境情况；当地的交通运输条件；构件生产及供应情况；施工单位机械、设备、劳动力的落实情况；内部承包方式；劳动组织形式及施工管理水平；现场临时设施；供水供电问题的解决等。

(4) 项目管理特点及总体要求。

2) 施工部署

施工部署是对整个工程项目从全局的角度做出的统筹规划和全面安排，它主要解决影响工程项目全局的重大战略问题。施工部署的内容和侧重点会根据工程项目的性质、规模和客观条件的差异而有所不同，主要包括以下几个方面。

(1) 项目的质量、进度、成本及安全目标。

(2) 拟投入的最多人数和平均人数。

(3) 分包计划，劳动力使用计划，材料供应计划，机械设备供应计划。

(4) 施工程序，即单位工程中各分部工程或施工阶段的先后顺序及其制约关系，主要解决时间搭接上的问题。

(5) 项目管理总体安排。

3) 施工方案

施工方案的选择与确定是施工组织设计的核心。在拟定施工方案时，应对几种可能采取的方案进行分析比较，确定最为适宜的方案作为安排施工进度计划和设计施工平面图的依据。施工方案包括下列内容。

(1) 施工流向和施工顺序。施工流向是指单位工程在平面或空间上的流动方向。一般来说，单层建筑需按工段、跨间分区来确定平面上的施工流向；多层建筑除了确定每层平面上的施工流向外，还要确定层间或单元空间的施工流向。施工顺序是指单位工程内部各施工工序之间的相互联系和先后顺序。施工顺序的确定不仅有技术和工艺方面的要求，也有组织安排和资源调配方面的考虑。

(2) 施工阶段划分。施工阶段划分应以施工技术特点、功能需求、使用要求、进度要求、施工成本和资源限制为依据，具体可以采取阶段划分法、功能划分法、区域划分法等方法。各个施工阶段的工作内容和任务应相互独立，并具有衔接性，以确保施工过程的顺畅。此外，在划分施工阶段时，还应注意将性质相同或相近的工作尽可能划分在同一个阶段内，以便于统一管理和协调。

(3) 施工方法和施工机械选择。正确选择施工方法和施工机械是制定施工方案的关键。在单位工程各主要施工过程中，一般有几种不同的施工方法和施工机械可供选择，应根据建筑结构特点，平面形状、尺寸和高度，工程量大小及工期长短，劳动力及资源供应情况，气候及地质情况，现场及周围环境，施工单位技术、管理水平和施工习惯等，进行综合分析，选择合理的、切实可行的施工方法和施工机械。

(4) 安全施工设计。安全施工设计是指为了保障施工过程中的人身安全和财产安全，减少工伤事故和财产损失而采取的一系列措施，具体包括确立安全生产管理目标、设置施工安全管理组织、制定施工安全预防措施、制定施工现场管理和应急管理流程等。

(5) 环境保护内容及方法。在项目施工过程中，应保护和改善施工现场的生活环境和生态环境，防止因施工造成的作业污染，保障工地附近居民和施工人员的身体健康。施工现场环境保护的内容具体包括防治大气污染、防治施工扬尘、实施噪声控制、加强垃圾管理等，具体可采取制订施工计划、加强培训、规范现场管理、科学处理垃圾、保护水资源、控制空气质量污染和噪声污染以及保护绿化和景观等措施，以确保施工期间的环保工作符合法律及地方政府的规定。

4) 施工进度计划

施工进度计划是施工组织设计的重要内容，它是在确定施工方案和施工方法的基础上，根据规定工期和技术物资供应条件，遵循工程施工顺序，用图表形式表示各施工项目(各分部分项工程)搭接关系及工程开工和竣工时间的一种计划安排。施工进度计划一般可以用横道图或网络图表示，前者具有直观、简单、方便等特点；后者具有逻辑严密、便于科学统筹规划，能够通过时间参数的计算找出关键线路等特点。施工进度计划应包括施工总进度计划及工程施工进度计划。

5) 资源供应计划

施工进度计划确定之后，可以根据各工序及持续期间所需的资源来编制材料、劳动力、构件、半成品、施工机具等资源需求计划，以作为有关职能部门按计划调配各种资源的依据，有利于及时组织劳动力和物资的供应，保证施工顺利进行。资源供应计划应包括以下内容。

(1) 劳动力需求计划。根据施工进度的安排，统计各个施工过程中所需要的主要工种劳动力，据此可以编制出主要工种劳动力需求计划，将其作为施工现场的劳动力调配依据，如表2-4所示。

表 2-4　主要工种劳动力需求计划

序号	工种名称	总劳动量/工日	每月需求量/工日					
			1	2	3	4	5	6

(2) 主要材料和周转材料需求计划。主要材料需求计划主要用于组织备料、确定仓库或堆场面积及组织运输，其编制方法是将施工预算中的工料分析表或进度表中的各个施工过程中所需使用的材料，按名称、规格、使用时间及材料消耗进行计算并汇总，如表 2-5所示。

表 2-5　主要材料需求计划

序号	材料名称	规格	需求量		供应时间	备注
			单位	数量		

周转材料需求计划主要指建筑结构构件、配件和其他半成品的需求计划，可以根据施工图和施工进度计划进行编制，如表2-6所示，主要用于落实加工订货单位，按照所需的规格、数量和时间要求，组织加工、运输工作，并确定存放的仓库或堆场。

表 2-6　周转材料需求计划

序号	周转材料名称	规格	图号	需求量		使用部位	加工单位	供应日期	备注
				单位	数量				

(3) 机械设备需求计划。机械设备需求计划是指根据施工方案和施工进度计划来确定施工机械的类型、数量、进场时间，其编制方法是将施工进度计划表中的各个施工过程、每天所需的机械类型及数量和施工工期进行汇总，如表 2-7所示。

表 2-7　机械设备需求计划

序号	机械名称	类型、型号	需求量		货源	使用起止时间	备注
			单位	数量			

(4) 预制品、半成品订货和需求计划。预制品、半成品订货和需求计划是指根据施工方案和施工进度计划来确定施工所需要的预制品、半成品(如预制混凝土楼梯、预制混凝土叠合楼板和叠合梁、预制柱、污水井、电缆沟等资源)的数量和进场时间。

(5) 大型工具、器具需求计划。工程施工建设需要大量的设备，其中大型工具和器具是必不可少的一部分，如起重机、挖掘机、打桩机等，这些工具和器具通常采用租赁方式来获取使用权，需要提前确定此类工具和器具的需求数量、规格要求、使用时间等方面，因此应编制大型工具、器具需求计划。

6) 施工准备工作计划

施工准备工作既是单位工程开工的条件，也是施工中的一项重要内容，开工之前必须为开工创造条件，开工后必须为作业创造条件，因此，它贯穿于施工过程的始终。所以，在施工组织设计中必须做好施工准备工作计划，并且该计划应在施工进度计划编制完成后进行。施工准备工作计划应包括下列内容。

(1) 施工准备工作组织及时间安排。

(2) 技术准备及质量计划。

(3) 施工现场准备。

(4) 作业队伍和管理人员的准备。

(5) 物资准备。

(6) 资产准备。

7) 施工平面图

施工平面图应按现行制图标准和制度要求进行绘制，主要包括下列内容。

(1) 施工平面图说明。

(2) 施工平面图详图。

(3) 施工平面图管理计划。

8) 技术组织措施计划

技术组织措施计划是指施工企业为了更好地完成施工任务，加快施工进度，提高工程质量，节约原材料，改善劳动条件，革新技术手段，提高机械化程度和机械使用率，保证安全施工等，在技术上、组织上采取各种有效方法和措施，并在施工中有效应用的计划。施工技术组织措施计划包括下列内容。

(1) 保证进度目标的措施。

(2) 保证质量目标的措施。

(3) 保证安全目标的措施。

(4) 保证成本目标的措施。

(5) 保证季节施工的措施。

(6) 保护环境的措施。

(7) 文明施工的措施。

9) 项目风险管理计划

项目风险管理是指识别和度量项目风险因素，确定风险管理的重点，制定、选择和实施风险处理方案的过程。风险管理的目的是有效控制成本、工期、质量和安全目标。项目风险管理规划包括以下内容。

(1) 风险因素识别一览表。

(2) 风险可能出现的概率及损失值估计。

(3) 风险管理重点。

(4) 风险防范对策。

(5) 风险管理责任。

10) 信息管理计划

信息管理是指对信息的收集、整理、处理、存储、传递与运用等一系列工作的总称。信息管理计划包括以下内容。

(1) 与项目组织相适应的信息流通系统计划。

(2) 项目中心的建设计划。

(3) 项目管理软件的选择与使用计划。

(4) 信息管理实施计划。

11) 技术经济指标分析

技术经济指标分析包括如下内容。

(1) 规划的指标，包括总工期、质量标准、成本指标、资源消耗指标、其他指标(如施工的机械化水平)等。

(2) 规划指标水平高低的分析和评价。

(3) 指标落实的难点和对策。

复习思考题

1. 简述工程项目前期规划的内容和主要作用。
2. 列举工程实例，说明工程项目目标的确定程序。
3. 何谓工程项目范围？为什么要对工程项目实施范围管理？
4. 何谓工程项目可行性研究？工程项目可行性研究对工程项目有哪些重要作用？
5. 如何进行工程项目结构分析？分析结果对工程项目管理有什么作用？
6. 简述工程项目管理规划的内容和作用。

扫码自测

第3章 工程项目组织

工程项目组织是指由业主、承包商、设计单位、供应商和项目管理公司等构成的组织。项目管理需要通过一定的组织机构来实施。为确保工程项目管理工作能够顺利启动，必须做好项目管理组织工作，包括建立完善的项目法人治理结构，选择项目管理模式，选聘工程项目管理人员和高层管理人员，设计和组建项目管理机构，制定科学、合理的项目管理工作制度和规范、完善的管理程序等。

3.1 工程项目组织概述

3.1.1 组织、项目组织与工程项目组织

1. 组织

组织是按照一定的目标和系统建立起来的团体，也是构成整个社会经济系统的基本单位。“组织”一词具有名词和动词两种词性。“组织”作为名词时，是指组织机构，原为生物学中的概念，它是指机体中构成器官的单位，并且是由许多形态和功能相同的细胞按一定的方式结合而成的。引申到社会政治或经济体系中，“组织”是指按一定的领导体制、部门设置、层次划分、职责分工、规章制度和信息系统等构成的有机整体，它是若干人的集合体，可以完成一定的任务，并为此处理人和人、人和事以及人和物的关系。我们在日常工作中提及的“组织”正是这种意义上的组织。“组织”作为动词时，是指组织行为，即为达到某些目标，通过一定的权力和影响力，对所需要的资源进行合理配置，处理人和人、人和事及人和物关系的行为，可使分散的人或事具有一定的系统性和整体性。

“组织”体现了人类对自然的改造，上述两种含义的有机结合形成了管理学中的组织职能。

2. 项目组织

依据《质量管理 项目管理质量指南》(GB/T 19016—2021)的定义，项目组织是指从事项目具体工作的组织，即由项目的行为主体构成的，为完成特定的项目任务而成立的一次性的临时组织。

项目组织设计与建立，是指经过筹划和设计建成一个可以完成项目管理任务的机构，建立必要的规章制度，划分并明确岗位和部门的层级以及责、权、利，建立和形成

管理信息系统及责任分工系统，并通过一定的岗位和部门人员的规范化活动以及信息流通实现组织目标。组织运行是指在组织系统形成后，按照组织要求，由各岗位和部门实施组织行为的过程。组织调整是指在组织运行过程中，对照组织目标，检验组织系统的各个环节，对那些不利于组织运行和发展的各个方面进行改进和完善的过程。

3. 工程项目组织

工程项目组织是指为完成整个工程项目分解结构图中的各项工作的个人、部门、单位等按一定的规则或规律构成的群体，通常包括业主、施工单位、项目管理单位以及设计和供应单位等，有时还包括投资者和为项目提供服务的部门等。

工程项目组织中的某一个参与者从事项目实施的一部分工作，如勘察工作、设计工作、施工工作、监理工作、供应工作等，这些工作同样符合项目的定义，要完成这些工作也需要建立相应的项目组织。例如，勘察单位承担了工程勘察的工作，其组织即为“勘察项目组织”；施工承包单位承担了施工的工作，其组织即为“工程施工项目组织”等。

3.1.2　工程项目组织的特点

工程项目组织不同于其他组织，它具有自身的特殊性，而这些特殊性都是由工程项目的特点决定的，同时它又决定了项目组织设置和运行的原则，在很大程度上决定了人们在项目组织中的组织行为，以及项目沟通、协调以及信息管理方式。

1. 工程项目组织具有目的性

工程项目组织是为了实现工程目标而建立的，所以具有目的性。工程项目参与者众多，不同参与者在项目中承担的任务和充当的角色都不同，具有不同的利益诉求，因此形成了复杂的项目组织结构体系。为了确保工程项目目标的实现，需要有效调动、联合和协调各参与方的力量，促使各参与方协同一致为实现共同的项目目标而努力。

2. 工程项目组织中任务明确

工程项目的组织设置应以完成项目范围内的所有工作任务为出发点，即通过项目结构分解得到的所有单元，都应该落实具体的承担者。因此，项目结构分解方式对项目组织结构具有很大的影响，它决定了组织结构的基本形态和组织工作的基本分工。每个项目参与者在项目组织中的地位仅由他所承担的任务决定，与其所属企业的规模、级别等无关。项目组织应力求结构简单，因为设置不必要的部门不仅会增加管理费用，而且会降低组织运行效率。

3. 工程项目组织具有一次性和临时性

工程项目是一次性的、临时性的，项目组织成员在完成其所承担的项目任务后就会退出项目组织，整个项目结束后，项目组织就会解散或重新构建其他项目组织。工程项目组织的一次性和临时性是区别于其他企业组织的一大特点，对项目组织的运行、参加者的组织行为、团队建设和沟通管理具有深远的影响。

4. 工程项目组织与企业组织之间关系复杂

大多数情况下，项目组织由企业组建而成，它是企业组织的组成部分。企业组织对项目组织的影响巨大，从企业的经营目标、企业文化到企业资源和利益的分配都会影响项目组织的效率。从管理层面来看，企业是项目组织的外部环境，项目管理人员来自企业，项目组织解体后，相关人员返回企业。对于多家企业合作建设的项目，虽然其项目组织不是由一家企业组建的，但其依附于所有企业，受到所有企业的影响。

3.1.3　工程项目组织的基本形式

工程项目目标产生工作任务，工作任务决定承担者，承担者形成组织。根据工程项目的管理范围和系统结构分解结果，在工程项目中通常有以下两种性质的工作任务。

1. 专业性工作任务

专业性工作任务包括工程设计、工程施工、安装、设备和材料供应、技术鉴定等，一般由设计单位、工程承包公司、供应商、技术咨询和服务单位承担。这些相关单位构成项目的实施层，其主要任务和责任是按合同规定的工期，保质保量地完成项目任务。

2. 管理工作任务

工程项目的管理工作任务可以依据项目组织形式分为以下4个层次，如图3-1所示。

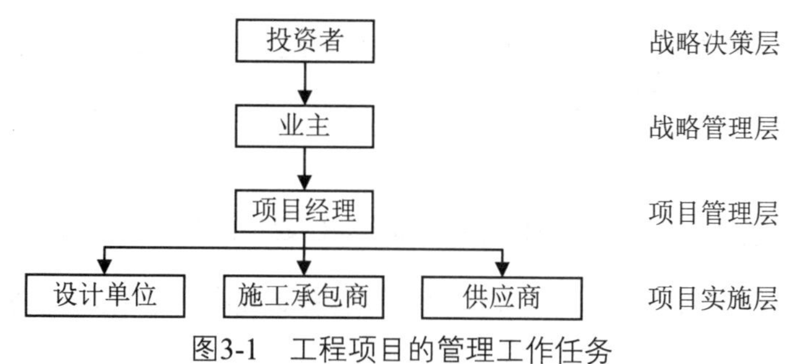

图3-1　工程项目的管理工作任务

1) 战略决策层的管理工作任务

战略决策层是项目的投资者，它居于项目组织的最高层，在项目的前期策划和实施过程中开展战略决策和宏观控制工作。战略决策层的组成由项目的资本结构决定，但由于它通常不参与具体的项目实施和管理工作，一般不出现在项目组织中。

2) 战略管理层的管理工作任务

投资者通常委托一个项目主持人或建设负责人作为业主，以项目所有者的身份开展项目战略管理工作，具体包括以下内容。

(1) 选择和批准工程项目重大的技术方案和实施方案。

(2) 批准项目的设计文件、实施计划和重大修改。

(3) 确定项目组织策略，选择承发包模式、管理模式，委托项目任务，并以项目所有者的身份与项目管理单位和项目实施者(承包商、设计单位、供应单位等)签订合同。

(4) 审定和选择工程项目所用材料、设备和工艺流程等，提供项目实施所需的物质条件，负责协调环境，取得官方批准。

(5) 对项目实施宏观控制，向项目管理单位提供持续的支持。

(6) 按照合同规定向项目实施者支付工程款和接收已完成的工程等。

3) 项目管理层的管理工作任务

通常由业主委托项目管理公司或咨询公司在项目实施过程中承担计划、协调、监督、控制等一系列具体的项目管理工作。在项目组织中，项目管理层通常体现为由项目经理领导的项目经理部，主要任务是为业主提供有效、独立的项目管理服务，满足业主的投资需求，保证业主利益目标和项目整体目标的实现。

4) 项目实施层的管理工作任务

工程设计、施工、供应等单位构成项目实施层，为完成各自的项目任务，分别开展相应的项目管理工作，如质量管理、安全管理、成本管理、进度管理、信息管理等。这些管理工作具体由相应的项目经理部承担。

3.2 工程项目组织策划

工程项目组织策划涵盖项目目标、项目范围、时间进度、资源供应以及实现目标的详细计划，对项目成效具有直接影响。成功的项目组织策划能够明确项目方向和规划，减少项目变更需求，提高资源利用效率，减少项目风险，为项目的成功实施和目标达成奠定坚实基础。

3.2.1 工程项目组织策划要解决的主要问题

工程项目组织策划有许多宏观和微观的问题需要解决，以下3个方面会对项目组织产生至关重要的影响，如图3-2所示。

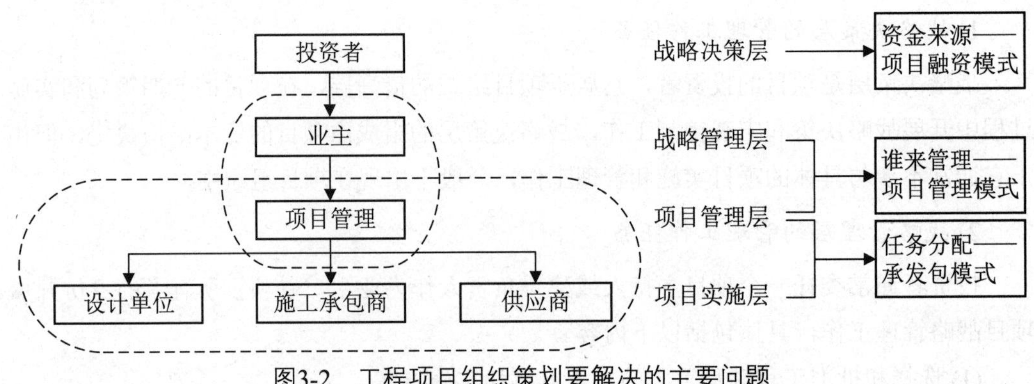

图3-2 工程项目组织策划要解决的主要问题

1. 项目融资模式

项目融资模式决定了项目的资本结构和项目所有者(或发起人)的组成方式，它通常由上层组织决定，一般被视为项目管理的任务。项目融资模式对项目管理有着重大影响，已成为现代工程项目领域研究和应用的热点。

2. 项目管理模式

项目管理模式决定了业主委托项目管理的组织形式和管理工作的分担情况。

3. 承发包模式

承发包模式决定了项目专业性工作任务和管理工作任务的委托方式，以及项目组织结构的基本形式。

3.2.2　工程项目组织策划过程

工程项目组织策划是一项重要的项目管理工作，具体过程如图3-3所示。

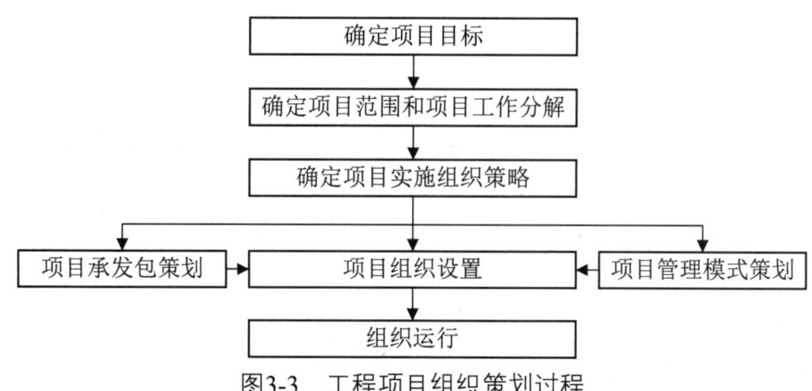

图3-3　工程项目组织策划过程

1. 确定项目目标

项目目标是项目组织策划的基础，确定项目目标是项目组织设计和组织运行的重要环节之一。通过清晰界定项目目标，可以为项目组织提供明确的导向，避免在项目执行阶段出现目标不一致的问题。

2. 确定项目范围和项目工作分解

根据项目目标确定项目范围，明确为实现目标所必须完成的工作，并对这些工作进行分解，建立工作分解结构。

3. 确定项目实施组织策略

确定项目实施组织策略即确定项目实施组织和项目管理模式总的指导思想，具体应明确以下问题：如何实施该项目？业主如何管理项目？项目实施控制到什么程度？哪些工作由企业内部组织完成？哪些工作由承包商或管理公司完成？业主准备面对多少承包商？选择哪种承发包方式？业主准备投入多少管理力量？采用哪种材料和设备供应方式？

4. 项目承发包策划

对项目工作结构分解得到的工程活动进行具体分类和打包，决定项目承发包方式，这对选择项目组织结构形式起到决定作用。

5. 项目管理模式策划

确定业主采用的项目管理模式，例如，全部委托项目管理公司，或业主派人与监理公司共同管理。项目管理模式与项目的承发包方式有着密切的联系。

6. 项目组织设置

为了适应项目管理的需要，应确定合适的项目组织结构，根据组织结构形式和例行性工作确定部门、岗位及其职责，据此选配合适的管理人员，并根据责、权、利一致原则确定其职权。

7. 组织运行

根据规范化、程序化的要求来确定各个部门的工作程序，规定各个部门之间的协作关系和信息沟通方式，以确保组织的执行效率和成果。

3.2.3 工程项目组织策划的依据

工程项目组织策划的依据主要包括以下4个方面。

1. 业主方面

业主方面的依据包括：项目的资本结构；投资者(或上层组织)的总体战略、组织形式、思维方式、项目目标以及目标的确定性；业主的项目实施策略；业主的管理力量、管理水平、管理风格和管理习惯；业主对工程师和承包商的信任程度；业主期望对项目管理的介入深度；业主对项目质量和工期的要求等。

2. 承包商方面

承包商方面的依据包括：拟选择的承包商是否具备施工总承包、“设计—施工”总承包或“设计—采购—施工”总承包的能力；承包商的资信、企业规模、管理风格和水平；承包商抗御风险的能力；承包商的资历和经验等。

3. 工程方面

工程方面的依据包括：拟建工程的类型、规模、特点、技术复杂程度、质量要求、设计深度和工程范围的确定性；工期的限制；项目的营利性；项目的风险程度；项目资源(如资金、材料、设备等)供应及限制条件等。

4. 环境方面

环境方面的依据包括：工程所处的法律环境；市场交易方式和市场行为；人们的诚实信用程度；常用的工程项目实施组织方式；建筑市场的竞争激烈程度；资源供应的保障程度；获得额外资源的可能性等。

3.3　工程项目承发包方式

工程项目发包与承包是指发包方通过合同委托承包方为其完成某一工程项目的全部或其中一部分工作的交易行为。其中，工程项目发包是指建设单位(或总承包单位)将工程任务(勘察、设计、施工等)的全部或一部分通过招标或其他方式，交给具有从事工程建设活动的法定从业资格的单位来完成，并按约定支付报酬的行为；工程项目承包是工程项目发包的对称，是指具有从事工程建设活动的法定从业资格的单位，通过投标或其他方式，承揽工程任务，并按约定取得报酬的行为。工程承发包方式是业主方将工程的建设任务进行合理分解，并选择相应承包商去完成的组织方式。在工程项目建设实践中，典型的承发包方式有以下几种。

3.3.1　DBB模式

DBB(design-bid-build)模式，即设计—招标—建造模式，它是专业化分工的产物，业主分别与设计单位和施工承包商签订合同，设计全部完成后，进行招投标，然后进入施工阶段，如图3-4所示。

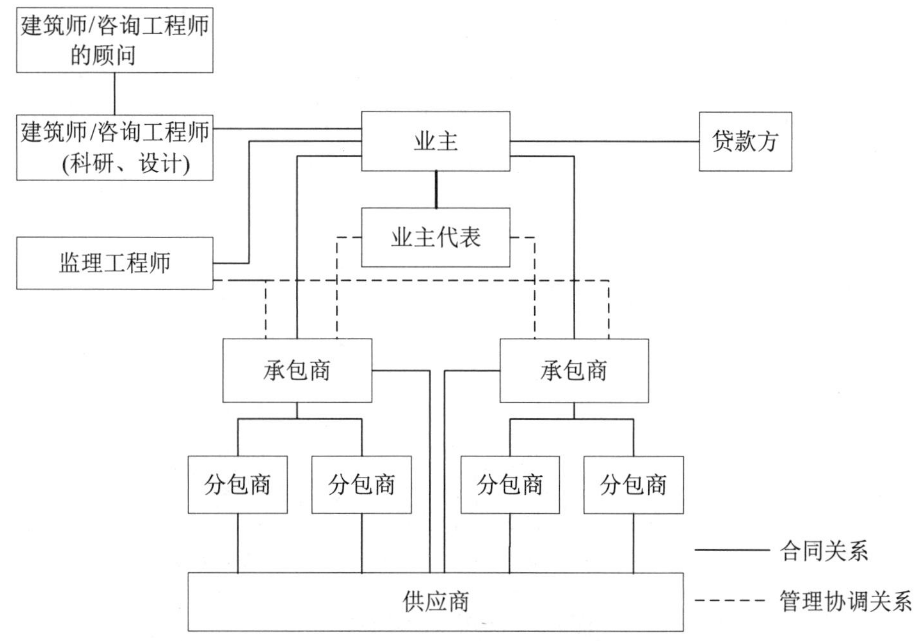

图3-4　DBB模式示意图

DBB模式由业主与设计机构(建筑师/咨询工程师)签订专业服务合同，委托建筑师/咨询工程师开展项目前期的各项有关工作(如机会研究、可行性研究等)，待项目评估立项后再进行设计。在设计阶段准备施工招标文件，随后通过招标选择承包商。业主和承包商订立工程项目施工合同，有关工程的分包和设备、材料的采购一般都由承包商与分包商和供货商单独订立合同并组织实施。业主单位一般指派业主代表(可由本单位选派或由其他公司聘用)与咨询工程师和承包商联系，负责有关的项目管理工作。建筑师/咨询工程师和承包商没有合同关系，但承担业主委托的管理和协调工作。

DBB模式的主要特点是项目组织实施具有顺序性，即按照设计—招标—建造的自然顺序进行，一个阶段结束后另一个阶段才能开始。DBB模式的优点是在世界各地被广泛采用，管理方法较为成熟，各方都熟悉有关程序；业主可自由选择咨询和设计人员，有利于把控设计工作；可自由选择咨询工程师负责监理工程施工；可采用各方均熟悉的标准合同文本，有利于合同管理和风险管理。DBB模式的缺点是工程建设周期较长；业主管理费用较高；设计、施工之间的冲突较多。

3.3.2 工程总承包模式

工程总承包模式是指从事工程总承包的企业受业主委托，按照合同约定对工程项目的勘探、设计、采购、施工、试运行等实行全过程或若干阶段的承包。工程总承包模式有很多，其中较具代表性的两种模式为DB模式和EPC模式。

1. DB模式

DB(design-build)模式，即设计—建造模式，它是对传统的DBB模式的一种变革，如图3-5所示。采用DB模式时，业主方一般首先聘请咨询公司明确拟建项目的设计大纲或功能要求，然后通过招标等方式来选定DB总承包商，并签订相应的工程总承包合同。DB总承包商可以先选择一家咨询设计公司进行设计，然后采用招标方式选择施工分包商，也可以利用自己的设计和施工力量完成部分或全部工程。在业主方允许的条件下，DB总承包商也可能是设计公司和施工企业组成的联合体。

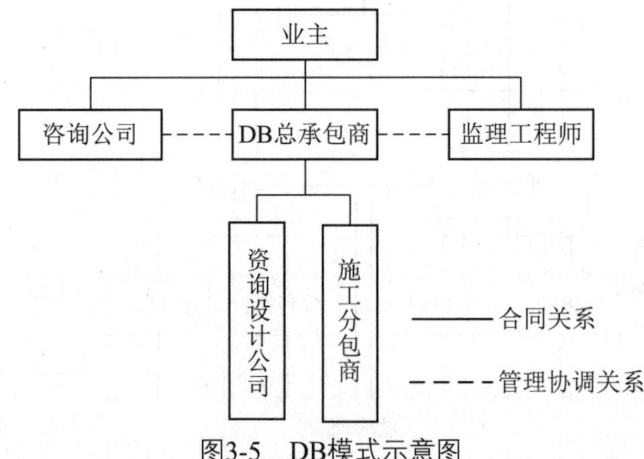

图3-5 DB模式示意图

2. EPC模式

EPC(engineering procurement construction)模式，即设计—采购—施工总承包模式，如图3-6所示，它是指工程总承包商按照合同约定，承担工程项目的设计、采购、施工和试运行服务等工作，并对承包工程的质量、安全、工期和造价全面负责。

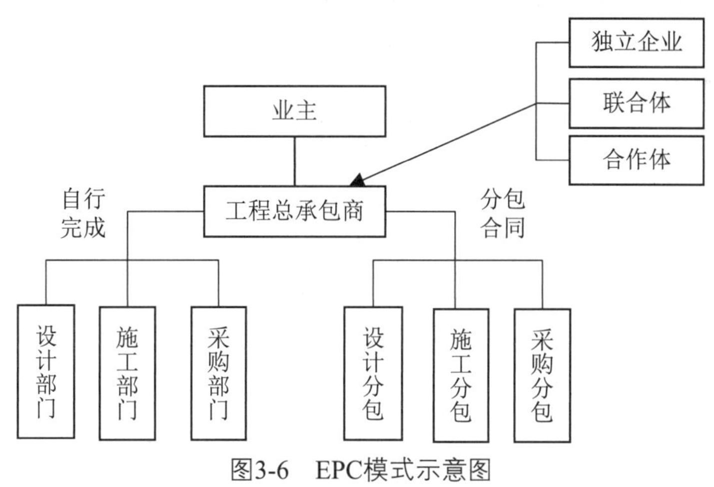

图3-6　EPC模式示意图

EPC模式的优点是工程设计与施工紧密结合，能够增强工程设计的可施工性；一次招标，责任主体单一化，可以增强工程总承包单位的责任意识；减少了业主的合同管理工作量和协调工作量；有利于实现工程设计与施工的搭接，缩短工程建设周期。EPC模式的缺点是对前期工作要求较高；承包风险相对较大；对承包单位要求较高。

3.3.3　CM模式

CM(construction management)模式是美国汤姆森(Thomson)等人于1968年提出的快速路径施工管理方法的简称，它是指由业主委托一家CM单位承担项目管理工作，CM单位以承包商的身份进行施工管理，并在一定程度上影响工程设计活动，组织快速路径(fast-track)的生产方式，使工程项目实现有条件的“边设计、边施工”，如图3-7所示。

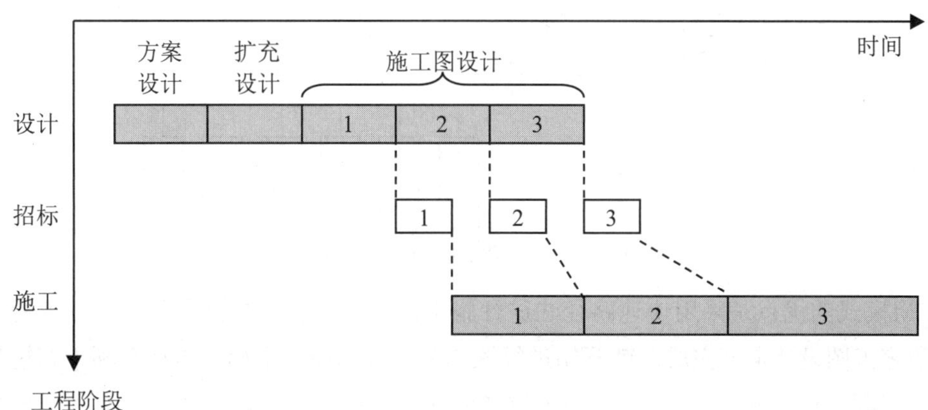

图3-7　CM模式示意图

CM模式分为代理型CM(CM/agency)和非代理型CM(CM/non-agency)两种类型。

1. 代理型CM

CM单位是发包人的咨询单位，直接向发包人提供咨询和代理服务。发包人与CM单位签订咨询服务合同，与承包商签订施工合同。CM单位与设计单位、施工单位和供应单位之间是协调管理关系。CM单位可以仅提供某一阶段的服务，也可以提供全过程的服务。代理型CM模式如图3-8所示。

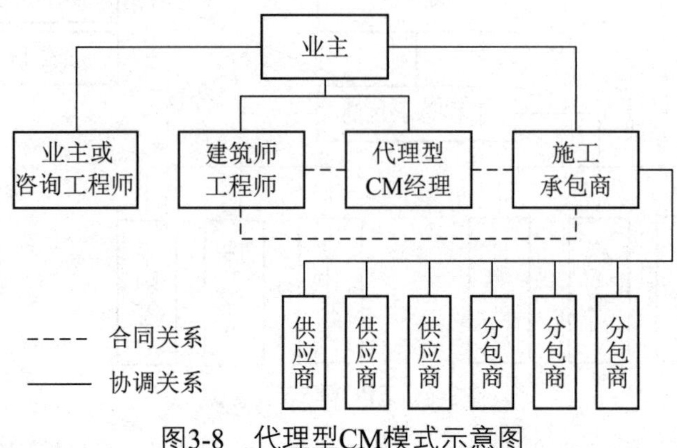

图3-8　代理型CM模式示意图

2. 非代理型CM

非代理型CM又称风险型CM，CM单位同时担任施工总承包商的角色，与专业承包商之间是合同关系。一般发包人要求CM单位承诺保证最大工程费用(guaranteed maximum price，GMP)，以利于发包人的投资控制，CM单位为承包人承担了更多的风险。如果实际工程费用超过GMP，那么超出部分将由CM单位承担；如果实际工程费用低于GMP，那么节省下来的费用全部归建设单位所有，CM单位可获得部分奖励。风险型CM模式，如图3-9所示。

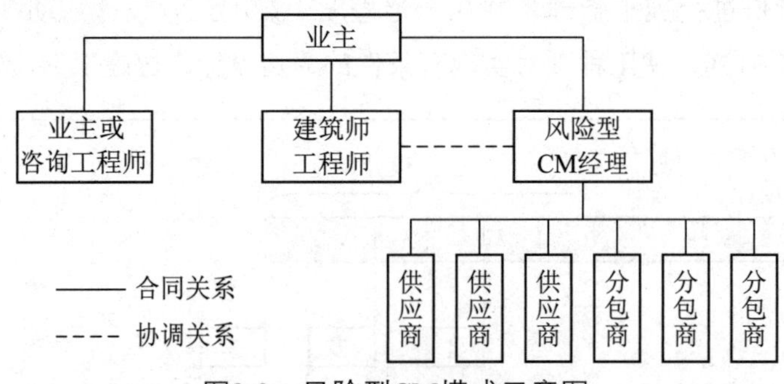

图3-9　风险型CM模式示意图

CM模式的优点是采用快速路径法进行施工，在工程设计结束之前，一旦工程某些部分的施工图设计全部完成，就开始进行该部分工程的施工招标，这样有利于缩短建设周期；工程设计与施工相结合，CM单位能够介入工程设计，提出建议，有利于提高工程质量；工程造价控制机制合理，如果采用非代理型CM模式，CM单位将对工程费用的控制承担风险。

3.3.4 伙伴关系模式

伙伴关系(partnering)模式，也称为合作管理模式，是指两个或两个以上的组织为了获取特定的商业利益，充分利用各方资源而做出承诺、开展协作的模式。工程项目管理中的伙伴关系模式建立在发包人和参与各方的相互信任、资源共享的基础上，从而构成基本的伙伴或同盟关系。伙伴关系模式主要有以下几个特点。

(1) 参与伙伴关系模式的有关各方必须是完全自愿的，而非出于任何原因的强迫。

(2) 参与各方共担风险、共享资源，因此，高层管理者的认同、支持和决策是关键。

(3) 伙伴关系协议主要用来确定参与各方的共同目标、任务分工和行为规范，并不会改变参与各方按合同规定所享有的权利和应履行的义务。

(4) 伙伴关系模式强调资源共享，信息作为一种重要资源，必须面向参与各方公开。

伙伴关系模式不是一种独立存在的模式，通常需要与其他承包模式结合应用。采用伙伴关系模式时，应以确保项目成功、实现相互利益为共同目标，订立联合方式的基本合同，并围绕回避合同纠纷，确定一些具体的解决程序和方法。

3.4 工程项目组织结构

组织结构模式又称为组织结构形式，是组织各要素相互连接的框架形式。按项目组织与企业组织的联系方式分类，可将项目组织结构分为以下几种。

3.4.1 直线式组织结构

直线式组织结构是早期被广泛应用的一种组织结构模式，来自军事组织系统。在直线式组织结构中，每一个工作部门只能对其直接下属部门下达工作指令，不能越级指挥，每一个工作部门也只有一个直接上级部门，如图3-10所示。因此，直线式组织结构的特点是每一个工作部门只有一个指令源，这样可以避免由于指令矛盾而影响组织系统的运行。但在一个较大的组织系统中，由于直线式组织结构的指令路径很长，有可能会在组织系统中造成一定程度的运行困难。直线式组织结构的特点是权力系统自上而下形成直线控制，权责分明。

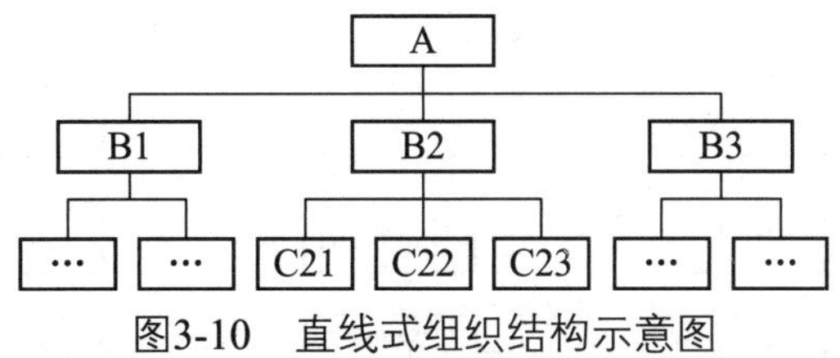

图3-10 直线式组织结构示意图

通常情况下，独立的项目和单个中小型工程项目适合采用直线式组织结构。这种组织结构与项目结构分解图有较好的对应性。

1. 直线式组织结构的优点

(1) 保证单头领导，每个组织单元仅向一个上级负责，一个上级对其下级直接行使管理和监督的权力，即直线职权，一般不能越级下达指令。项目参与者的工作任务、责任、权力明确，指令唯一，这样可以减少扯皮和纠纷，协调方便。

(2) 具有独立组织的优点，项目经理能直接控制资源，向业主负责。

(3) 信息流通快，决策迅速，项目容易控制。

(4) 项目任务分配明确，责、权、利关系清楚。

2. 直线式组织结构的缺点

(1) 当项目规模较大时，需将项目划分成若干子项目；或者当项目数量较多时，每个项目(子项目)均应对应一个独立完整的组织结构，不利于企业资源的合理利用。

(2) 项目经理责任较大，集中了所有决策信息，对其决策能力、知识体系、经验等要求较高，容易造成决策困难、缓慢，甚至出错。

(3) 权力争执会导致参与单位之间合作困难，不能保证项目参与单位之间信息流通的速度和质量。

(4) 各个项目之间缺乏信息交流，项目之间的协调、企业实施计划和控制比较困难。

(5) 如果专业化分工太细，就会造成多级分包，从而造成组织层次的增加。

3.4.2 职能式组织结构

职能式组织结构也称部门控制式组织结构，是在泰勒的管理思想的基础上发展起来的一种项目组织形式，它是一种传统的组织结构模式，特别强调职能的专业分工，因此，以职能作为划分部门的依据，将管理职能分别授权给不同的管理部门。一个项目可能由某一个职能部门负责完成，也可能由多个职能部门共同完成，各职能部门与项目之间的协调工作需要在职能部门经理这一层次上进行。职能式组织结构如图3-11所示。

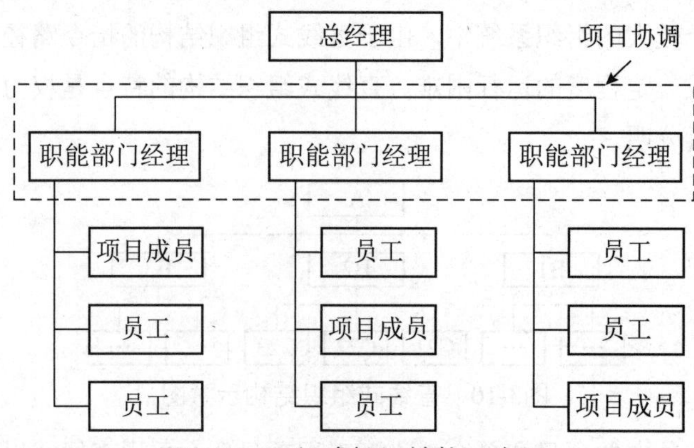

图3-11 职能式组织结构示意图

在职能式组织结构中，总经理将项目任务分配给相应的职能部门，职能部门经理对分配到本部门的项目任务负责。职能式组织结构适用于任务相对稳定且明确的项目工作，但不同的职能部门经理对项目在各职能部门的优先级看法不一，所以分配到某些部门的工作可能会因缺乏其他部门的协作而被迫推迟。

1. 职能式组织结构的优点

(1) 由于部门是按职能来划分的，各职能部门的工作具有很强的针对性，可以最大限度地发挥人员的专业才能。

(2) 如果各职能部门之间能相互协作，那么将对整个项目的完成起到事半功倍的效果。

2. 职能式组织结构的缺点

(1) 项目信息传递途径不畅。

(2) 容易形成多头领导，工作部门可能会接到来自不同职能部门发出的相互矛盾的指令。

(3) 当不同职能部门之间有意见分歧且难以统一时，互相协调就会存在一定的困难。

(4) 职能部门直接对工作部门下达工作指令，在一定程度上弱化了项目经理对工程项目的控制能力。

3.4.3　项目式组织结构

项目式组织结构也称为工作队式组织结构，是指公司首先任命项目经理，由项目经理负责从企业内部招聘或抽调人员组成项目组织，所有项目组织成员在项目建设期间需要中断与原部门组织的联系，原单位负责人只负责业务指导及考察，不得随意干预其工作或调回人员。项目结束后组织撤销，人员返回原部门岗位。项目式组织结构如图3-12所示。项目式组织结构适用于大型项目、工期要求紧迫的项目，以及要求多工种、多部门相互密切配合的项目。

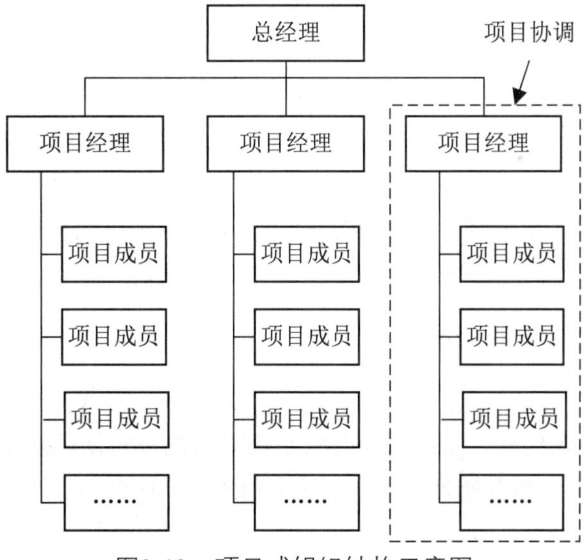

图3-12　项目式组织结构示意图

1. 项目式组织结构的优点

(1) 项目经理权力集中，可以及时作出决策，指挥方便，有利于提高工作效率。

(2) 项目经理从各个部门抽调或招聘的是项目所需要的各类专家，他们在项目管理中可以相互配合、相互学习、取长补短，有利于培养一专多能的人才并充分发挥其作用。

(3) 各种专业人才集中在一起，减少协作摩擦和时间损耗，解决问题快，办事效率高。

(4) 由于减少了项目组织与企业职能部门的结合部分，减少了协调关系的时间，同时弱化了项目组织与企业组织部门的关系，减少或避免了本位主义和行政干预，有利于项目经理顺利地开展工作。

2. 项目式组织结构的缺点

(1) 各类人员分别来自不同的部门，拥有不同的专业背景，彼此间缺乏合作经验，难免配合不当。

(2) 各类人员集聚在一起，但在同一时期内他们的工作量可能会有很大的差别，因此很容易造成忙闲不均，从而导致人员的浪费。对于专业人才，企业难以在企业内部进行调剂，往往导致企业整体工作效率的降低。

(3) 项目管理人员长期离开原单位，离开他们所熟悉的工作环境，容易产生临时观念和不满情绪，从而影响积极性的发挥。

(4) 专业职能部门的优势无法发挥，由于同一专业人员分散在不同的项目上，彼此间交流困难，职能部门无法对他们进行有效的培训和指导，影响各部门的数据、经验和技术积累，难以形成专业优势。

3.4.4 矩阵式组织结构

矩阵式组织结构是现代大型工程项目广泛应用的一种新型组织形式。它把职能原则和对象原则结合起来，既发挥了职能部门的纵向优势，又发挥了项目组织的横向优势，形成了独特的组织形式。从组织职能方面来看，以实现企业目标为宗旨的企业组织要求实行专业化分工并保持长期稳定的状态，而一次性项目组织则具有较强的综合性和临时性特点。矩阵式组织结构能够将企业组织职能与项目组织职能有机结合起来，形成一种纵向职能部门和横向项目组织相互交叉的“矩阵”形式。

1. 矩阵式组织结构的分类

矩阵式组织结构可分为弱矩阵式、平衡矩阵式和强矩阵式组织结构。

(1) 弱矩阵式组织结构。采用弱矩阵式组织结构的项目团队通常没有明确的项目经理，只有一个协调人员负责协调工作，如图3-13所示。团队各成员之间按照各自职能部门所对应的任务，相互协调开展工作。实际上，在这种结构下，职能部门经理分担了相当多原本属于项目经理的职能。

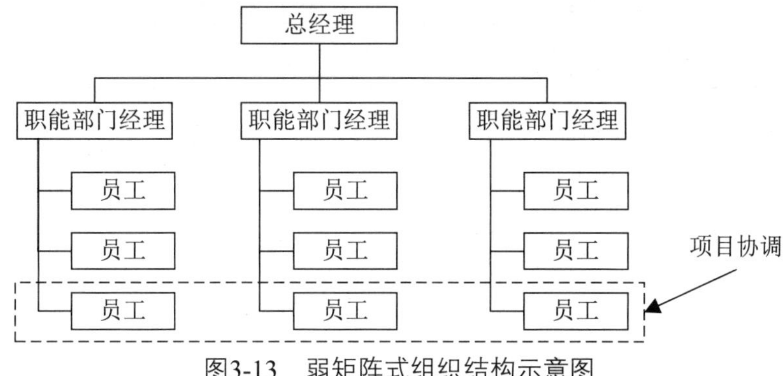

图3-13　弱矩阵式组织结构示意图

弱矩阵式组织结构偏向于职能式组织结构，所以其优缺点和适用条件与职能式组织结构相似。

(2) 平衡矩阵式组织结构。平衡矩阵式组织结构是介于强矩阵式组织结构与弱矩阵式组织结构之间的一种结构形式，如图3-14所示。在这种组织结构中，项目经理由一个职能部门中的成员担任，他除了负责项目管理工作外，还可能负责本部门承担的其他项目任务，因此，当项目经理与上级沟通时，不得不在职能部门负责人与公司领导之间做出平衡与调整。

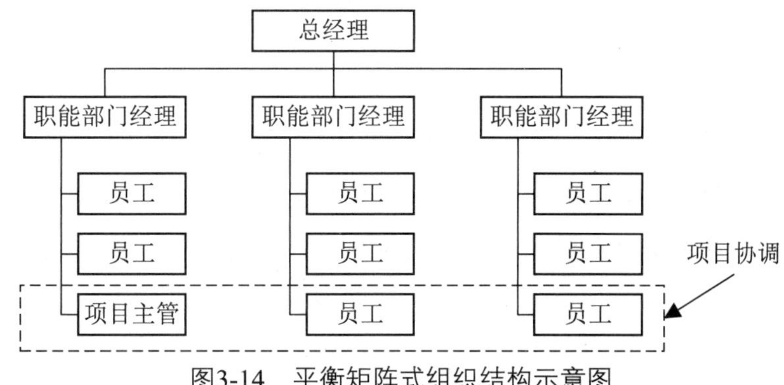

图3-14　平衡矩阵式组织结构示意图

(3) 强矩阵式组织结构。采用强矩阵式组织结构时，应配置专职的项目经理负责项目的管理与运行，项目经理来自公司的专门项目管理部门，如图3-15所示。项目经理与上级沟通往往是通过项目管理部门负责人进行的，项目经理对项目部门经理负责，项目部门经理同时管理多个项目，项目中的人员根据项目需要，分别从各职能部门调配而来，以全职或兼职的形式投入项目工作。项目经理决定任务分配，职能部门经理则决定人员配置及技术支持安排。与此同时，职能部门还要负责完成各自的工作。

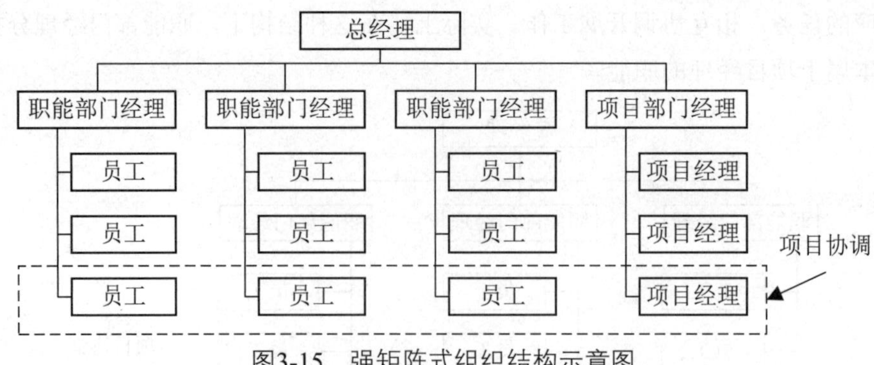

图3-15　强矩阵式组织结构示意图

在强矩阵式组织结构中，项目经理独立于企业职能部门之外，项目团队成员来自相关职能部门，项目完成后再回到原职能部门。

在矩阵式组织中，永久性的专业职能部门和临时性的项目组织同时交互起作用。在纵向上，不同的职能部门是永久性的；在横向上，不同的项目是临时性的。职能部门负责人对本部门参与项目的人员有组织调配、业务指导和管理审核的责任。项目经理负责将参加项目的各种专业人员按项目实施要求有效地组织协调在一起，领导他们为实现项目目标共同配合工作。矩阵式组织中的每个成员，都应接受原职能部门负责人和项目经理的双重领导，从某种意义上说，他们参加项目只是被“借”到项目中。在一般情况下，职能部门负责人的控制力大于项目经理的控制力。职能部门负责人有权根据不同项目的需要和工作强度，将本部门专业人员在项目之间进行适当调配，使专业人员可以同时为多个项目服务，从而避免出现某种专业人员在一个项目中闲置而另一个项目又奇缺此类人员的现象，大大提高了人员的利用率。项目经理对参加本项目的专业人员有控制和使用的权力，当他感到人力不足或某些成员不得力时，可以向职能部门请求支持或要求调换。在这种体制下，项目经理可以得到多个职能部门的支持，但为了实现合作和获得支持，纵向和横向之间应进行良好的沟通与协调，这就对整个企业组织和项目组织的管理水平和工作效率提出更高的要求。

下面以一个大型建设工程项目为例，如果采用矩阵式组织结构，纵向工作部门可以是投资控制、进度控制、质量控制、合同管理、信息管理、人事管理、财务管理、物资管理等职能部门，而横向工作部门可以是各子项目的项目经理部，如图3-16所示。

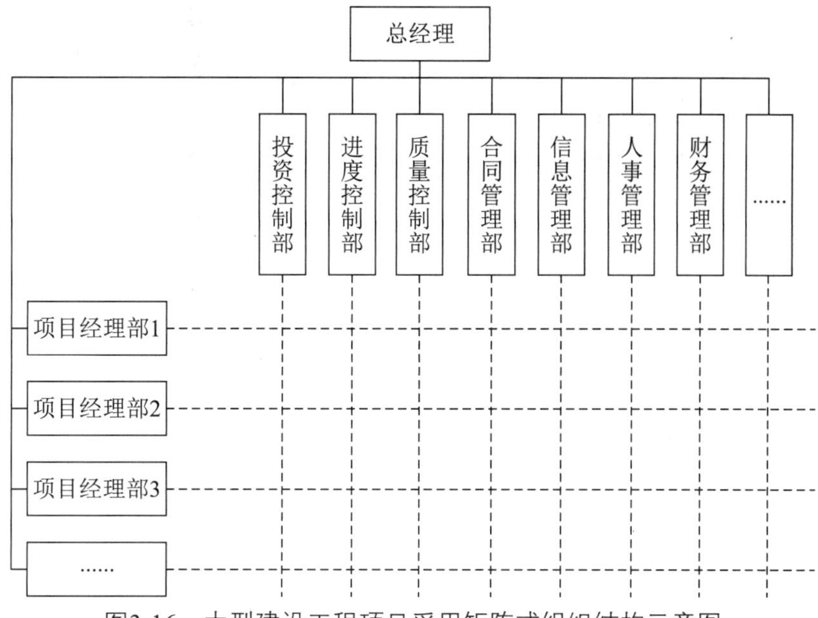

图3-16 大型建设工程项目采用矩阵式组织结构示意图

2. 矩阵式组织结构的优缺点

1) 矩阵式组织结构的优点

(1) 矩阵式组织结构兼有职能式和项目式组织结构的优点。矩阵式组织结构把职能原则和对象原则有机地结合起来，既发挥了纵向职能部门的优势，又发挥了横向项目组织的优势，解决了传统组织结构中企业组织和项目组织相互矛盾的难题，增强了企业长期例行性管理和项目一次性管理的统一性。

(2) 矩阵式组织结构能够有效利用人力资源。采用矩阵式组织结构，可以通过职能部门的协调，将一些项目中闲置的人员及时调配到急需人员的项目中，以尽可能少的人力来提升多个项目的管理效率，从而提高人力资源利用效率。

(3) 有利于人员的全面培养。在矩阵式组织结构中，拥有不同知识背景的人员在合作中相互取长补短，在实践中拓宽知识面，有利于培养人员的一专多能，还可以充分发挥纵向专业职能集中的优势，为人员的成长奠定深厚的专业训练基础。

2) 矩阵式组织结构的缺点

(1) 双重领导。矩阵式组织结构中的成员要接受来自横向、纵向领导的双重指令，当双方领导目标不一致或产生矛盾时，当事人会感到无所适从；一旦出现问题，可能会出现双方领导相互推诿、无人负责的情况。

(2) 管理要求高，协调较困难。矩阵式组织结构对企业管理和项目管理的水平、领导者的素质、组织机构的办事效率、信息沟通渠道的畅通程度均有较高的要求。矩阵式组织结构的复杂性和项目结合部分的增加，常常会导致信息沟通量的膨胀和沟通渠道的复杂化，这使得信息梗阻和信息失真情况增多，让组织关系的协调变得更加困难。

(3) 容易出现项目经理的责任与权力不统一的问题。一般情况下，职能部门对项目组织成员的控制力大于项目经理的控制力，导致项目经理的责任大于权力，工作难以开展。项目组织成员受到职能部门的控制，凝聚在项目上的力量减弱，项目组织的作用发挥也会受到影响。同时，管理人员身兼多职，管理多个项目，有时难以确定管理项目的前后顺序，容易顾此失彼。

3. 矩阵式组织结构的适用范围

(1) 大型、复杂的施工项目。这类项目需要多部门、多技术、多工种相互配合，在不同施工阶段，对不同人员有不同的数量和搭配需求，宜采用矩阵式组织结构。

(2) 同时存在多个施工项目。各项目对专业技术人员和管理人员都有需求，在矩阵式组织结构下，职能部门可根据需要将有关人员派到一个或多个项目中工作，充分利用有限的人员对多个项目进行管理。

3.4.5 虚拟项目组织

20世纪80年代以后，虚拟项目组织开始出现，并逐渐被人们广泛研究和应用。虚拟项目组织是指两个以上的、在法律意义上独立的公司、机构和(或)个人，包括供应商、制造商、开发商和客户，为迅速向市场或用户提供某种产品和服务而组成的一种临时性的、非固定化的相互合作的组织联盟。他们的合作关系是动态的，当目标实现、产品寿命期结束或项目结束时，组织就会自动解散或重新开始新一轮的组合运作过程。

1. 虚拟项目组织的特点

(1) 虚拟项目组织不具有法人资格，也没有固定的组织层次和内部管理系统，它是一种开放式的组织结构，参与单位提供各自的核心能力进行横向或纵向合作。

(2) 虚拟项目组织按照平等的原则组建，成员之间是平等合作的伙伴关系，在信任的基础上实现知识产权、技能和信息资源的共享。

(3) 虚拟项目组织以网络技术、计算机技术以及电子商务技术等为依托，跨越空间界限，组织成员可能遍布世界各地，能够通过信息技术和通信系统进行协调。

(4) 虚拟项目组织成员提供各自的核心能力，通过资源优化配置，实现优势互补。在互联网上，虚拟项目组织成员通过竞争招标或自由选择等方式确定合作伙伴关系，通过资源的整合利用和能力互补，迅速形成各专业领域中独特的竞争优势，以低成本和快速度对市场做出反应，完成单个企业难以承担的项目。

2. 虚拟项目组织的适用范围

虚拟项目组织实质上就是一种特殊的跨企业且跨空间的项目组织。在现代工程项目领域，虚拟项目组织主要应用于以下情形。

(1) 在一些高科技工程项目中，可以应用虚拟项目组织构成一个跨行业、跨地域的联合体，充分利用全球的知识和信息资源去开拓市场，形成合作伙伴关系，构建虚拟化的项目实施过程，为客户提供高科技产品或服务，如图3-17所示。

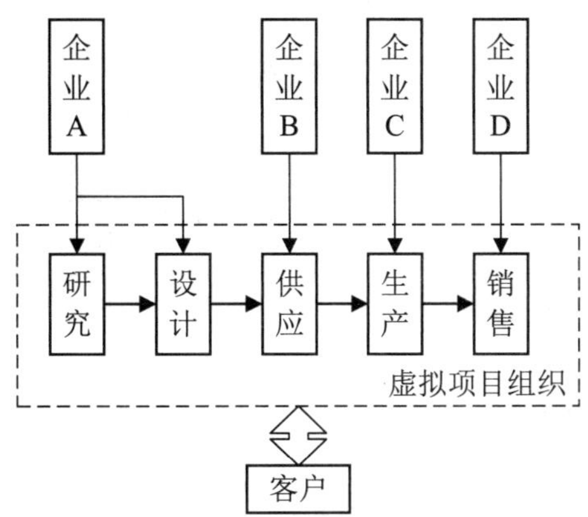

图3-17　虚拟项目组织形式

(2) 在设计大型高科技工程项目时，可以通过互联网将世界各地的设计分部(或合作单位)组合在一起，形成一个虚拟设计工作室。某些成员提供核心开发能力，某些成员提供专业系统设计能力，某些成员提供相关工程市场的信息等，如图3-18所示。

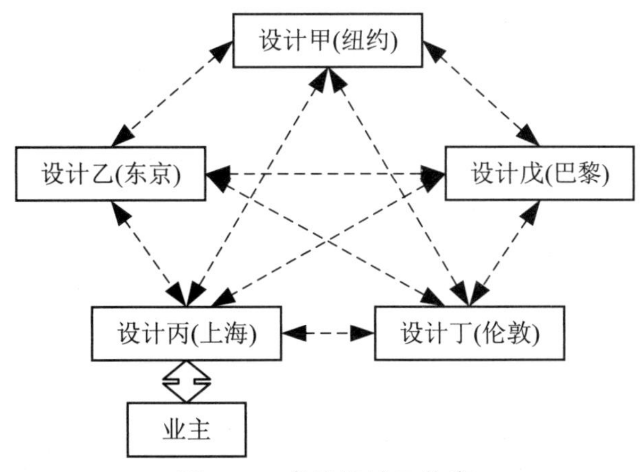

图3-18　虚拟设计工作室

(3) 设备供应商和制造商构建虚拟项目组织平台。例如，在某城市地铁机车招标中，某国外供应商在投标和与业主谈判过程中就采用虚拟项目组织的运作方式，该供应商派出很少的专家与业主谈判，将业主的招标文件和要求通过互联网发给它在世界各地的合作伙伴，如机车设计单位、制造商、信号系统开发单位、运输公司、材料和构件供应商等，让他们提出方案并报价。最后由专家进行集成，基于强大的虚拟组织系统提供支持，很快就能提出总体方案和报价，如图3-19所示。

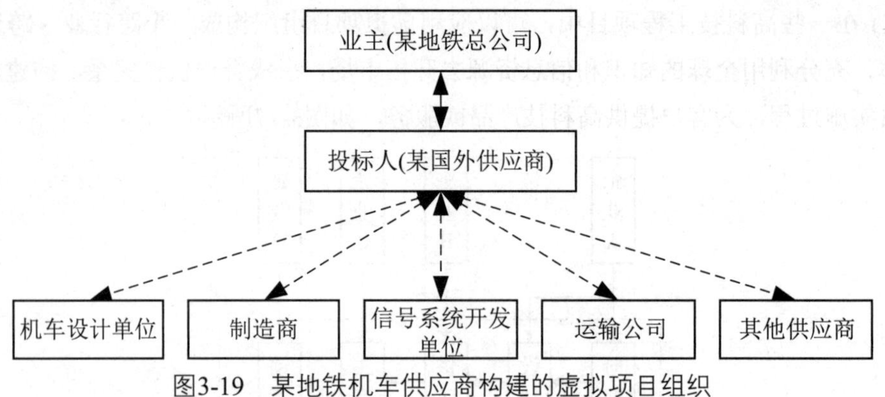

图3-19 某地铁机车供应商构建的虚拟项目组织

3. 虚拟项目组织的优点

虚拟项目组织可以在时间、空间和组织结构3个方面实现项目过程虚拟化。作为一种特殊的项目组织形式，它具有以下优点。

(1) 组织结构无层级或扁平化，允许各组织成员在适当层级上自主决策，有利于提高组织决策效率，提高生产效率，缩短项目建设工期，提高服务质量和服务能力，实现低成本运作和快速反应，有助于商家迅速占领市场。

(2) 通过现代信息和通信技术，实现智力资源和信息资源的共享。

(3) 通过全球范围内的资源共享、优势互补、强强联合，实现资源配置最优化，从而获得竞争优势，便于联合承担大型或特大型的复杂项目。

(4) 组织成员在组织中地位完全平等，共同承担风险，互惠互利，有助于相互信任和相互依赖，提高组织运作的民主化程度。

(5) 采取动态的组织结构和灵活的合同策略，有助于提高组织的灵活性和活力。

4. 虚拟项目组织的缺点

(1) 虚拟项目组织的控制力较弱。虚拟项目组织有可能失去对信息、技术和一些外部资源的控制。传统的项目组织可以通过严格的层级制度对组织成员的行为、信息、资源和技术加以控制，例如，当工作中出现问题时，可以通过项目组织机构进行协调和实施控制，并加以解决。而虚拟项目组织是建立在相互合作基础之上的，每个组织成员只能控制工程项目中的一小部分，如果某个环节或合作者出现问题，就会造成整个项目过程的断裂，从而导致项目的失败。

(2) 通过信息技术无法获得的“软信息”，容易使信息反馈失真，导致项目失控。

(3) 与传统组织不同，为了提高组织整体效率，虚拟项目组织的管理者需要花费更多的时间在组织成员之间进行协调与沟通，还需要投入力量做好工作业绩评价和组织成员的激励工作，管理成本较高。

5. 虚拟项目组织的应用条件

(1) 依赖高科技、大量知识和信息。只有提高信息化和知识化水平，才能发挥虚拟项目组织的优势，才能提高各成员知识、能力互补和共享的效益。

(2) 应用现代信息技术。现代信息技术使得虚拟项目组织的成员可以较低的成本、较快的速度实现跨地域合作和协调，从而形成跨地域的虚拟化项目过程。

(3) 组织成员素质高。组织成员必须高度自律和诚实，同时需要建立完善的信用机制。从某种意义上说，组织成员相互信任是虚拟项目组织取得成功的关键，也是虚拟项目组织顺利运行的基础。

(4) 虚拟项目组织的顺利运行需要组织成员在运行程序、管理规范、信息系统等方面协调统一，需要周密的程序、精确的预算和报告系统、有效的管理系统和管理的规范化，同时要求不同组织成员之间实现过程和系统的集成。

(5) 组织成员不仅需要具有高度一致的价值取向和共同目标，还需要有合作共赢的理念。

3.5　工程项目组织协调

3.5.1　工程项目组织协调的概念

工程项目在运行过程中会涉及很多方面的关系，为了处理好这些关系，保证项目目标的实现，需要做好协调工作。所谓协调，就是以一定的组织形式、手段和方法，对项目中产生的不畅关系进行疏通，对产生的干扰和障碍予以排除的活动。协调的目的是力求得到各方面协助，促使各方协同一致，齐心协力，实现预定目标。项目协调其实就是一种沟通管理，沟通管理是通过正式的结构和步骤，及时和适当地对项目信息进行收集、分发、储存和处理，并对非正式沟通网络进行必要的控制，从而有利于项目目标的实现。

项目系统是一个由人员、物质、信息等构成的人为组织系统，是由若干相互联系而又相互制约的要素有组织、有秩序地组成的具有特定功能和目标的统一体。项目的协调关系一般可以分为“人员/人员界面”“系统/系统界面”“系统/环境界面”。

项目组织是人的组织，是由各类人员组成的。人的差别是客观存在的，由于每个人的经历、心理、性格、习惯、能力、任务和作用不同，多人在一起工作，必定会存在潜在的人员矛盾或危机。这种人和人之间的间隔，就是“人员/人员界面”。

如果把项目系统看作一个大系统，则可以认为它实际上是由若干个子系统组成的一个完整体系。各子系统的功能不同，目标不同，内部工作人员的利益不同，因此容易产生各自为政的趋势和相互推脱责任的现象。这种子系统和子系统之间的间隔，就是“系统/系统界面”。

项目系统在运行过程中，必须和周围环境相适应，所以项目系统必然是一个开放的系统，它能主动从外部世界取得必要的能量、物质和信息。这个过程会存在许多障碍和阻力。这种系统与环境之间的间隔，就是“系统/环境界面”。

工程项目协调管理就是在“人员/人员界面”“系统/系统界面”和“系统/环境界

面”之间，对所有的活动及力量进行联结、联合和调和。

由动态相关性原则[①]可知，总体的作用规模大于各子系统的作用规模，因而应把系统作为一个整体来研究和处理。为了顺利实现工程项目建设系统目标，必须重视协调管理，发挥系统整体功能。为了保证项目各参与方围绕项目开展工作，应发挥组织协调的作用，只有通过积极的组织协调才能顺利实现项目目标。

3.5.2　工程项目组织协调的范围和层次

工程项目组织协调可以分为系统内部的协调和对系统外层的协调。系统内部的协调包括项目经理部内部的协调、项目经理部与企业的协调以及项目经理部与作业层的协调。从项目组织与外部世界的联系程度来看，对系统外层的协调又可以分为近外层协调和远外层协调。近外层指与项目有合同关系的单位，如设计单位、监理单位、建设单位等；远外层指与项目无合同关系但需协调的外部单位，如政府机构等。工程项目组织与近外层关联单位一般订立了合同关系，包括直接和间接合同关系，如与业主、监理单位、设计单位、供货商、分包商和保险人等的合同关系；工程项目组织和远外层关联单位一般没有合同关系，但有法律、法规和社会公德等的约束关系，如与政府、项目周边居民和社区组织以及环保、交通、文物、消防和公安等单位的关系。

工程项目组织协调的范围和层次如图3-20所示。

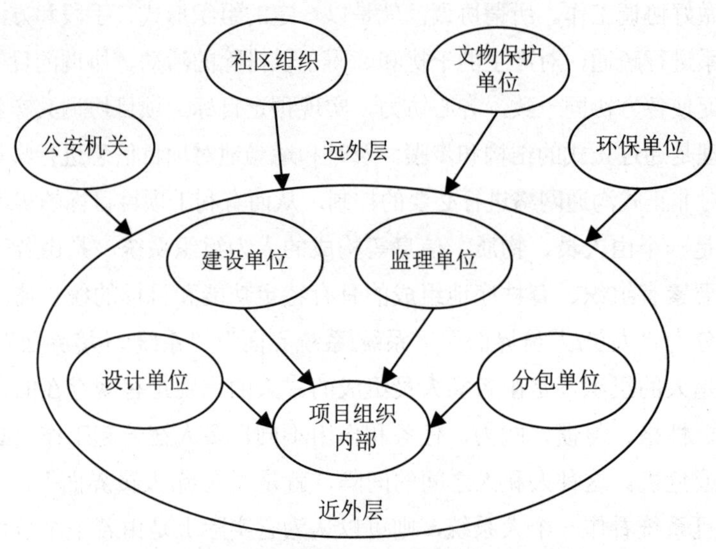

图3-20　工程项目组织协调的范围和层次

3.5.3　工程项目组织内部关系的协调

工程项目组织内部存在多种关系，因此工程项目组织内部关系的协调涵盖多方面的内容，主要包括工程项目组织内部人际关系的协调、工程项目组织内部组织关系的协

---

① 构成系统的各个要素是运动和发展的，而且是相互关联的，它们之间相互联系又相互制约，这就是动态相关性原则。

调、工程项目组织内部需求关系的协调等。

1. 工程项目组织内部人际关系的协调

人是项目组织中最重要、最活跃的要素，组织的运行效率在很大程度上取决于人际关系的协调程度。为了顺利地完成工程项目目标，项目经理应特别注意项目组织内部人际关系的协调。

项目组织内部人际关系的协调所涉及的内容多而复杂，因此协调方法多种多样。为了做好项目组织内部人际关系的协调工作，应注意以下几个方面。

(1) 正确对待员工，重视人的能力建设。正确对待员工是协调项目组织内部人际关系的基础。项目管理者要以新的管理理念来协调项目组织内部的人际关系，不要把人只看成项目管理的基本要素之一，这种以“经济人”假设为基础和前提的物本管理，强调的是对人进行经济和物质鼓励，把协调工作简单化。在项目管理实践中，需要把人看成“社会人”，以人为本，以行为科学的理论为指导协调工作；还需要把人看成“能力人”，以能力为本，大力开发人力资源，营造一个人能够发挥创造能力的环境，充分调动人的创造力和智力，从而为实现项目目标服务。

(2) 重视沟通工作。沟通能够协调项目中各个个体与要素间的关系，让项目成为一个整体。每个工程项目组织都由许多人员组成，项目活动也由许多具体工作构成。由于各个个体的地位、利益和能力不同，对项目目标的理解、所掌握的信息也不同，因此个体的目标有可能偏离项目目标，甚至完全背离项目目标。为了解决这一问题，个体之间需要相互交流意见，统一思想认识，自觉协调自己的工作，以保证项目目标的实现。没有沟通就没有协调，也就不可能完成项目目标。

(3) 做好激励工作。激励是协调工作的重要内容，在项目组织中，每个员工都有自己的特性，他们的需求、期望、目标等都各不相同。项目管理者应根据激励理论，针对员工的不同特点采用不同的方法进行激励。在项目管理中，常用的方法主要有工作激励、成果激励、批评激励和教育培训激励。工作激励是指通过分配恰当的工作来激发员工的内在工作热情；成果激励是指在正确评估工作成果的基础上给予员工合理的奖惩，以保证员工行为的良性循环；批评激励是指通过批评来激发员工改正错误行为的信心和决心；教育培训激励是指采用思想教育、建设和能力培训等手段，通过提高员工的素质来激发其工作热情。

(4) 及时处理各种冲突。冲突是指由于某种差异而引发的抵触、争执或争斗的对立状态。不同员工之间可能因利益、观点、掌握的信息以及对事物的理解的不同而存在差异，因此极易产生冲突。这种冲突在很多情况下会有一个发展过程，项目管理者应多加留意，及时处理各种冲突，以减少冲突造成的损失。

2. 工程项目组织内部组织关系的协调

项目组织是由若干个子系统组成的系统。每个子系统都有自己的目标和任务，并按规定和自定的方式运行。项目组织内部组织关系协调的目的是使各个子系统都能从项目组织整体目标出发，理解和履行自己的职责，相互协作和支持，使整个组织系统处于协调有序的状态，以保证组织的运行效率。因此，项目经理需要投入较多的精力做好组织关系的协调工作，主要解决项目组织内部的分工与协作问题，具体可以从以下几个方面入手。

(1) 合理设置组织机构和岗位。根据组织设计原则和组织目标，合理设置组织机构和岗位，既要避免机构重叠、人浮于事，又要避免机构不全、缺人少物。

(2) 明确各个机构和岗位的目标职责，进行合理授权，建立合理的责、权、利系统。根据项目组织目标和工作任务来确定机构和岗位的目标职责，并根据职责授权，建立执行、检查、考核和奖惩制度。

(3) 建立规章制度，明确各个机构在工作中的相互关系。通过规章制度明确各个机构和人员的工作关系，规范工作程序和考核标准。

(4) 建立信息沟通制度。信息沟通是消除不协调、实现各个部门和员工之间相互配合的前提。项目组织应该通过组织关系建立正常的信息沟通制度，以确保项目信息沟通顺畅。项目组织内部信息沟通的方式灵活多样，项目组织既要注意基于制度的正式信息沟通，又要注意各种非正式信息沟通，倡导各个部门和员工之间相互主动沟通信息。

(5) 建立良好的组织文化。组织文化是组织全体成员共同接受的价值观念、行为准则、团队意识、思维方式、工作作风、心理预期和团体归属感等群体意识。良好的组织文化倡导创新、激励竞争、鼓励开拓，要求在部门之间、员工之间营造出一种合作、协调、沟通、互助的良好氛围，开发和利用团队精神，充分发挥人、财、物的资源优势，实现“1+1>2”的效果。

(6) 及时消除工作中的不协调现象。项目系统比较复杂，影响因素较多，各种利益关系也较为复杂，因此不可避免地存在不协调现象。这些不协调现象可能随着项目的进一步展开，诱发各种严重的矛盾或冲突，导致组织的无序。因此，项目经理应及时发现并消除各种不协调现象，以防止严重后果的产生。

3. 工程项目组织内部需求关系的协调

在工程项目实施过程中，组织内部的各个部门为了完成任务，在不同的阶段需要各种不同的资源，如对人员、材料、设备、能源动力、配合力量的需求等。工程项目始终是在有限资源的约束条件下实施的，因此协调项目组织内部的需求关系，既有助于合理利用各种资源，保证工程项目建设的需要，又有助于提高组织内部各个部门的积极性，提高组织的运行效率。

3.5.4　工程项目组织与近外层关系的协调

不同类型的项目组织，与近外层关系协调的工作内容可能存在差别，但其协调的原理和方法是相似的。下面以承包商的项目组织为例，说明项目组织与近外层关系的协调。承包商的项目组织与近外层关系协调的工作主要包括与本公司关系的协调、与业主关系的协调、与监理单位关系的协调、与设计单位关系的协调、与供应单位关系的协调和与分包商关系的协调等。

1. 项目组织与本公司关系的协调

项目组织是项目经理受公司的委派，为了完成项目目标而建立的工作体系。从管理的角度看，项目组织是公司内部的一个管理层次，需要接受公司的检查、指导、监督、控制；从合同关系的角度看，项目组织往往和公司签订内部承包合同，两者是平等的合同关系。项目组织与本公司关系的协调主要包括以下工作内容。

(1) 经济核算关系的协调。项目成本核算是项目管理的基本内容之一。项目组织作为公司内一个相对独立的核算单位，应根据公司的核算制度、方法、资金有偿使用制度，负责整个工程项目的财务收支和成本核算工作，核算结果应真实反映项目组织的经营成果。

(2) 材料供应关系的协调。公司与项目组织的材料供应关系有以下3种常见的方式。

① 统一供应。工程项目所需的建筑材料、钢木门窗及构配件、机电设备，由项目经理部按工程用料计划与公司材料供应部门签订供需合同，材料供应部门根据合同向项目经理部派出管理机构，提供加工、采购、运输、管理一体化服务。

② 项目组织单独供应。由项目组织的材料采购部门根据项目材料需用计划、材料采购计划与材料供应商签订供需合同，由材料供应商直接供应。

③ 混合供应。对于项目所需要的材料，一部分由公司供应，另一部分由项目组织直接从市场采购。

(3) 周转料具供应关系的协调。工程项目所需的机械设备及周转性材料，主要由公司供应部门供应，部分机械设备及周转性材料由项目组织向物资租赁市场租赁。设备进入项目施工现场后，由项目组织统一管理使用。

(4) 预决算关系的协调。项目组织的预算人员应和公司预算管理部门分工合作，及时做好预算和决算工作。

(5) 技术、质量、安全、测试等工作关系的协调。公司对项目组织的管理方式不同，相关工作关系的协调方式也不同，一般由公司通过业务管理系统，对项目实施的全过程进行监控、检查、考核、评比，以实现严格管理。

(6) 计划统计关系的协调。项目组织的计划统计工作应纳入到公司的计划统计工作体系中，项目组织应该根据公司规定，向公司报送项目的各种统计报表和计划，并接受公司计划统计部门的指导、检查。

2. 项目组织与业主关系的协调

项目组织和业主对工程承包负有共同履约的责任。项目组织与业主关系的协调，不仅会影响项目的顺利实施，而且会影响公司与业主的长期合作关系。在项目实施过程中，项目组织和业主之间会产生多种业务关系，项目实施阶段不同，相关的业务关系也不同，因此项目组织与业主的协调工作内容也存在差异。

1) 施工准备阶段的协调

项目经理作为公司在项目上的代表人，应参与工程承包合同的洽谈和签订，掌握洽谈记录和签订过程。承包合同应明确双方的责、权、利，业主需要保证落实资金、设计、建设场地和外部水、电、路等条件，而项目组织需要负责落实施工必需的劳动力、材料、机具、技术等条件及做好场地准备等。此外，项目组织还要负责编制施工组织设计，并参加业主的施工组织设计审核会，开工条件落实后，应及时提交开工报告。

2) 施工阶段的协调

施工阶段的协调工作主要包括以下几个方面。

(1) 材料、设备的交验。项目组织需要根据合同规定，提出应由业主提供的材料、设备供应计划，并根据有关规定对业主提供的材料、设备进行交接验收。供应到现场的各类物资必须在项目组织调配下统一设库、统一保管、统一发料、统一加工，并按规定结算。

(2) 进度控制。项目组织和业主都希望工程项目能够按照计划进度顺利实施，因此双方应密切合作，创造条件保证项目的顺利进行。项目组织应及时向业主提供施工进度计划表、月份施工作业计划、月份施工统计表等，并接受业主的检查、监督。

(3) 质量控制。在进行质量控制时，项目组织应注意尊重业主对质量的监督权，对于重要的隐蔽工程和关键工序，如地槽及基础的质量检查，应请业主代表参加认证并签字，确认合格后方可进入下道工序。项目组织应及时向业主或业主代表提交材料报验单、进场设备报验单、施工放样报验单、隐蔽工程验收通知、工程质量事故报告等材料，以便业主或业主代表进行分析、监督和控制。

(4) 合同关系。承包商和业主是平等的合同关系，双方都应真心实意共同履约。项目经理作为承包商在项目上的代表，应注意协调与业主的合同关系。如果出现合同纠纷，首先应协商解决，协商不成再向合同管理机构申请调解、仲裁或向法院申请审判解决。在施工期间遇到一般合同问题时，切忌选择诉讼方式解决，如果遇到非常棘手的合同问题，不妨暂时回避，等待时机，另谋良策。只有当对方严重违约导致自己的利益遭受重大损失时，才可以采用诉讼手段。

(5) 签证问题。在项目施工过程中，工程变更和项目增减往往是不可避免的。对于较大规模的设计变更和材料代用，应经原设计部门签证，合同双方再根据签证文件办理工程更改手续，调整施工预算；对于国家规定的材料、设备价格的调整等，可以请业主或业主代表签证，作为工程结算的依据。

(6) 收付进度款。项目组织应根据已完成的工程量及收费标准，计算已完工程价值，编制“工程价款结算单”和“已完工程月报表”等，送交业主代表办理签证结算。

3) 交工验收阶段的协调

当全部工程项目或单项工程完工后，双方应按规定及时办理交工验收手续。项目组织应按交工资料清单整理有关交工资料，验收后交由业主保管。

3. 项目组织与监理单位关系的协调

监理单位与承包商都具备企业的性质，它们是平等的主体。在工程项目建设中，它们之间没有合同关系。监理单位之所以对工程项目建设行为具有监理的身份，一是因为业主的授权，二是因为承包商在承包合同中已予以承认。同时，国家相关法规也赋予监理单位对施工现场进行全面监督的职责。监理单位接受业主的委托，对项目组织在施工质量、建设工期和建设资金使用等方面，代表业主实施监督。项目组织必须接受监理单位的监理，并为其开展工作提供方便，按照要求提供完整的原始记录、检测记录、技术及经济资料。

4. 项目组织与设计单位关系的协调

项目组织与设计单位都是具有承包商性质的单位，它们都要与业主签订承包合同，但它们之间没有合同关系，而具有图纸供应关系、设计与施工关系，两者需要密切配合。为了协调两者关系，可以采用密切接触、相互信任、相互尊重、友好协商的方法，有时也可以利用业主或监理单位的中介作用，做好协调工作。

5. 项目组织与供应单位关系的协调

工程项目所需要的材料供应商的种类和数量较多，并且，建筑工程产品具有独特性和非重复性特点，因此建筑企业每次为工程建设进行采购时，所选择的材料供应商都不尽相同。由于施工现场的材料堆场限制条件较多，供应商必须紧跟项目进度，适量、适时地安排供应材料。材料供应商数量众多，而建筑企业的管理资源有限，若与所有供应商都建立紧密关系，必然会造成资源浪费。现阶段在供应商管理方面，建筑企业常用的管理思路是根据采购材料的种类对供应商进行分类，然后针对不同的供应商进行管理。

6. 项目组织与分包商关系的协调

项目组织在处理与分包商的关系时，应注意做好以下几方面工作。

(1) 选好分包商。为了顺利实施项目目标，项目组织应选择具有相应资质条件的分包商，最好是选择实力较强、信誉较好、曾经有过良好合作关系的分包商。除了总承包合同约定的分包商外，选择其他分包商必须经过业主的认可。

(2) 明确总承包单位与分包单位的责任。总承包单位与分包单位应通过分包合同的形式，明确双方的责任、义务和权利。总承包单位按照总承包合同的约定对业主负责，分包单位按照分包合同的约定对总承包单位负责，总承包单位和分包单位就分包工程对业主承担连带责任。

(3) 处理好总承包单位与分包单位的经济利益关系。

(4) 及时解决总承包单位与分包单位之间的纠纷。对于在项目实施过程中发生的总承包单位与分包单位之间的纠纷，应及时解决，双方应本着相互理解的原则，依据合同条款协商解决；如协商解决不了，应提请主管部门调解；如调解不成，可向合同仲裁机关申请仲裁或提起诉讼。

3.5.5 工程项目组织与远外层关系的协调

项目组织与远外层关系是指项目组织与项目间接参与者和相关单位的关系，一般是非合同关系。有些处于远外层的单位对项目实施具有一定甚至是决定性的控制、监督、支持或帮助作用。项目组织与远外层关系协调的目的是得到批准、许可、支持或帮助。协调方法主要是请示、报告、汇报、送审、取证、宣传、沟通和说明等。项目组织与远外层关系的协调主要包括与政府部门、金融组织、社会团体、新闻单位、社会服务单位等的协调。协调这些关系没有固定的模式，协调内容也不相同，项目组织应按有关法规、公共关系准则的规定以及经济联系等来处理。

3.6 项目经理部和项目经理

3.6.1 项目经理部

项目经理部是为实现一个具体的工程项目目标而组建的协同工作团队，它具有高度的凝聚力和团队精神，不仅是工程项目组织的核心，更是实现项目目标的基本组织保障。项目经理部的建设需要精心组织和规划，在工程项目实施过程中不断发展、逐步完善。

当企业签订工程项目合同，进入工程项目建设实施阶段后，企业会依据工程项目的性质和规模聘任项目经理，同时抽调或招聘相应的工程技术人员组成项目经理部。

1. 项目经理部的特征

(1) 项目经理部具有明确的目的性。项目经理部是为实现具体工程项目目标而设立的专门组织，其任务就是实现项目目标。因此，项目经理部具有明确的目的性。

(2) 项目经理部是非永久性组织。工程项目是一次性任务，因而为完成工程项目所组建的项目经理部也是一种非永久性组织。当工程项目完成后，项目经理部的任务随之完成，即可解散。

(3) 项目经理部具有团队精神。项目经理部成员之间相互平等、相互信任、相互合作，这是高效完成项目目标的前提和基础；同时，项目管理任务的多元性也要求项目经理部具有高度凝聚力和团队精神。

(4) 项目经理部是动态的组织。项目经理部是动态的组织，它是指项目经理部成员的人数和人员结构是动态变化的。在项目实施过程中，随着工程项目的进展和项目管理任务的展开，项目经理部的组织结构和人数也会做出相应调整。

2. 项目经理部的组建和运作

项目经理部是一个团队，它的组建和运作是一个持续的过程，符合团队建设的一般规律。建设高效的项目经理部是项目经理的首要职责，他需要掌握领导技巧，全面把握项目的组织结构、组织界面、责任分配和激励方法。

1) 设计项目管理系统

若想要项目经理部迅速实现高效运行，就必须构建项目管理系统。通常情况下，项目管理公司或工程承包公司都配有标准化的项目管理系统，但在运用前应按照业主的要求、项目管理模式和项目特殊性进行改进。

(1) 构建标准化项目管理系统的作用如下所述。

① 规范项目管理过程，提高项目管理的运作效率。

② 为投标工作提供整套的项目管理运作程序文件。

③ 作为企业新成员的工作规范和岗前培训内容。

④ 作为项目管理工作考核依据等。

(2) 项目管理系统设计以项目实施全过程和全部项目管理工作为对象，主要包括以下工作内容。

① 按照项目总目标确定项目管理工作范围，划分项目管理阶段。

② 构建项目管理系统结构(子系统构成)，一般从以下两个角度着手。

a. 按照项目阶段划分，可分为前期策划(或投资咨询)、计划和实施控制子系统等。

b. 按照项目管理职能划分，可分为进度管理、质量管理、成本管理、安全管理和合同管理子系统等。

③ 按照项目过程和管理职能全面分解项目管理工作，列明项目管理工作目录。

④ 设计管理工作流程，理顺各子系统的管理工作逻辑关系。可以从不同的角度，利用流程图来描述管理工作流程，如前期策划流程、计划管理流程、实施控制流程、变更管理流程、合同管理流程、材料进场流程、账单审查流程和竣工检验流程等。通过流程分析，项目管理工作形成一个动态的过程。此外，管理工作流程也是项目管理信息流程设计的基础。

⑤ 设计项目管理组织，包括确定项目经理部的组织结构、运作规则、责任体系、人员配备计划、责任分配矩阵、沟通机制等。

⑥ 编制相关项目职能管理体系文件，如质量管理体系、合同管理体系、进度管理体系、HSE管理体系、资源管理体系等文件。项目管理体系文件可以作为企业标准化文件直接颁布(如对工程承包项目)，也可以由项目经理部讨论后制定(如对大型工程建设项目)。针对各个阶段具体的项目职能管理工作，提出管理工作所应达到的标准，如工作的详细程度、准确程度、工作文件范围等。

⑦ 设计项目管理标准文件，如报告系统、文档系统、合同文件、招标文件及相关表格。

⑧ 应用项目管理手段和工具，如项目管理软件、互联网系统等。

最终的项目管理系统设计文件通常包括管理流程、管理组织结构图、人员配备计划、项目管理责任矩阵和项目管理体系文件等。

2) 制订项目管理组织计划

项目管理组织计划是为了满足具体项目的需要，针对管理组织人员拟定的一整套有关人员需求、招聘、安置、报酬、培训、提升和考评等的计划。通过管理组织计划，确定项目管理角色、职责、组织关系，并安排适当人选。

需注意的是，人员需求应按照项目管理的模式、任务、职能、工作内容和项目管理经验来决定。通常，项目管理(或咨询)公司可以承接不同类型的工程项目，在项目经理部中，大部分是通用型工程项目管理人员，如合同工程师、计划工程师、财务经理、造价工程师、资源管理人员、信息管理员和秘书等，仅有小部分专业人员的专业与所承接的工程类型相关，例如，承接化工工程项目，需要增加化工工艺方面的专门人才；承接核电工程项目，则需要增加核电方面的专门人才。

3) 组建项目管理团队

项目管理团队的组建过程包括以下几个阶段。

(1) 组建阶段，即项目经理部的形成阶段。在组建阶段，应注意以下几个方面。

① 按照项目的组织策划和管理组织计划，成立项目经理部。项目经理部应具备健全的组织结构，全面涵盖项目管理的所有工作职能，同时力求保持最小规模。

② 依据项目管理组织计划的要求选择(或招聘)管理人员。项目经理部成立后，必须选择合适的成员，形成一个联合的工作群体。上层领导要积极支持项目，保证符合计划要求的管理人员投入。同时，项目经理部的许多职能管理人员是由企业的职能部门派遣的，所以，配备管理人员常常需要企业各个职能部门的支持，特别要考虑人力资源部门所能提供的协助和支持程度。只有得到各职能部门的支持，才能获得在各相关领域具备丰富经验与专业技能的人力资源。对于重大项目，项目经理有权选择关键岗位的项目经理部成员。

③ 以项目作为经营管理对象的工程承包公司、项目管理(监理)公司等，应尽可能设立相对稳定的项目管理组织机构。这样尽管项目是一次性的、常新的，但项目经理部是相对稳定的，组织成员之间均为老搭档，相互了解，彼此适应，协调起来更加便利，可大大减少组织摩擦，容易形成良好的组织文化。若项目经理部成员变动过于频繁，不利于组织稳定，容易缺乏凝聚力，导致组织成员之间摩擦大，工作效率低下。

④ 将人员分配到项目各职能部门时，应考虑该岗位对人员的才能、知识背景和经验等方面的要求，同时考虑选派人员的兴趣、特点、经验及人际关系，实现人尽其用。被任命人员应理解并接受项目管理工作职能的要求，保持工作的积极性。

⑤ 建立绩效考核和评估体系，对整个项目组织内的各职能部门(或小组)的工作进行分解、落实、监控，进行全方位绩效考评。

⑥ 考虑其他因素。例如，项目若靠近公司，可以配备较少的人员；项目若远离公司，则人员配备应齐全。

(2) 培训阶段，即项目经理部的完善阶段。项目经理部成员应具备项目管理工作所需要的素质、知识和技能。如果人员缺乏必要的管理或技术技能，或者承担的是新领域、特殊领域的工程项目，就应进行专门培训，以提高项目经理部的管理效率，具体需要注意以下事项。

① 对于有些专业性非常强的职能管理岗位，或特殊类型的工程项目，在招聘新人时会遇到困难，很难有合适的人选，应给予充分的准备时间开展员工培训工作。

② 项目是一次性的，且每个项目都是新的，因此要求项目管理公司以及项目经理部是研究型、学习型、创新型组织。项目经理部成员应接受经常性培训，以确保知识更新，更好地适应项目管理发展的需要。

③ 培训要有针对性，特别要顾及企业规范化的项目管理系统的运作方式、所承接工程项目的专业特殊性和所采用的项目管理模式等。

(3) 管理阶段，即项目经理部的运行阶段。项目成员进入项目团队后，项目经理应颁布项目管理规程，对各个职能部门人员进行安排和授权，具体需要注意以下事项。

① 尽早让项目经理部成员了解项目目标、项目工作范围、质量标准、项目预算、进度计划、目标优先次序、工作评价、奖励与表彰方法等。

② 宣布对组织成员的授权，确定每个人在项目经理部中的角色和各岗位职责(如谁该做什么？如何做？什么结果？需要什么？谁决定什么？)、报告关系和组织界面，指出运用管理职权(使用资源、资金等)时应注意的问题等。

③ 向各项目管理人员介绍项目管理系统和项目组织规则，向各成员交底，帮助成员了解、掌握本项目的“规矩”，以便更好地组织协调。

4) 项目经理部的运作

项目经理部运作通常会经历以下4个阶段。

(1) 项目经理部成员互相适应阶段。随着成员从各部门、各单位进入项目经理部，项目目标和工作内容都已明确，成员之间相互熟悉后，便开始执行分配到的任务，项目工作由此逐步推进。

在该阶段，一方面，成员之间彼此生疏，同时对项目管理系统运作也不熟悉，沟通时存在较大障碍，这就导致组织内部极易产生摩擦，引发诸多矛盾；另一方面，由于项目工作具有挑战性，职能管理人员在工作中能够独立决策，且项目成果显著，这极大地增强了他们工作的新鲜感和动力。

这个阶段的项目经理应采用影响型的领导风格，容忍成员的工作疏忽、错误、不满和意见，积极发挥引导作用，协调各方并解决矛盾，保持对项目经理部的领导和控制。

(2) 项目经理部的规范化阶段。项目经理与各部门人员一起讨论并解决问题，共同做出决策，因此应创造一种有利的工作环境，激励项目经理部成员朝着预定的目标共同努力，鼓励每个成员努力工作，积极创新。

在这个阶段，项目经理需要采取参与、指导和顾问式的领导方式，发挥导向和教练作用。

(3) 项目管理成效阶段。项目经理部成员之间彼此信任，相互适应，沟通无阻且交流坦诚，团队关系和谐融洽，管理效率逐步提升，各项工作得以顺利开展，整个项目的工作进度明显加快。

在这个阶段，项目经理应充分授权，营造良好的组织环境，激励成员全力以赴，高效率地完成目标。

(4) 项目结束阶段。在工程项目结束阶段，项目经理部的职能工作会逐渐减少，最后完全结束。在此阶段，项目工作任务不饱满，项目管理的组织职能逐渐弱化，有些成员虽在项目中工作，但同时要承担其他部门或新的项目工作，或要寻找新的工作岗位，通常会产生不安、不稳定的情绪，从而对本项目的剩余工作失去兴趣和激情，导致工作效率降低，影响项目的收尾工作。

在这个阶段，项目经理一方面要做好后期组织和计划工作，同时应为成员顺利进入新项目或承担新岗位工作提供条件和帮助，以稳定军心，提高士气；另一方面还应对项目成员进行考核，并将考核结果报告给成员所属部门。

3. 项目经理部的团队精神建设

团队精神对项目经理部的运作有着特殊的作用，它是项目经理部组织文化的具体体现。团队精神能够激发和调动项目经理部成员的积极性，培养健康向上的团队精神，促使项目经理部高效率运作。项目经理部的团队精神建设应注意以下事项。

(1) 项目经理部成员有明确的共同目标，所有成员对总目标达成共识。在项目初期就要激发项目经理部成员的工作使命感，引导成员了解项目的重要性，追求项目的成功。

(2) 对项目工作进行合理分工，引导成员开展合作。一方面，项目经理部成员分工各有不同，不仅应对完成任务作出明确承诺，还应遵守项目组织规则；另一方面，成员之间不应拘泥于分工，在工作中应互相协作，形成组织合力。此外，由于项目经理部成员都是从其他职能部门临时“借调”来的，他们虽在项目中工作，但项目结束后他们还会回到原职能部门，因此，项目经理应讲究领导艺术，采用正确的管理和考核方法，激励项目成员。

(3) 项目经理应营造一种工作环境，鼓励成员积极参与项目管理事务，全身心地投入项目管理工作中，相互信任，彼此尊重。

(4)项目经理应公平、公正地处理事务。成员们渴望公平，既希望自身的付出与收获相匹配，也希望在与他人相比时，自己也得到了公平对待。如果工作过程中出现明显不公平的情况，就会导致成员产生消极情绪，影响项目工作的顺利开展。

(5) 在项目经理部内部以及与项目相关的其他部门之间建立良好的工作关系，培养成员的团队意识，让沟通交流成为常态。

(6) 项目经理应关心项目成员，关注每位成员的发展。项目经理应充分发挥项目成员的积极性，倡导创新精神，鼓励他们自我管理，独立完成工作任务；努力改进项目管理工作，让学习和创新成为项目经理部的经常性活动，也让项目管理过程成为人才的培养过程。

3.6.2　项目经理

1. 项目经理的定义

项目经理是指由项目管理单位的法定代表人书面授权，全面负责项目管理合同的履行，主持项目管理工作，并具有相应执业资格的专业技术人员。工程项目管理实行项目经理负责制。项目经理不得同时在两个及以上工程项目中从事项目管理工作。

建设工程项目经理是指企业为建立以建设工程项目管理为核心的质量、安全、进度和成本的责任保证体系，全面提高工程项目管理水平而设立的重要管理岗位，它是企业法定代表人在工程项目上的委托授权代理人。自从1995年建设部(现为住房和城乡建设部)在全国推行建设工程施工项目经理负责制以来，我国已经在工程项目施工过程中建立了以项目经理为首的生产经营管理系统，确立了项目经理在工程项目施工中的中心地位。可以说，项目经理岗位对保障工程质量、安全、工期至关重要。

2. 项目经理的地位

项目经理是企业法定代表人在项目上的授权代理人，也是全面负责项目管理实施阶段的管理者，在整个施工活动中占有举足轻重的地位，明确项目经理的地位是做好项目管理的关键。

(1) 项目经理是企业法定代表人在施工项目上负责管理和合同履约的一次性授权代理人，也是项目管理的第一责任人。从企业内部来看，项目经理是施工项目实施过程中所有工作的总负责人；从对外方面来看，项目经理代表企业法定代表人在授权范围内对建设单位直接负责。因此，项目经理是项目目标的全面实现者，既要对建设单位的成果性目标负责，又要对企业效益性目标负责。

(2) 项目经理是协调各方关系，使各方紧密协作配合的桥梁和纽带。项目经理需要负责项目管理目标的实现，还需要组织和领导各方共同承担履行合同责任，同时项目经理有权处理合同纠纷，其行为既受法律约束，也受法律保护。在项目实施过程中，项目经理负责协调项目各参与方的关系，比如建设单位、监理单位和设计单位等，有时还要协调与政府部门和各种新闻媒体等组织的关系。

(3) 项目经理是各种信息的集散中心，并对项目实施进行控制。项目经理通过收集和运用信息达到控制项目的目的。在对项目进行控制的过程中，各种信息通过各种渠道汇集到项目经理处，项目经理又通过各种方式向上反馈信息，向下发布信息。

(4) 项目经理是项目责、权、利的主体。项目经理是项目总体的组织管理者，即项目所有生产要素的组织管理人。首先，项目经理是项目实施阶段的责任主体，也是项目目标的最高责任者，责任不仅构成了项目经理的压力，也是确定项目经理权力和利益的依据；其次，项目经理是项目权力的主体，权力是确保项目经理能够承担责任的条件与手段，如果没有权力，项目经理就无法对工作负责；最后，项目经理是项目利益的主体，利益是项目经理工作的动力，项目经理负有相应的责任就理应获得相应的报酬，如果没有一定的利益，项目经理也难以处理各方的利益关系，难以运用相应的权力做好项目管理工作。

3. 项目经理应具备的能力与素质

1) 项目经理应具备的能力

(1) 专业技术能力。项目经理应具备承担项目管理任务的专业技术以及管理、经济、法律和法规知识，这是对项目经理的基本要求。项目经理是项目目标完成的领导者，一个对项目技术一无所知的人是无法在日常工作中做出正确决策的，更无法在出现突发事件时采取适宜的应变对策。项目经理需要具备一定的技术能力，但不一定需要成为技术权威。在项目团队中，通常会有一些技术专家专门负责解决技术难题，因此对项目经理的技术能力，并不要求达到特别高的程度，但必须具备一定的技术基础。

(2) 运用专业知识的能力。在工程项目建设过程中，除了技术问题，还涉及大量的经济、管理问题，因此项目经理应具备相关的经济、管理方面的知识。同时项目经理还应掌握与工程建设相关的法律法规知识，如《中华人民共和国民法典》《中华人民共和国招标投标法》《中华人民共和国建筑法》等，这样在工作当中才能得心应手。

(3) 管理能力。这里所说的管理能力包括决策能力、领导能力和组织协调能力。

① 决策能力。在项目经理的工作中，决策是重要的一个环节，许多事情必须当机立断，即刻做出决策，没有足够的时间讨论、征求意见，也不可能再去请示上级决策者。因此，良好的决策能力是项目经理必须具备的能力。

② 领导能力。领导能力主要表现在组织、指挥、协调、监督、激励等方面。项目经理是整个团队的负责人，需要独立领导团队完成项目任务。项目的计划、组织、实施、检查和调整等都由项目经理领导完成，团队成员的积极性也需要由项目经理来调动。因此，项目经理必须具备良好的领导能力。

③ 组织协调能力。项目经理的工作大部分需要和人打交道，比如，需要指挥下属工作，需要向上级汇报项目执行情况，同时还要和业主、监理单位以及其他参与单位进行沟通、协调。因此，良好的组织协调能力是项目经理必须具备的能力。

(4) 社交与谈判能力。项目工作不可能完全封闭在项目团队内部，或多或少要与团队外部甚至是公司外部发生各种业务上的联系，包括谈判、合作等。所以，项目经理应该具备一定的社交与谈判能力。但不同的项目，对项目经理社交与谈判能力的要求有所不同。对于开放程度高、社会合作性强的项目，对项目经理的社交与谈判能力的要求可能会高一些；反之，可能会低一些，具体要视项目情况而定。

(5) 应变能力。项目运作中的情况是不断变化的，尽管事先制订了比较细致、周密的计划，但由于外部环境、内部情况等因素发生变化，仍需要及时调整计划与方案。

此外，有些突发事件并没有备选的应对方案，这就要求项目经理需要立即做出应对。因此，项目经理必须具备较强的应变能力。

(6) 学习能力。项目经理不可能完全掌握项目所涉及的所有知识，需要在项目工作中不断学习，因此项目经理必须善于学习，包括从书本中学习、向团队成员学习以及向相关参与单位学习。

(7) 创新能力。项目管理是常新的工作，富于挑战性，所以项目经理在项目管理活动中，应具有创新的精神、务实的态度、强烈的管理信心和愿望，勇于挑战，勇于决策，勇于承担责任和风险，并努力追求工作的完美，追求更高的目标，不能安于现状。

(8) 项目管理经验。项目经理除了要具备以上各项能力外，还应具备相应的项目管理经验，因为有些能力只有通过实践才能掌握。比如，如何应对突发事件，如何与各种人员沟通等。因此，在考核项目经理时，具备相应的项目管理经验是其中一项重要的内容。

2) 项目经理应具备的素质

(1) 良好的社会道德。项目经理是社会成员之一，具备良好的社会道德既是对项目经理的基本要求，也是对项目经理的职业要求。项目经理负责的项目大多以社会公众为最终消费对象，如果没有良好的社会道德作为基础，很难在利益面前做出正确的选择。2001年，国际咨询工程师联合会出版了《工程咨询业的廉洁管理指南》，提出了廉洁管理的原则和工程咨询公司的廉洁管理框架，包括道德规范、政策宣示、检查表格等可操作的管理工具。如何设计并应用一套公开、公平、公正及高度透明的工程项目管理制度，以避免腐败问题的发生，也越来越受到工程项目管理者的重视。

(2) 高尚的职业道德。项目经理是在一定时期和范围内掌握一定权力的岗位，这种权力的行使将会对项目的成败产生关键性的影响。项目涉及的资金少则几百万、几千万元，多则几十亿、几百亿甚至上千亿元，因此要求项目经理必须正直、诚实、以身作则，并能正确处理各方利益关系，勇于负责，心胸坦荡，具有较强的敬业精神和高尚的职业道德。

(3) 良好的心理素质。工程项目建设过程中存在诸多不确定性因素，所以项目经理在工作中经常会碰到技术上、组织协调上的意外事件和风险。当面对这些事件时，项目经理必须处乱不惊，不仅需要迅速找到解决的办法，还需要游刃有余地处理突发事件；当遇到事情时，不能手足无措，因此要求项目经理必须具备良好的心理素质。

4. 项目经理的职责与权力

1) 项目经理的职责

项目经理的职责因项目管理目标而异，一般应包括以下各项内容。

(1) 贯彻执行国家和地方政府法律、法规和政策，执行企业各项管理制度，维护企业整体利益和经济利益。

(2) 组织制定项目经理部各类管理人员的职责和权限，以及各项管理制度，并认真贯彻执行。

(3) 签订和组织履行“项目管理目标责任书”，执行企业与业主签订的工程项目承包合同中应由项目经理负责履行的各项条款。

(4) 对工程项目施工进行有效控制，执行有关技术规范和标准，积极推广应用新技术、新工艺、新材料和项目管理软件集成系统，确保工程质量和工期，实施安全、文明生产，努力提高经济效益。

(5) 编制施工管理规划及制定目标实施措施，编制施工组织设计并组织实施。

(6) 根据项目总工期的要求编制年度进度计划，组织编制施工季(月)度施工计划，包括劳动力、材料、构件及机械设备的使用计划，签订分包及租赁合同并严格执行。

(7) 严格落实财务制度，加强成本核算，积极组织工程款回收，正确处理国家、企业和项目及个人的利益关系。

(8) 科学地组织施工，加强各项管理，做好建设单位、监理和各分包单位之间的协调工作，及时解决施工中出现的问题。

(9) 做好内、外层各种关系的协调工作，为施工创造优越的施工条件。与企业各职能部门保持业务联系和经济往来，接受公司的宏观控制。

(10) 做好工程竣工结算、资料整理归档等工作，接受企业审计并做好项目经理部解体与善后工作。

2) 项目经理的权力

授权既是项目经理履行职责的前提，又是项目取得成功的保证。为了确保项目经理完成所担负的任务，必须授予其相应的权力。项目经理应当具有以下权力。

(1) 投标及合同签订参与权。项目经理应有权参与企业的施工项目投标和签订施工合同。

(2) 用人管理权。项目经理应有权决定项目经理部的设置，选择、聘任成员，对成员任职情况进行考核、监督、奖惩乃至辞退。

(3) 财务管理权。项目经理应有权在企业财政制度规定的范围内，根据企业法定代表人的授权和施工项目管理的需要，决定资金的投入和使用，决定项目经理部的计酬办法。

(4) 物资采购管理权。项目经理应有权按照企业物资分类和分工，对采购方案、采购目标、到货要求、供货单位的选择、项目现场物料存放等进行决策和管理。

(5) 进度计划控制权。项目经理应有权根据项目进度总目标和阶段性目标的要求，对项目建设进度进行检查、调整，并在资源上进行调配，从而对进度计划进行有效控制。

(6) 技术质量决策权。项目经理应有权根据项目管理实施规划或施工组织设计，批准重大技术方案和重大技术措施，必要时召开技术方案论证会，把好技术决策关和质量关，防止技术上决策失误，同时应有权主持处理重大质量事故。

(7) 现场管理协调权。项目经理应有权代表企业协调与施工项目有关的内外部关系，处理现场突发事件，但事后应及时将处理结果上报企业主管部门。

复习思考题

1. 简述工程项目主要的承包模式。
2. 什么是直线式组织结构？直线式组织结构有哪些优缺点？
3. 什么是职能式组织结构？职能式组织结构有哪些优缺点？
4. 什么是项目式组织结构？项目式组织结构有哪些优缺点？
5. 什么是矩阵式组织结构？矩阵式组织结构有哪些优缺点？
6. 什么是虚拟项目组织？虚拟项目组织有哪些优缺点？
7. 工程项目组织涉及哪些协调工作？
8. 为什么说项目经理是项目管理的核心？项目经理应具备哪些能力和素质？

扫码自测

第4章　工程项目招标投标与合同管理

4.1　工程项目招标投标

4.1.1　工程项目招标投标概述

招标投标是一种有序的市场竞争交易方式，也是规范选择交易主体、订立交易合同的法律程序。工程项目招标是指建设单位或个人(业主或项目法人)根据拟建工程向社会发布通告，将工程建设项目的勘察、设计、施工、材料设备供应和监理等业务一次或分部发包，吸引具有相应资质的承包单位通过投标竞争的方式承接工程建设任务的法律行为。工程项目投标是指通过审查程序进而获得投标资格的建设项目承包单位，根据招标文件的要求，在规定的时间内向招标单位填报投标书，争取中标的法律行为。

1. 工程项目招标投标应遵循的基本原则

(1) 公开原则。公开原则即招标投标活动高度透明，实行招标信息公开；招标资格预审公告、招标公告、招标文件(包括评标标准和评标方法)等信息公开；开标程序和内容公开；中标结果公开；确保每个投标人获得同等的信息，知悉招标的条件和要求，获得相同的竞争机会，同时将招标工作置于公众监督之下，成为一项阳光工程。

(2) 公平原则。公平原则即给予所有投标人平等的竞争机会，使其享有同等的权利并履行相应的义务，一视同仁，不准歧视或倾向任何一方。

(3) 公正原则。公正原则即公开合法，严守法定的评标规则、评标标准和评标方法，保证招标投标双方在平等的基础上，维护各自的权利和义务。

(4) 诚实信用原则。招标投标属于民事活动，必须遵守诚实信用原则。招标投标双方必须以诚实、守信的态度行使权利和履行义务，从而维护双方利益的平衡和社会利益的平衡。

2. 工程项目招标范围

《中华人民共和国招标投标法》(以下简称《招标投标法》)第三条规定，在我国境内进行下列工程建设项目包括项目的勘察、设计、施工、监理以及与工程建设有关的重要设备、材料等的采购，必须进行招标。

(1) 大型基础设施、公共事业等关系社会公共利益、公众安全的项目。

(2) 全部或部分使用国有资金投资或者国家融资的项目。

(3) 使用国际组织或者外国政府贷款、援助资金的项目。

国家发展改革委于2018年颁布的《必须招标的工程项目规定》中明确指出，《招标投标法》第三条规定范围内的项目，其勘察、设计、施工、监理以及与工程建设有关的重要设备、材料等的采购达到下列标准之一的，必须进行招标。

(1) 施工单项合同估算价在400万元人民币以上。

(2) 重要设备、材料等货物的采购，单项合同估算价在200万元人民币以上。

(3) 勘察、设计、监理等服务的采购，单项合同估算价在100万元人民币以上。

同一项目中可以合并进行的勘察、设计、施工、监理以及与工程建设有关的重要设备、材料等的采购，合同估算价合计达到前款规定标准的，必须进行招标。

3. 工程项目招标方式与组织形式

《招标投标法》规定，招标方式分为公开招标和邀请招标。公开招标是指招标人以招标公告的方式邀请不特定的法人或者其他组织投标；邀请招标是指招标人以投标邀请书的方式邀请特定的法人或者其他组织投标。招标人采用公开招标方式的，应当发布招标公告。依法必须进行招标的项目的招标公告，应当通过国家指定的报刊、信息网络或者其他媒介发布。招标公告应当载明招标人的名称和地址、招标项目的性质、数量、实施地点和时间以及获取招标文件的办法等事项。采用邀请招标方式的，招标人应当向3家以上具备承担施工招标项目的能力、资信良好的特定的法人或者其他组织发出投标邀请书。

招标的组织形式分为招标人自行招标和招标人委托招标代理机构招标两种形式。《招标投标法》规定，招标人具有编制招标文件和组织评标能力的，可以自行办理招标事宜，任何单位和个人不得强制其委托招标代理机构办理招标事宜。依法必须进行招标的项目，招标人自行办理招标事宜的，应当向有关行政监督部门备案，经核准可自行招标；对于未经核准的，招标人应委托招标代理机构办理招标事宜。招标代理机构是依法设立、从事招标代理业务并提供相关服务的社会中介组织。

4.1.2　工程项目招标

1. 招标程序

住房城乡建设部以及许多地方的建设管理部门相继颁发了建设工程招标投标管理和合同管理法规，颁布了招标文件以及各种合同文件范本，此外，国际上也有一整套工程招标惯例，都可以指导工程项目招标投标工作。

对于不同的招标方式，招标投标程序会有一定的区别。通常，公开招标的工作程序如所图4-1示。

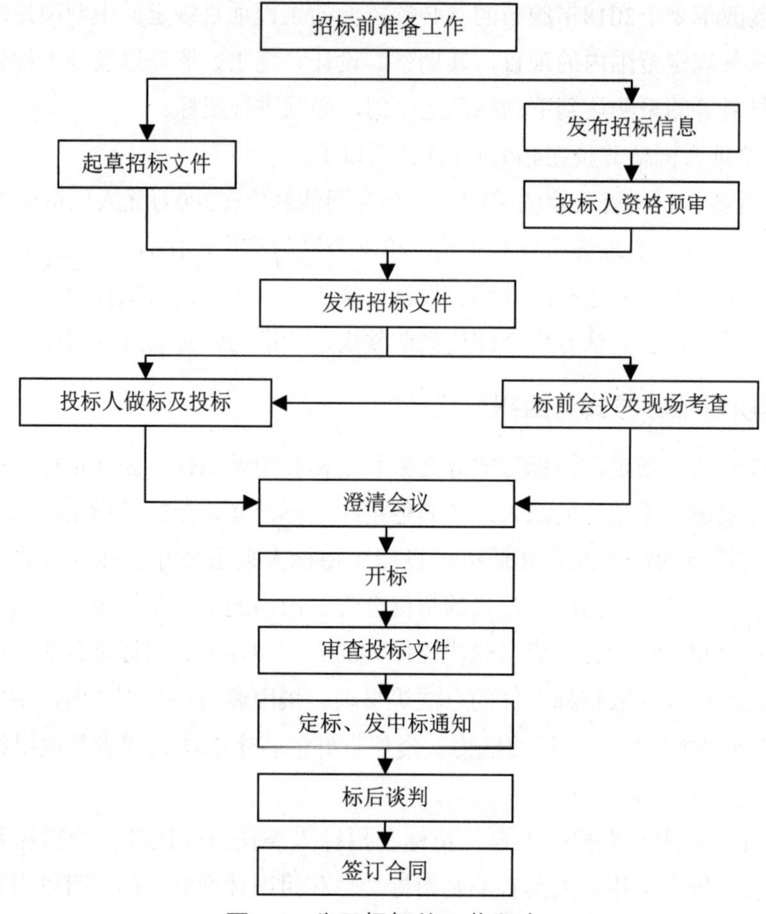

图4-1　公开招标的工作程序

2. 招标准备

在进行招标之前，应做好以下准备工作。

(1) 按现行规定履行审批、核准、备案手续。

(2) 有相应的资金或资金来源已经落实。

对于必须进行招标的工程项目，除了应做好以上两项准备工作外，还应做好以下工作。

(1) 工程项目法人已经成立。

(2) 招标范围、方式、组织形式应当履行核准手续的，已经核准，如规划、用地许可、项目的审批等。

(3) 初步设计及概算已经核准。

(4) 准备好招标所需的设计图纸及技术资料。

对于设备招标，还应当提供所需设备清单及使用技术要求。

招标人应当组建由法人代表或其授权代表领导的招标工作班子，并配备专职人员，以保证招标工作的顺利进行。准备工作完成后，向政府的招标投标管理机构提出招标申请。

3. 确定招标代理机构

(1) 招标代理机构具有丰富的经验和专业知识，能够根据项目的实际情况，协助企业合理设计招标方案、准备招标文件、挑选合适的投标人，并在评标和中标阶段提供专业的指导和协助，确保招标工作的合规性和公正性。

(2) 招标代理机构能够为企业提供专业的风险控制和合同管理服务。工程的招标存在各种风险，如项目定价风险、合同履约风险等。招标代理机构能够通过审核和评审招标文件，帮助企业合理确定项目价格，降低项目定价风险。同时，在合同签订和履约过程中，招标代理公司能够提供专业的合同管理和监督服务，把控项目进度，确保合同履行，减少企业的风险和损失。

工程招标代理机构资格分为甲级、乙级和暂定级。

4. 起草招标文件，编制标底

通常情况下，公开招标由业主委托专业机构起草招标文件，并编制标底。

1) 招标文件的内容

由于工程性质、工程规模、招标方式及合同种类的不同，招标文件的内容也会存在显著差异，但通常包括以下几项内容。

(1) 投标人须知。投标人须知是用来指导投标工作的文件，主要内容包括：对招标工程的综合说明，如工程项目概况、工程招标范围等；招标工作安排，如业主联系人、联系方式；投标书递送日期、地点；投标要求；对投标人的规定；无效标书条件；评标规定和授予合同的标准；签订合同的程序等。

(2) 合同文件。合同文件主要包括：投标书及附件的格式，业主提供的统一格式的投标书，投标人可以直接填写；合同协议书的格式，由业主拟定，反映了业主对合同协议书的期望和要求；合同条件，即业主提出的适用于本工程的合同条件，通常包括通用条件和专用条件；合同的技术文件，如规范、图纸、工作量表及其他相关文件，用于确定工程范围、工程特性、质量要求等；项目的质量方针和质量管理体系要求。

(3) 业主可能提供的其他文件。其他文件包括：场地内和周围环境的情况报告(包括地形地貌图、地质勘探钻孔记录、测试结果资料、水文测量资料等)；场地及周围自然环境的参考资料；场地地表以下的设备、设施、管道和其他设施的资料；毗邻场地和场地上的建筑物、构筑物和设备的资料等。

2) 招标文件的要求

招标文件是业主对工程招标和工程实施过程中各种问题的规定，反映了业主的期望，它是投标人报价、投标、制定方案并履行合同的基础，也是整个工程招投标和施工过程中最重要的文件之一。招标文件应符合以下要求。

(1) 按照工程惯例，业主必须提供完备、正确的招标文件，出具准确、全面的规范、图纸、工程地质和水文资料。招标文件应尽可能如实、具体地说明与拟建工程相关的情况与合同条件，没有矛盾和二义性。

(2) 符合工程惯例，采用标准格式文本。

3) 编制标底

标底通常由业主委托造价咨询单位进行编制，它反映了业主对拟建工程的预期价格。

5. 发布招标公告

公开招标一般在公共媒体上发布招标公告，介绍招标工程的基本情况、资金来源、工程范围、招标投标工作的总体安排和资质预审工作安排。邀请招标需要在相关领域中广泛调查，确定拟邀请的对象。

依法公开招标的项目，通常通过国家指定的报刊、信息网络或者其他媒介发布招标信息。我国规定，依法必须招标的项目的招标公告，其发布媒介是《中国日报》《中国经济导报》《中国建设报》《中国采购与招标网》。属于国际招标的项目，除了在《中国日报》发布招标公告外，商务部规定还必须在《中国国际招标网》上发布招标公告。如果是国际性招标采购，还应在国际性刊物上刊登招标公告，或将招标通告送达可能参加投标的国家驻当地大使馆或代表处。

从招标人发布招标公告到投标人参加投标，应留有充足的时间，以便于投标人有足够的时间准备投标文件。世界银行规定，在国际公开竞争性采购中，准备投标书或建议书的最短期限为30个工作日。

招标公告的内容因项目而异，通常包括以下内容。

(1) 采购实体的名称和地址。

(2) 资金来源。

(3) 采购内容简介。如采购货物的名称、数量及交货地点；拟建工程的性质和地点；采购服务的性质和提供地点等。

(4) 供应货物的时间或竣工时间或提供服务的时间。

(5) 获取招标文件的办法和地点。

(6) 招标文件费用的收取及支付方式。

(7) 提交投标书的地点和截止时间。

(8) 投标保证金的金额要求和支付方式。

(9) 开标日期、时间和地点。

6. 投标人资格预审与发售标书

资格预审是招标人(业主)和投标人的第一次互相选择，投标人有意参加工程投标竞争，招标人通过审查投标人的资格，确认投标人是否符合条件。招标人进行资格预审不仅可以防止不合格的投标人混入，而且可以减少招标工作量。对于投标人的数量，应做出权衡。如果投标人众多，竞争就会变得激烈，招标人可以借此获得更有利的价格，但同时招标工作量会大幅增加，招标时间也会延长；反之，而如果投标人数量过少，竞争不够充分，容易导致合同价偏高。

投标人资格预审通常遵循以下程序：招标人编制资格预审文件，刊登资格预审公告，出售资格预审文件，对资格预审文件进行答疑；投标人编制和报送资格预审申请文件；招标人对资格预审申请文件进行评审，编写资格预审评审报告；招标人确定资格预审合格人名单，发布资格预审合格通知书及投标邀请书。

在资格预审期间，招标人要对投标人有基本的了解和分析。一般从资格预审到开标，投标人会逐渐减少，甚至有的单位投标后又撤回标书。招标人应保证最终有一定数量的投标人参加竞争，否则在开标时，如果投标人数量不满足法律规定的最小数量，招标人需要重新招标。

资格预审通常包括对投标人企业概况、近几年来所承建工程情况和财务状况、现阶段劳动力和管理人员以及施工机械设备情况、企业资信情况的审查。资格预审合格的招标人才有资格购买或获得招标文件。

招标文件主要由投标邀请书、投标须知、合同条款、合同文件格式、工程建设标准、投标文件投标函部分格式、投标文件商务部分格式、投标文件技术部分格式、资格审查申请书、工程量清单和工程设计图。

7. 标前会议和现场考察

标前会议为招投标双方提供了又一次重要的沟通机会，其目的是保证所有投标人能够清楚、正确地认识工程合同的目的和要求。通常在标前会议前，投标人已阅读并分析了招标文件，他们会在标前会议上向招标人提出在标前会议前和做标过程中发现的问题，由招标人统一、全面、公开、公正地做出回答，这些解答内容可以作为修正案纳入招标文件中。招标人应积极鼓励投标人提出问题，并给予解释，以帮助投标人正确理解招标文件和招标人意图。双方相互了解得越深，投标人的报价和计划越具科学性和合理性，从而保证工程的顺利进行。

为了使投标人能够及时了解招标文件和现场情况，以便于做标，在做标期间，招标人应向投标人提供察看现场的机会和条件。投标人应准备好现场勘察提纲并积极参加现场考察，除一般性调查外，还应结合工程专业特点进行重点勘察并做好视频或图像记录，以便于会后分析。

现场考察结束后，招标人应对招标文件中的遗漏、词语表述不准或较复杂的事项进行澄清，回答投标人提出的问题，也可以对招标文件中出现的错误进行修改。招标文件必须在投标文件截止日期的前15天以前进行澄清和修改。招标人对投标人问题的解答以及对招标文件的澄清、修改和说明，都必须以书面形式通知所有购买招标文件的潜在投标人，并将其作为招标文件的组成部分。

4.1.3 工程项目投标

投标人从购买招标文件到投标截止期间，主要工作就是做标和投标，具体包括分析招标文件、环境调查、合同评审、编制实施方案和施工组织计划、估算工程成本、投标决策、起草投标文件。此外，还需要按时将投标书送达投标人须知中规定的地点，投标工作过程如图4-2所示。

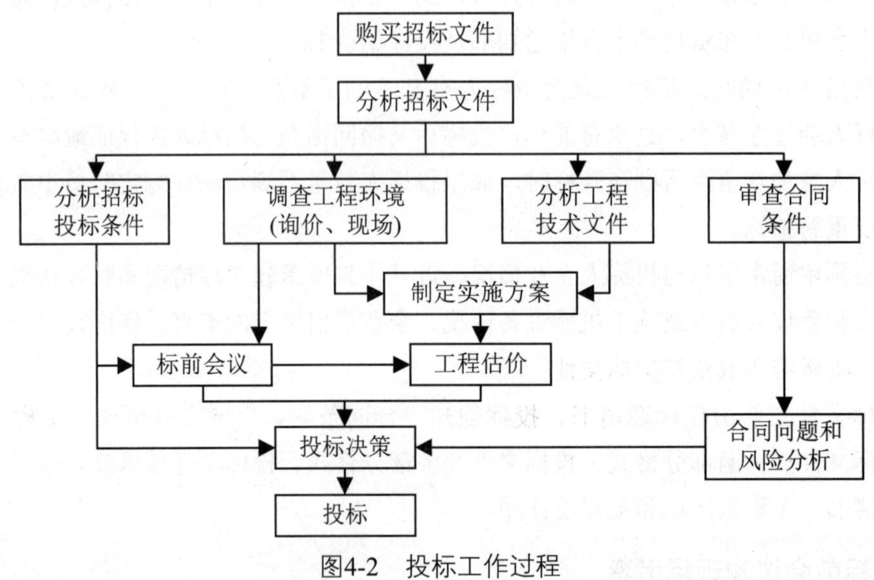

图4-2　投标工作过程

按照合同规定，投标人必须对招标文件的理解、环境调查以及实施方案和报价的正确性负责。但是，本着诚实守信原则，从工程项目的整体目标和双方合作的角度出发，招标人应为投标人提供条件与帮助，以防止其投标失误，进而影响工程项目总目标的实现。同时，在安排招标计划时，应按工程规模和复杂程度给予投标人适当的做标时间。若做标期太短，投标人的投标风险会加大。

1. 投标文件

投标文件是投标人提供的对招标文件的响应文件。它作为一份要约，通常是从投标截止日期之后，投标人即对它承担法律责任。这个法律责任通常是由投标人随投标书提交的投标保函(或保证金)来保证的。工程项目投标文件主要包括以下内容。

(1) 投标书。通常情况下，投标人以向招标人发送保证函的形式来递交投标书。这封保证函由招标人在招标文件中统一给定，投标人只需填写数字并签字即可。投标书表明，投标人完全同意并接受招标文件的要求，按照总报价金额承担招标文件规定的工程施工、竣工及保修责任，保证在规定的开工日期开工，或保证及时开工，受招标文件和合同条件的约束。

投标书必须附有投标单位法人代表签发的授权委托书，用以委托投标人的代表(项目经理)全权处理投标及合同实施事务。

(2) 投标书附录。投标书附录通常采用表格的形式，由投标人按照招标文件的要求填写，它是对合同文件中一些量化指标的定义。附录一般包括履约担保的金额、第三方责任保险的最低金额、开工期限、竣工时间、误期违约金的数额和最高限额、提前竣工的奖励数额、工程保修期、保留金百分比和限额、每次进度付款的最低限额以及拖延付款的利率等。按照合同的要求，还可能有外汇支付额度、预付款数额、汇率和合同价格调整方法等规定。

(3) 标有价格的工程量表。工程量表一般由招标人在招标文件中给出，由投标人填写单价和总价后，可作为一份报价文件。对于单价合同来说，工程量表可作为最终工程结算的依据。

(4) 投标保函。依据招标文件要求的数额，由规定的银行出具投标保函，投标保函应按照招标文件规定的格式填写。投标保证金一般不得超过投标总价的2%，且最高不得超过80万元人民币；投标保证金有效期应超过投标有效期30天。

(5) 投标人提出的与报价有关的技术文件，例如施工组织与计划文件，主要包括施工总体方案、具体施工方法的说明、总进度计划、质量和安全措施、主要施工机械表、材料表及报价、供应措施、项目组织人员详细情况、劳动力计划、现场临时设施及平面布置等。

如果承包商承担设计任务，还应包括设计方案资料(即标前设计)，承包商需提供图纸目录和技术规范。

(6) 属于原招标文件中的合同条件、规范和图纸。投标人将它们作为投标文件提出，表示它们在性质上属于投标人提出的要约文件。

(7) 业主要求的其他文件。例如项目经理及项目组成员的资历证明文件；投标人企业资质、财务状况、现有工程状况、所有设备状况、获奖状况、过去工程状况等证明材料。

(8) 有些投标人还会在投标书后附上一些投标的特别说明。

在投标文件中，投标书及附录、合同、规范、图纸和报价的工程量表等都属于有法律约束力的合同文件。

2. 投标策略

在投标时，企业应根据经营状况和经营目标，既要考虑自身的优势和劣势，也要考虑竞争的激烈程度，还要分析投标项目的整体特点，按照工程的类别、施工条件等确定投标策略。实行工程量清单后，投标人在投标报价时必须展示自己不同于其他竞争对手的核心优势，在报价降低的情况下如何获得最大的利润是每个投标人关注的焦点。投标报价通常采用不平衡报价法、多方案报价法、突然降价法、无利润报价法、先亏后盈法、争取评标奖励等策略。

(1) 不平衡报价法。不平衡报价是指在总价基本确定的前提下，调整内部各个子项的报价，目的是既不影响总报价，又能在中标后尽早收回垫支的资金并获取较好的经济效益。但应避免极高极低现象，以免失去中标机会。不平衡报价法通常适用于以下情形。

① 对于能早期结账收回工程款的项目(如前期措施费、土方工程、基础工程等)的单价可报以较高价，以利于资金周转；对于后期项目(如装饰、电气设备安装等)的单价，可适当降低。

② 经工程量复核，预计今后工程量会增加的项目，单价可以适当提高，这样在最终结算时可多盈利；对于将来工程量有可能减少的项目，可适当降低单价，以减少工程结算时的损失。

③ 设计图纸不明确，估计修改图纸后工程量要增加的，可以提高单价；工程内容不清楚的，可以适当降低单价，但可以在工程实施阶段通过索赔寻求提高单价的机会。

④ 没有工程量、只填报单价的项目(如疏浚工程中的开挖淤泥工作等)，可以提高单价。这样做既不影响总的投标价，又可多获利。

⑤ 对于暂定、实施可能性大的项目，可以提高单价；对于实施可能性较低的项目，可以定低价。

(2) 多方案报价法。多方案报价法是利用工程说明书或合同条款不够明确之处，以争取修改工程说明书和合同为目的的一种报价方法。当工程说明书或合同条款有不够明确之处时，投标人往往要承担较大的风险。为了减少风险，就必须提高工程单价，增加“不可预见费”，但这样做又会因报价过高而增加被淘汰的可能性。如果招标文件中工程范围不明确，某些条款不清晰，在充分考虑风险的情况下，同时满足原招标文件规定技术要求的条件下，也可以先对原方案提出报价，再对新方案提出报价，然后对两种方案进行技术与经济对比，新方案报价应比原方案偏低一些，以利于中标。

(3) 突然降价法。投标报价是一项保密工作，但是对手往往会通过各种渠道、手段来探查情况。为了应对这种情况，投标人对招标方案提出报价后，可以在充分了解投标信息的前提下，通过优化施工组织设计、加强内部管理、降低费用消耗的可能性分析，在投标截止时间之前，突然提出一个比原报价偏低的新报价，以利中标。例如，鲁布革水电站引水系统工程招标时，日本大成公司了解到其主要竞争对手是前田公司，因此在临近开标前把总报价突然降低8.04%，成为最低报价，为后续中标奠定基础。

(4) 无利润报价法。这是投标人在可能中标的情况下，拟将部分工程转包给报价低的分包商，或对于分期投标的工程采取前段中标后段得利，或为了开拓建筑市场，扭转企业长期无标的困境时采取的策略。

(5) 先亏后盈法。对于大型分期建设工程，在第一期工程投标时，可以将部分间接费分摊到第二期，减少利润计算，从而争取中标机会。这样在第二期工程投标时，凭借第一期工程的经验、临时设施以及创立的信誉，比较容易中标。

(6) 争取评标奖励。有的招标文件规定，对于某些技术规格指标的评标，当投标人提供优于规定指标的指标值时，可以给予适当的评标奖励。对于业主比较关注的指标，投标人给出的指标值应适当地优于规定标准，这样可以获得适当的评标奖励，有利于在竞争中取胜。但要注意，技术性能优于招标规定将导致报价相应上涨。如果投标报价过高，即使获得评标奖励，也难以与报价上涨的部分相抵，这样评标奖励也就失去了意义。

投标人必须在投标截止日期前提交投标书，否则投标无效。投标人的投标书从这时开始正式作为要约文件，如果投标人不履行投标人须知中的规定，业主可以没收其投标保函。而在此之前，投标人可以撤回、修改投标文件。根据合同规定，投标人做标应以投标截止日期前28天当日(即基准期)的法律、汇率、物价状态为依据。如果基准期后法律、汇率等发生变化，承包商有权调整合同价格。

4.1.4　工程项目开标

开标是在提交投标文件截止时间的同一时间，由招标人依据招标文件规定的地点，邀请所有投标人和监督机构代表参加，当众检查投标文件密封情况，启封投标人提交的投标文件，公开宣布投标人名称、投标价格、投标保证金和招标机构认为合适的投标文件的其他主要内容的过程。开标是招标公开原则的重要标志之一，必须保证做到开标公开、公平和公正。如果有效的投标人数少于3人，招标人应依法重新招标。

1. 开标准备工作

(1) 接受投标文件。在投标截止时间后递交的投标文件，招标人应当拒绝接收；至投标截止时间提交投标文件的投标人数少于3人的，不得开标，招标人应将接收的投标文件退回投标人，并依法重新组织招标。

(2) 开标现场及资料。招标人应保证受理的投标文件不丢失、不损坏、不泄密，并组织工作人员将投标截止时间前受理的投标文件运送到开标地点。招标人应准备好开标资料，包括开标记录一览表、投标文件接收登记表等。

2. 开标程序

开标由招标人主持，主要程序：宣布开标纪律→确认投标人代表身份→公布在投标截止时间前接收投标文件的情况→宣布有关人员姓名→检查标书的密封情况→宣布投标文件开标顺序→唱标→开标记录签字→开标结束。

3. 开标应注意的问题

(1) 开标时间及地点。《招标投标法》规定，开标应当在招标文件确定的提交投标文件截止时间的同一时间公开进行；开标地点应当为招标文件中预先确定的地点。

(2) 开标参与人。开标由招标人主持，邀请所有投标人参加。开标时，由投标人或其推选的代表检查招标文件所要求提交投标文件的截止时间前收到的所有投标文件的密封情况，也可以由招标人委托的公证机构进行检查并公证；经确认无误后，由工作人员当众拆封，宣读投标人名称、投标价格和投标文件的其他主要内容。

4.1.5　工程项目评标

评标是指按照招标文件规定的评标标准和方法，对各投标人的投标文件进行评价比较和分析，从中选出最佳投标人的过程。评标是招标投标活动中十分重要的阶段，评标是否真正做到公平、公正，决定着整个招标投标活动是否公平和公正；评标质量的高低决定能否从众多投标竞争者中选出最能满足招标项目各项要求的中标者。

1. 评标委员会

《招标投标法》规定，评标应由招标人依法组建的评标委员会负责，即由招标人按照法律的规定，挑选符合条件的人员组成评标委员会，负责对各投标文件的评审工作。评标委员会应按照招标文件规定的评标标准和方法进行评标工作，对招标人负责，从投标竞争者中评选出符合招标文件各项要求的投标者，最大限度地实现招标人的利益。对于依法必须进行招标的项目，其评标委员会由招标人代表和有关技术、经济等方面的专家组成，成员人数为5人以上单数，其中技术、经济等方面的专家不得少于成员总数的三分之二。专家应当从事相关领域工作满8年并具有高级职称或者具有同等专业水平；熟悉有关招标投标的法律法规，具有与招标项目相关的实践经验；能够认真、公正、诚实、廉洁地履行职责。招标人从国务院有关部门或者省、自治区、直辖市人民政府有关部门提供的专家名册或者招标代理机构的专家库内的相关专业的专家名单中确定专家委员会成员，一般招标项目可以采取随机抽取方式，特殊招标项目可以由招标人直接确定。

评标委员会的组建是一个严谨的过程，需要注意以下几点。

(1) 评标委员会成员应当客观、公正地履行职务，遵守职业道德，对所提出的评审意见承担个人责任。

(2) 评标委员会成员不得私下接触投标人，不得收受投标人的财物或者其他好处。

(3) 评标委员会成员和参与评标的有关工作人员不得透露与投标文件的评审和比较、中标候选人的推荐情况以及评标有关的其他情况。

此外，还应注意与投标人有利害关系的人不得进入相关项目的评标委员会。评标委员会成员名单在中标结果确定前应当保密，以防止有些投标人对评标委员会成员采取行贿等手段，以谋取中标。

2. 评标方法

(1) 经评审的最低投标价法。经评审的最低投标价法一般适用于具有通用技术、性能标准或者招标人对技术、性能没有特殊要求的招标项目。采用该方法，评标委员会应当根据招标文件规定的评标价格调整方法，对所有投标人的投标报价以及投标文件的商务部分进行必要的价格调整，但评标委员会无须对投标文件的技术部分进行价格折算。在完成详细评审后，评标委员会应当拟定一份“标价比较表”，连同书面评标报告提交给招标人。“标价比较表”应当载明投标人的投标报价、对商务偏差的价格调整和说明以及经评审的最终投标价。

(2) 综合评估法。对于那些不宜采用经评审的最低投标价法的招标项目，应当采取综合评估法进行评审。按照综合评估法，能够最大限度地满足招标文件中规定的各项综合评价标准的投标人，应当推荐为中标候选人。在衡量投标文件是否满足招标文件中规定的各项评价标准时，如企业资质与信用、施工技术方案、质量保证措施、环保与安全等，可以采取将评价标准折算为货币的方法、打分的方法或者其他方法，对于需要量化的因素及其权重，应当在招标文件中明确规定。评标委员会对技术部分和商务部分进行量化后，应当对这两部分的量化结果进行加权，计算出每一个投标人的综合评估价或者综合评估分。之后，评标委员会应当拟定一份“综合评估比较表”，连同书面评标报告提交给招标人。“综合评估比较表”应当载明投标人的投标报价、所作的任何修正、对商务偏差的调整、对技术偏差的调整、对各评审因素的评估以及对每一个投标人的最终评审结果。

3. 评标主要工作

(1) 评标准备。评标准备包括组织准备和业务准备两方面。组织准备包括确认评标委员会成员身份；组织评委签署保密协议和有无回避情况的承诺书；根据项目设计需要配备必要的工作人员。业务准备主要是评委了解、熟悉招标文件规定的主要技术要求和商务条款，了解、熟悉评标标准和评标方法以及为此准备的有关评标表格等。

(2) 符合性检查。符合性检查主要是检查投标文件的有效性、完整性以及与招标文件要求的一致性。重点审查投标文件是否回应招标文件提出的所有实质性要求和条件，并逐项列出投标文件存在的重大偏差和细微偏差。

(3) 技术评审。技术评审的主要任务是比较与审查投标人完成招标项目的技术能力与实力，审查投标人总体布置的合理性、施工方案的可行性与可靠性、施工进度计划及保证措施的可靠性、施工质量保证体系方案及措施的合理性与可靠性、劳动力计划及主要设备材料与构件用量计划是否满足设计和招标文件中的要求、安全措施的可靠与完善性等。如果有分包商，应当审查分包商的资格条件和其是否有完成分包工程的能力与经验等。如果招标文件规定了提交建议和替代方案，还应对投标文件中的建议或替代方案进行技术评审。

(4) 商务(价格)评审。工程施工招标评标时，重点是评审投标报价，包括投标报价的校核与审查全部报价数据计算的正确性，既要比较总价，也要分析单价、计日工价，还要分析单价构成及所附资金流量表的合理性，是否存在严重的不平衡报价现象；分析财务或付款方面的建议条款和优惠条件，评估接受这些条件的利弊，以及其是否有可能导致风险；分析报价高低的原因；注意是否提出与招标文件合同条款相悖的要求或对合同条款是否有重要保留等；如果有标底招标评标，还要参考标底，与标底价格进行对比分析。

(5) 招标文件澄清。在对投标文件进行符合性评审、技术评审和商务评审的过程时，若发现投标文件的内容有含义不清或需对某些问题做出说明的情况，评标委员会可以请投标人进行澄清和说明。投标人对所提问题的澄清和答复应采用书面形式，且经法定代表人或授权代理人签字，并作为投标文件的组成部分。对投标文件进行澄清与说明时，不允许对投标报价等实质性问题进行任何改动。

(6) 综合评价。主要是对已经通过符合性检查、技术评审、商务评审的投标文件进行综合比较与分析，并对投标人的评审结果进行排序。

(7) 编报评标报告，推荐中标候选人。评标委员会依据评标标准和方法，在对投标人进行全面比较与综合分析后，排列出高低名次，按招标文件要求的数量向招标人推荐中标候选人，并向招标人或其招标代理机构提交书面评标报告。

在中标结果公布前，评标委员会或成员必须对评标情况严格保密。

常见的工程项目评标流程如图4-3所示。

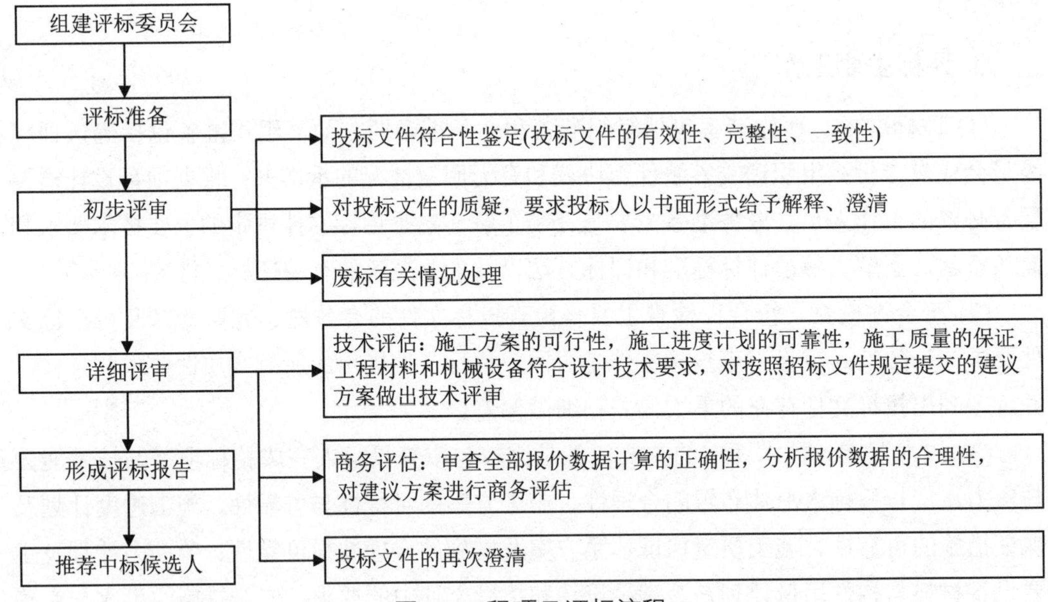

图4-3 工程项目评标流程

4.1.6 定标与签订合同

1. 定标

定标是指招标人根据评标委员会的评标报告，在推荐的候选人(通常为1～3名)中最终核定中标人的过程。招标人也可授权评标委员会直接确定中标人。

(1) 依法必须进行招标的项目，招标人应当确定排名第一的中标候选人为中标人。如果排名第一的中标候选人放弃中标，或者因不可抗力提出不能履行合同，或者招标文件规定应当提交履约保证而在规定的期限内未能提交，招标人可以确定排名第二的中标候选人为中标人。如果排名第二的中标候选人同样因前述原因不能签订合同，招标人可以确定排名第三的中标候选人为中标人。

(2) 在确定中标人之前，招标人不得与投标人针对投标价格、投标方案等实质性内容进行谈判。招标人不得向中标人提出压低报价、增加工作量、缩短工期或其他违背中标人意愿的要求，不得将这些要求作为发出中标通知书和签订合同的条件。

(3) 定标后，招标人或其代理机构应当及时向中标人发出中标通知书，同时通知所有未中标的投标人。中标通知书发出后，如果招标人和中标人放弃中标项目，应当依法承担法律责任。

(4) 自确定中标人之日起15日内，招标人向监督部门提交招标情况书面报告。

2. 签订合同

签订合同是招标投标工作成果的最终体现。

(1) 招标人和中标人应当自中标通知书发出之日起30日内签订书面合同。房屋建筑和市政基础设施工程施工招标的合同订立7日之内，中标人应将合同送县级以上工程所在地的建设行政主管部门备案。

(2) 招标人和中标人签订书面合同的内容和条款，应按照招标文件和中标人的投标文件来制定，应有对招标、投标文件的补充和完善。招标人和中标人不得再行订立背离合同实质性内容的其他协议。

(3) 中标人不履行与招标人订立合同的，履约保证金不予退还，并取消其中标资格；没有提交履约保证金的，应当对招标人的损失承担赔偿责任。招标人不履行与中标人订立合同的，应当双倍返还履约保证金；没有提交履约保证金的，应当对中标人的损失承担赔偿责任。

(4) 招标文件要求中标人提交履约保证金或者其他形式履约担保的，中标人应当按规定提交；拒绝提交的，视为放弃中标项目。招标人要求中标人提供履约保证金或其他形式履约担保的，招标人应同时向中标人提供工程款支付担保。签订合同后5个工作日内，招标机构应当向中标人和未中标的投标人退还投标保证金。

(5) 对于不具备分包条件或者不符合分包规定的，招标人有权在签订合同或者中标人提出分包要求时予以拒绝。发现中标人转包或违法分包时，要求其改正，若拒不改正，可终止合同，并报请有关管理部门查处。

4.2　工程项目合同管理

合同是民事主体之间设立、变更、终止民事法律关系的协议。工程项目合同是指在项目建设过程中的各个主体之间订立的经济合同。按照《中华人民共和国民法典》(以下简称《民法典》)的定义，建设工程合同是承包人进行工程建设，发包人支付价款的合同，包括工程勘察、设计、施工合同。发包人可以与总承包人订立建设工程合同，也可以分别与勘察人、设计人、施工人订立勘察、设计、施工承包合同。发包人不得将应当由一个承包人完成的建设工程分解成若干部分发包给数个承包人。总承包人或者勘察、设计、施工承包人经发包人同意后，可以将自己承包的部分工作交由第三人完成。第三人就其完成的工作成果与总承包人或者勘察、设计、施工承包人向发包人承担连带责任。承包人不得将其承包的全部建设工程转包给第三人，也不得将其承包的全部建设工程分解以后以分包的名义分别转包给第三人。承包人不得将工程分包给不具备相应资质条件的单位。分包单位不得将其承包的工程再分包。建设工程主体结构的施工必须由承包人自行完成。

4.2.1 工程项目合同管理概述

工程项目合同管理是指对工程项目合同的签订、履行和管理过程进行监督和控制的一系列管理活动。它涉及合同签订、变更管理、履约管理、验收管理等多个方面，在工程项目实施过程中起着至关重要的作用。作为工程项目管理工作的一部分，合同管理贯穿项目运作的全过程，如图4-4所示。

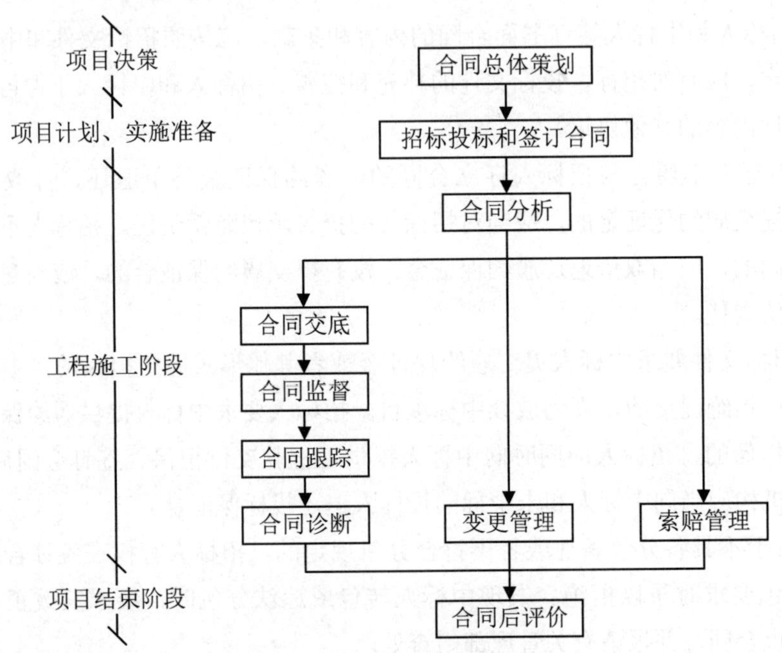

图4-4 工程项目合同管理过程

1. 工程项目合同管理相关法律

工程项目参与主体众多，各主体需要依照合同确定彼此关系，因此，工程项目管理应严格按照合同和法律进行。《民法典》对建设工程合同的定义和种类进行了详细的定义，将建设工程合同分为工程勘察、设计和施工合同，并明确合同主体责任。《招标投标法》《中华人民共和国招标投标法实施条例》规范了建设工程招标投标活动，同时明确了各方法律责任。《中华人民共和国建筑法》是规范建设活动的基础法律，对建筑许可、建筑工程发包与承包、建筑工程监理、建筑安全生产管理、建筑工程质量管理等作出明确规定。在工程建设方面，我国推行的意外伤害保险、建筑工程一切险和安装工程一切险、职业责任险、信用保险等必须遵循《中华人民共和国保险法》相关规定。在建设工程合同订立过程中需要提供担保行为的，需要遵守《民法典》中有关担保的规定。

建设工程是典型的劳动密集型行业，用工量巨大，在建设工程合同的订立和履行中需要确立劳动关系的，应当遵循《中华人民共和国劳动法》的规定。在合同履行过程中，如果双方产生分歧或争议并签订了仲裁协议(或争议发生后双方达成仲裁协议)，应按照《中华人民共和国仲裁法》的规定进行仲裁；如果双方的争议无法解决，则应按《中华人民共和国民事诉讼法》最终解决争议。

除上述法律外，住房城乡建设部等部委陆续出台了《建设工程施工合同(示范文本)》《建设工程勘察合同(示范文本)》《建设工程设计合同(示范文本)》《建设工程委托监理合同(示范文本)》《建设项目工程总承包合同》《建设工程施工专业分包合同》《建设工程施工劳务分包合同》等合同示范文本，以供当事人缔约参照。推行合同示范文本有利于正确缔约，规避交易风险，维护公平交易。

2. 合同法律关系

合同法律关系是指由合同法律规范调整的当事人在民事流转过程中形成的权利义务关系。合同法律关系包括合同法律关系的主体、合同法律关系的客体、合同法律关系的内容3个要素。

(1) 合同法律关系的主体。合同法律关系主体，是指参加合同法律关系，并享有相应权利、承担相应义务的当事人。合同法律关系的主体可以是自然人、法人和其他组织。自然人是指基于出生而成为民事法律关系主体的有生命的人。法人是指具有民事权利能力和民事行为能力，依法独立享有民事权利和承担民事义务的组织。其他组织是指法人以外的其他组织，如法人的分支机构，不具备法人资格的联营体、合伙企业、个人独资企业等。

(2) 合同法律关系的客体。合同法律关系的客体是指参加合同法律关系的主体享有的权利和承担的义务所共同指向的对象，包括物、行为、智力成果。物是指可为人们控制并具有经济价值的生产资料和消费资料，可以分为动产和不动产、流通物与限制流通物、特定物与种类物等，如货币、材料、建筑设备、建筑物等。行为是指人的有意识的活动，多表现为完成一定的工作，如勘察设计、施工安装等。智力成果是指通过人的智力活动所创造的精神成果，包括知识产权、技术秘密及特定情况下的公知技术，如专利权、计算机软件等。

(3) 合同法律关系的内容。合同法律关系的内容是指合同约定和法律规定的权利和义务，它是合同的具体要求，决定合同法律关系的性质。权利是指合同法律关系的主体在法定范围内，按照合同约定有权按照自己的意志做出某项行为，权利主体也可以要求义务主体做出一定的行为或不做出一定的行为，以实现自己的有关权利。当权利受到侵害时，有权得到法律保护。义务是指合同法律关系的主体必须按法律规定或合同约定承担相应的责任。义务和权利是相互对应的，相应主体应自觉履行相应的义务，否则义务人应承担相应的法律责任。

3. 工程项目中的主要合同关系

在现代社会化大生产的背景下，分工日趋专业化，一个规模较大的工程项目，其相关的合同就有几十份、几百份甚至上千份。这些合同都是为了完成项目目标，定义项目的活动，它们之间存在复杂的关系，形成项目的合同体系。

1) 业主的主要合同关系

业主必须将经过项目结构分解所确定的各种工程活动和任务通过合同委托出去，由专门的单位来完成。承包企业与业主签订的合同通常被称为主合同。根据工程承发包模式的不同，业主可能订立许多份合同。例如，将各专业工程分别甚至分段委托，或将材料和设备供应分别委托，也可能将上述委托以各种形式进行合并，只签订几份甚至一份主合同。通常，业主会签订咨询(监理)合同、勘察设计合同、供应合同(业主负责材料和设备供应)、工程施工合同、贷款合同或工程总承包合同。

2) 承包商的主要合同关系

承包商要承担合同所规定的责任，包括工程量表中所确定的工程范围的施工、竣工及保修，并为承担这些责任提供劳动力、施工设备、建筑材料、管理人员、临时设施，有时还需承担设计工作。通常，承包商会将一些专业工程和工作委托出去，进而面临复杂的合同关系，例如工程分包合同、设备和材料供应合同、运输合同、加工合同、租赁合同以及劳务合同等。

3) 其他方面的合同关系

除上述业主和承包商的合同关系外，工程项目中还存在其他方面的合同关系。

(1) 分包商有时也会将自身的工作再分包出去，形成多级分包合同。

(2) 设计单位、供应单位也可能向外分包工作，形成分包合同。

(3) 承包商有时承担部分工程的设计任务，也需要委托设计单位，形成设计合同。

(4) 如果工程的付款条件苛刻，承包商需带资承包，必须订立贷款合同。

(5) 在许多大型工程中，特别是EPC总承包工程中，承包商往往是几个企业的联营体，这些企业之间必须订立联营承包合同。

因此，在工程项目中，特别是在大型工程项目中，合同关系是极为复杂的。

4. 工程项目合同体系

工程项目中的各种合同构成了工程项目合同体系，如图4-5所示。工程项目合同体系按层级可分为主合同(监理合同、勘察设计合同等)、分合同(分包合同、运输合同等)和二级合同(分包合同、劳务合同等)。

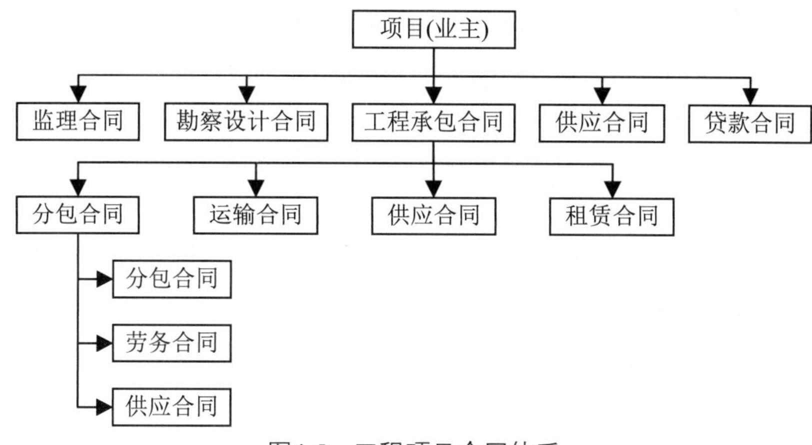

图4-5　工程项目合同体系

5. 工程项目合同管理任务

(1) 发展和健全建筑市场。建筑业作为国民经济支柱产业，其作用日益增强，为社会发展做出了重要贡献。建筑市场是市场经济的重要组成部分，需要按照市场经济模式，依靠合同来规范合同主体交易行为，合同内容是开展建筑活动的主要依据。因此，严格落实建设工程合同管理制度，是发展和健全建筑市场的重要保障。

(2) 保障建筑行业改革。我国建筑行业推广工程总承包模式，发展全过程工程咨询服务，推行建筑师负责制，改革建筑劳务用工制度，加强工人实名制管理，推进工程质量安全管理标准化和信息化等，合同管理将为落实总承包主体责任，明确建筑师相应的设计主体责任和咨询管理责任，全面落实建筑工人劳动合同制度等提供法律依据。

(3) 提高工程建设管理水平。工程建设管理水平体现为对工程质量、进度和成本三大目标的控制，合同管理能够有效提高工程建设管理水平。建设工程相关合同明确定义了三大目标，在工程项目管理中，这些目标被逐步细化，并得到严格执行。工程项目严格按照合同规定进行管理，有助于实现质量、进度和成本三大目标。

(4) 规范建设工程主体行为。工程项目合同界定了建设主体各方的基本权利与义务关系，它不仅是建设主体各方履行义务、享有权利的法律基础，同时也是正确处理工程项目实施过程中出现的各种争执与纠纷的法律依据。加强合同管理，能够促使建设主体各方按照合同约定履行义务，有效处理各方出现的争执与纠纷，从而起到规范建设主体行为的积极作用，对整顿我国建筑市场也起到了促进作用。

6. 合同公证

合同公证是指国家公证机关根据当事人双方的申请，依法对合同的真实性与合法性进行审查并予以确认的一种法律制度。《中华人民共和国公证法》对公证的定义为：公证是公证机构根据自然人、法人或者其他组织的申请，依照法定程序对民事法律行为、有法律意义的事实和文书的真实性、合法性予以证明的活动。合同公证一般实行自愿原则，公证机关依据当事人的申请进行公证。在合同订立过程中，若其中一方提出将公证作为合同订立的条件，另一方同意后，即为双方自愿行为。在建设工程领域，公证除了可以证明合同本身的合法性与真实性外，还可以就合同履行过程中的实际情况进行证明。例如，在承包人进场后、开工前，如果因发包人导致合同解除、承包人撤场，双方无法就赔偿达成一致，可对承包人已进场的材料、设备数量进行公证，为后续纠纷处理留存证据。

建设工程合同公证的流程：申请公证→审核合同→签订合同→公证→领取证明书。建设工程合同公证是保障建筑市场稳定发展的重要手段，能够有效避免争议和纠纷，维护双方的合法权益。

4.2.2 工程项目合同总体策划

合同总体策划的目的是通过合同保证工程项目目标和项目实施战略的实现。合同总体策划属于组织策划的一部分，主要用于确定对整个工程项目实施有重大影响的合同问题，包括确立合同体系、确定独立合同数及各合同范围、明确合同种类及条件、明确合同委托方式、确定合同中一些重要条件，以实现对项目的全面严格控制。合同总体策划不仅有利于确保合同的完备，保证各份合同能够得到圆满履行，还可以协调各份合同之间的关系，从而确保工程项目总目标的顺利实现。

1. 合同策划的内容

在项目中，业主处于主导地位。合同总体策划对整个项目有很大影响，承包商必须按照业主的要求投标报价，确定方案并完成工程。在此过程中，业主应根据项目承包模式和管理模式对项目工程活动进行分解或整合，从而形成若干份合同，并确定每份合同的工程(工作)范围，由此形成工程项目的合同体系。业主通常需要对以下合同问题做出决策。

1) 选择合同类型

在实际工程中，合同计价方式有近20种。不同种类的合同，有不同的应用条件、不同的权利和责任分配、不同的付款方式，对合同双方也存在不同的风险，应按照具体情况选择适用的合同类型。有时在一份工程承包合同中，不同工程分项采用不同的计价方式。典型的合同类型有以下几种。

(1) 单价合同。单价合同也称单价不变合同，合同确定的实物工程量单价在合同有效期间原则上不变，并作为工程结算时所用单价，工程量则按实际完成的数量结算，即量变价不变合同。单价合同分为固定单价和可调单价等形式，它是比较常见的合同类型，适用范围广，FIDIC施工合同和我国的建设工程施工合同都属于该类合同。签订单价合同时，承包商仅需要按合同规定承担报价的风险，即对报价(主要为单价)的正确性和适宜性承担责任，而工程量变化的风险由业主承担。

(2) 固定总价合同。固定总价合同是指承包商完成合同约定范围内的工程量以及为完成该工程量而实施的全部工作的总价款，一经确定，除发生重大设计变更外，一般不允许调整合同价格的合同。承包商在签订固定总价合同时承担了工作量和价格的全部风险，因此报价中不可预见风险的费用占比较高，承包商报价时必须充分考虑施工期间物价与工程量变化带来的影响。在现代工程中，特别是在合资项目中，业主喜欢采用固定总价合同形式，因为这种合同形式使得结算较为简便，且承包商的索赔机会较少。固定总价合同通常适用于工程范围清晰明确、工程量小、工期短且投标期宽裕、合同条件完备等情形。

(3) 成本加酬金合同。成本加酬金合同是与固定总价合同截然相反的合同类型。工程最终合同价格应按照承包商的实际成本加上一定比率的酬金(间接费)来计算。在合同签订时，不能确定具体的合同价格，只能确定酬金的比率。因为合同价格是按承包商的实际成本来结算，业主承担了全部工作量和价格风险，承包商在工程中缺乏成本控制的积极性，反而期望提高成本以提高自己的工程经济效益，这样会损害工程的整体效益。因此，这类合同的适用范围受到严格限制。这类合同通常用于投标阶段工程范围无法界定、无法给出准确估价、工程特别复杂、工期紧张等情形。为调动承包商成本控制的积极性，可以采取事先确定目标成本范围、制定成本奖励方案、固定酬金等措施。同时，合同中应明确规定成本的开支范围，规定业主有权对成本开支进行决策、监督和审查。

(4) 目标合同。目标合同是将固定总价合同和成本加酬金合同相结合并加以改进的合同形式。通常情况下，合同规定承包商应对工程建成后的生产能力(或使用功能)、工程总成本(或总价格)和工期目标承担责任。如果达到生产能力(或使用功能)，而实际总成本低于预定总成本，节约的部分按预定比例给承包商奖励；反之，超支的部分由承包商按比例承担。如果工程投产后在一定时间内达不到预定的生产能力，就要按一定的比例扣减合同价格；如果工期拖延，承包商就要承担工期拖延违约金。目标合同能够最大程度调动承包商进行工程管理的积极性，适用于工程范围没有完全界定或项目风险较大的情形，承包商通常在项目可行性研究阶段甚至在目标设计阶段就介入工程，并以总承包的形式承包工程。

2) 选择合同条件

合同协议书和合同条件是合同文件中的重要组成部分。在实际工程中，业主可以按照需要自行(通常委托咨询公司)起草合同条件，也可以选择标准的合同条件。在具体应用时，业主可以根据自己的需要通过特殊条款对标准文本进行修改、限定或补充。对于一项工程，有时会有几个类型的合同条件可供选择，在国际工程中更是如此。选择合同条件时应注意以下问题。

(1) 合同条件应与双方的管理水平相配套。企业从主观上都希望使用严密的、完备的合同条件，但合同条件应该与双方的管理水平相配套。如果双方的管理水平很低，却使用十分完备、周密、规定严格的合同条件，那么这种合同条件将缺乏可执行性。

(2) 最好选用双方都熟悉的、标准的合同条件。选用双方都熟悉的、标准的合同条件，有利于合同顺利执行。当双方来自不同的国家时，由于承包商是工程合同的具体实施者，在选用合同条件时，应更多地考虑承包商的因素，优先使用承包商熟悉的合同条件，而不能仅从业主自身的角度来考虑。在实际工程中，许多业主都希望选择自己熟悉的合同条件，以保证自己在工程管理中处于有利的地位，掌握主动权，但这可能会导致工程不能顺利进行。

(3) 合同条件的使用应注意其他方面的制约。我国工程估价有一整套定额和取费标准，这是与施工合同文本相配套的。在我国工程中，无论是采用FIDIC合同条件，还是使用我国标准施工合同文本，如果业主要求对合同双方的责、权、利关系作出重大调整，就应采用承包商自由报价的方式，不再使用定额和规定的取费标准。

3) 确定招标方式

业主通常需要根据法律规定、承包模式、合同类型、业主所拥有的招标时间(工程紧迫程度)等来决定项目的招标方式。

(1) 公开招标。业主选择范围大，投标人之间能充分、平等竞争，这样有利于降低报价、提高工程质量并缩短工期。但招标期较长，业主需要承担大量的管理工作，例如需要准备许多资格预审文件和招标文件，资格预审、评标、澄清会议等工作的任务量都很大。在这个过程中，严格的资格预审是十分重要的，可防止不合格的投标人混入。

(2) 选择性竞争招标，即邀请招标。业主根据工程的特点，有目标、有条件地选择邀请3个以上(含3个)投标人参加工程投标竞争，这是国内外经常采用的招标方式。采用该招标方式，能够减少业主的事务性管理工作，缩短招标所用的时间，降低成本，同时业主还可以获得比较合理的价格。国际工程经验证明，如果技术设计比较完备，信息齐全，签订工程承包合同最可靠的方法是采用选择性竞争招标。

(3) 议标。议标即业主直接与一个承包商进行合同谈判，一般适用于业主对承包商非常信任、工程具有特殊性等情形。采用议标方式时，双方直接进行合同谈判，业主既不用准备大量的招标文件，也不用处理复杂的管理工作，所需时间短，能够缩短工期，甚至许多项目可以一边议标一边开工。但由于缺乏竞争，承包商报价较高，工程合同价格自然较高。

4) 确定重要合同条款

工程合同通常包含一些对合同的起草、执行以及工程实施有重要影响的条款，主要包括以下方面。

(1) 适用合同关系的法律以及合同争执仲裁的地点、程序等。

(2) 付款方式。根据业主资金来源的不同，常见的项目付款方式包括进度付款、分期付款、预付款或由承包商垫资承包。承包商在工程中过多地垫资，对承包商的风险、财务状况、报价和履约积极性有直接影响。若业主超过实际进度预付工程款，便会加大业主的融资压力和融资成本。

(3) 合同价格的调整条件、调整范围和调整方法。该条款主要是由于物价上涨、汇率变化、法律变化、关税变化等对合同价格调整的相关规定。

(4) 风险分摊。风险分摊即将工程风险在业主和承包商之间合理分配。其基本原则是通过风险分配激励承包商努力控制三大目标(质量、进度和成本)、控制风险，实现工程经济效益最大化。

(5) 对承包商的奖励措施。恰当地采用奖励措施可以有效地鼓励承包商缩短工期、提高质量、降低成本，从而提高管理积极性。各种合同中都可以订立奖励条款，通常包括以下几种。

① 提前竣工的奖励。这是较为常见的奖励措施，通常，合同会明文规定，若工期提前一天，业主便给予承包商一定金额的奖励，或者将项目提前投产所实现的利润，在合同双方之间按一定比例进行分配。对工期要求特别紧的工程，甚至只要承包商按期竣工就能得到一定额度的奖励。

② 创新奖励。如果承包商能提出新的设计方案、应用新技术，帮助业主节约投资，就可以按照节约额的一定比例获得分成奖励。

③ 质量奖。如果工程质量达到预定标准，业主就需要另外支付一笔奖励金，这种奖励在我国应用较多。

(6) 设计合同条款，通过合同保证对工程的控制权力，形成一个完整的控制体系。

① 控制内容。明确规定业主及项目经理对工期、成本(投资)、质量及工程变更等各方面的控制权力。

② 控制过程。各种控制必须遵循严密的体系，形成一个前后相继的过程。例如，工期控制过程，包括开工令对详细进度计划的审批(同意)权，工程中出现拖延时的指令加速的权力，拖延工期的违约金条款等；质量控制过程，包括质量管理体系的审查权，图纸的审批程序及权力，方案的审批(或同意)权，材料、工艺、工程的认可权、检查权和验收权等；成本(投资)控制，包括工作量量方程序，付款期，账单的审查过程及权力、付款的控制、竣工结算和最终决策，索赔的处理，决定价格的权力等。

③ 对问题或特殊状态的处置权力。例如，材料、工艺、工程质量不符合要求的处置权，暂停工程的权力，在极端状态下终止合同的权力等。比如，在承包商严重违约的情况下，业主可以将承包商逐出现场，而不解除他的合同责任，让其他承包商来完成合同，费用由违约的承包商承担。

以上内容都有具体、详细的规定，形成了对工程施工过程控制的合同保证。

(7) 为了确保双方切实做到诚实守信，必须采取相应的合同措施。

① 工程中的保函、保留金和其他担保措施的规定。

② 承包商的材料和设备进入施工现场，即作为业主的财产，未经业主(或工程师)同意不得移离现场。

③ 合同中对违约行为的处罚规定和仲裁条款。

2. 合同策划的程序

(1) 研究企业战略和项目战略，确定企业及项目对合同的要求。

(2) 确定合同的总体原则和目标。

(3) 分层次、分对象对合同的一些重大问题进行研究，列出各种可能的选择，按照策划依据，综合分析各种选择的利弊得失。

(4) 对合同的各个重大问题做出决策和安排，提出履行合同的措施。在合同策划中，有时要采用各种预测和决策方法、风险分析方法、技术经济分析方法。在开始准备每一个合同招标和准备签订每一份合同时，都应对合同策划再作一次评价。

3. 合同策划需要注意的问题

在工程项目实施过程中需要签订大量合同，为便于管理，需要将相关合同纳入统一、完整的计划体系中，做到统筹兼顾。

(1) 做好工程各相关合同的协调工作。为了确保工程建设的顺利进行，业主和承包商要签订许多合同，如设计合同、施工合同、供应合同、监理合同等。这些合同之间关系复杂，而工程合同体系可以协调各个合同所确定的工期、质量、技术要求以及成本和管理机制，使其具有较好的相容性，与项目的目标系统、技术设计和计划(如成本计划、工期计划)等内容相一致。

(2) 明确合同管理责任。在许多企业及工程项目中，不同的合同由不同的职能部门(或人员)管理，如采购合同归材料科管理、承包合同和分包合同归经营科管理、贷款合同归财务科管理，因此在管理程序上应注意各部门之间的协调。例如，采购条件要符合承包合同的技术要求；供应计划应符合项目的工期安排；签订采购合同后要报财务部门备案，与财务部门一起商讨付款方式并安排资金；同时对运输等工作做出安排(签订运输合同)。这样才能形成一个完整的项目管理过程。

4. 合同策划的意义

(1) 合同策划决定着项目的组织结构及管理体制，也决定着合同的各方面责任、权利和工作的划分，所以会对整个项目管理产生根本性的影响。业主通过合同委托项目任务，并通过合同实现对项目的目标控制。

(2) 合同是实施工程项目的手段，通过合同策划可以协调合同各方关系。

(3) 无论对业主还是对承包商，完善的合同策划可以保证合同的圆满履行，克服关系的不协调，减少矛盾和争议，从而确保工程项目总目标的顺利实现。

4.2.3　工程项目合同实施控制

工程项目实施过程实质上是与项目相关的各种合同的履行过程。要想保证项目正常、按计划、高效率地实施，必须正确地执行各种合同。按照法律和工程惯例，业主的项目经理要负责各种相关合同的管理和协调，并承担因协调失误而造成的损失责任。例如，土建承包商、安装承包商、供应商都与业主签订主合同，如果供应商不能及时交付设备，就会造成土建和安装工程推迟，安装和土建承包商也可直接向业主索赔。因此，在工程现场需要委托专人来负责合同的协调和控制，通常监理工程师的职责之一就是合同管理。

1. 合同履行分析和交底

在合同实施前，必须对相关合同进行分析和交底，具体包括以下工作内容。

1) 合同履行分析

合同履行分析主要是对合同的执行问题进行研究，分析合同要求和对合同条款进行解释，并将合同中的有关规定落实到项目实施的具体问题和各项工程活动中，使合同成为一份可执行的文件。合同履行分析包括以下内容。

(1) 承包商的主要合同责任、工程范围和权利。

(2) 业主的主要责任和权利，工程师的权利和职责。

(3) 工期、工期管理程序和工期补偿条件。

(4) 工程质量管理程序、工程验收方法。

(5) 合同价格、计价方法、工程款支付程序、价格补偿条件。

(6) 工程中一些问题的处理方法和过程，如履约保函、预付款程序、工程变更、保险等。

(7) 双方的违约责任和争执解决程序。

(8) 合同履行时应注意的问题和风险。

2) 合同交底

对项目管理班子、相关工程负责人宣讲合同精神，落实合同责任，确保参与项目的各个实施者都了解相关合同的内容，并将合同和合同分析文件下达落实到具体的责任人，例如各职能人员、相关的工程负责人和分包商等。

2. 合同控制

1) 合同工程师

在施工现场，项目管理组织中必须配备专职的合同工程师，他起着“漏洞工程师”的作用。合同工程师并不是寻求与其他方面的对抗，因为对抗只会导致项目实施更加困难，而是应以积极合作的精神，协助各方履行合同，防止合同执行过程中出现争执，减少索赔事件的发生。合同工程师具体负责以下事项。

(1) 寻找合同和计划中的漏洞，以防止对工程实施造成干扰，对工程实施起预警作用，确保计划更周密。

(2) 及时寻找和发现己方在合同执行中出现的漏洞、失误，确保己方不违约。在发出一个指令、做出一个决策时，要考虑是否会违反合同，是否会产生索赔事件。

(3) 监督对方正确履行合同，寻找对方合同执行中的漏洞，及时提出警告或索赔要求。

(4) 寻找各种合同在执行和协调过程中的漏洞。

2) 合同实施控制的主要工作

(1) 为项目经理、各职能人员、所属承(分)包商在合同关系上提供帮助，解释合同，开展工作指导，对来往信件、会议纪要和指令等文件，进行合同和法律方面的审查。

(2) 协助项目经理正确行使合同规定的各项权利，防止产生违约行为，及时向各层级管理人员提供合同实施情况报告，并对合同的实施提出建议、意见甚至警告。

(3) 协调工程项目中的合同关系，确保合同正常执行。

(4) 做好合同相关文件(包括招标文件、合同文件、工程记录、函件、报告、通知、会议纪要、规范、图纸资料及相关法规等)的整理、分类、归档、保管或移交工作，执行合同文件管理制度，以满足项目相关者的要求。

(5) 对合同实施过程进行监督，根据合同来监督各工程小组和各承包商的施工，做好组织协调工作，定期检查，以确保业主、承包商和项目管理单位都能正确履行合同。

(6) 处理合同变更，对变更请求进行审查和批准，对变更过程进行控制。

(7) 处理索赔与反索赔事件，处理合同争端，包括合同争执以及合同界面的争执。

(8) 合同结束前，参与工程的竣工验收和移交工作，以确保工程符合合同规定的条件和要求。

3) 合同控制的注意事项

(1) 由于工期、成本、质量、HSE(健康、安全和环境)等是合同定义的目标，合同控制必须与进度控制、成本(投资)控制、质量控制和HSE管理等协调一致地进行。

(2) 利用合同控制手段对参与项目各方进行严格管理，最大限度地利用合同赋予的权力，如指令权、审批权、检查权等来控制工期、成本和质量。

(3) 在对工程实施进行跟踪诊断时，要利用合同来分析产生工程问题的原因，并落实责任。在对工程实施进行调整时，要考虑利用合同措施来解决问题，还要充分利用合同来解决对方的要求(如赔偿要求)。

4.2.4 工程变更与索赔

1. 工程变更

工程变更是指在工程项目实施过程中，由于设计、施工、材料、市场等因素变化，工程项目范围、进度、成本等发生变化。工程变更属于合同变更，合同变更主要是由工程变更引起的，合同变更管理主要是指工程变更管理。

1) 工程变更的原因

(1) 业主变更指令，提出新要求。例如业主有新的意图，修改项目计划，削减项目预算等。

(2) 设计人员、监理方人员、承包商没有理解业主的意图，或设计错误，导致设计修改。

(3) 工程环境变化，或工程条件变化，导致实施方案或实施计划变更。

(4) 由于应用新技术和新知识，有必要改变原设计、原实施方案或实施计划，或因业主指令及业主责任造成承包商施工方案变更。

(5) 政府部门对工程项目提出新要求，如环境保护、城市规划变动等。

(6) 由于合同实施出现问题，必须调整合同目标或修改合同条款。

2) 工程变更的种类

(1) 工程项目增加和设计变更。在工程承包范围内，设计变更、遗漏、新增等会导致工程项目增加或工程量出现增减，当其价值影响在合同总造价的10%以内时，一般不需要变更合同，但可按实际增减数量计价；超过10%时，则需变更合同。如果变更内容超过承包范围，应通过协商重新议价，并另外签订补充合同或重签合同。

(2) 市场物价变化。大中型工程项目一般对合同总造价实行静态投资包干管理，通常不做调整。但大中型工程项目履约期长、市场价变化大，这种承包方式易于引起诸多问题，导致合同无法正常履行。如今，我国已逐步推行总造价动态管理，合同造价会随市场价格变化而变化，并且会定期公布物价调整系数，甲乙双方按照该系数结算工程价款，从而导致合同发生变更。

(3) 施工方案变更。常见原因有地质发生重大变化、设计变更、社会环境影响、物资设备供应变动、工期提前等。

(4) 国家政策变动。合同签订后，由于国家、地方政策或法律法规等的变动，合同承包总价出现重大增减，经与管理机构现场代表协商后，予以合理变更。

(5) 不可抗力因素。如发生重大洪灾、地震、台风、战争，非乙方责任引起的火灾、破坏等，经甲方代表现场核实签证后，可协商延长工期，并给予承包商适当的补偿。

3) 工程变更的程序

根据提出变更单位的不同，可将工程变更分为设计单位提出变更，建设单位、监理单位提出变更，施工单位提出变更。在履行合同过程中，经发包人同意，监理人可按约定的变更程序向承包人做出变更指示，承包人应遵照执行，无监理人的变更指示，承包人不得擅自变更。工程变更的程序如图4-6所示。

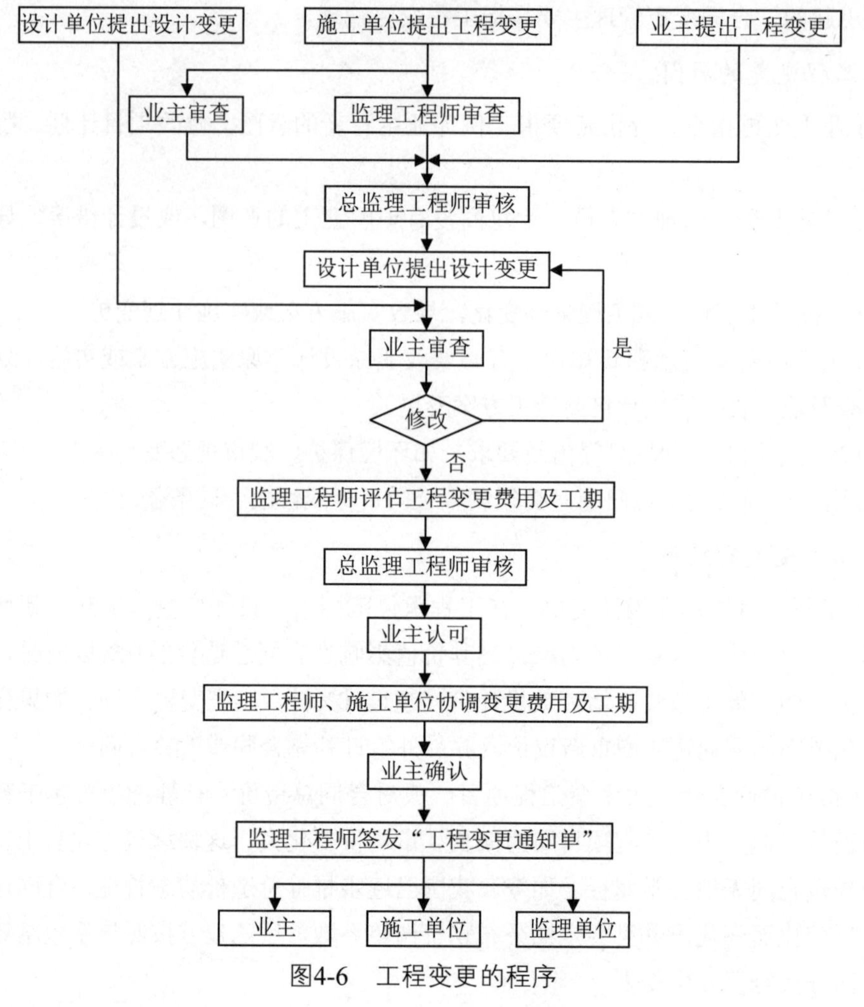

图4-6　工程变更的程序

2. 索赔

索赔通常是指在合同履行过程中，当事人一方因另一方不履行或者不完全履行合同所规定的义务或出现应由对方承担的风险而遭受损失时，向另一方提出赔偿要求的行为。工程项目索赔通常是指承包商由于工程变更向业主提出补偿的行为。

1) 承包人提出索赔

《民法典》规定，发包人未按照约定的时间和要求提供原材料、设备、场地、资金、技术资料的，承包人可以顺延工程日期，并有权请求赔偿停工、窝工等损失；因发包人致使工程中途停建、缓建的，发包人应当采取措施弥补或者减少损失，赔偿承包人因此造成的停工、窝工、倒运、机械设备调迁、材料和构件积压等损失和实际费用。此外，根据合同约定，承包人认为有权得到追加付款和(或)延长工期的情形，应按以下程序向发包人提出索赔。

(1) 承包人应在知道或应当知道索赔事件发生后28天内，向监理人递交索赔意向通知书，并说明发生索赔事件的事由。若承包人未在前述28天内发出索赔意向通知书，则会丧失要求追加付款和(或)延长工期的权利。

(2) 承包人应在发出索赔意向通知书后28天内，向监理人正式递交索赔通知书。索赔通知书应详细说明索赔理由以及要求追加的付款金额和(或)延长的工期，并附必要的记录和证明材料。

(3) 索赔事件具有连续影响的，承包人应按合理的时间间隔继续递交延续索赔通知，说明连续影响的实际情况和记录，列出累计的追加付款金额和(或)工期延长天数。

(4) 在索赔事件影响结束后的28天内，承包人应向监理人递交最终索赔通知书，说明最终要求索赔的追加付款金额和延长的工期，并附必要的记录和证明材料。

2) 承包人索赔处理程序

(1) 监理人收到承包人提交的索赔通知书后，应及时审查索赔通知书的内容，并查验承包人的记录和证明材料，必要时监理人可要求承包人提交全部原始记录副本。

(2) 监理人应按合同条款商定或确定追加的付款和(或)延长的工期，并在收到上述索赔通知书或有关索赔的进一步证明材料后的42天内，向承包人答复索赔处理结果。

(3) 承包人接受索赔处理结果的，发包人应在作出索赔处理结果答复后的28天内完成赔付。承包人不接受索赔处理结果的，可以按施工合同的约定进行友好协商或申请仲裁或提起诉讼。

承包人接受工程接收证书后，应被认为已无权再提出在工程接收证书颁发前所发生的任何索赔；承包人按合同约定提交的最终结清申请单中，只限于提出工程接收证书颁发后发生的索赔，提出索赔的期限自接收最终结清证书时终止。承包人索赔流程如图4-7所示。

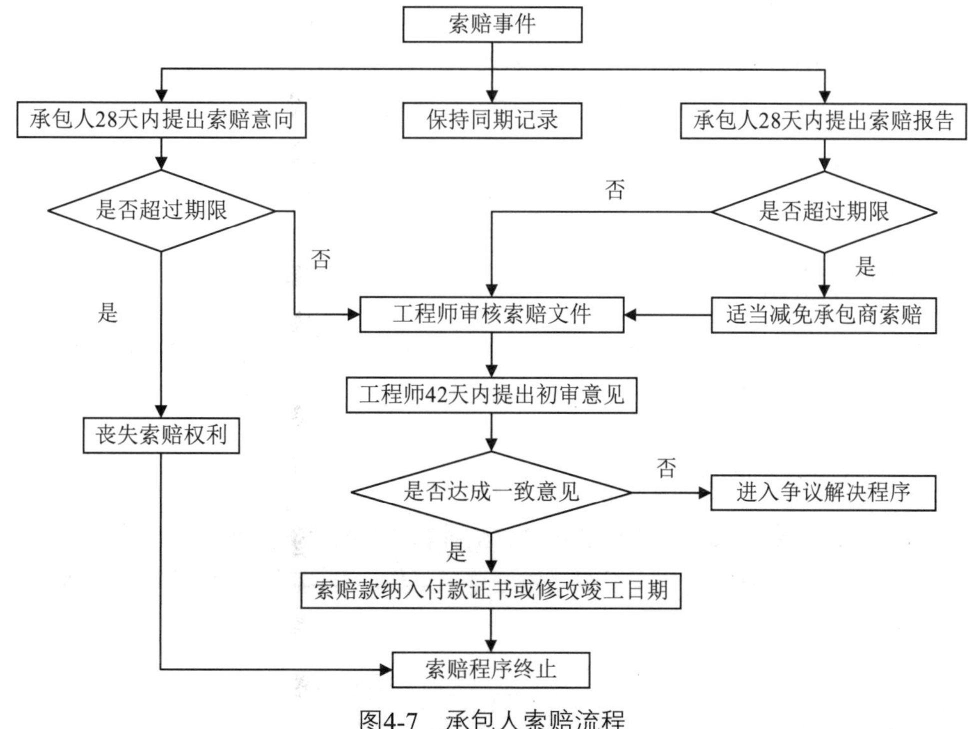

图4-7　承包人索赔流程

3) 发包人的索赔

发生索赔事件后，监理人应及时，以书面形式通知承包人，详细说明发包人有权得到的索赔金额和(或)延长缺陷责任期的细节及依据。发包人提出索赔的期限和要求应与承包人索赔期限的约定相同，延长缺陷责任期的通知应在缺陷责任期届满前发出。

监理人按合同条款商定或确定发包人从承包人处得到赔付的金额和(或)缺陷责任期的延长期。承包人应付给发包人的金额可从拟支付给承包人的合同价款中扣除，或由承包人以其他方式支付给发包人。

3. 索赔管理

由于工程的特殊性和环境的复杂性，索赔是不可能完全避免的。业主与承包商、承包商与分包商、业主与供应商、承包商与供应商之间以及业主(或承包商)与保险公司之间都可能发生索赔。在现代工程中，索赔金额通常较高，尤其在国际工程中，超过合同价100%的索赔要求也并不罕见，因此项目各个参与方都应重视索赔管理。索赔管理包括索赔和反索赔。

1) 索赔

索赔是对自己已经受到的损失进行追索，主要包括以下工作内容。

(1) 在日常的合同实施过程中预测索赔机会，即对引起索赔的干扰事件进行预测。

(2) 在合同实施过程中寻找和发现索赔机会。

(3) 处理索赔事件，及时提出索赔要求，妥善解决争端。

2) 反索赔

反索赔着眼于防止和减少损失的发生，通常包括两方面工作。

(1) 反驳对方(合同伙伴)不合理的索赔要求，即反驳索赔报告，推卸自己对已发生的干扰事件的责任，否定或部分否定对方的索赔要求。

(2) 防止对方提出索赔，通过有效的合同管理，确保自己不违约，同时处于不能被索赔的地位。

4.2.5　合同后评价

按照项目全过程管理的要求，在合同执行后必须进行合同后评价，总结合同签订和执行过程中的利弊得失、经验教训，并提出分析报告，以作为以后实行工程合同管理的参考。

由于合同管理工作比较依赖经验，只有不断总结经验教训，才能不断提高管理水平，从而培养出高素质的合同管理者。合同后评价工作是十分重要的，但现在人们对此还不够重视，或尚未有意识、有组织地做好这项工作。合同后评价包括以下内容。

1. 合同签订情况评价

(1) 评价预定的合同战略和策划是否正确以及是否已经顺利实现。

(2) 评价招标文件分析和合同风险分析的准确程度。

(3) 总结在环境调查、实施方案、工程预算以及报价方面的问题及经验教训。

(4) 总结合同谈判中的问题及经验教训，为以后签订同类合同提供参考。

(5) 评价相关合同之间的协调问题。

2. 合同执行情况评价

(1) 评价合同执行战略是否正确、是否符合实际、是否达到预期效果。

(2) 总结在合同执行过程中出现了哪些特殊情况，以及应采取什么措施避免或减少损失。

(3) 评价合同风险控制的利弊得失。

(4) 评价相关合同在执行中的协调问题。

3. 合同管理工作评价

(1) 评价合同管理工作对工程项目的总体贡献或影响。

(2) 评价合同分析的准确程度。

(3) 评价在招标投标和工程实施中，合同管理子系统与其他职能的协调问题，并提出需要改进之处。

(4) 总结索赔处理和纠纷处理的经验教训。

4. 合同条款分析

(1) 分析合同的具体条款，特别是对工程有重大影响的合同条款的表述和执行过程中的利弊得失。

(2) 总结合同签订和执行过程中所遇到的特殊问题及解决方法和处理结果。

(3) 分析具体合同条款的表述方式。

4.2.6　FIDIC施工合同条件

国际咨询工程师联合会(Fédération lnternationale Des lngénieurs Conseils，FIDIC，中译“菲迪克”)成立于1913年，是国际上最有权威的被世界银行认可的咨询工程师组织。中国工程咨询协会于1996年代表中国加入FIDIC，成为FIDIC的正式成员国。

FIDIC于1999年出版了4类标准合同格式的第1版，分别是红皮书——《施工合同条件》(*Conditions of Contract for Construction*)、黄皮书——《生产设备和设计——施工合同条件》(*Conditions of Contract for Plant and Design-Build*)、银皮书——《设计采购施工(EPC)/交钥匙工程合同条件》(*Conditions of Contract for EPC/Turkey Projects*)和绿皮书——《简明合同格式》(*Short Form of Contract*)。2017年，FIDIC出版了前3类合同条件

的第2版，2021年出版了绿皮书的第2版，如图4-8所示。FIDIC高质量的工程合同范本在国际工程界被广泛采用，世界银行、亚洲开发银行、非洲开发银行等国际金融机构的贷款项目指定使用FIDIC的合同范本。

FIDIC 标准合同

FIDIC 官方网站

(a) 红皮书2017　(b) 黄皮书2017

(c) 银皮书2017　(d) 绿皮书2021

图4-8　FIDIC合同

《施工合同条件》由通用合同条件(general conditions)、专用合同条件编写指南(gidance for the preparation of particular conditions)以及投标、合同协议书和争端裁决协议书格式(forms of letter of tender, contract agreement and dispute adjudication agreement)3部分构成，推荐用于由雇主设计或由其代表——工程师设计的房屋建筑或工程，但工程中的某些土木、机械、电力或建造工程也可能由承包商设计。

1. 通用合同条件

通用合同条件适用于工业与民用建筑工程、水电工程、路桥工程、港口工程等土木工程施工建设项目。2017版通用条件共分为21个条款，第1条是总论；第2条至第5条对应项目参与方；第6条和第7条对应人员和货物；第8条至第11条对应进度与质量；第12条至第14条对应投资管理；第15条和第16条对应合同终止；第17条至第19条关于风险和保险；第20条和第21条关于索赔与争端处理。

(1) 一般规定(general provision)。

(2) 业主(the employer)。

(3) 工程师(the engineer)。

(4) 承包商(the contractor)。

(5) 分包商(subcontractor)。

(6) 职员与劳工(staff and labour)。

(7) 设备，材料与工艺(plant, material and workmanship)。

(8) 开工，延误与暂停(commencement, delay and suspension)。

(9) 竣工检验(test on completion)。

(10) 业主的接收(employer’s taking over)。

(11) 接收后的缺陷责任(defect after taking over)。

(12) 测量和估价(measurement and evaluastion)。

(13) 变更与调整(variation and adjustment)。

(14) 合同价格与支付(contract price and payment)。

(15) 业主终止合同(termination by employer)。

(16) 承包商暂停与终止合同(suspension and termination by contractor)。

(17) 对工程的照管和赔偿(care of the works and indemnities)。

(18) 例外事件(exceptional event)。

(19) 保险(insurance)。

(20) 业主和承包商的索赔(employer’s and contractor’s claim)。

(21) 争端与仲裁(dispute and arbitration)。

2. 专用合同条件

基于不同地区、不同行业的土建类工程施工共性条件而编制的通用条件已是内容详尽的合同文件范本，但部分条款需要考虑工程的具体特点和所在地区情况予以必要的变动，为此制定FIDIC专用合同条件，两者构成具体工程项目各方的权利和义务。

FIDIC合同条款属于双务合同，即施工合同的签约双方(业主和承包商)都在承担风险的同时，又各自分享一定的权益。因此，大量条款明确地规定了在工程实施某一具体问题上双方的权利和职责。

3. 其他国际工程常用合同文本

(1) NEC。NEC(new engineering contract)是由英国土木工程师协会(The Institution of Civil Engineers，ICE)编制的工程合同体系，旨在为建筑工程项目提供一种公平、合理的合同管理方式。1993年，NEC发布第1版。2017年，NEC合同最新版——NEC4合同系列发行，进一步提高了合同条款的清晰性、灵活性和易于管理性。NEC4包括从设计到施工再到后期维护的全过程，覆盖建筑工程的各个环节。NEC包含多种类型合同，以适应不同需求，主要合同类型有工程施工合同(engineering and construction contract，ECC)、工程施工分包合同(engineering and construction subcontract，ECS)、专业服务合同(professional service contract，PSC)、供应合同(supply contract，SC)和设计建造运营合同(design build and operate contract，DBOC)等。

NEC由6部分构成，包括：核心条款，明确承包商主要责任、工期、质量、补偿、支付等；主要选项，确定工程计价模式，在6种模式中选择一种；争议解决与避免程序；次要选项，此为非必要选项，用于调整合同以适应项目的特定情况；成本组成表，详细定义成本项目；合同资料，包括为业主提供的信息和为承包商提供的信息。

NEC作为一种现代先进的合同形式，具有明确的各方责任、灵活的条款设置和高效的合作机制等优点，有助于提升工程的质量、效率和安全性，为各方带来可观的收益，已在国际工程建设领域得到广泛应用。

(2) AIA合同文件。美国建筑师学会(American Institute of Architects，AIA)成立于1857年，它是重要的建筑师专业组织，致力于提高建筑师的专业水平。AIA合同文件在美国建筑业及国际工程承包领域具有较高的权威性。经过多年的发展，AIA合同文件已经系列化，形成包括80多个独立文件在内的复杂体系，这些文件适用于不同的工程建设管理模式、合同类型以及项目的不同方面。根据文件的不同性质，AIA文件分为A、B、C、D、F、G和INT共7个系列。其中，A系列是用于业主与承包人之间的标准合同文件，包括合同条件、承包商资格申报表、标准格式；B系列是用于业主与建筑师之间的标准合同文件，包括用于建筑设计、室内装修工程等特定情况的标准合同文件；C系列是用于建筑师与提供专业服务的咨询机构之间的标准合同文件；D系列是建筑师行业内部所用的有关文件；F系列是财务管理表格；G系列是合同和办公管理中使用的文件和表格；INT系列是用于国际工程项目的合同文件(为B系列的一部分)。

(3) JCT合同条件。联合合同委员会(Joint Contracts Tribunal，JCT)于1931年在英国成立，并于1998年成为一家在英国注册的有限公司，该公司共有8个成员机构，每个成员机构推荐1名人员构成公司董事会。至今为止，JCT已经制定了多种被世界建筑业广泛使用的标准合同文本、业界指引及其他标准文本。

JCT章程对“标准合同文本”的定义为：“所有相互一致的合同文本组合，这些文本共同被使用，作为运作某一特定项目所必需的文件。”这些合同文本包括：顾问合同；发包人与主承包人之间的主合同；主承包人与分包人之间的分包合同；分包人与次分包人之间的次分包合同；发包人与专业设计师之间的设计合同；标书格式，用于发包人进行主承包人招标、主承包人进行分包人招标，以及分包人进行次分包人招标；货物供应合同格式；保证金和抵押合同格式。JCT通过将这些标准格式进行组合，用于各种类型的工程承接。

除上述合同文本外，国际上常用的合同文本还有美国承包商总会的“AGC合同条件”、美国工程师合同文件联合会的“EJCDC合同条件”和美国联邦政府发布的“SF-23A合同条件”等。

案例：FIDIC合同国际工程索赔

在非洲某国112km道路升级项目中，业主为该国国家公路局，出资方为非洲发展银行(ADF)，由法国BCEOM公司担任咨询工程师，我国某对外工程承包公司以1713万美元的投标价格成功中标第一标。该项目旨在将该国两个城市之间的112km道路由砾石路面升级为行车道宽6.5m、两侧路肩各1.5m的标准双车道沥青公路。项目工期为33个月，其中前3个月为动员期。项目采用了1987年版的FIDIC合同条件作为通用合同条件，并在专用合同条件中对某些细节进行了适当修改和补充规定，项目合同管理相当规范。在工程实施过程中发生了若干索赔事件，由于承包商熟悉国际工程承包业务，紧扣合同条款，准备充足，证据充分，索赔工作取得了成功。下面介绍和分析在整个施工期间发生的5类典型索赔事件。

1. 放线数据错误

合同规定，工程师应在6月15日向承包商提供有关放线数据，但由于种种原因，工程师几次提供的数据均被承包商证实是错误的，直到8月10日才向承包商提供了正确的放线数据，据此承包商于8月18日发出索赔通知，要求延长工期3个月。工程师在收到索赔通知后，以承包商“施工设备不配套，实验设备也未到场，不具备主体工程开工条件”为由，试图对承包商的索赔要求予以否定。对此，承包商进行了反驳，提出：在有多个原因导致工期延误时，首先要分清哪个原因是最先发生的，即找出初始延误，在初始延误作用期间，其他并发的延误不承担延误责任。而业主提供的放线数据错误是造成前期工程无法按期开工的初始延误。在多次谈判中，承包商根据合同第6.4款图纸误期和误期费用的规定“如因工程师未曾或不能在合理时间内发出承包商按第6.3款发出的通知书中已说明的任何图纸或指示，而使承包商蒙受误期和(或)招致费用增加时，给予承包商延长工期的权利”，以及第17.1款和第44.1款的相关规定据理力争，此项索赔最终给予承包商延长69天的工期。

2. 设计变更和图纸延误

按照合同谈判纪要，工程师应在8月1日前向承包商提供设计修改资料，但工程师并没有在规定时间内提交全部图纸。承包商于8月18日对此发出索赔通知，由于此事件具有延续性，承包商在提交最终的索赔报告之前，每隔28天向工程师提交同期记录报告。以下是项目实施过程中主要的设计变更和图纸延误情况记录。

(1) 修订的排水横断面在8月13日下发。

(2) 在7月21日下发的道路横断面修订设计于10月1日进行了再次修订。

(3) 钢桥图纸在11月28日下发。

(4) 箱涵图纸在9月5日下发。

承包商根据FIDIC合同条件第6.4款图纸误期和误期费用的规定，在最终递交的索赔报告中提出索赔81个阳光工作日。最终，工程师就此项索赔批准了30天的工期延长。在有雨季和旱季之分的非洲国家，由于道路工程施工中某些特定的工序是不能在雨天进行的，索赔阳光工作日的价值要远远高于工作日。

3. 借土填方和第一层表处工程量增加

由于道路横断面的两次修改，造成借土填方的工程量比原BOQ(工程量清单)中的工程量增加了50%，第一层表处工程量增加了45%。根据合同第52.2款“合同内所含任何项目的费率和价格不应考虑变动，除非该项目涉及的款额超过合同价格的2%，以及在该项目下实施的实际工程量超出或少于工程量表中规定之工程量的25%以上”的规定，该部分工程应调价。但实际情况是业主要求借土填方在同样时间内完成增加的工程量，导致承包商不得不增加设备的投入。对此承包商提出了对赶工费用进行补偿的索赔报告，并得到了67万美元的费用追加。对于第一层表处的工程量增加，根据合同第44.1款“竣工期限延长”的规定，承包商向业主提出了工期索赔要求，并最终得到业主批复的30天工期延长。

4. 边沟开挖变更

本项目的BOQ中没有边沟开挖的支付项，在技术规范中规定，所有能利用的挖方材料要用于3km以内的填方，并按普通填方支付，但边沟开挖的技术要求远大于普通挖方，而且由于排水横断面的设计修改，原设计的底宽3m的边沟修改为底宽1m，铺砌边沟底宽0.5m。边沟的底宽改小后，人工开挖和修整的工程量都大大增加，因此边沟开挖已不适用按照普通填方单价来结算。根据合同第52.2款“如合同中未包括适用于该变更工作的费率或价格，则应在合理的范围内使合同中的费率和价格作为估价的基础”的规定，承包商提出了索赔报告，要求对边沟开挖采用新的单价。经过多次艰苦谈判，业主和工程师最后同意，按BOQ中排水工程项下的涵洞出水口渠开挖单价支付，实现索赔达140万美元。

5. 迟付款利息

该项目中的迟付款是因为从第25号账单开始，项目的总结算额超出了合同额，导致后续批复的账单均未能在合同规定时间内到账，以及部分油料退税款因当地政府部门的原因导致付款拖后。专用合同条款第60.8款“付款的时间和利息”规定：“业主向承包商支付，其中外币部分应该在91天内付清，当地币部分应该在63天内付清。如果由于业主的原因而未能在上述期限内付款，则从迟付之日起业主应按照投标函附录中规定的利息以月复利的形式向承包商支付全部未付款额的利息。”据此承包商递交了索赔报告，要求支付迟付款利息共计88万美元，业主起先只愿意接受支付45万美元。在此情况下，承包商根据专用合同条款的规定，向业主和工程师提供了每一个账单的批复时间和到账时间的书面证据，有力证明了有关款项确实迟付；同时提供了投标函附录规定的工程款迟付应采用的利率。由于证据确凿，业主最终同意支付迟付款利息约79万美元。

资料来源：程建，张辉璞，胡明. FIDIC合同下的国际工程索赔管理——非洲某公路项目索赔案例实证分析[J]. 国际经济合作，2007，(09)：59-62.

复习思考题

1. 简述工程项目招标程序。
2. 说明澄清会议的作用。
3. 简述工程项目投标程序。
4. 简述工程项目投标常用策略。
5. 试举例说明工程项目设施招标投标的意义。
6. 简述工程项目合同管理的主要工作。
7. 简述工程项目合同策划的主要内容。
8. 简述业主索赔管理的主要工作。
9. 简述工程项目合同控制的主要工作。
10. 如何通过合同管理实现工程项目的三大控制目标？

扫码自测

第5章 工程项目进度管理

对于一些社会意义及影响较大的项目来说，进度目标往往是最重要的目标之一。以上海世博会场馆工程项目的进度管理为例，按照上海市政府确定的工期进度目标——2009年底该工程基本完工，2010年5月投入使用，建设方要实现这个进度目标，必须进行进度管理。在工程项目建设领域，进度代表的是工期，工期通常是建设单位十分重视的管理目标，也是一个硬性指标。进度管理的实质是控制工期以满足既定要求。对于有些工程项目来说，进度管理是工程项目管理的首要目标。

5.1 工程项目进度管理概述

5.1.1 工程项目进度管理的概念

进度是指工程项目实施结果的进展情况，工程项目的进展情况通常用任务的完成情况来表述，如工程量、投资额等。由于工程项目目标的复杂性，工程项目的进度表达很难使用统一的指标进行全面衡量。有时施工时间和费用与施工计划都吻合，但工程实际进度(工作量)未达到目标，那么后期就必须投入更多的时间和费用。

在现代工程项目管理中，人们赋予“进度”以综合的含义，它将工程项目任务、工期、成本有机地结合起来，形成一个综合的指标，能够全面反映项目的实施状况。

一个工程项目能否在预定的工期内竣工并交付使用，从而保证工程项目按期或提前发挥经济效益和社会效益，这不仅是投资者最关心的问题之一，也是工程项目管理工作的重要内容。工程项目进度管理与成本管理、质量管理一样，是工程项目管理的重要组成部分。工程项目进度管理是中心，成本管理是关键，质量管理是根本。工程项目进度管理在整个项目目标管理体系中处于协调和带动其他工作的主导地位，在工程项目管理中具有举足轻重的作用，它是保证按时完成施工任务，合理安排资源供应的重要措施。

工程项目进度管理是指建筑施工阶段按既定的施工工期，编制出最优的施工进度计划，在该计划的执行过程中经常检查施工实际进度情况，并将其与计划进度相比较，若出现偏差，便分析产生的原因和对工期的影响程度，采取必要的调整措施，修改原计划再付诸实施，如此循环，直到工程竣工验收并交付使用。工程进度管理的总目标是确保施工项目工期目标的实现，或在保证施工质量和不增加施工实际成本的条件下缩短施工工期。

进度管理对于工程项目整体目标的实现具有重要的作用。在工程项目建设领域，进度、质量和投资并列为三大控制目标，它们之间存在相互依赖的制约关系。加快进度，不但需要增加投资，而且会对质量产生影响；严格控制质量，减少和避免工程返修，有利于保障工程进度。因此，进度管理的目的是协调好进度、质量和投资三者之间的关系，从而提高工程项目建设的综合效益。

5.1.2 影响工程项目进度的因素

工程项目具有规模大、工程结构与工艺技术复杂、工期长和涉及单位多等特点，因此工程项目的进度将会受到许多因素的影响。要想有效地控制工程项目进度，就必须全面、系统地分析和预测影响项目进度的因素，充分认识和评估这些因素，在编制计划和执行、控制过程中，事先采取预防措施，事中采取有效对策，事后进行妥善补救，使施工进度尽可能按计划进行，以缩小实际进度与计划进度的偏差，实现对施工进度的主动控制和动态控制。影响工程项目进度的因素主要包括以下几项。

(1) 有关单位的影响。对工程项目进度起决定性作用的主要是施工单位，此外，发包人或建设单位、设计单位、信贷部门、材料设备供应部门、运输部门、水电供应部门以及政府有关部门等都可能在某些方面影响工程项目的施工进度。其中，设计单位出图不及时，或设计有误、设计变更，是影响进度的最大因素；材料和设备不能按期供应，或质量、规格不符合要求，都将影响施工进度；资金不能及时到位，也会使施工进度中断或减慢等。

(2) 施工条件的变化。工程地质条件、水文地质条件与勘察设计不符，如地质断层、溶洞、地下障碍物、软弱地基等，都可能对项目进度产生影响，造成临时停工或进度延误。

(3) 技术失误。施工单位采取技术措施不当，施工中发生技术事故，应用新技术、新材料、新工艺、新结构缺乏经验，不能保证质量等，都会影响工程项目进度。

(4) 施工组织管理不力。流水施工组织不合理，劳动力、材料和施工机械调配不当等，也将影响工程项目进度计划的执行。

(5) 意外事故的发生。如果施工中发生意外事件，如严重自然灾害(恶劣的气候、暴雨、高温、洪水、台风等)、火灾、重大工程质量安全事故等，都会影响工程项目进度计划。

5.1.3 工程项目进度管理的任务

1. 建立工程项目进度管理组织

工程项目进度管理是工程项目管理的主要工作之一，在工程项目管理组织中，必须建立专门的工程项目进度管理组织，负责工程项目进度管理工作。

2. 制定工程项目进度管理制度

为了确保工程项目进度管理工作的顺利开展，除了建立专门的工程项目进度管理组织外，还必须制定完善的工程项目进度管理制度作为保证。

3. 编制工程项目实施进度计划

为了保证工程项目建设进度目标的实现，应在收集资料和调查研究的基础上，认真分析建设工程任务的工作内容、工作程序、持续时间和各阶段搭接关系，按照工程项目建设合同对进度的要求，编制工程项目实施进度计划。

4. 工程项目建设的进度控制

工程项目实施进度计划付诸实施后，为了确保工程项目建设进度目标的实现，还需要经常检查工程项目建设的实际进度是否符合工程项目实施进度计划的要求。如果工程项目建设的实际进度与工程项目实施进度计划有偏差，应该迅速分析偏差产生的原因和对工程项目建设总工期的影响程度。如果工程项目建设的实际进度与工程项目实施进度计划的偏差会影响工程项目建设进度目标的实现，应及时采取补救措施，并对工程项目实施进度计划进行相应的调整，工程项目建设的后续工作应该按照调整后的进度计划进行。如此循环，直到完成全部的工程项目建设任务为止。

5. 工程项目进度管理工作总结

在工程项目建设任务完成之后，还应对工程项目进度管理工作进行全面总结，为今后的工程项目进度管理工作积累经验，不断提高工程项目管理团队的管理水平。

为了保证上述工程项目进度管理任务的顺利完成，管理者应协调各方关系，尽量降低相互干扰，控制好各种物资的供应工作，尽可能减少对进度有重大影响的工程变更；还应编制包括施工、采购、加工制造、运输等内容的工程项目进度控制工作计划，确保工程项目进度目标的实现。

5.1.4　工程项目进度管理的特点

1. 工程项目进度管理是一个动态过程

通常情况下，工程项目建设周期较长，随着工程项目的进展，各种内部、外部环境和条件的变化，都会使工程项目本身受到一定的影响。因此，在工程项目的实施过程中，应随着环境条件的改变及时修改和调整进度计划，以保证进度计划的指导性和可行性。

2. 工程项目进度计划具有很强的系统性

工程项目既有总的进度计划，又有各个阶段的进度计划，诸如前期工作计划、设计进度计划、施工进度计划等，每个阶段的进度计划又可分为若干子项计划，这些计划内容彼此关联，相互影响。因此，进度计划是控制工程项目进度的系统性计划。

3. 工程项目进度管理是一种既有综合性又有创造性的工作

工程项目进度管理不仅要沿用前人的管理理论知识，借鉴同类工程项目的进度管理经验和技术成果，还要结合工程项目的具体情况，进行大胆创新。

4. 工程项目进度管理具有阶段性和不均衡性

工程项目的各个阶段，如工程项目准备阶段、招投标阶段、勘察设计阶段、施工阶段、竣工验收阶段等，都有明确的起始和完成时间，以及对应的不同工作内容，因此相应的进度计划和实施控制的方式也不同。

此外，在工程项目不同计划期内，外界自然条件、工作环境也都有所不同，因此进度计划具有很强的不均衡性，给进度管理工作带来一定的困难。

5.2　工程项目进度管理的内容与措施

5.2.1　工程项目进度管理的内容

工程项目的参与方有业主或建设单位、施工单位、设计单位、材料供应单位、设备供应单位、监理单位和工程咨询单位等。由于这些单位的立场不同，因此，对项目进度管理的任务、目标确实和时间范畴的界定也各不相同。本节主要介绍施工方的进度管理工作，主要包括以下3个方面。

1. 工程项目进度目标的确定

施工(分包)单位应依据施工(分包)合同开展工作，按照建设单位对项目动工时间的要求进行进度目标论证，以确定完成合同要求的进度目标及分解的各阶段性进度控制目标。工程项目进度目标的最终确定，形成了项目的进度控制目标和项目的里程碑计划。

2. 工程项目进度计划与控制措施的编制

在明确项目的进度目标后，施工单位就要着手编制工程项目进度计划，制定保证计划顺利实施和目标实现的控制性措施。施工单位的进度计划并不是一个计划，而是由多个相互关联的进度计划组成的项目进度计划系统。

施工单位项目进度计划包括整个项目的控制性计划(项目施工总进度计划)、若干实施性计划(单位工程施工进度计划)以及主要分部工程进度计划。在项目进展过程中，施工单位还需要编制不同周期的进度计划，如年度计划、季度计划、月度计划等。这些计划形成一个有机的计划系统，彼此之间必须相互协调。也就是说，总进度计划、项目各子系统的进度计划与项目子系统中的单位工程进度计划之间必须相互联系与协调；同样控制性进度计划与实施性进度计划之间也必须做到相互联系与协调。在编制项目进度计划时，均应采用现代计划管理工具——网络计划，有条件时应采取计算机辅助项目管理技术编制合理可行的进度计划并进行优化。在完成进度计划编制工作后，必须从技术、组织、经济、管理等方面制定切实可行的进度控制措施。

3. 工程项目进度计划的跟踪检查与调整

工程项目是在动态条件下实施的，所以进度控制也是一个动态的管理过程，如果只重视进度计划编制，而不重视进度计划调整，就可能无法控制进度。因此，在项目实施过程中，必须定期跟踪检查进度计划的执行情况。若其执行有偏差，应分析原因，采取纠偏措施，并视情况调整进度计划。

在施工单位项目管理制度中，进度检查制度尤为重要，它规定项目实施进度控制人员必须及时反馈实际进度信息，具体方式有两种，一是定期进行进度报告，一般按周上报；二是由项目管理班子成员进行日常现场巡视，如发现存在进度延后等情况，应分析原因，及时采取措施进行调整。

5.2.2 工程项目进度管理的措施

为了实施进度控制，应根据工程项目的具体情况和工程施工合同条件，制定进度管理措施，从而确保工程项目进度管理目标的实现。实施工程项目进度管理，应从组织、技术、经济和合同管理4个方面采取相应的措施。

1. 组织措施

组织措施是实现进度目标的决定性因素，必须予以重视。组织措施包括：建立健全的项目管理组织体系，设立专门的进度管理工作部门和符合进度控制岗位要求的专人负责进度控制工作；在项目管理组织设计的任务分工表和管理职能分工表中标注并落实项目进度控制的工作内容；确定项目进度控制的工作流程；定义项目计划系统的组成；制定各类进度计划的编制程序、审批程序和计划调整程序等。

此外，进度控制工作包含大量的组织与协调工作，而会议是组织与协调的重要手段。除了项目日常例会，还应经常召开项目进度协调会议。为了提高会议效率，需要对进度控制会议进行组织设计，明确会议类型、主持人、参加人员、召开时间以及文件的整理、分发和确认等事项。

2. 技术措施

技术措施不仅可以解决项目实施过程中的技术问题，而且对确定计划与纠正目标偏差具有举足轻重的作用。为了实现项目进度目标，必须重视进度控制的技术措施。施工单位可以采取以下技术措施进行进度控制。

(1) 分析与评价项目实施技术方案，选择有利于项目进度控制的方案与措施。

(2) 编制项目进度控制工作细则，指导相关人员开展进度控制工作。

(3) 采取网络计划技术及其他科学、实用的计划方法，结合计算机应用，实施项目进度动态控制。

在采取技术措施纠正进度偏差时，需要注意两方面的问题：一是比较多个不同技术方案；二是对不同的技术方案进行技术和经济分析。不可以仅从技术角度选定技术方案，忽视对其经济效果的分析与论证。

3. 经济措施

经济措施是常用的工程项目进度控制措施，涉及资金需求计划、资金供应条件和经济激励措施等方面。

为确保进度目标的实现，应编制与进度计划相适应的资源需求计划(资源进度计划)，包括资金需求计划和其他资源需求计划，以反映工程项目实施各阶段所需要的资源。通过资源需求分析，可以明确进度计划实现的可能性，如果资源条件不能满足需求，应调整进度计划。此外，资金需求计划是工程项目融资的重要依据。

资金供应条件包括可能的资金总供应量、资金来源以及资金供应时间。

在工程项目预算中，还应考虑加快项目进度所需要的资金，包括为实现进度目标将要采取的经济激励措施所需要的费用。

4. 合同管理措施

工程项目进度控制的管理措施涉及管理思想、管理方法、管理手段、承发包模式、合同管理和风险管理等多个方面。其中，合同管理措施是进度控制的有力手段。

(1) 为了实现进度目标，应选择合理的合同结构，以避免因过多的合同交界面而影响工程项目进展。工程项目所需物资的采购模式对进度也有直接影响，对此应进行分析和比较。

(2) 加强合同管理，协调合同工期与进度计划之间的关系，保证进度目标的实现。

(3) 加强风险管理，在合同中应充分考虑风险因素及其对项目进度的影响，并在此基础上采取风险管理措施，以减少进度失控的风险。

5.3　工程项目进度计划编制

工程项目进度计划是指每项活动开始及结束时间具体化的进度计划。在确定了项目的开始时间和结束时间后，就需要将总目标转化为具体而有序的各项任务，并对每项任务的完成时间做出安排，这种安排就构成了进度计划，具体包括所有的工作任务、相关成本、资源需求和完成任务所需要的时间估计等方面。工程项目进度管理工作始于进度计划编制，而进度管理全过程始终围绕着进度计划展开，进度计划编制是进度管理工作的重要环节。

施工进度计划是施工过程的时间序列和作业进程速度的综合概念，它是在确定施工项目进度目标的基础上，根据应完成的工程量，对各项施工任务的施工顺序、起止时间和相互衔接关系以及所需的劳动力和各种技术资源的供应所做的具体策划和统筹安排。施工进度计划主要为解决3个问题：一是确定施工组织目标；二是确定达成施工目标的行动时序；三是确定施工行动所需的资源用量。通过拟订施工进度计划，可以保证施工项目能够在规定的工期内，以尽可能低的成本，高质量地完成。

5.3.1 工程项目进度指标

工程项目进度和建设工期有着密切的关系，工程项目进度是指工程项目实施结果的进展状况，而建设工期是指工程项目或单项工程从正式开工到全部建成投产或交付使用所经历的时间。进度控制的基本对象是项目范围内的工程活动，包括项目工作结构分解图中各层次的单元。工程项目由不同的子项目、工作包组成，它们的工作内容和性质不同，因此应选择适用于所有工程活动的计量单位作为进度指标。常用的进度指标有以下几个。

1. 持续时间

工程项目持续时间是重要的进度指标，人们常用已消耗工期与计划工期相比较来描述工程项目完成程度。例如，计划工期为4年，现已经进行了1年，则工期已达25%。通常，工期与项目进度存在差异，即工期消耗50%，但项目进度可能未达到50%。工作效率是决定项目进度的另一个主要因素，与施工速度通常不是线性关系。一般项目开始时，工作效率很低，进度较慢；到项目中期，资源投入最多，进度最快；到了后期，资源投入较少，进度变慢。此外，在已完成的工期中还存在各种停工、窝工和干扰因素的影响，因此实际效率往往低于计划效率。

2. 可交付成果数量

使用可交付成果数量来衡量项目进度的方式主要适用于交付成果易于核算的活动。例如，对于设计工作，可用已完成的图纸数量来表示进度；对于混凝土工程，可用已浇筑的混凝土体积来表示进度。

3. 已完成工程的价值量

用已完成工程的价值量与相应的合同价格或预算价格进行比较和计算，可将不同种类的工程活动统一起来，综合反映工程项目的实际进度。

4. 资源消耗指标

常用的资源消耗指标有劳动工时、机械台班、主材和成本的消耗等。此类指标具有较好的统一性和可比性，便于分析项目进度情况，适用于各层次工程活动乃至整个项目。

在实际应用进度指标时，要注意实际劳动效率与计划劳动效率的差异、不正常的成本增加、工作范围变化等因素对进度的影响。

5.3.2 工程项目进度计划的类型

1. 按照管理主体分类

按照管理主体的不同，工程项目进度计划可分为业主单位、设计单位、监理单位及施工承包单位等不同主体编制的计划，这些进度计划既相互区别，又相互联系，构成了工程项目进度计划系统，从不同的层次和角度保障工程项目进度管理总体目标的实现。

(1) 业主单位编制的进度计划。业主单位编制(也可委托监理单位编制)的进度计划包括工程项目前期工作计划、工程项目建设总进度计划和工程项目年度计划，如表5-1所示。工程项目前期工作计划是指对工程项目可行性研究、项目评估及初步设计的工作进度安排。该计划的目的是控制工程项目前期决策阶段各项工作所需的时间。工程项目总进度计划是指初步设计被批准后，在编报工程项目年度计划之前，根据初步设计对工程项目从开始建设(设计、施工准备)至竣工投产(动用)全过程的统一部署。该计划的目的是安排各单位工程项目的建设进度，合理分配年度投资，组织各方面协作，保证初步设计所确定的各项建设任务顺利完成。工程项目年度计划是依据工程项目总进度计划和批准的设计文件进行编制的。该计划既要满足工程项目总进度计划的要求，又要与当年可能获得的资金、设备、材料、施工力量相适应，还要根据分批配套投产或交付使用的要求，合理安排本年度建设的工程项目。

表 5-1　业主单位编制的进度计划

序号	计划种类	计划内容	编制依据	编制目的
1	工程项目前期工作计划	安排项目可行性研究，设计任务书编制及初步设计等工作的进度	预测	有效衔接项目建设前期各项工作并控制其时间
2	工程项目总进度计划	① 关于总进度计划安排原则和依据的文字阐述 ② 工程项目一览表 ③ 工程项目总进度计划 ④ 投资计划年度分配表 ⑤ 工程项目进度平衡表	初步计划	保证初步计划所确定的自工程设计到竣工投产全过程各项建设任务的如期完成
3	工程项目年度计划	① 关于年度计划安排原则和依据的文字阐述 ② 年度计划项目表 ③ 年度竣工投产交付使用计划表 ④ 年度建设资金平衡表 ⑤ 年度设备平衡表	工程项目总进度计划	按工程项目总进度计划要求，以及分批配套投产或交付使用要求，依据当年可投入建设资源的情况，合理安排年度建设工作内容

注：业主单位的各类计划既可自行编制，亦可委托监理单位编制。

(2) 设计单位编制的进度计划。设计单位编制的进度计划包括设计总进度计划、阶段性设计进度计划和设计作业进度计划，如表5-2所示。设计总进度计划主要用来安排自设计准备开始至施工图设计完成的总设计时间内所包含的各阶段工作的开始时间和完成时间，从而确保设计进度控制总目标的实现。阶段性设计进度计划包括设计准备工作进度计划、初步(技术)设计工作进度计划和施工图设计工作进度计划。这些计划用来控制各阶段的设计进度，从而实现阶段性设计进度目标。在编制阶段性设计进度计划时，必须考虑设计总进度计划对各个设计阶段的时间要求。为了控制各专业的设计进度，并为设计人员承包设计任务提供依据，应根据施工图设计工作进度计划、单位工程设计工日定额及所投入的设计人员数，编制设计作业进度计划。

表 5-2 设计单位编制的进度计划

序号	计划种类	计划内容	编制依据	编制目的
1	设计总进度计划	为包括设计准备、方案设计、初步设计、技术设计、施工图设计在内的各项工作做出总体时间安排	工程建设总进度计划委托合同文件	按质、按量、按时间要求提供施工图纸等各种设计文件
2	设计准备工作进度计划	为规划设计条件确定、设计基础资料收集、委托设计等工作做出时间安排	设计总进度计划及其对不同设计工作阶段的时间要求	
3	初步(技术)设计工作进度计划	以单位工程为对象，对包括方案设计、初步设计、技术设计、设计分析评审、项目概算及修正概算编制、审批在内的各项工作做出时间安排		
4	施工图设计工作进度计划	确定单项工程、单位工程的设计进度及其搭接关系		
5	设计作业进度计划	对包括生产工艺、建筑结构、给排水、通风、电气设计在内的各项专业设计工作做出时间安排	施工图设计工作进度计划、单位工程设计工日定额及设计人员数	

注：设计准备工作进度计划、初步(技术)设计工作进度计划、施工图设计工作进度计划可统称为阶段性设计进度计划。

(3) 监理单位编制的进度计划。监理单位除了监控被监理单位的进度计划外，自己也应编制有关进度计划，以便更有效地控制工程项目实施进度。监理单位编制的进度计划包括监理总进度计划和监理总进度分解计划和监理各子项目进度计划，如表5-3所示。监理总进度计划是依据工程项目可行性研究报告、工程项目前期工作计划和工程项目建设总进度计划编制的，其目的是对工程项目进度控制总目标进行规划，明确工程项目前期准备、设计、施工、动用前准备及项目各阶段的进度安排。监理总进度分解计划可按时间跨度分为年度、季度和月度进度计划，也可按施工阶段分为设计前准备阶段进度计划、设计阶段进度计划、施工阶段进度计划和动用前准备阶段进度计划等。各子项目进度计划详细阐述单位工程或分部分项工程的控制进度计划。

表 5-3 监理(管理咨询)单位编制的进度计划

序号	计划种类	计划内容	编制依据	编制目的
1	监理总进度计划	阐明工程项目前期准备、设计、施工、动用前准备及项目动用等各不同阶段的进度控制目标	工程项目可行性研究报告、工程项目前期工作计划和工程建设总进度计划	形成工程项目各阶段、各不同组成部分的控制性进度计划，协调各有关单位一体化的进度控制工作，协助业主实现工程项目总进度目标
2	监理总进度分解计划	①年度、季度、月度进度计划 ②设计前准备阶段进度计划 ③设计阶段进度计划 ④施工阶段进度计划 ⑤动用前准备阶段进度计划等	监理总进度计划及其对工程项目建设不同阶段与组成部分的时间要求	
3	监理各子项目进度计划	以构成完整项目的单项工程，单位工程或分部分项工程为对象形成各级、各部分相互衔接的控制性进度计划		

注：在监理单位编制的进度计划中，还应充分体现进度控制工作制度、进度控制方法规划、针对工程项目进度目标实现可能性所做的风险分析，以及进度延误索赔事项预防等内容。

(4) 施工单位编制的进度计划。施工单位编制的进度计划包括施工准备工作计划、施工总进度计划、单位工程施工进度计划、阶段性施工进度计划、专业工程施工进度计划、分部分项工程施工进度计划等，如表5-4所示。施工准备工作计划是为了满足工程开工施工的需要，组织有关部门限期完成各项准备工作而编制的计划。施工准备工作内容复杂，涉及组织准备、技术准备、施工现场准备。依据施工准备工作计划，施工单位能够有领导、有组织、有计划地推进这项工作，并按规定时间完成施工准备工作。施工总进度计划是根据施工部署中施工方案和工程项目的开展程序，对全部单位工程做出的时间安排，其目的在于确定各单位工程的施工期限及开、竣工日期。单位工程施工进度计划是在既定施工方案的基础上，根据规定的工期和各种资源供应条件，遵循各施工过程的合理施工顺序，对单位工程中的各个施工过程做出的时间和空间安排，以此为依据，可确定施工作业所必需的劳动力、施工机具和材料供应计划。专业工程施工进度计划是指在施工总进度计划的指导下，根据规定的工期和各种资源供应条件，对某一特定专业工程（如土建工程、结构工程、安装工程、装饰装修工程等）从施工准备到工程竣工交付使用的全部施工过程在时间和空间上的合理安排。它是施工单位开展施工生产活动的主要依据，也是控制专业工程施工进度的关键文件，能够确保施工单位有序、高效地按照预定目标完成专业工程施工任务。分部分项工程施工进度计划是针对工程量较大或施工技术比较复杂的分部分项工程，在依据工程具体情况制定的施工方案的基础上，对其各施工过程做出的时间安排。此外，为了有效地控制工程项目施工进度，施工单位还应编制阶段性施工进度计划，如年度施工计划、季度施工计划和月(旬)度作业计划，并将施工进度计划逐层细化，形成旬保月、月保季、季保年的计划体系。

表 5-4　施工单位编制的进度计划

序号	计划种类	计划内容	编制依据	编制目的
1	施工准备工作计划	技术准备、物质准备、劳动组织准备、施工现场准备和施工场外准备等	工程施工合同、工程设计文件	落实各项施工准备工作，调整部署施工力量和施工现场
2	施工总进度计划	① 计算工程量 ② 确定各单位工程的施工期限，开、竣工时间与相互搭接关系 ③ 初步编制及最终形成施工总进度计划	工程建设总进度计划，施工承包合同文件，施工总方案，初步设计图纸，各类定额，自然及资源条件	确定各单项工程或单位工程的施工顺序、起止时间及搭接关系
3	单位工程施工进度计划	① 划分施工过程 ② 计算工程量 ③ 确定劳动量及机械台班数量 ④ 确定各施工过程天数 ⑤ 初步编制及最终形成单位工程计划	施工总进度计划，单位工程施工方案及开、竣工日期要求，施工图、施工定额，现场施工条件等	合理安排单位工程中各分部分项工程的施工顺序、起止时间及搭接关系
4	阶段性施工进度计划	含年度、季度、月(旬)度等施工进度计划	施工总进度计划	将施工总进度计划按时间阶段进行分解落实

(续表)

序号	计划种类	计划内容	编制依据	编制目的
5	专业工程施工进度计划	对土建、结构、安装等不同专业工程做出进度安排	各单位工程全过程的施工进度计划	协调各专业工种的工作，控制工程进度
6	分部分项工程施工进度计划	为指导较复杂的分项工程，如高层基础、大型设备基础的施工而编制的详细作业进度计划	单位工程施工进度计划	控制某些复杂分项工程的施工进度

注：1. 除表中所列的各种目标性时间计划，施工单位编制的进度计划还可以包括劳动力使用计划、机械设备使用计划、材料构配件和半成品供应计划等各种支持性资源进度计划。

2. 如无必要，无须单列专业工程进度计划或分部分项工程进度计划。

2. 按照项目阶段分类

按照项目不同阶段的先后顺序进行划分，进度计划可分为以下3种。

(1) 项目实施计划。项目实施计划是承包商基于业主给定的重大里程碑时间(开工、完工、试运、投产时间)，根据自己在设计、采购、施工等各方面拥有的资源，综合考虑国内外局势以及项目所在国的社会及经济情况制订的总体实施计划。项目实施计划明确了人员设备动迁、营地建设、设备与材料运输、开工、主体施工、机械完工、试运行、投产和移交等各方面的工作安排。

(2) 详细的目标计划。详细的目标计划是由承包商在授标后一段时间内(通常是1个月)向工程师递交的进度计划。该计划建立在项目实施计划基础之上，根据设计部门提出的项目设计文件清单和设备材料采购清单，以及施工部门提出的项目施工部署，做出详细的工作分解，再根据施工网络技术原理，按照紧前紧后工序编制完成，在工程师批准后即形成正式的目标计划并予以执行。

(3) 详细的更新计划。在目标计划执行过程中，可以通过对实施过程的跟踪检查，找出实际进度与计划进度之间的偏差，分析偏差产生的原因并找出解决办法。如果无法完成原来的目标计划，那么必须加以修改，形成更新计划。更新计划是依据实际情况对目标计划进行的调整，更新计划的批准意味着目标计划中的逻辑关系、工作时段、业主供货时间等方面的修改计划已获批准。

制订工程项目进度计划通常会经历一个由粗到细的过程。在设计项目目标过程中，将确定总工期作为项目目标之一，这对整个工期计划具有限定作用；在可行性研究阶段，按总工期目标制订总体计划和控制方案，总工期目标被分解、细化和修改，总工期被分解为设计和计划、前期准备、施工、交付并投入运行等主要阶段，同时采用横道图或里程碑计划表示项目的主要活动或阶段的时间安排。项目的里程碑事件通常是指项目全过程中的重要事件或关键事件，也是重要阶段或重要工程活动的开始或结束。上层管理者掌握项目的里程碑事件的安排对进度管理是十分重要的，有利于他们能够根据里程碑事件确定进度目标，审查进度计划并实行进度控制。同时，各级承包商都有自己的里程碑计划。

随着项目的进行、技术设计的细化、结构分解的细化，可供计划使用的数据越来越详细、越来越准确，工期计划也越来越详细，同时提高了各项目阶段持续时间估算的准确性和工期计划质量。详细的工期计划通常在承包合同签订后由承包商制订，经业主的项目经理(或监理工程师)批准或同意后执行。

5.3.3 工程项目进度计划的编制依据

1. 工程合同

工程合同既是联系各工程项目建设参与单位的纽带，也是确定工程项目管理目标的基础。在编制工程项目进度计划时，编制人员应根据工程合同了解工程项目建设的具体任务内容，并根据合同工期确定工程项目进度管理的总目标。

2. 工程设计图纸

虽然工程合同包含工程项目建设的具体任务内容，但对工程项目建设任务的描述往往是比较笼统的，因此，编制人员只有对工程设计图纸进行认真分析，才能得到工程项目建设任务的工程量等详细信息。工程设计图纸是工程项目进度计划编制过程中不可或缺的基础资料。

3. 工程项目实施方案

工程项目进度与工程项目实施方案的关系非常密切。对于同样的工作内容、相同的工程量，采用不同的施工工艺，会产生不同的项目进度。即使是同样的工作内容、相同的工程量，并采用相同的施工工艺，如果投入的人员和设备情况不同，那么工程项目进度也会随之不同。因此，在编制工程项目进度计划之前，编制人员需要详细了解工程项目实施方案。

4. 工期定额

工期定额是计算工程项目进度的基础，在工程项目进度计划编制过程中，编制人员应了解工程项目实施方案所需投入的人力、物力等情况，科学、合理地计算各项工程项目建设工作的合理工期，并根据各项工作的合理工期和各项工作之间的逻辑关系，最终确定工程项目进度计划。

5. 相关工作的进度计划及实施情况

工程项目进度除了与实施单位的工作安排有关，还与相关工作的进展情况关系密切。例如，工程施工必须有施工图，如果施工图出图延误，施工就无法按照计划进行。因此，在编制工程项目进度计划过程中，编制人员除了要考虑本单位的具体情况，还必须掌握相关工作的进度计划及实施情况，只有这样才能制订出切实可行的工程项目进度计划。

6. 其他资料

在编制工程项目进度计划过程中，影响工程项目进度的因素众多，编制人员除了要考虑上述影响因素，还需要考虑气象条件、工程场地的地质条件和周围环境条件等许多因素。因此，编制人员在编制工程项目进度计划之前，需要尽可能多地考虑项目进度的影响因素，并尽可能广泛地收集相关资料。

5.3.4 工程项目进度计划的编制方法

常用的工程项目进度计划的编制方法有里程碑进度计划、横道图、网络计划图、关键线路法与计划评审技术等。

1. 里程碑进度计划

里程碑进度计划是以工程项目中某些关键事件的开始或完成时间点作为基准所形成的计划，是一种战略计划或工程项目进度框架，它规定了工程项目可实现的中间结果，同时它也是根据工程项目要达到最终目标所必须经历的工作环节确定的重大而关键的工作序列。每个里程碑代表一个关键事件，并明确其必须完成的事件界限。

里程碑进度计划可以保证工程项目的关键事件完工的日期。这些关键事件是综合工程项目的各种因素，根据其对实现工程项目目标的重要程度而言的，因此它可能在关键线路上，也可能不在关键线路上。里程碑计划一般适用于工期较长、较为复杂的大型工程项目。

里程碑进度计划中的关键事件包括主要工作环节的完成、保证工程项目完成的关键性决策工作、工程项目的结束。

里程碑进度计划中的关键事件不允许有任何延迟，必须保证在里程碑进度计划所标示的时间内完成各个关键环节的任务。

在编制里程碑进度计划时，应按以下程序进行。

(1) 对于工期较长、技术复杂的大型工程项目，在确定工程项目目标时就应明确有关里程碑进度计划，在编制总进度计划时必须以里程碑进度计划为依据，保证里程碑进度计划的实现。对于里程碑进度计划的要求，应该在招标文件和施工合同中予以明确并严格做出规定。有些工程项目也可以在编制总进度计划后，根据工程项目的特点，在总进度计划的基础上编制里程碑进度计划，以此作为工程项目进度控制的重要依据。

(2) 从工程项目目标要求的最后一个里程碑，即工程项目的最终目标开始，反方向确定各个里程碑事件的起止时间。

(3) 工程项目建设分为许多阶段，各个阶段包含诸多事件。根据各个事件在工程项目建设过程中的位置及其对前后事件的作用和影响，参照同类工程项目的实施经验确定起止时间。

2. 横道图

横道图，又称甘特图，是美国人亨利·甘特(Henry Gantt)于1917年提出的一种进度计划表示方法。横道图是一种图和表相结合的进度计划表现形式，在横道图中，将工程活动时间用表格形式在图的上方呈横向排列，将工程活动的具体内容用表格形式在图的左侧呈纵向排列，在图的主体部分以横道(进度线)表示工程活动从开始到结束的时间，横道所对应的位置与时间坐标相对应，横道的长短表示工程活动持续时间的长短，如图5-1所示。

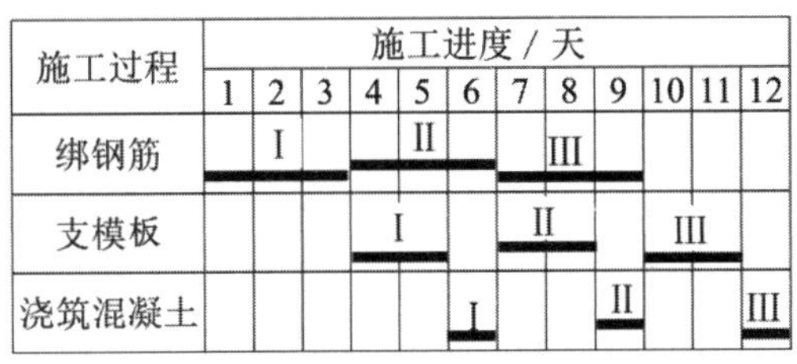

图5-1 横道图进度计划

1) 横道图进度计划的优点

(1) 简单、直观、形象，易于理解。

(2) 制作简单，使用方便，便于各个层次的人员掌握和运用。

(3) 能够清楚地表示工程活动的开始时间、持续时间和结束时间。

(4) 不仅可以表示进度计划，而且可以与劳动力计划、资源计划、资金计划等相结合。

2) 横道图进度计划的缺点

(1) 无法表示各项工作之间的逻辑关系。虽然横道图中清楚地表示了工程活动的时间参数，但是它只能表示工程项目管理人员对工作时间的安排，并无法表示工作之间的逻辑关系。

(2) 无法表示工作之间的相互影响关系。在横道图进度计划中，无法表示一项工程活动提前、推迟或延长持续时间会影响哪些工程活动。

(3) 无法表示工程活动的重要性，如哪些工程活动是关键活动、哪些工程活动有推迟或拖延的余地。

(4) 横道图能够表达的信息量较少。横道图无法表示工程活动的等待时间、重要性等其他信息，也不能确定计划的关键线路和关键工作，信息量较少。

(5) 不能用计算机处理，因此对于复杂的工程不能进行工期计算，更不能进行工期方案的优化。

鉴于以上不足，横道图多用于表达进度计划的结果。

3) 横道图进度计划的应用范围

横道图进度计划直观、简单，易于理解和操作，主要适用于以下几种情形。

(1) 在大型工程项目中，横道图可以广泛用于工程项目高层管理人员了解工程项目建设各部分的进展情况，便于研究和决策。

(2) 在工程项目前期的工作报告中，可以用横道图进度计划向工程项目决策者提供根据相对独立的工作环节划分的进度计划，对于工程项目决策有一定的参考作用。

(3) 在工程项目实施过程中，横道图进度计划可以用于工作分解结构任何层次的进度控制，也可以同时将各项工作内容的实际进度与计划进度标示在横道图上，以十分直观的方式呈现偏差。

(4) 可用于资源优化和编制费用计划。

3. 网络计划图

为克服横道图的局限性，1956年，美国杜邦公司的工程技术人员开发了一种面向计算机安排进度计划的方法，即关键线路法。在此方法的基础上，后续又陆续开发了一系列新的计划方法，统称为网络计划图。网络计划图是以节点表示工作、以箭线表示工作之间逻辑关系的工程进度计划图，如图5-2所示。

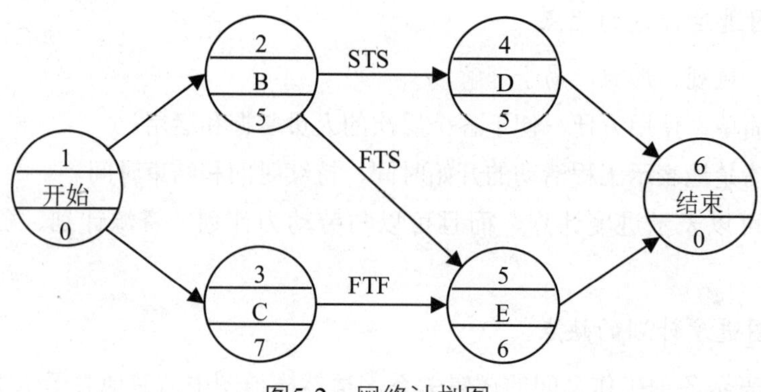

图5-2　网络计划图

图5-2中，1～6表示节点编号；B～E表示工作名称；STS表示两项工作开始时间的时距；FTS表示前一项工作的结束时间到后一项工作的开始时间的时距；FTF表示两项工作结束时间的时距。

1) 网络计划图中的节点

在网络计划图中，箭线端部的圆圈或其他形状的封闭图形称为节点，如图5-3所示。在双代号网络计划图中，节点表示工作之间的逻辑关系；在单代号网络计划图中，节点表示一项工作。在网络计划图中，还存在起点节点和终点节点两种特殊节点。

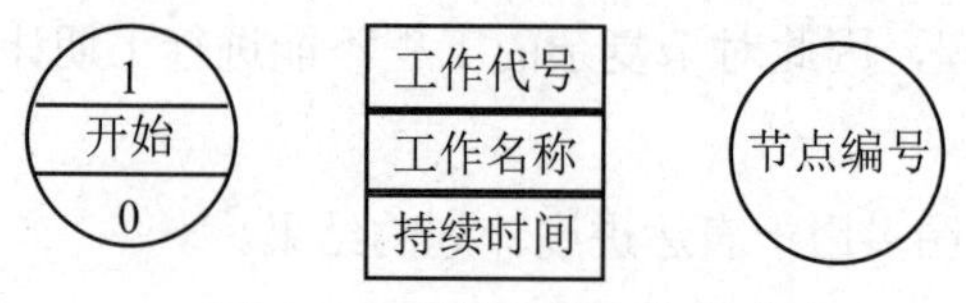

图5-3　网络计划图中的节点

2) 网络计划图中的工作

在网络计划图中，工作分为一般工作(简称工作)、虚工作、紧前工作和紧后工作4种类型。一般工作是指在网络计划图中需要占用一定时间并消耗一定资源的工程活动或任务，如图5-4(a)(b)(c)所示。虚工作是指既不占用时间也不消耗资源的虚拟工作，如图5-4(d)所示，它在网络计划图中用来表示前后相邻工作之间的逻辑关系。紧排在某工作之前的工作称为该工作的紧前工作，如图5-2中的工作B和工作C为工作E的紧前工作。紧排在某工作之后的工作称为该工作的紧后工作，如图5-2中的工作E为工作B和工作C的紧后工作。

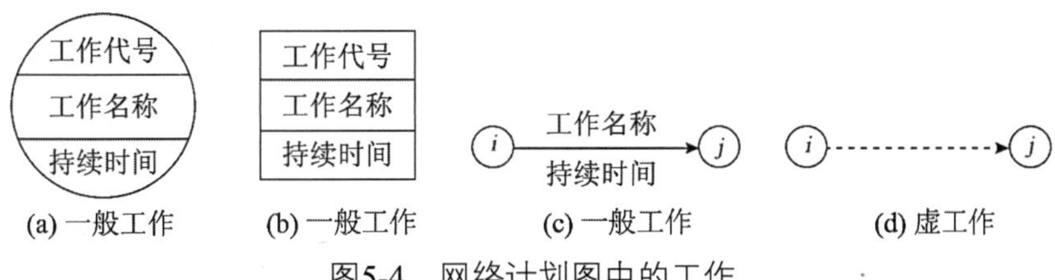

图5-4　网络计划图中的工作

除上述工作类型外，还有关键工作和非关键工作。关键工作是指工作持续时间延长或缩短、开始和结束时间提前或推迟都会影响总工期的工作；而工作开始和结束时间具有一定的调节余地的工作称为非关键工作。

3) 网络计划中的时间参数

在网络计划图中，每一项工作有以下7个时间参数。

(1) 持续时间(D)，即某一项工作从开始到结束所需要的时间。

(2) 最早开始时间(ES)，即某一项工作在所有紧前工作都完成后，可能开始的最早时间。它等于该工作的所有紧前工作最早完成时间的最大值。

(3) 最早完成时间(EF)，即某一项工作在最早开始时间启动的情况下，最终完成的时间。它等于该工作最早开始时间加上该工作的持续时间。

(4) 最迟开始时间(LS)，即某一项工作在不影响总工期的条件下，必须开始的开始时间。它等于该工作所有紧后工作的最迟开始时间的最小值减去该工作的持续时间。

(5) 最迟完成时间(LF)，即某一项工作在不影响总工期的条件下，必须结束的时间。

(6) 自由时差(FF)，即某一项工作在不影响其紧后工作最早开始时间的条件下所具有的机动时间。它等于该工作的紧后工作的最早开始时间与工作本身的最早完成时间的差值。

(7) 总时差(TF)，即某一项工作在不影响总工期的条件下所具有的机动时间。它等于该工作的最早开始时间与最迟开始时间的差值，或最早完成时间与最迟完成时间的差值。

工作i的几个时间参数之间的关系为

$$EF_i = ES_i + D_i \tag{5-1}$$

$$LS_i = LF_i - D_i \tag{5-2}$$

$$TF_i = LF_i - EF_i = LS_i - ES_i \tag{5-3}$$

$$FF_i \leqslant TF_i \tag{5-4}$$

4) 网络计划图中的箭线

网络计划图中的箭线有实线、波浪线、虚线和其他形式的箭线等多种形式。其中，实线表示一般工作之间的逻辑关系，如图5-5(a)所示；波浪线表示自由时差，如图5-5(b)所示；双代号网络图中常用虚箭线表示虚工作，如图5-5(c)所示。

(a) 一般工作之间的逻辑关系　(b) 自由时差　(c) 虚工作中用于连接两个节点

图5-5　网络计划图中的箭线

5) 网络计划图中的线路

在网络计划图中，从起点节点开始，沿箭头方向通过一系列箭线与节点到终点节点的通路称为线路。其中，全部由总时差为零的工作组成的持续时间最长的线路称为关键线路，其他线路则称为非关键线路。

6) 单代号网络计划图

用单一代号和单一节点表示工作绘制而成的网络计划图称为单代号网络计划图，如图5-2所示。单代号网络计划图不能有相同编号的节点，相同编号表示相同的工程活动，同样的活动出现在网络的不同位置会出现定义上的混乱，尤其是在使用计算机进行网络分析时更应注意。网络图中同样不能出现违反逻辑的表示。

7) 双代号网络计划图

在双代号网络计划图中，以箭线作为工程活动，箭线两端用编上号码的圆圈连接。箭线上标注工作名称，箭线下标注工作持续时间，如图5-6所示。

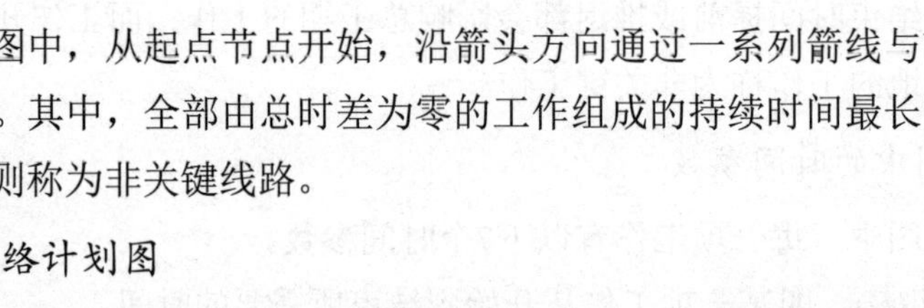

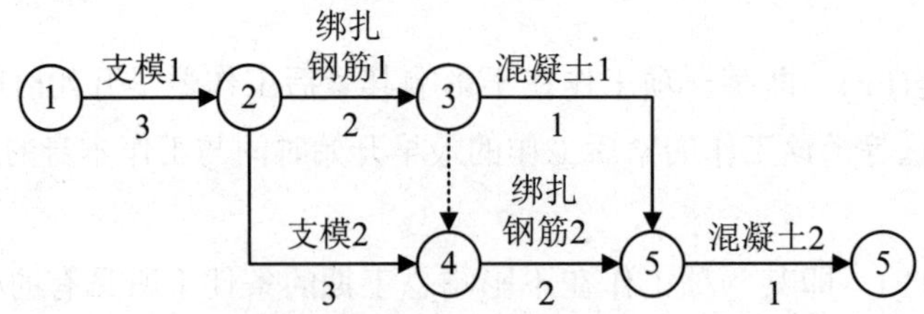

图5-6　双代号网络计划图

双代号网络计划图一般利用计算机进行绘制和网络分析，但部分小项目或一些子网络需要人工绘制和分析。在双代号网络计划图的绘制过程中，应尤为注意正确使用虚箭线，以防出现逻辑关系错误，具体应遵循以下规则。

(1) 网络计划图必须正确表述既定的逻辑关系，如表5-5所示。

表 5-5　双代号网络计划图常见的逻辑关系表达方式

序号	工作之间的逻辑关系	网络图中的表示方法	说明
1	A、B两项工作依次施工	A B	A制约B的开始时间，B依赖A的结束时间
2	A、B、C三项工作同时开始施工	A B C	A、B、C三项工作采用平行施工方式
3	A、B、C三项工作同时结束	A B C	A、B、C三项工作采用平行施工方式
4	A、B、C三项工作，A结束后，B、C才能开始	B A C	A制约B、C的开始时间，B、C依赖A的结束时间，B、C采用平行施工方式
5	A、B、C三项工作，A、B结束后，C才能开始	A C B	A、B采用平行施工方式，A、B制约C的开始时间，C依赖A、B的结束时间
6	A、B、C、D四项工作，A、B结束后，C、D才能开始	A C j B D	引出节点j，正确表述四项工作之间的逻辑关系
7	A、B、C、D四项工作，A完成后，C才能开始；A、B完成后，D才能开始	A i C B j D	引出虚工作ij，正确表述四项工作之间的逻辑关系
8	A、B、C、D、E五项工作，A、B、C完成后，D才能开始；B、C完成后，E才能开始	A j D B i E C	引出虚工作ij，正确表述四项工作之间的逻辑关系
9	A、B、C、D、E五项工作，A、B完成后，C才能开始；B、D完成后，E才能开始	A j C B i D k E	引出虚工作ij、ik，正确表述四项工作之间的逻辑关系

(2) 网络计划图中严禁出现从一个节点出发，沿箭头方向经过若干个节点再回到出发节点的循环回路，如图5-7所示。

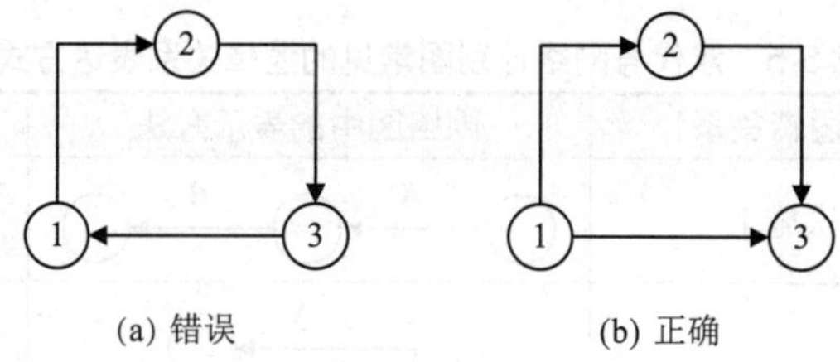

(a) 错误　　(b) 正确

图5-7　回路

(3) 网络计划图中只允许存在一个开始节点和一个终点节点，禁止出现两个或两个以上的开始节点或终点节点。如果存在多个开始节点和终点节点，可将节点合并或使用虚工作的方式处理。

(4) 网络计划图中箭头节点编号应大于箭尾节点编号，且严禁重复。

(5) 网络计划图中禁止出现没有箭尾节点或没有箭头节点或双向箭头的箭线。

(6) 禁止在箭线上引入或引出其他箭线，除非开始节点有多条箭线引出或者终点节点有多条箭线引入，此时为了使图形简洁，可以使用母线法绘图，如图5-8所示。

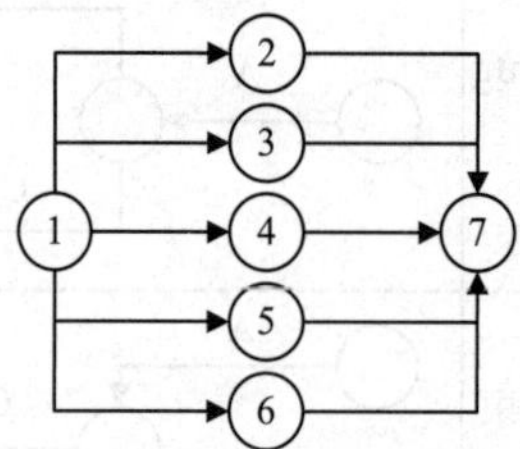

图5-8　母线法绘制示例

(7) 同一项工作只能用一对节点表达，禁止重复。

(8) 绘制网络计划图时尽量避免交叉。若无法避免，可采用过桥法、断线法、指向法等方法表示，如图5-9所示。

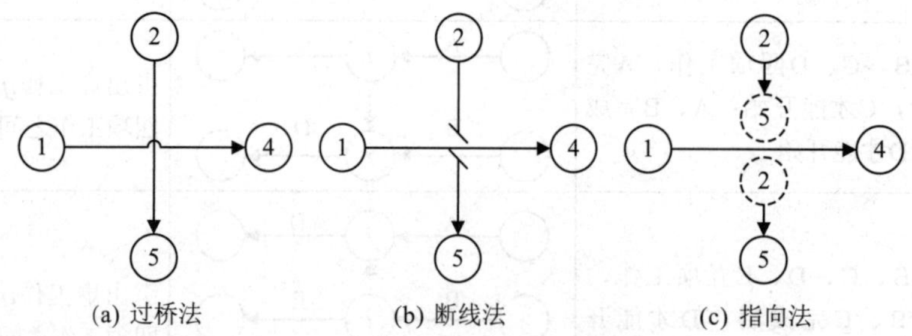

(a) 过桥法　　(b) 断线法　　(c) 指向法

图5-9　交叉箭线示意图

【例 5-1】某工程项目活动及逻辑关系如表5-6所示。

表 5-6　某工程项目活动及逻辑关系

项目	活动										
	A	B	C	D	E	F	G	H	J	K	L
持续时间/日	6	5	9	3	4	6	10	4	3	3	4
紧前活动	—	A	A	A	B	B、C	C、D	D	E、F	F、G、H	J、K

根据表5-6所列的逻辑关系，绘制双代号网络计划图，如图5-10所示。

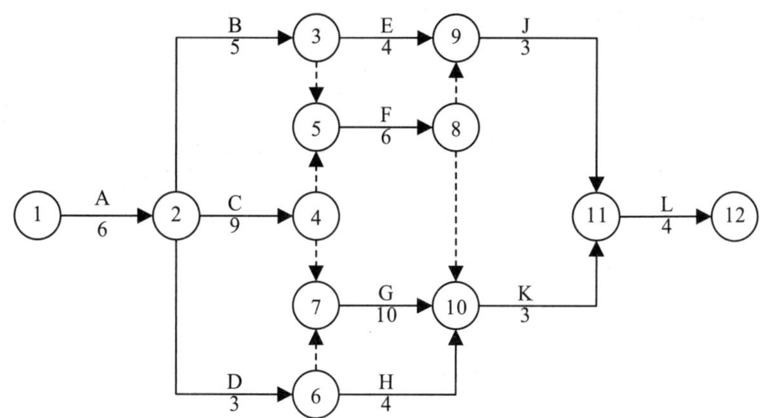

图5-10 某工程项目活动计划双代号网络计划图

【例5-2】 某工程各项工作的逻辑关系及持续时间如表5-7所示，绘制双代号网络计划图并确定关键线路。

表 5-7 某工程各项工作的逻辑关系及持续时间

项目	工作									
	A	B	C	D	E	F	G	H	J	K
紧前工作	–	–	A/B	B	A	C	E/F	D/F	G/H	J
持续时间/周	2	3	4	1	5	3	2	7	6	5

根据表5-7中所列的逻辑关系及各项工作持续时间，绘制网络计划图，如图5-11所示。

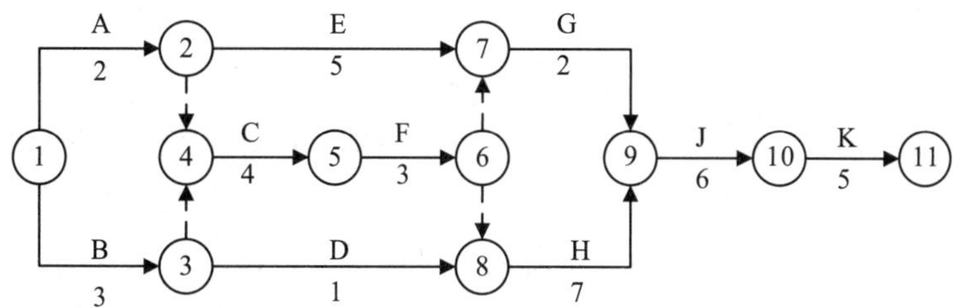

图5-11 某工程双代号网络计划图

从开始节点到终点节点之间共有6条线路，其中1→3→4→5→6→8→9→10→11这条线路的持续时间最长，为28周，即为该网络计划图的关键线路。

8) 双代号时标网络计划图

双代号时标网络计划图简称时标网络计划图，是指加注了时间坐标后的双代号网络计划图，如图5-12所示。时标网络计划图中的时间单位可以根据实际需要选择天、周、月或季度等。在时标网络计划图中，以实箭线表示工作，以虚箭线表示虚工作，以波浪线表示工作的自由时差。

时标网络计划图中所有符号在时间坐标上的水平投影位置，都必须与其时间参数相对应。节点中心必须对准相应的时标位置。虚工作必须以垂直方向的虚箭线表示，当有自由时差必须加波浪线表示。

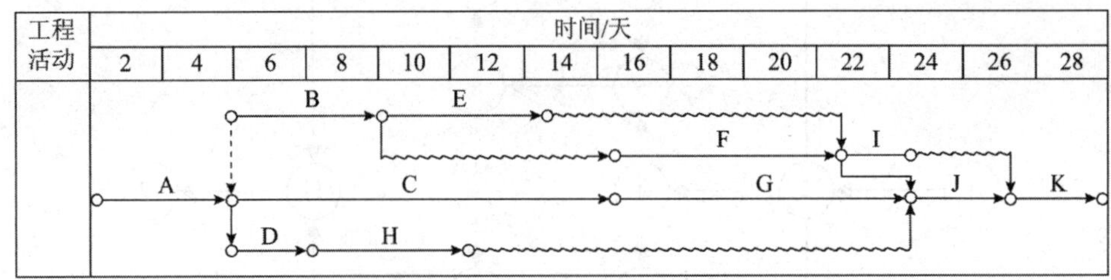

图5-12　双代号时标网络计划图

时标网络计划图既有网络计划图的优点，又具有横道图直观、易懂的优点，它将网络计划图的时间参数直观地表达出来。

网络计划图有广泛的适用性，除极少数情况外，它是最理想的工程项目进度计划方法和进度控制方法。当然，网络计划图也有其不足之处，比如绘制方法和过程比较复杂，不如横道图直接明了等，但这可以通过绘制时标网络计划图加以弥补。

4. 关键线路法与计划评审技术

关键线路法(critical path method，CPM)与计划评审技术(program evaluation and review technique，PERT)是20世纪50年代后期几乎同时出现的两种计划方法。随着科学技术和生产技术的迅速发展，出现了许多庞大而复杂的科研和工程项目，它们工序繁多，协作面广，常常需要动用大量的人力、物力、财力。因此，如何合理而有效地把各种资源组织起来，使之相互协调，在有限的资源下，以最短的时间和最低的费用，高质量地完成整个项目就成为一个突出的问题，CPM和PERT就是在这种背景下出现的。这两种计划方法是分别独立发展起来的，但其基本原理是一致的，即用网络图来表达项目中各项活动的进度和它们之间的相互关系，在此基础上，进行网络分析，计算网络中各项活动的时间参数，确定关键活动与关键线路，利用时差不断地调整与优化网络，以求得到最短周期。此外，还可将成本与资源问题考虑进去，以求得综合优化的项目计划方案。因为这两种方法都是通过网络计划图和相应的计算来反映项目全貌的，所以又称为网络计划技术。

后来，还陆续发展了一些新的网络技术，如图示评审技术(graphical evaluation and review technique，GERT)，风险评审技术(venture evaluation and review technique，VERT)等。

5. 选择进度计划方法应考虑的因素

(1) 项目规模。如果项目规模小，应采用简单的进度计划方法；如果项目规模大，为了保证按期按质达到项目目标，就需考虑采用较复杂的进度计划方法。

(2) 项目的复杂程度。项目规模并不一定与项目的复杂程度成正比。例如，修一条公路，规模虽然不小，但并不太复杂，可以采用较简单的进度计划方法；而研制一个小型的电子仪器，需要很复杂的步骤和很多专业知识，可能就需要采用较复杂的进度计划方法。

(3) 项目的紧急性。对于紧急项目，特别是在开始阶段，需要对各项工作发布指示，以便尽早开始工作。此时，如果用很长的时间去编制进度计划，就会延误时间，因此适宜采用简单的进度计划方法。

(4) 对项目细节掌握的程度。如果在开始阶段无法确定项目细节，CPM和PERT进度计划方法就无法应用。

(5) 项目总进度是否由一两项关键事项所决定。如果项目进行过程中有一两项活动需要花费很长时间，而在此期间可以把其他准备工作都安排好，那么对其他工作就不必编制详细复杂的进度计划。

(6) 有无相应的技术力量和设备。例如，没有计算机，CPM和PERT进度计划方法有时就难以应用。如果没有受过良好训练的合格技术人员，也无法胜任用复杂的方法编制进度计划。

此外，根据情况不同，还需考虑客户要求以及进度计划预算等因素。最终采用哪一种方法来编制进度计划，需要全面考虑以上各个因素。

5.3.5 工程项目进度计划的编制程序

1. 横道图的编制程序

(1) 将构成整个工程的全部分项工程纵向排列，填入表中。

(2) 在横轴标示可能需要的工期。

(3) 分别计算所有分项工程施工所需要的时间。

(4) 如果在工期内能完成整个工程，则将第(3)步计算出来的各分项工程所需工期标示在图表上，编排出日程表。图5-13为采用横道图编制的某工程施工进度计划。

序号	分部分项工程名称	5月		6月					7月					8月					9月				
		24	31	6	12	18	24	30	6	12	18	24	31	6	12	18	24	31	6	12	18	24	30
1	土方工程																						
2	基础工程																						
3	基础工程验收																						
4	地下室																						
5	一层主体工程																						
6	二层主体工程																						
7	三层主体工程																						
8	四层主体工程																						
9	地下室填充墙砌筑																						
10	五层主体框架																						
11	六层主体框架																						
12	一至六层填充墙砌筑																						
13	主体验收工程																						

图5-13 某工程施工进度计划

2. 网络计划图的编制程序

在项目施工中用来指导施工、控制进度的施工进度网络计划，就是经过适当优化的施工网络，表现为网络计划图，其编制程序如下所述。

(1) 调查研究。了解和分析工程任务的构成和施工的客观条件，掌握编制进度计划所需的各种资料，特别要对施工图进行透彻研究，并尽可能对施工中可能发生的问题做出预测，考虑解决问题的对策等。

(2) 确定方案。确定方案主要是指确定项目施工总体部署，划分施工阶段，选定施工方法，明确工艺流程，决定施工顺序等。这些通常是施工方案说明中的内容。施工方案说明一般应在施工进度计划之前完成，因此可以直接从有关文件中获得。

(3) 划分工序。根据工程内容和施工方案，可以将工程任务划分为若干道工序。一个项目的工序数量由项目的规模和复杂程度以及计划管理的需要来决定，只要能满足工作需要就可以，不必过细。大体上要求每一道工序都有其明确的任务内容，有一定的实物工程量和形象进度目标，能够满足指导施工作业的需要，对于其完成与否有明确的判别标志。

(4) 估算时间。估算完成每道工序所需要的工作时间，也就是每项工作的延续时间，这是对进度计划进行定量分析的基础。

(5) 编工序表。将项目的所有工序，依次编排序号，列入表格，以便于核对是否有遗漏或重复，并分析各道工序相互之间的逻辑制约关系。

(6) 绘制网络计划图。根据工序表绘制网络计划图。工序表中所列出的工序逻辑关系，既要包括工艺逻辑，也要包括由施工组织方法决定的组织逻辑。

(7) 绘制时标网络计划图。给步骤(6)中的网络计划图加上时间横坐标，即形成时标网络计划图。在时标网络计划图中，表示工序的箭线长度受时间坐标的限制，一道工序的箭线长度在时间坐标轴上的水平投影长度就是该工序的延续时间；工序的时差用波浪线表示；虚工序延续时间为零，因而虚箭线在时间坐标轴上的投影长度也为零；虚工序的时差也用波浪线表示。这种时标网络计划图可以按工序的最早开工时间来绘制，也可以按工序的最迟开工时间来绘制，在实际应用中前者居多。

(8) 绘制资源曲线。根据时标网络计划图，可绘制出施工主要资源的计划用量曲线。

(9) 可行性判断。可行性判断主要是判别资源计划用量是否超过实际可能的投入量，如果超过了，计划不可行，需要进行调整，可将施工高峰错开，削减资源用量高峰，或者改变施工方法，减少资源用量。这时就要增加或改变某些组织逻辑关系，重新绘制时间坐标网络计划图；如果没超过，那么这个计划是可行的。

(10) 优化程度判别。可行的计划不一定是最优的计划，计划优化是提高经济效益的关键步骤。所以，需要判别计划是否最优，如果不是，就需要进一步优化；如果计划的优化程度已经令人满意(往往不一定是最优)，就可以得到用来指导施工、控制进度的施工网络计划图。

大多数工序都有确定的实物工程量，可按工序的工程量，并根据投入资源的多少及该工序的定额计算出作业时间。若该工序无定额可查，则可组织有关管理干部、技术人员、操作工人等，根据有关条件和以往经验，对完成该工序所需时间进行估算。

3. 施工进度网络计划的时间优化

在网络计划中，关键线路控制着任务的工期，因此缩短工期的着眼点是关键线路。但是采取硬性方法压缩关键工作的持续时间来达到缩短工期的目的，并不是很好的办法。在网络计划的时间优化中，缩短工期主要是通过调整工作的组织措施来实现的。

(1) 顺序作业调整为搭接作业。几个顺序进行的工作，如果紧前工作部分完成后，紧后工作就可以随即开始，那么就可以将各项工作分别划分成若干个流水段，组织流水作业，这样可以明显缩短工期。前一道工序完成了一部分，后一道工序就插上去施工，前后工序在不同的流水段上平行作业，在保证满足必要的施工工作面的条件下，流水段分得越细，前后工序施工的时间间隔(流水步距)越小，施工的搭接程度越高，总工期就越短。

(2) 对工程项目进行合理排序。如果一个工程项目可以分成若干个流水段，每个流水段都要经过相同的若干道工序，每道工序在各个流水段上的施工时间又不完全相同，如何选择合理的流水顺序就是一个很有意义的问题。由施工工艺决定的工作顺序是不可改变的，但流水顺序却是可以改变的，流水顺序不同，总工期不同，据此可以找出总工期最短的最优流水次序。

(3) 相应推迟非关键工序的开始时间。工作A、B平行进行，假定A为非关键工作，完成A需8天；B为关键工作，完成B需20天。若规定工期为16天，为了加快关键工作B，把工期由20天缩短到16天，可以把工作A的部分人力转移到工作B，而工作A在工作B之后开始，这样工期就可以从原来的20天缩短到16天。

(4) 相应延长非关键工作的持续时间。延长非关键工作的持续时间，将其人力、物力调到关键工作中去，可达到压缩关键工作持续时间、缩短工期的目的。

(5) 从计划外增加资源。项目进度计划的总工期是由关键线路的长度决定的，因此，要缩短计划工期，必须压缩关键线路，具体做法是选择关键线路上某些有可能缩短施工时间的工序，通过增加资源投入等方法来实现压缩工期的目的。

采用以上(3)(4)(5)三种方法时，当关键线路压缩以后，原来的次关键线路可能成为新的关键线路，如果其工期仍超过规定工期，还要对这条线路上的工序施工时间进行压缩，直到实现规定工期为止。因此，在压缩工期时，应选择那些既是构成关键线路的工作又是构成次关键线路的工作来压缩，这样可以同时缩短关键线路和次关键线路，从而达到事半功倍之效。

如图5-14所示，为施工项目进度计划的编制程序。

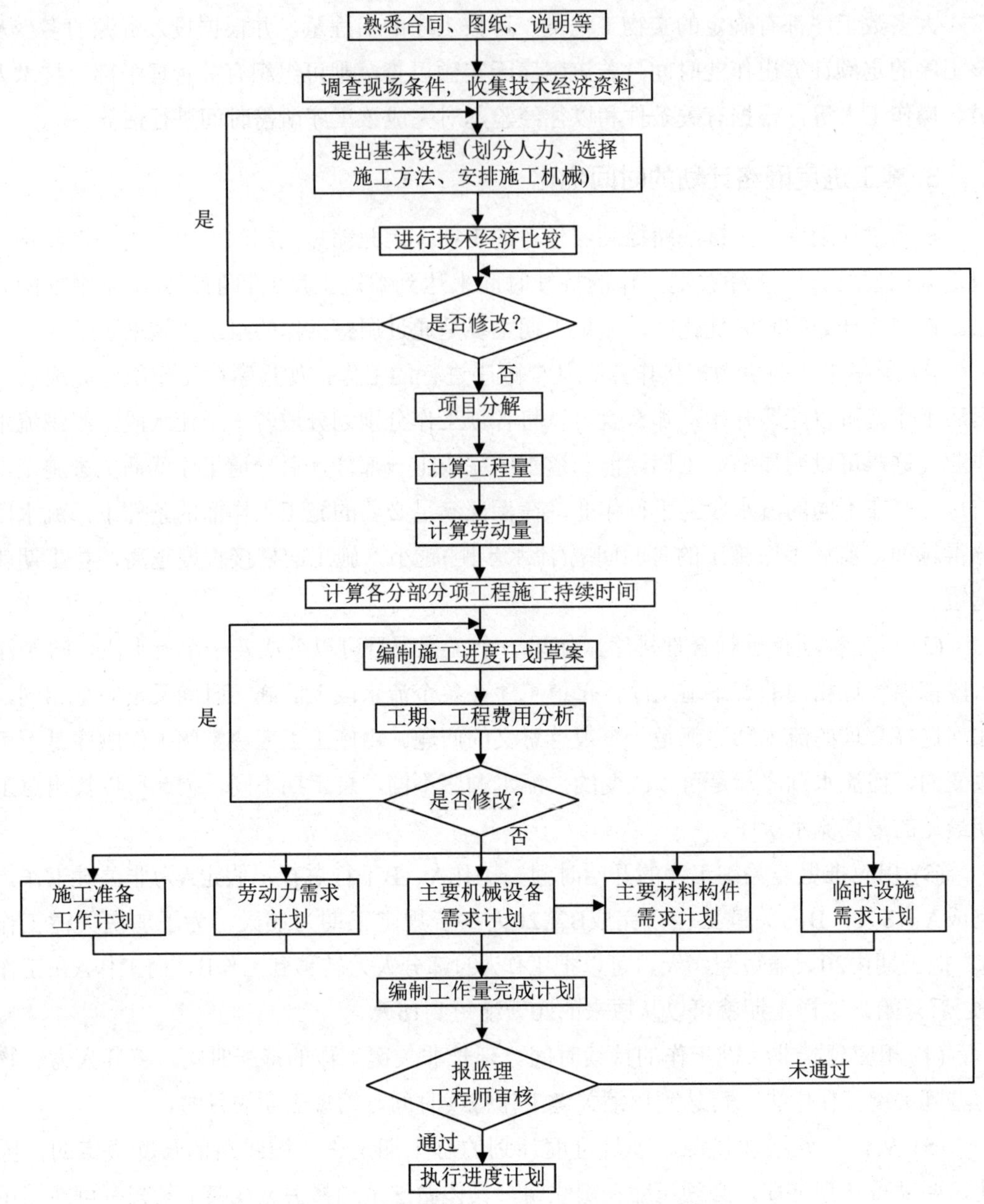

图5-14　施工项目进度计划的编制程序

5.4　工程项目进度控制

5.4.1　工程项目进度控制概述

工程项目进度控制是指在既定的工期内，编制出最优的进度计划，在执行该计划的过程中，经常检查工程项目施工情况，并将实际进度与计划进度相比较，若出现偏差，分析产生偏差的原因和对工期的影响程度，制定必要的调整措施，修改原计划，如此循环，直至工程项目竣工验收。

工程项目进度控制的总目标是确保工程项目既定目标工期的实现，或者在保证工程项目质量和不因此增加实际成本的条件下，适当缩短工期。工程项目进度控制的总目标应层层分解，形成各子目标相互制约的目标体系。

工程项目进度控制的覆盖范围包括时间、项目、涉及单位3个方面。工程项目的时间覆盖范围是从项目立项至项目正式动用；工程项目的项目覆盖范围是与项目动用有关的一切子项目(主体工程、附属工程、道路及管线工程)；工程项目的涉及单位覆盖范围是设计、材料供应、构配件供应、设备供应、施工安装单位及审批单位。

1. 影响工程项目进度的因素

工程项目具有规模大、工程结构与工艺技术复杂、建设周期长及相关单位多等特点，这就决定了工程项目进度将受到许多因素的影响。要想有效控制工程项目进度，就必须全面、细致地分析和预测影响进度的有利因素和不利因素。这样，一方面可以促进对有利因素的充分利用和对不利因素的妥善预防；另一方面便于制定预防措施，事中采取有效对策，事后进行妥善补救，从而缩小实际进度与计划进度的偏差，实现对工程项目进度的主动控制和动态控制。

影响工程项目进度的不利因素有很多，如人为因素；技术因素；设备、材料及构配件因素；机具因素；资金因素；水文、地质与气象因素；其他自然和社会环境等方面的因素。其中，人为因素是最大的干扰因素。从影响因素产生的根源来看，有的源于建设单位及其上级主管部门；有的源于勘察设计、施工及材料、设备供应单位；有的源于政府、建设主管部门、有关协作单位和社会；有的源于各种自然条件；也有的源于建设监理单位本身。在工程项目建设过程中，常见的影响因素可归纳为以下几个。

(1) 业主因素。例如，业主要求改变项目使用功能而导致设计变更；业主不能及时提供施工场地或场地条件不能满足正常施工需要；未及时向有关部门办理各种相关申请审批手续；业主建设资金不足，不能按时支付工程款。

(2) 勘察设计因素。例如，勘察资料不准确，特别是地质资料错误或遗漏；设计内容不完善，规范应用不恰当，设计有缺陷或有错误；设计对施工的可能性未考虑或考虑不周；施工图样供应不及时、不配套或出现重大差错等。

(3) 施工技术因素。例如，施工工艺错误；施工方案不合理；施工安全措施不当；应用了不可靠的技术等。

(4) 自然环境因素。例如，复杂的工程地质条件；不明的水文气象条件；地下埋藏文物需要进行保护、处理；洪水、地震、台风等不可抗力因素。

(5) 社会环境因素。例如，外单位临时工程造成施工干扰；节假日交通、市容整顿的限制；临时停水、停电、断路；国外常见的法律及制度变化，经济制裁，战争、骚乱、罢工、企业倒闭等。

(6) 组织管理因素。例如，申请审批手续延误；合同签订时遗漏条款、表达不当；

计划安排不周密，组织协调不力，导致停工待料、相关作业脱节；领导不力，指挥失当，参加工程项目建设的各个单位、各个专业、各个施工过程的搭接和配合发生矛盾。

(7) 材料、设备因素。例如，材料、构配件、机具、设备供应环节出现差错，导致品种、规格、质量、数量、供应时间等不能满足工程需要；特殊材料及新材料的不合理使用；施工设备不配套、选型失当、安装失误、有故障等。

(8) 资金因素。例如，有关方拖欠资金、资金不到位、资金短缺；汇率浮动和通货膨胀等。

2. 工程项目进度控制主要工作

(1) 业主方。业主进度控制的任务是控制整个项目实施阶段的进度，包括控制设计准备阶段的工作进度、设计工作进度、施工进度、物资采购工作进度。

(2) 设计方。设计方进度控制的任务是根据设计任务委托合同对设计工作进度的要求，控制设计工作进度，这是设计方应履行的义务。另外，设计方应尽可能使设计工作进度与招标、施工和物资采购等工作进度相协调。在国际上，设计进度计划主要是确定各设计阶段的设计图样(包括有关的说明)的出图计划，出图计划是设计方进度控制的依据，也是业主控制设计进度的依据。

(3) 施工方。施工方进度控制的任务是依据施工任务委托合同对施工进度的要求控制施工进度，这是施工方应履行的义务。在编制进度计划时，施工方应根据工程项目的特点和施工进度控制的需要，编制内容不同的控制性进度计划和直接指导项目施工的进度计划，还应按不同周期编制年度、季度、月度和旬计划等。

(4) 供货方。供货方进度控制的任务是依据供货合同对供货进度的要求控制供货进度，这是供货方应履行的义务。供货方进度计划应覆盖供货的所有环节，例如采购、加工制造、运输等。

3. 工程项目进度控制措施

工程项目进度控制措施主要有组织措施、技术措施、经济措施和合同措施。

1) 组织措施

(1) 建立进度目标控制体系，明确工程项目组织结构中的进度控制人员及其职责分工。

(2) 建立工程进度报告制度及进度信息沟通网络。

(3) 建立进度计划审核制度和进度计划实施中的检查分析制度。

(4) 建立进度协调会议制度，主要协调会议举行的时间、地点、参加人员等。

(5) 建立图样审查、工程变更和设计变更管理制度。

2) 技术措施

(1) 审查承包商提交的进度计划，确保承包商能在合理的状态下施工。

(2) 编制进度控制工作细则，指导工程管理人员实施进度控制。

(3) 采用网络计划技术及其他科学计划方法，结合计算机技术对工程进度实施动态控制。

3) 经济措施

(1) 及时办理工程预付款及工程进度款支付手续。

(2) 如果存在应急赶工，应给予优厚的赶工费用。

(3) 如果工期提前，应给予奖励。

(4) 如果工程延误，应收取误工损失赔偿金。

4) 合同措施

(1) 推行建设管理承发包模式，对工程项目实行分段设计、分段发包和分段施工。

(2) 加强合同管理，协调合同工期与进度计划之间的关系，保证合同进度目标的实现。

(3) 严格控制合同变更，对于各方提出的工程变更和设计变更，监理工程师应严格审查后再补入合同文件中。

(4) 加强风险管理，在合同中应充分考虑风险因素及其对进度的影响，以及相应的处理方法。

(5) 加强索赔管理，公正地处理索赔。

5.4.2 实际进度与计划进度的比较方法

比较实际进度与计划进度是施工项目进度控制的主要环节。常用的进度比较方法有横道图比较法、S形曲线比较法、香蕉曲线比较法、前锋线比较法和列表比较法等。

1. 横道图比较法

横道图比较法是指在项目施工中收集实际进度的信息，经整理后直接用横道线平行绘于原计划的横道线处，比较实际进度与计划进度的方法。横道图比较法可以形象、直观地反映实际进度与计划进度的差异，它是人们在施工中实施进度控制时广泛使用的一种最简单、最成熟的方法。

1) 匀速进展横道图比较法

匀速进展是指工程项目施工中每项作业的进展速度都是匀速的，即在单位时间内完成的任务量是相等的，累计完成的任务量与时间呈直线关系。采用匀速进展横道图比较法的步骤如下所述。

(1) 编制横道图进度计划，在进度计划图上标注检查日期。

(2) 将收集到的实际进度数据按比例用粗实线在计划图中标注。

(3) 比较并分析实际进度与计划进度。如果粗实线右端落在检查日期的左侧，表明实际进度延后；如果粗实线右端落在检查日期的右侧，表明实际进度超前；如果粗实线右端与检查日期重合，表明实际进度与计划进度一致。

该方法只适用于从开始施工到完成的整个过程中，施工速度不变、累计完成的任务量与时间成正比的情况。若施工速度是变化的，则不能用这种方法比较实际进度与计划进度。

例如，某工程项目基础工程的计划进度和截至第9周末的实际进度如图5-15所示，其中细线表示该工程计划进度，粗实线表示实际进度。比较实际进度与计划进度可以看出，到第9周末，挖土方和做垫层两项工作已经完成；支模板完成计划工作的75%，任务量拖欠25%；绑扎钢筋按计划应完成60%，实际完成20%，任务量拖欠40%。

工作名称	持续时间	1	2	3	4	5	6	7	8	9	10	11	12	13	14	15	16
挖土方	6																
做垫层	3																
支模板	4																
绑扎钢筋	5																
浇注混凝土	4																
回填土	5																

检查时间

图5-15　匀速进展横道图比较法应用实例

2) 非匀速进展横道图比较法

当施工任务在不同单位时间内的进展速度不同时，累计完成的任务量与时间之间不再是直线关系。在这种情况下，应用非匀速进展横道图比较法来比较工作实际进度与计划进度。

非匀速进展横道图比较法适用于施工进度按变速进展的情况，在使用与计划进度线不同的线条表示实际进度的同时，标注对应时刻完成任务量百分比，并将其与同时刻的计划百分比相比较，以判断实际进度与计划进度之间的关系。

在实际工程中，非匀速进展的情况更为普遍，比较步骤如下所述。

(1) 编制横道图进度计划。

(2) 在横道线上方标注计划完成任务量累计百分比。

(3) 用粗线标注实际进度，并在粗线下方标注实际完成任务量累计百分比。

(4) 比较并分析实际进度与计划进度。如果同一时刻横道线上方的累计百分比大于横道线下方的累计百分比，表明实际进度拖后，两者之差即为拖欠的任务量；如果同一时刻横道线上方的累计百分比小于横道线下方的累计百分比，表明实际进度超前，两者之差即为超前的任务量；如果同一时刻横道线上方的累计百分比等于横道线下方的累计百分比，表明实际进度与计划进度一致。

值得指出的是，由于施工速度是变化的，横道图中的进度横线，不管是计划的还是实际的，都表示施工开始时间、持续时间和完成时间，并不表示计划完成量和实际完成量，这两者分别通过标注在横道线上方和下方的任务量累计百分比来表示。表示实际进度的粗实线从工程实际开始施工日期进行标注，若存在施工间断的情况，也可以在图中对粗实线进行相应的空白处理。非匀速进展横道图比较法如图5-16所示。

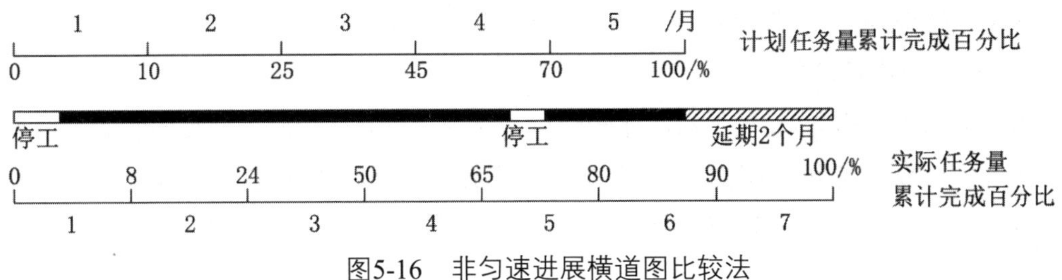

图5-16　非匀速进展横道图比较法

横道图比较法具有方法简单、形象直观、容易掌握、应用方便等优点，被广泛用于简单的进度检测工作中。但该方法是以横道图为基础的，因而带有不可克服的局限性，例如，各项工作之间的逻辑关系表达不明确，关键工作和关键线路无法确定，一旦某些工作进度产生偏差，难以预测对后续工作和整个工期的影响，因此也无法确定调整方法。

2. S形曲线比较法

S形曲线是以横坐标表示时间，以纵坐标表示累计完成任务量，而绘制出的一条表示按计划时间累计完成任务量的曲线，其形状像S，故称S形曲线。采用S形曲线比较法时，将施工项目在各个检查时间实际完成的任务量绘制在S形曲线上，从而比较实际进度与计划进度。

从工程项目建设全过程来看，单位时间内完成的任务量一般都随着时间的递进呈现如图5-17(a)所示的分布规律，即工程项目开工和收尾阶段完成的任务量少，而中间阶段完成的任务量多。这样以横坐标表示时间，以纵坐标表示累计完成任务量，绘制出来的曲线将是一条S形曲线，如图5-17(b)所示。

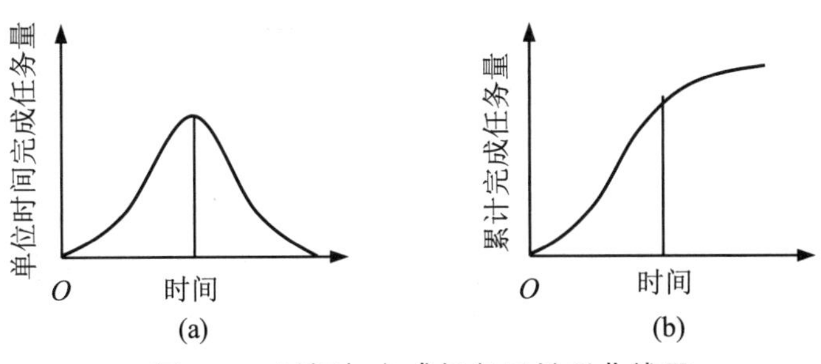

图5-17　时间与完成任务量关系曲线图

1) S形曲线绘制步骤

(1) 确定单位时间计划完成任务量 q_i。

(2) 计算在规定时间j内累计完成任务量 Q_j，其计算方法是将各单位时间完成的任务量累加求和，计算公式为

$$Q_j = \sum_{i=1}^{j} q_i \tag{5-5}$$

式中：Q_j 表示某时间j计划累计完成任务量；q_i 表示单位时间计划完成的任务量。

(3) 按规定时间的Q_j值绘制S形曲线。

2) S形曲线比较分析

与横道图比较法类似，S形曲线比较法也是在图上直观比较施工项目的实际进度与计划进度。一般情况下，进度控制人员在计划实施前绘制出计划进度S形曲线，在项目施工过程中，按规定时间进行进度检查，依据实际完成任务情况，将实际进度S形曲线与计划进度S形曲线绘制在同一张图上，如图5-18所示。

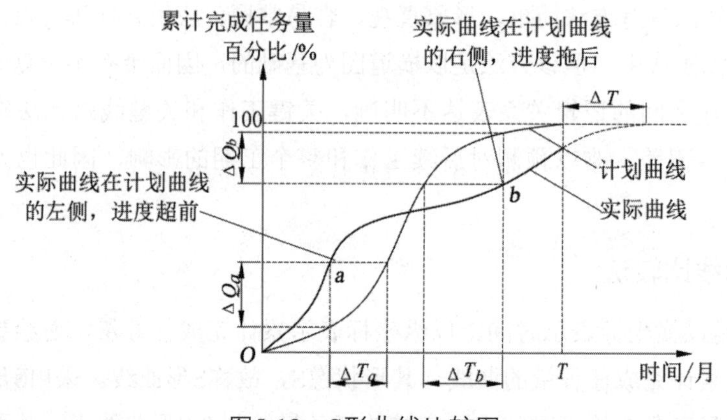

图5-18　S形曲线比较图

通过比较实际进度S形曲线和计划进度S形曲线，可以得到如下信息。

(1) 工程项目实际进度情况。如果工程实际进展点落在计划进度S形曲线左侧，表明此刻实际进度比计划进度超前，见图5-18中的*a*点；如果工程实际进展点落在计划进度S形曲线右侧，表明此刻实际进度比计划进度拖后，见图5-18中的*b*点；如果工程实际进展点恰好落在计划进度S形曲线上，表明此刻实际进度与计划进度一致。

(2) 工程项目实际进度超前或拖后的时间。在S形曲线比较图中可以直接读出实际进度比计划进度超前或拖后的时间。在图5-18中，ΔT_a表示T_a时刻实际进度超前的时间；ΔT_b表示T_b时刻实际进度拖后的时间。

(3) 工程项目实际超额或拖欠的任务量。在S形曲线比较图中可以直接读出实际进度比计划进度超额或拖欠的任务量，在图5-18中，ΔQ_a表示Q_a时刻超额完成的任务量；ΔQ_b表示T_b时刻拖欠的任务量。

(4) 后期工程进度预测。如果后期工程按原计划速度进行，就可以绘制出后期工程计划进度S形曲线，如图5-18中的虚线所示，从而确定工期拖延预测值ΔT。

3. 香蕉曲线比较法

香蕉曲线是由两条S形曲线组合而成的闭合曲线。由S形曲线比较法可知，工程项目累计完成的任务量与计划时间的关系，可以用一条S形曲线来表示。对于一个工程项目的网络计划来说，依据各项工作的最早开始时间安排进度绘制而成的S形曲线称为ES曲线；依据各项工作的最迟开始时间安排进度绘制而成的S形曲线称为LS曲线。两条S形曲线具有相同的起点和终点，因此，两条曲线是闭合的。该闭合曲线形似香蕉，故称为香蕉曲线，如图5-19所示。

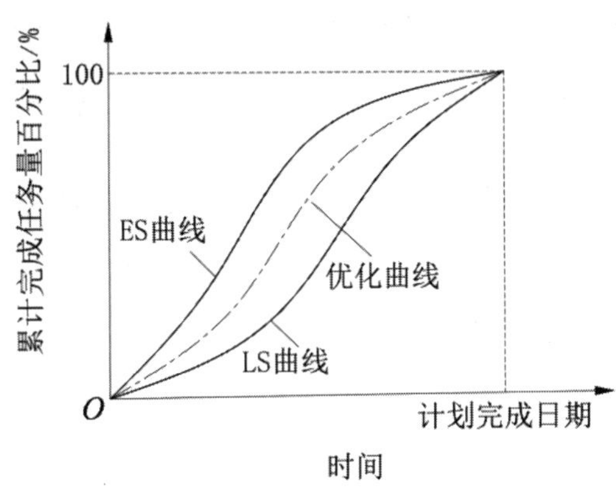

图5-19　香蕉曲线比较图

1) 香蕉曲线的作用

(1) 合理安排工程项目进度计划。如果工程项目中的各项工作均按其最早开始时间安排进度，将会增加工程项目的投资；而如果各项工作都按其最迟开始时间安排进度，一旦受到进度影响因素的干扰，将导致工期延误，增加工程项目进度延长的风险。因此，科学合理的进度计划优化曲线应处于香蕉曲线所包括的区域之内，见图5-19中的点划线。

(2) 定期比较工程项目的实际进度与计划进度。在工程项目实施过程中，根据每次检查收集到的实际完成任务量，绘制出实际进度S形曲线，便可以与计划进度相比较。工程项目实施进度的理想状态是任一时刻工程项目的实际进展点应落在香蕉曲线图的范围之内。如果工程项目实际进展点落在ES曲线左侧，表明此刻实际进度比各项工作按其最早开始时间安排的计划进度超前；如果工程项目实际进展点落在LS曲线右侧，则表明此刻实际进度比各项工作按其最迟开始时间安排的计划进度拖后。

(3) 预测后期工程进展趋势。利用香蕉曲线可以对后期工程项目的进展情况进行预测。例如，在图5-20中，该工程项目实际进度在检查日超前。检查日之后的后期工程项目进度安排如图5-20中的虚线所示，预计该工程项目将提前完成。

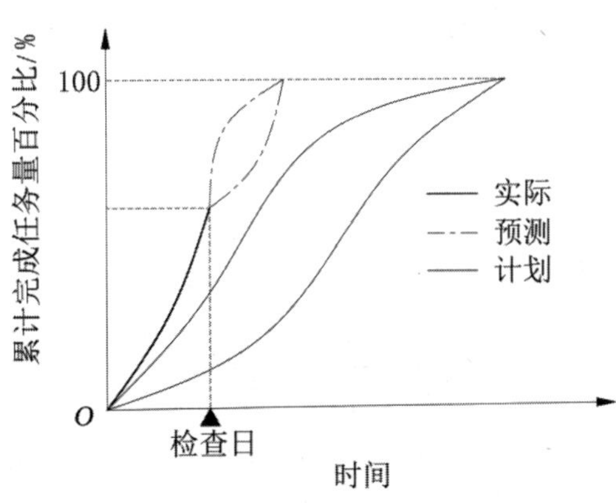

图5-20　工程进展趋势预测

2) 香蕉曲线的绘制方法

香蕉曲线的绘制方法与S形曲线的绘制方法基本相同，不同之处在于香蕉曲线的绘制方法是依据工作的最早开始时间和最迟开始时间分别绘制的两条S形曲线的组合，其具体步骤如下所述。

(1) 以施工项目的网络计划图为基础，计算各项工作的最早开始时间 ES_i 和最迟开始时间 $LS_i (i=1,2,\dots,n)$。

(2) 确定各项工作在不同时间计划完成的任务量，具体分为以下两种情况。

① 以施工项目的最早时标网络图为准，确定各项工作在各单位时间的计划完成任务量，用 q_{ij}^{ES} 表示，即第i项工作按最早开始时间开工，在j时刻完成的任务量($i=1,2,\dots,n$; $j=1,2,\dots,m$)。

② 以施工项目的最迟时标网络图为准，确定各项工作在各单位时间的计划完成任务量，用 $q_{i\cdot j}^{LS}$ 表示，即第i项工作按最迟开始时间开工，在j时刻完成的任务量($i=1,2,\dots,n$; $j=1,2,\dots,m$)。

(3) 计算施工项目总任务量Q，计算公式为

$$Q=\sum_{i=1}^{n}\sum_{j=1}^{m}q_{ij}^{ES} \tag{5-6}$$

$$Q=\sum_{i=1}^{n}\sum_{j=1}^{m}q_{ij}^{LS} \tag{5-7}$$

(4) 计算到j时刻完成的项目总任务量，分为以下两种情况。

① 按最早时标网络图计算完成的总任务量 Q_j^{ES} 为

$$Q_j^{ES}=\sum_{i=1}^{i}\sum_{j=1}^{j}q_{ij}^{ES} \quad (1\leqslant i\leqslant n,1\leqslant j\leqslant m) \tag{5-8}$$

② 按最迟时标网络图计算完成的总任务量 Q_j^{LS} 为

$$Q_j^{LS}=\sum_{i=1}^{i}\sum_{j=1}^{j}q_{ij}^{LS} \quad (1\leqslant i\leqslant n,1\leqslant j\leqslant m) \tag{5-9}$$

(5) 计算到j时刻完成项目总任务量的百分比，分为两种情况。

① 按最早时标网络图计算完成的总任务量百分比 μ_j^{ES} 为

$$\mu_j^{ES}=\frac{Q_j^{ES}}{Q}\times 100\% \tag{5-10}$$

② 按最迟时标网络图计算完成的总任务量百分比 μ_j^{LS} 为

$$\mu_j^{LS}=\frac{Q_j^{LS}}{Q}\times 100\% \tag{5-11}$$

(6) 绘制香蕉曲线。按 $\mu_j^{ES}(j=1,2,\dots,m)$ 描绘各点，连接各点即可得到ES曲线；按 $\mu_j^{LS}(j=1,2,\dots,m)$ 描绘各点，连接各点即可得到LS曲线，最后由ES曲线和LS曲线组成

香蕉曲线。

在项目实施过程中，按同样的方法，将每次检查的各项工作实际完成任务量代入上述各公式，计算出不同时间实际完成任务量的百分比，在香蕉曲线的平面内绘制出实际进度曲线，便可以比较实际进度与计划进度。同时，香蕉曲线的形状还可以反映进度控制的难易程度。当香蕉曲线很窄时，说明进度控制的难度较大；当香蕉曲线很宽时，说明进度控制相对容易。由此，也可以利用香蕉曲线来判断进度计划编制的合理程度。

4. 前锋线比较法

前锋线是指在原时标网络计划图上，从检查时刻的时标点出发，用点划线依次将各项工作实际进展位置点连接而成的折线。

前锋线比较法是通过绘制某检查时刻施工项目实际进度线与原进度计划中各项工作箭线交点的位置，比较工程实际进度与计划进度，进而判定该偏差对后续工作即总工期影响程度的一种方法，它主要用于时标网络计划，具体步骤如下所述。

1) 绘制时标网络计划图

按照绘制时标网络计划图的方法绘制时标网络计划图，在时标网络计划图的上方和下方各设一个时间坐标。

2) 绘制实际进度前锋线

从时标网络计划图的上方时间坐标的检查日期开始绘制，依次连接相邻工作的实际进展位置点，最后与时标网络计划图的下方坐标的检查日期相连接。其中，工作实际进展位置点的标定方法以下有两种。

(1) 按该工作已完成任务量比例标定。假设工程项目中各项工作均为匀速进展，根据实际进度检查时刻该工作已完成任务量占其计划完成任务量的比例，在工作箭线上从左至右按相同的比例标定其实际进展位置点。

(2) 按尚需作业时间标定。当某些工作的持续时间难以按实物工程量来计算而只能凭经验估算时，可以先估算出从检查时刻到该工作全部完成尚需作业的时间，然后在该工作箭线上从右至左逆向标定其实际进展位置点。

3) 比较实际进度与计划进度

前锋线可以直观地反映检查日有关工作的实际进度与计划进度之间的关系。对某项工作来说，其实际进度与计划进度之间的关系可能存在以下3种情况。

(1) 工作实际进展位置点落在检查日期的左侧，表明该工作实际进度拖后，拖后的时间为两者之差。

(2) 工作实际进展位置点与检查日期重合，表明该工作实际进度与计划进度一致。

(3) 工作实际进展位置点落在检查日期的右侧，表明该工作实际进度超前，超前的时间为两者之差。

4) 预测进度偏差对后续工作及总工期的影响

通过比较实际进度与计划进度确定进度偏差后，还可以根据工作的自由时差和总时差预测该进度偏差对后续工作及项目总工期的影响。

前锋线比较法既适用于工作实际进度与计划进度之间的局部比较，又可以用来分析和预测工程项目整体进度状况。

【例 5-3】 某工程网络计划图如图5-21所示，在第5天检查时，发现A工作已完成，B工作已进行一天，C工作已进行两天，D工作尚未开始。试用前锋线比较法比较实际进度与计划进度。

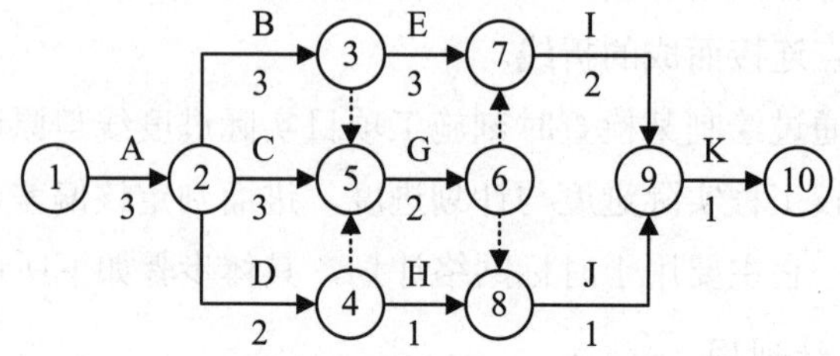

图5-21 某工程网络计划图

根据第5天检查的情况绘制前锋线，如图5-22所示。

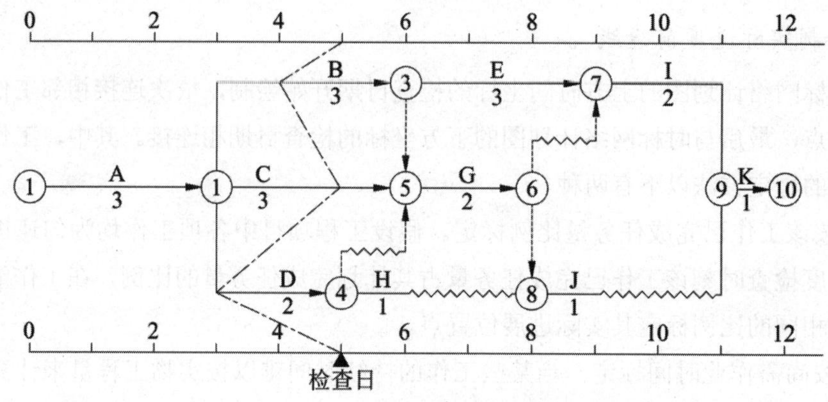

图5-22 某工程前锋线法比较图

通过比较可以看出，工作B实际进度拖后一周，由于工作B为关键工作，其紧后工作E和G的最早开始时间将推迟1天，总工期将延长1天。工作C按计划进行。工作D实际进度拖后2天，会影响紧后工作按最早开始时间进行，但不会影响总工期，因为工作D的自由时差有2天。如果不采取措施加快施工进度，该工程项目的总工期将延长1天。

5. 列表比较法

当工程进度计划用非时标网络图表示时，可以采用列表比较法来比较实际进度与计划进度。这种方法是记录检查日应该进行的工作名称及其已经作业的时间，然后列表计算有关时间参数，并根据工作总时差比较实际进度与计划进度的方法。

采用列表比较法来比较实际进度与计划进度的步骤如下所述。

(1) 计算检查时正在进行的工作ij尚需作业时间T_{ij}^2，计算公式为

$$T_{ij}^2 = D_{ij} - T_{ij}^1 \tag{5-12}$$

式中：D_{ij}表示工作ij的计划持续时间；T_{ij}^1表示工作ij检查时已进行的时间。

(2) 计算工作ij检查时至最迟完成时间的尚余时间T_{ij}^3，计算公式为

$$T_{ij}^3 = \mathrm{LF}_{ij} - T_2 \tag{5-13}$$

式中：LF_{ij}表示工作ij的最迟完成时间；T_2表示检查时间。

(3) 计算工作ij尚有总时差TF_{ij}^1。该数值等于工作从检查日期到原计划最迟完成时间的尚余时间与该工作尚需作业时间之差，计算公式为

$$\mathrm{TF}_{ij}^1 = T_{ij}^3 - T_{ij}^2 \tag{5-14}$$

(4) 比较实际进度与计划进度。比较结果可能为以下情形。

① 如果工作尚有总时差与原有总时差相等，说明该工作实际进度与计划进度一致；

② 如果工作尚有总时差大于原有总时差，说明该工作实际进度超前，超前的时间为两者之差。

③ 如果工作尚有总时差小于原有总时差，且仍为正值，说明该工作实际进度拖后，拖后的时间为两者之差，但不影响总工期；

④ 如果工作尚有总时差小于原有总时差，且为负值，说明该工作实际进度拖后，拖后的时间为两者之差，此时工作实际进度偏差将影响总工期。

【例 5-4】 试用列表比较法对例5-3进行实际进度与计划进度比较。

根据公式(5-12)、公式(5-13)、公式(5-14)计算有关参数，如表5-8所示。

根据尚有总时差的计算结果，判断工作实际进度，如表5-8所示。

表 5-8　工作进度检查比较

工作代号	工作名称	检查计划时尚需作业天数(T_{ij}^2)	到计划最迟完成时尚余天数(T_{ij}^3)	原有总时差(TF_{ij})	尚有总时差(TF_{ij}^1)	情况判断
2-3	B	2	1	0	−1	拖延工期1天
2-5	C	1	2	1	1	正常
2-4	D	2	2	2	0	正常

5.4.3　进度拖延原因分析及处理

1. 进度拖延原因分析

进度拖延在工程项目中非常常见，组成项目的各层次项目单元以及项目各阶段均可能出现延误情况。项目管理者应按项目计划定期评审项目进度情况，分析并确定进度拖

延的根本原因。进度拖延的原因是多方面的，常见的原因有以下4种。

(1) 工期及相关计划的失误。例如，制订进度计划时遗忘了部分必需的功能或工作，导致项目范围变化，计划值过于保守，实际工程量增加，实际资源投入或能力不足，如计划时未顾及资源限制或缺陷，未考虑工作难度；风险因素造成工程实施无法达到预期效果；上级部门提出的工期要求太紧迫，导致承包商或设计单位、供应商的工期太紧，无法按照计划完成工作。

(2) 环境条件的变化。环境条件的变化包括外界环境对项目新的要求或限制；未预料到的特殊地质条件以及不利的施工环境对工程实施过程造成的干扰；不可抗力事件对工期的影响等。

(3) 管理实施中的失误。管理实施中的失误包括计划部门与实施者之间、总分包商之间、业主与承包商之间缺少沟通，造成信息沟通不畅；工程实施者缺少工期意识，例如业主拖延图纸的供应和批准，任务下达时缺少必要的工期说明和责任落实，造成工期拖延；项目参加单位之间缺少良好的协调和信息沟通，造成工作脱节，资源供应出现问题；承包商同期工程太多和力量不足，造成材料供应拖延，资金缺乏，工期控制不到位；业主拖欠工程款或业主的材料设备供应不及时。

(4) 其他原因。例如，采取其他调整措施造成工期拖延，如设计变更、因质量问题返工、修改实施方案。

2. 进度拖延问题处理

工程项目出现延误后，可以采取两种基本应对策略：一是采取积极措施赶工，压缩后续工作工期，以弥补或部分弥补已经产生的拖延；二是不采取纠偏措施，仍按照原计划安排后期工作，但这样有可能在项目后期产生更大的延误。在选择应对策略时，应注意符合项目的总目标与总战略。

1) 适用工期压缩的情况

在实际工程项目中，工期压缩一般适用于以下情况。

(1) 在计划阶段，当计划总工期大于限定总工期，或计算机网络分析结果出现负时差时，必须进行计划调整，压缩关键线路的工期。

(2) 在实施阶段，如承包商造成工期拖延，承包商有责任采取赶工措施，以保证工程按原计划竣工。如因业主责任、业主风险或不可抗力因素导致工程拖延，当业主或上级要求承包商采取措施弥补或部分弥补拖延工期时，也可以进行工期压缩。

(3) 工程正常进行，但由于市场变化，或业主和上层组织目标变化，在项目实施过程中要求工程提前竣工，必须采取措施压缩工期。许多压缩工期的措施不仅效果不明显，还容易导致增加成本开支，引起现场混乱、质量降低和安全事故等一系列问题。因此，项目管理者应进行周密的考虑和权衡，将工期压缩当作一个新的综合计划过程来处理，还应明确工期压缩对项目成本预算、资源使用和工程质量等可能产生的影响。

2) 常见的赶工措施

总体而言，应选择效果显著、切实可行、成本较低，且对项目实施以及对承包商、供应商等各方影响较小的赶工措施。在实际工程项目中，经常采用以下赶工措施。

(1) 增加资源投入。例如，增加劳动力、材料、周转材料和设备的投入量，以缩短关键活动的持续时间。但应注意，这样可能会导致成本增加、资源利用率降低和资源供应困难等问题。

(2) 资源重新分配。例如，在条件允许的情况下，降低非关键线路活动的资源投入强度，而使资源向关键线路集中。这样做是因为非关键线路在时差范围内适当延长，并不会影响总工期；而关键线路只要增加投入、缩短持续时间，就能够缩短总工期。例如，将服务部门的人力资源投入到生产中去，投入风险准备资源等。

(3) 采用多班制施工，或延长工作时间。需注意，该措施会受到法定劳动时间的限制。另外，工作人员在加班期间的劳动效率通常较低，但又需要对他们进行高额补偿，这将导致成本大幅度增加。

(4) 缩减项目范围。采用该方法时，应注意所采取的措施对工程完整性，以及工程经济、安全、高效率运行产生的影响，可能增加运行费用。同时，应注意实施该方法必须经过上级管理者的批准。

(5) 通过员工培训，改善工具、器具和工作环境，优化工作流程，设立工作激励机制，营造和谐氛围，提高劳动生产率。

(6) 将原计划由自己承担的某些分项工程分包给其他单位，将原计划由自己生产的结构件改为外购等。但是，该措施不仅会增加风险，也会产生新的费用，而且还增加了控制和协调工作。

(7) 改变网络计划中工程活动的逻辑关系。将正常情况下按前后顺序实施的工作改为平行工作；采用流水施工；合理搭接各阶段工作。采用该方法时，应注意各项工程活动的逻辑性和资源限制条件，还应避免由此产生的现场混乱和低效率等问题。

(8) 修改实施方案，采用技术措施。例如，场外预制，场内拼装；使用外加剂缩短混凝土的凝固时间，缩短拆模期等。采用该措施时，应注意进行技术措施的经济性分析。

(9) 将一些工作包合并，特别是在关键线路上按先后顺序实施工作包合并，但必须与实施者共同研究商定。通过局部调整实施过程和人力、物力的分配，以达到缩短工期的目的。

3. 选择合理的工期压缩对象

合理选择工期压缩对象是决定工期压缩成败的关键。对于工期压缩对象的选择，一般应考虑以下因素。

(1) 优先选择持续时间较长的活动。在压缩量相同的情况下，活动持续时间越长，相对压缩比就越小，通常产生的影响也较小；在其他条件相同的情况下，压缩比越小，产生的影响就越小，需要增加的投入也越少。此外，持续时间长的工程活动可压缩性较大。

(2) 选择压缩成本低的活动。工程活动持续时间的变化会引起资源投入和劳动效率的变化，最终导致该活动成本的变化。对于某活动而言，因压缩单位时间所增加的成本称为该活动的压缩成本。由于工程活动原来的持续时间是经过优化的，一般压缩工期都会造成成本的增加。而且，针对同一活动，如果对其继续压缩，那么其压缩成本会不断增加。这种成本的快速增加有十分复杂的原因，其中最主要的原因是资源投入的增加和劳动效率的降低。

(3) 工期压缩引起资源变化，应避免造成投入大型设备数量的变化，不要增加难以采购的材料(如进口材料)需求，避免造成对计划的大幅度修改。

(4) 可压缩性。无论是一个工程项目的总工期，还是一项活动的持续时间，都存在可压缩性或工期弹性问题。在不缩小项目范围的条件下，有些活动由于技术规范要求、资源限制、法律限制是不可压缩的，或经过压缩以后渐渐变成不可压缩的，它的工期弹性将越来越小，接近最短工期限制。

(5) 压缩时点选择。选择近期活动作为压缩对象，这样可以为以后的工期调整留有余地，但近期活动压缩的影响面较大，会导致后期许多活动的变化，从而导致与这些活动相关的供应计划、劳动力安排、分包合同等都要变动。后期(远期)活动压缩的影响面较小，但以后如果再要压缩工期将很困难，因为活动持续时间的可压缩性是有限的。一般在计划期，由于工程活动都未做明确的安排，可以考虑压缩前期活动；而在实施中应尽量考虑压缩后期活动，以缩小影响面。

案例：长江三峡工程的进度管理

一、工程概况

三峡工程是一项具有防洪、发电、航运等综合效益的巨型水利枢纽工程，其枢纽主要由大坝、水电站厂房、通航建筑物3部分组成。其中，大坝最大坝高为181米；电站厂房共装机26台，总装机容量为18 200兆瓦；通航建筑物由双线连续五级船闸、垂直升船机、临时船闸及上下游引航道组成。三峡工程规模宏伟，工程量巨大，其主体工程土石方开挖约1亿立方米，土石方填筑4000多万立方米，混凝土浇筑2800多万立方米，使用钢筋46万吨，金属结构安装约26万吨。

根据审定的三峡工程初步设计报告，三峡工程建设总工期定为17年，工程分3个阶段实施。

第一阶段，工程工期为5年(1993—1997年)。

主要控制目标：1997年5月，导流明渠进水；1997年10月，导流明渠通航；1997年11月，实现大江截流；1997年底，基本建成临时船闸。

第二阶段，工程工期为6年(1998—2003年)。

主要控制目标：1998年5月，临时船闸通航；1998年6月，二期围堰闭气开始抽水；

1998年9月，形成二期基坑；1999年2月，左岸电站厂房及大坝基础开挖结束，并全面开始混凝土浇筑；1999年9月，永久船闸完成闸室段开挖，并全面进入混凝土浇筑阶段；2002年5月，二期上游基坑进水；2002年6月，永久船闸完建开始调试；2002年9月，二期下游基坑进水；2002年11—12月，三期截流；2003年6月，大坝下闸水库开始蓄水，永久船闸通航；2003年四季度，第一批机组发电。

第三阶段，工程工期为6年(2004—2009年)。

主要控制目标：2009年底，全部机组发电和三峡枢纽工程完工。

二、进度计划管理

1. 管理特点

针对三峡工程特点、进度计划编制主体及进度计划涉及内容的范围和时段等具体情况，将三峡工程进度分为3个大层次进行管理，即业主层、监理层和施工承包商层。通常业主在工程进度控制方面要比监理更宏观一些，但三峡工程业主对进度的控制要相对深入和细致，这是因为三峡工程规模大、工期长，参与工程建设的监理和施工承包商多。参与三峡工程建设的任何一家监理和施工承包商所监理的工程项目和施工内容都仅仅是三峡工程一个阶段中的一个方面或一个部分，而且业主在设备、物资供应及标段交接和协调上的介入，形成了进度计划管理的复杂关系。施工承包商在编制分标段进度计划时，受其自身利益及职责范围的限制，除原则上按合同规定实施并保证实现合同确定的阶段目标和工程项目完工时间外，在具体作业安排、公共资源使用方面是不会考虑对其他施工承包商的影响的。也就是说，各施工承包商的工程进度计划在监理协调之后，尚不能完全、彻底地解决工程进度计划在空间、时间和资源使用方面的交叉和冲突矛盾。为满足三峡工程总体进度计划要求，各监理单位控制的工程进度计划还需要协调一次，这项工作自然要由业主来完成，这也是三峡工程的进度计划要分3个层次进行管理的客观原因和进度计划管理的特点。

2. 管理措施

1) 统一进度计划编制办法

业主根据合同要求制定统一的工程进度计划编制办法，对工程进度计划编制的原则、内容、编写格式、表达方式、进度计划提交及更新的时间、工程进度计划编制使用的软件等做出统一规定，通过监理转发给各施工承包商，照此执行。

2) 确定工程进度计划编制原则

三峡工程进度计划编制必须遵守以下原则。

(1) 分标段工程进度计划编制必须以工程承包合同、监理发布的有关工程进度计划指令以及国家有关政策、法令和规程规范为依据。

(2) 分标段工程进度计划的编制必须建立在合理的施工组织设计的基础上，并做到组织、措施及资源落实。

(3) 分标段工程进度计划应在确保工程施工质量、合理使用资源的前提下，保证工程项目在合同规定工期内完成。

(4) 工程各项目施工程序要统筹兼顾、衔接合理和减少干扰。

(5) 施工要保持连续、均衡。

(6) 采用的有关指标既要先进，又要留有余地。

(7) 分项工程进度计划和分标段进度计划的编制必须服从三峡工程实施阶段的总进度计划要求。

3) 统一进度计划内容

三峡工程进度计划内容主要有两部分，即上一步工程进度计划完成情况报告和下一步工程进度计划说明，具体如下所述。

(1) 对上一步工程进度计划完成情况进行总结，主要内容包括：主体工程完成情况；施工手段形成；施工道路、施工栈桥完成情况；混凝土生产系统建设或运行情况；施工工厂的建设或生产情况；工程质量、工程安全和投资计划等完成情况；边界条件满足情况。

(2) 对下一步工程进度计划进行说明，主要内容包括：为完成工程项目所采取的施工方案和施工措施；按要求完成工程项目的进度和工程量；主要物资材料计划耗用量；施工现场各类人员和下一时段劳动力安排计划；物资、设备的订货、交货和使用安排；工程价款结算情况以及下一时段预计完成的工程投资额；进度计划网络；其他需要说明的事项。

4) 统一进度计划提交、更新的时间

三峡工程进度计划提交时间规定：三峡工程分标段总进度计划，要求施工承包商在接到中标通知书的35天内提交；年度进度计划，要求在前一年的12月5日前提交。

三峡工程进度计划的更新对象为三峡工程实施阶段的总进度计划、三峡工程分项工程及三峡工程分标段工程总进度计划和年度进度计划，并有具体的时间要求。

5) 统一软件、统一格式

为便于进度计划网络在编制主体间的传递、汇总、协调及修改，首先对工程进度计划网络编制使用的软件进行了统一。三峡工程进度计划网络编制统一使用Primavera Project Planner for Windows(以下简称P3)软件。同时，业主对P3软件中的工作结构分解、作业分类码、作业代码及资源代码做出统一规定。通过工作结构分解的统一规定，对不同进度计划编制内容的粗细提出具体要求，即三峡工程总进度计划中的作业项目划分到分部分项工程，三峡工程分标段进度计划中的作业项目划分到单元工程，甚至到工序。通过统一规定作业分类码、作业代码及资源代码，实现进度计划的汇总、协调和平衡。

3. 进度控制

1) 贯彻、执行总进度计划

业主对三峡工程的进度控制首先是通过招标文件中的开工、完工时间及阶段目标来实现的。监理是在上述基础上对工期、阶段目标做进一步分解和细化后，编制三峡工程分标段和分项工程进度计划，以此作为对施工承包商上报的三峡工程分标段工程进度计划的审批依据，确保工程施工按进度计划执行。施工承包商三峡工程分标段工程总进度计划是在确定了施工方案和施工组织设计后，对招标文件要求的工期、阶段目标做进一步分解和细化后编制而成的，它提交给监理用来响应和保证业主的进度要求。施工承包商的三峡工程分标段工程年度、季度、月度和周进度计划用于告诉监理和业主，如何具体组织和安排生产，并实现进度计划目标。这样完善的程序可以保证三峡工程总进度计划一开始就得到正确贯彻。

上述过程仅仅是进度控制的开始，并不是进度控制的全部，要实现完整的进度控制，还需要及时反馈进度实际执行情况，然后对原有进度计划进行调整，制订下一步计划，这样周而复始，才能及时、有效地控制进度。

2) 控制手段

三峡工程控制进度的具体手段包括：建立严格的进度计划会商和审批制度；对进度计划执行情况进行考核，并实行奖惩制度；定期更新进度计划，及时调整偏差；实施进度计划(三峡工程分标段工程年度、季度、月度及周进度计划)滚动管理，实现对工程进度计划的动态控制；对三峡工程总进度计划中的关键项目进行重点跟踪控制，达到确保工程建设工期的目的；业主根据整个三峡工程实际进度，统一安排并提出指导性或目标性的年度、季度总进度计划，用于协调整个三峡工程进度。

三、进度计划编制支持系统

1. 计算机网络建设

为提高工作效率、加强联系并及时互通信息，由业主出资在坝区设计、监理、施工承包商和业主之间建立计算机局域网，选择Lotus Notes作为信息交换和应用平台，这些基础建设为进度计划编制和传递提供了强有力的手段。

2. 混凝土施工仿真系统

三峡水利枢纽主要由混凝土建筑物组成，其混凝土工程量巨大，特别是二阶段工程中的混凝土施工量更大。在编制进度计划时，如果靠过去的手工排块方法来安排混凝土施工作业程序，很难在短时间内得出较优的混凝土施工程序。为了能够及时、高效地得到一个较优的混凝土施工程序，业主与电力公司、成都勘测设计研究院共同研制、开发三峡二阶段工程厂坝混凝土施工仿真系统和永久船闸混凝土仿真系统，将该仿真系统用于进度计划编制过程中，成效显著。

3. 工程进度日报系统

要做好施工进度动态控制并及时调整计划部署，就必须建立传递施工现场施工信息的快速通道。针对这个问题，业主组织人力利用Lotus Notes开发三峡工程日报系统。该系统主要包括实物工程量日完成情况、大型施工设备工作状况、工程施工质量及安全统计结果、物资(主要是水泥和粉煤灰)仓储情况等模块。利用该系统，业主和监理等有关单位可及时掌握和了解工程进展状况，通过分析和加工处理，可为下一步工作提供参考和决策依据。

资料来源：张曙光，薛砺生. 三峡工程进度计划管理[C]. 中国水利学会一九九九年优秀论文集，1999：382-387.

复习思考题

1. 简述工程项目计划系统的组成和作用。
2. 举例说明工程项目进度管理的作用。
3. 简述资源计划和工期进度计划之间的关系。
4. 某工程项目的工程活动组成如表 5-9所示。

表 5-9 某工程的工程活动组成

项目	活动									
	A	B	C	D	E	F	G	H	I	J
持续时间/日	4	3	3	8	4	4	7	5	2	2
劳动力投入/(人/日)	5	9	6	8	4	6	5	7	4	4
紧后活动	B.C.D	E	E.G	F.H	I	G	J	J	J	

要求：

(1) 采用双代号网络图进行工期计划分析。

(2) 绘制劳动力曲线。

(3) 如果劳动力限制20人，请做出新的工期安排。

5. 举例说明工程项目进度计划编制流程。
6. 简述工程项目进度控制措施。
7. 导致工期延误的原因有哪些？解决工期延误的措施有哪些?

扫码自测

第6章　工程项目质量管理

6.1　工程项目质量管理概述

2023年2月，中共中央、国务院印发了《质量强国建设纲要》，明确要求提升建设工程品质，重点围绕强化工程质量保障、提高建筑材料质量水平和打造中国建造升级版这三个方面开展工作。可见，不断促进工程项目质量的提升是实现质量强国目标的重要体现。工程项目质量不仅关系到工程项目的适用性和工程项目的投资效益，同时也关系到人民群众生命和财产的安全。对工程项目质量实施有效控制，保证工程项目质量达到预期目标，是工程项目管理的主要任务之一。

6.1.1　质量与质量管理

1. 质量与质量管理的内涵

质量的内涵十分丰富，随着社会经济和科学技术的发展，质量的内涵不断充实、完善和深化，人们对质量的认识也经历了一个不断发展和深化的历史过程。

美国著名质量管理专家朱兰(J.M.Juran)博士从用户的角度出发，提出产品质量就是产品的适用性，即产品在使用时能成功地满足用户需要的程度。用户对产品的基本要求就是适用，适用性恰如其分地表达了质量的内涵。美国质量管理专家克罗斯比(P.Crosby)从生产者的角度出发，将质量概括为“产品符合规定要求的程度”；美国质量管理大师德鲁克(P.F.Drucker)认为，“质量就是满足需要”；全面质量控制的创始人费根鲍姆(E.Feigenbaum)认为，“产品或服务质量是指营销、设计、制造、维修中各种特性的综合体”。这一定义有两个方面的含义，即使用要求和满足程度。人们使用产品，总是对产品质量提出一定的要求，而这些要求往往受到使用时间、使用地点、使用对象、社会环境和市场竞争等因素的影响，当这些因素发生变化时，人们就会对同一产品提出不同的质量要求。因此，质量不是一个固定不变的概念，它是动态的、变化的、发展的，它随着时间、地点、使用对象的不同而不同，也随着社会的发展、技术的进步而不断更新和丰富。用户对产品使用要求的满足程度，反映在产品的经济特性、服务特性、环境特性和心理特性等方面。因此，质量是一个综合的概念，它并不要求技术特性越高越好，而是追求性能、成本、数量、交货期、服务等因素的最佳组合，即所谓的最适当。

2017年7月1日正式实施的中华人民共和国国家标准《质量管理体系　基础和术语》(GB/T 19000－2016)对质量的定义是“客体的一组固有特性满足要求的程度”。客体是可感知或可想象到的任何事物，如产品、服务、过程、人员、组织、体系、资源等。客体可能是物质的(如一台发动机、一张纸、一颗钻石)、非物质的(如转换率、一个项目计划)或想象的(如组织未来的状态)。特性是指事物所特有的性质，分为固有特性和赋予特性。其中，固有特性是指客体本来就有的特性，它是通过产品、过程或体系设计和开发及其之后实现过程形成的属性，如物质特性、官感特性、行为特性、时间特性、功能特性等，这些特性大多是可测量的；赋予特性是完成产品后因不同要求而对产品所增加的特性，如产品的价格、售后服务等特性。满足要求就是满足明示的(如明确的规定)、通常隐含的(如组织的惯例、一般习惯)需要和期望，或必须履行法律法规和行业规则。只有全面满足这些要求，才能评定为好的质量或优秀的质量。用户对产品的质量要求是动态的、发展的和相对的，随着环境的变化而变化。所以，应定期对质量进行评审，按照变化的需要和期望，相应地改进产品、体系或过程的质量，确保持续满足用户和其他相关方的要求。

质量的优劣可以从“使用目的符合情况”“信赖性”“安全性”“经济性”“易用性”“服务”等方面来判定。

在质量管理过程中，“质量”除了指产品质量之外，还包括工作质量。质量管理不仅要管好产品本身的质量，还要管好质量赖以产生和形成的工作质量，并以工作质量为重点。

2. 质量管理的发展历程

20世纪，人类跨入了以加工机械化、经营规模化、资本垄断化为特征的工业化时代。在整整一个世纪中，质量管理的发展大致经历了4个阶段。

(1) 质量检验阶段。20世纪初，人们对质量管理的理解还仅限于质量检验。质量检验使用的工具是各种检测设备和仪表，方式是严格把关，进行百分之百检验。在此期间，美国出现了以泰罗为代表的“科学管理运动”，提出了在人员中进行科学分工的要求，并将计划职能与执行职能分开，中间再加一个检验环节，以便监督检查对计划设计、产品标准等项目的贯彻执行情况。也就是说，计划设计、生产操作、监督检查分别由专人负责，由此产生了一支专职检查队伍——独立的质量检验机构。起初，人们强调工长在保证质量方面的作用，将质量管理责任由操作者转移到工长，故被称为“工长的质量管理”；后来，这一职能由工长转移到专职检验人员，由专职检验部门实施质量检验，称为“检验员的质量管理”。

质量检验是在成品中挑出废品，以保证出厂产品质量。但这种事后检验把关，无法在生产过程中起到预防、控制的作用。而且百分之百的检验不仅会增加工作量，还会增加检验费用，在大批量生产的情况下，其弊端尤为突出。

(2) 统计质量控制阶段。这一阶段的特征是数理统计方法与质量管理相结合。第一次世界大战后期，休哈特(W.A.Shewhart)将数理统计原理运用到质量管理中来，并发明了控制图。他认为，质量管理不仅要做事后检验，而且在发现有废品生产的先兆时，就应进行分析改进，从而预防废品的产生。控制图就是运用数理统计原理预防废品产生的工具。控制图的出现，是质量管理从单纯的事后检验进入检验加预防阶段的标志，也是形成一门独立学科的开始。1929 年，道奇(H. F. Dodge)和罗米克(H.G.Romig)发表了论文《挑选型抽样检查法》；1931年，休哈特出版了第一本质量管理科学专著《工业产品质量的经济控制》。他们将数理统计方法引入质量管理，为质量管理科学的发展做出了贡献。

第二次世界大战开始以后，统计质量管理得到了广泛应用。美国军政部门组织一批专家和工程技术人员，于1941—1942年先后制定并公布了《质量管理指南》《数据分析用控制图法》和《生产过程质量管理控制图法》，并强制生产武器弹药的厂商施行，收到了显著效果。从此，统计质量管理方法被很多厂商应用，统计质量管理效果也得到了广泛认可。

第二次世界大战结束后，美国许多企业扩大了生产规模，除了军工厂继续推行质量管理方法以外，许多民用工业厂家也纷纷采用这一方法，同时其他国家也陆续开始推行统计质量管理，成效显著。

但是，统计质量管理也存在缺陷，它过分强调质量控制的统计方法，这让人们误认为质量管理就是统计方法，是统计专家的事。在计算机和数理统计软件应用不广泛的情况下，统计质量管理的应用范围受到了限制。

(3) 全面质量管理阶段。20世纪50年代以来，随着科学技术和工业生产的发展，人们对产品质量要求越来越高，“系统工程”理念由此应运而生。该理念把质量问题作为一个有机整体加以综合分析研究，实施全员、全过程、全企业管理。20世纪60年代，管理理论界出现了“行为科学”学派，主张调动人的积极性，注重人在管理中的作用。随着市场竞争，尤其是国际市场竞争的不断加剧，各国企业开始重视“产品责任”和“质量保证”问题，加强内部质量管理，确保生产的产品安全、可靠。在上述背景下，仅靠质量检验和统计方法已难以保证和提高产品质量，也不能满足社会进步的要求。1961年，费根鲍姆提出了全面质量管理的概念。

所谓全面质量管理，是以质量为中心，以全员参与为基础，旨在通过使用户和所有相关方受益而达到长期成功的一种管理途径。日本在20世纪50年代引进了美国的质量管理方法，并有所发展，最突出的是他们强调从总经理、技术人员、管理人员到工人，全体人员都参与质量管理。企业对全体职工分层次地进行质量管理知识的教育和培训，广泛开展群众性质量管理小组活动，并创造了一些通俗易懂、便于群众参与的管理方法，包括由他们归纳、整理的质量管理老七种工具(控制图、帕累托图、因果图、调查表、直方图、相关图、分层法)和新七种工具(新关联图法、 KJ法、系统图法、矩阵图法、矩阵数据分析法、网络图法和PDPC法)，为全面质量管理充实了大量新内容。质量管理手段也不再局限于数理统计，而是全面地运用各种管理技术和方法。

全面质量管理以往用英文缩写TQC(total quality control)来代表，现在改用TQM(total quality management)来表示，更加突出了“管理”的重要作用。从一定意义上讲，它已经不再局限于质量职能领域，而是演变为一套以质量为中心，综合、全面的管理方式和管理理念。发达国家组织运用全面质量管理迅速提高了产品和服务质量，引起了世界各国的广泛关注。全面质量管理理念逐渐在全球范围内获得广泛传播，各国也纷纷结合自己的实践对该理念进行了创新与发展。

(4) 质量管理标准化阶段。伴随着全面质量管理活动在世界范围内的推广，各国开始逐步建立本国的质量管理标准，国际标准化组织质量管理和质量保证技术委员会在总结质量管理经验的基础上，将一些先进国家逐步建立起来的质量管理标准进行了整理，形成了ISO 9000族质量标准，第一版ISO 9000族质量标准于1987年发布，为在国际范围内统一开展质量管理活动评判、帮助供需双方建立对企业质量管理体系的共识创造了条件。此时，质量管理进入标准化阶段，建立ISO 9000质量管理体系并通过认证已经成为越来越多的企业实施质量管理活动的核心内容。1992年10月，我国以等效采用的方式，引进ISO 9000系列标准，发布了《质量管理和质量保证标准——选择和使用指南》(GB/T 19000—1992)，成为我国质量管理体系领域标准化工作的重要里程碑。现行国家标准GB/T 19000—2016，等同采用ISO 9000：2015。

6.1.2 工程项目质量管理简介

1. 工程项目质量的概念和组成

工程项目质量是指通过项目施工全过程所形成的能够满足用户或社会需要的，由工程合同、有关技术标准、设计文件、施工规范等具体详细设定其安全、适用、耐久、经济和美观等特性要求的工程质量以及工程建设各阶段、各环节的工作质量总和。工程项目质量的组成如图6-1所示。

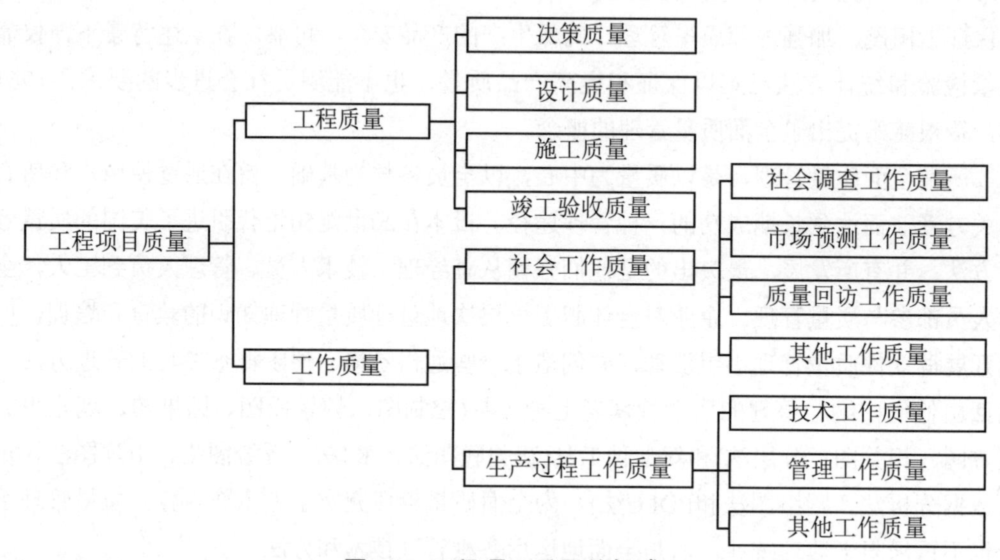

图6-1　工程项目质量的组成

2. 工程项目质量的影响因素

影响工程项目质量的因素有很多，归纳起来主要有6个方面，即人(man)、机器(machine)、材料(material)、方法(method)、环境(environment)、测量(measurement)，简称“人机料法环测”或“5M1E”。

(1) 人是工程项目的决策者、管理者和作业者。人的影响因素主要是指工程人员个人的质量意识及质量活动能力对工程项目质量形成造成的影响。工程项目建设中的规划、决策、勘测、设计和施工等都是通过人来实现的，人的思想水平、文化水平、技术水平、管理能力、身体素质等，直接或间接地对工程项目勘测、设计和施工等的质量产生影响，而规划是否合理，决策是否正确，设计是否符合功能要求和使用价值标准，施工是否遵照合同、规范、建设标准的要求等，都将对工程项目的质量产生不同程度的影响。在工程项目质量控制中，人的因素起决定性作用。项目管理者不能用同样的态度或方法去领导所有人，应当在保证公平的前提下区别对待，对不同性格的人用不同的方法，发掘工作人员性格特点的优势，削弱工作人员性格特点的劣势，只有做到“知人善用”，才能实现“人尽其才”。

(2) 机械是指生产中使用的设备、工具等辅助生产用具。机械设备包括工程设备、施工机械和施工工器具等。其中，工程设备是指组成工程实体的工艺设备和各类机具，如各类生产设备、装置和辅助配套的电梯、泵机，以及通风、空调、消防、环保设备等，它们是工程项目的重要组成部分，其质量直接影响工程使用功能的发挥。施工机械是指施工过程中使用的各类机具设备，包括运输设备、吊装设备、操作工具、测量仪器、计量仪器以及施工安全设施等。施工机械是工程项目施工中不可或缺的重要物质基础，施工机械的类型是否符合工程施工的特点，性能是否先进和稳定，操作是否方便等，都会影响工程项目的质量。因此，合理选择和正确使用施工机械设备是保证工程施工质量的重要措施。施工工器具是在各类工程项目施工过程中经常使用的工具和器具的总称，根据用途和功能的不同，常用的施工工器具可分为手动工具、电动工具、测量工具、安全防护工具等。

(3) 材料是指物料、半成品、配件、原料等产品用料。如今的工业产品生产分工细化，一般有几种甚至几十种配件或部件是几个部门同时运作的。当某一种部件未完成时，整个产品都不能组装，造成装配工序停工待料。通常一个部门出现延误，会影响其他部门的生产运作。因此，项目管理者必须密切注意前一工序送来的半成品、仓库的配件、当前工序生产的半成品或成品的进度情况。

(4) 方法是指生产过程中所需遵循的规章制度。这些规章制度包括工艺指导书、标准工序指引、生产图纸、生产计划表、产品作业标准、检验标准、各种操作规程等。严格按照规程作业是保证产品质量和生产进度的重要条件。可以说，技术工艺水平的高低决定了工程项目质量的优劣。采用先进合理的工艺和技术，依据规范的工法和专业指导书进行工程建设，能够对组成质量因素的产品精度、平整度、清洁度、密封性等物理和化学特性起到良性的推进作用。

(5) 项目环境是项目管理的基本要素之一。一个项目的顺利完成离不开项目管理者对项目所依存的大环境的全面认识和正确理解。项目管理在通常情况下对环境有着极大的影响，但同时也被环境所制约。环境因素对工程项目质量的影响，具有复杂多变和不确定的特点。影响工程项目质量的环境因素有很多，不同的工程项目有着不同的工程技术环境、工程管理环境和劳动环境，而且同一个工程项目在不同的时间，其环境因素也是变化的，这些变化也会对工程项目的质量产生影响。

(6) 测量是指项目质量检测应遵循的测量标准，以及确保测量结果准确的保证措施。开展检验检测活动时务必做到测量标准既符合国家标准、行业标准的要求，又符合合同中所明确的业主要求；相关测量检验人员应培训上岗，并通过相关考核确认；测量工器具选择合理、使用规范、维护保养科学，按要求定期由具有相关资质的计量检测单位实施校验，校验周期应合理，校验方法应科学，保证同一测量点、同一测量工具、不同测量人测出的数据误差最小化。

3. 工程项目质量管理的内涵

质量管理是指关于质量的指挥和控制组织的协调活动。质量管理通常包括制定质量方针和质量目标，以及通过质量策划、质量保证、质量控制和质量改进实现这些质量目标的过程。工程项目质量管理即关于工程项目质量的指挥和控制组织的协调活动。

QCC(quality control circle)之父、日本质量管理大师石川馨认为，质量管理就是开发、设计、生产、提供最经济、最有用、买方满意的优质产品的过程；质量管理专家戴明博士认为，质量管理就是为了最经济地生产出具有使用价值与商品性的产品，在各个生产阶段应用统计学的原理与方法的过程；费根鲍姆认为，质量管理就是为了在最经济的水平上生产出充分满足顾客质量要求的产品，而综合协调企业各部门活动，构成保证与改善质量的有效体系。现代质量管理领军人物朱兰博士将质量管理划分为3个普遍的过程，即质量策划、质量控制和质量改进，称为“朱兰质量管理三部曲”。

(1) 项目质量策划。项目质量策划是指确定项目质量目标及质量体系要求的活动。项目质量策划是项目质量管理的前期活动，是对整个项目质量管理活动的策划和准备，项目质量策划的好坏对于整个项目质量管理活动的成败有着重要的影响。

(2) 项目质量控制。项目质量控制是指为达到项目质量要求而采取的作业技术活动。项目质量要求主要表现为工程合同、设计文件、技术规范等规定的质量标准。因此，项目质量控制就是为了保证达到工程质量标准而采取的一系列措施、手段和做法。按照工程建设项目质量控制的实施者进行划分，可以将质量控制分为业主方的质量控制、政府方面的质量控制和承建商方的质量控制。

(3) 项目质量改进。项目质量改进是指通过采取各项有效措施提高项目满足质量要求的能力，使项目质量管理水平和能力达到新的高度。在项目实施过程中，需要定期对项目质量状况进行检查、分析，识别质量改进的区域，确定质量改进目标，实施选定的质量改进方法。项目质量改进工作是一个持续的过程，通常需要运用先进的管理办法、专业技术和数理统计方法等。

4. 工程项目质量管理的主要对象

现代工程项目正在朝着大型化、规模化、现代化的方向发展，项目复杂度较之以往呈指数级增大，在建设投资力度不断增加的情况下，工程项目质量需要通过更加严格的监控和管理才能得到保证。工程项目质量管理的主要目的是为项目的业主、用户或者项目受益者提供高质量的、令其满意的工程和服务。

工程项目质量管理的主要对象是工程实体质量，它主要是指工程项目适合于某种规定的用途，满足人们要求的质量特性的程度。除具有一般产品所共有的特性外，工程项目质量还应包括工程结构设计和施工的安全性和可靠性；工程使用的材料、设备、工艺、结构等的耐久性和工程寿命；工程运行质量满足工程的可用性、使用效果、产出效益以及运行的安全度和稳定性；工程的其他方面，如外观与周围环境的协调、生产保护和项目的日常运行费用以及项目的可维修性和可检查性等。

6.1.3　工程项目质量管理体系

质量管理体系是指为实施质量管理所需要的组织结构、程序、过程和资源。组织结构是指一个组织为行使其职能，按某种方式建立的职责、权限及其相互关系。过程是指将输入转化为输出的一组彼此相关的资源和活动。任何一个过程都有输入和输出，输入是实施过程的基础和依据，输出是完成过程的结果，它既可以是有形产品也可以是无形产品，还可以两者兼有。完成一个过程就是将输入转化为输出。过程本身是价值增值的转换，完成过程必须投入适当的资源和活动，同时，为了确保过程的质量，对输入过程的信息、要求和输出的产品以及在过程中的适当阶段应进行必要的检查、评审和验证。资源包括人员、设备、设施、资金、技术和方法。

建立质量管理体系是实现质量管理的关键，《质量管理体系　基础和术语》(ISO 9000：2015)强化了以过程为基础的质量管理体系模式的应用，如图6-2所示。以顾客要求作为总体输入，以产品输出保证顾客满意。通过管理职责、资源管理、产品实现、测量分析与改进循环，实现质量管理体系的持续改进。质量管理体系是建立质量方针和质量目标，并实现这些目标的一组相互关联或相互作用的要素的集合。质量管理体系把影响质量的技术、管理、人员和资源等因素综合在一起，在质量方针的指引下，各个因素为达到质量目标而互相配合、努力工作。

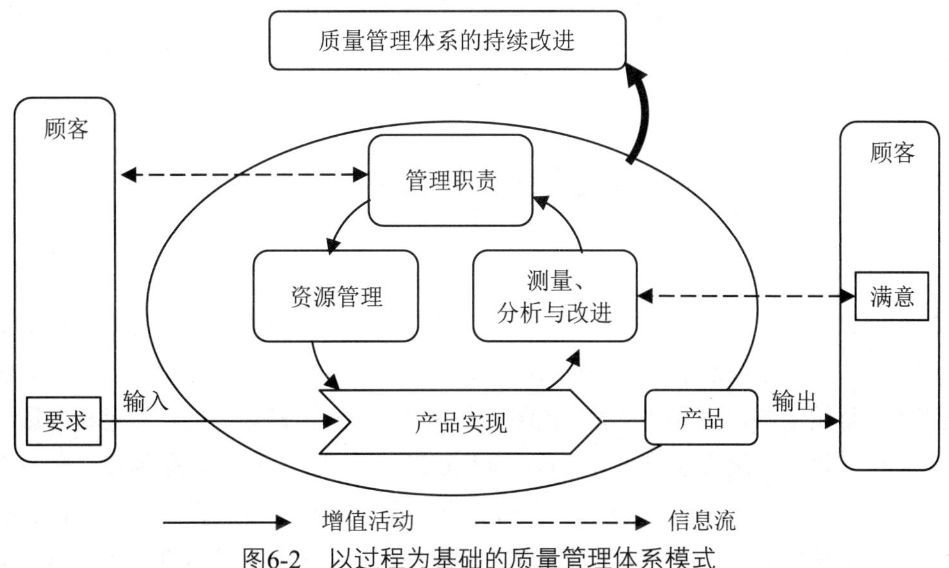

图6-2　以过程为基础的质量管理体系模式

国际标准化组织于1987年颁布的第一版ISO 9000质量管理与质量保证系列标准标志着质量管理进入了标准化阶段。但是，第一版ISO 9000族标准主要适用于工业制造领域，并不适应其他行业，例如服务业质量管理方面的需求，所以，进入20世纪90年代后，在总体思路不变的前提下对其进行了局部修改，对质量体系的一些活动要素做出了更具体的规定，并于1994年颁布了首次修订的ISO 9000族标准。修订后的ISO 9000族标准提升了影响力，扩大了覆盖领域，极大地推动了各国的质量管理事业，掀起了全球性的ISO 9000质量管理体系认证热潮。步入21世纪后，为了适应质量管理的更高要求，国际标准化组织质量管理和质量保证技术委员会于2000年对修订后的ISO 9000族标准再次进行了总体结构和技术内容等方面的修订，并融入了更先进的管理理念，使其更加系统、简明，具有更广泛的适用性。此后，国际标准化组织为确保ISO 9000族标准能够与时俱进，又分别于2008年和2015年对ISO 9000族标准进行了两次修订。未来，国际标准化组织仍然会定期修订ISO 9000族标准，以适应质量管理的新发展和新需要。

质量管理进入标准化阶段以来，我国积极推行了由第三方机构对企业质量管理体系进行评定和注册的活动。这里的“第三方机构”是指经国家市场监督管理总局质量体系认证委员会认可的质量体系认证机构。我国建筑工程领域也在建筑企业中积极推行ISO 9000质量管理体系认证工作，但由于建筑行业的特殊性，建筑企业完全依照ISO 9000族标准开展认证活动并不科学。在2002年召开的全国建筑市场与工程质量安全管理工作会议上，首次提出通过制定符合国内施工企业管理模式和特点的质量管理标准，推动在建筑领域实现ISO 9000族标准的本土化、行业化。2007年10月，原建设部(现为住房和城乡建设部)颁布了《工程建设施工企业质量管理规范》(GB/T 50430—2007)，于2008年3月1日起正式实施。2010年6月，住房和城乡建设部与国家质量体系认证委员会联合发布了关于自2010年11月1日起在建筑施工领域质量管理体系认证中采用该规范的公告，该项举措极大地推动了我国建筑业质量管理体系认证工作的开展。2017年5月4日，住房和城乡建设部颁布《工程建设施工企业质量管理规范》(GB/T 50430—2017)，自2018年1月1日起实施。原国家标准《工程建设施工企业质量管理规范》(GB/T 50430—2007)同时废止。

6.1.4 工程项目质量管理工具与方法

1. 控制图

20世纪20年代，贝尔电话实验室成立了以休哈特为首的过程控制研究组，提出了过程控制理论和监控过程的工具——控制图。经过发展和完善，如今控制图已经成为在生产过程中进行质量控制的重要方法。控制图是一种用统计方法设计的，对过程质量进行测量、记录并进行控制管理的图形工具，如图6-3所示。控制图中有3条横线，即中心线CL、上控制线UCL和下控制线LCL，这3条线统称为控制线。控制图中的纵坐标表示所要控制的质量特性值。在进行质量控制时，通过抽样检验测量质量数据，用点描在图上相应的位置，便能得到一系列坐标点。将这些点连起来，就能得到一条反映质量特性波动状况的折线。通过分析折线形状和变化趋势以及折线与3条控制线的关系，就可以分析生产过程是否处于受控状态。

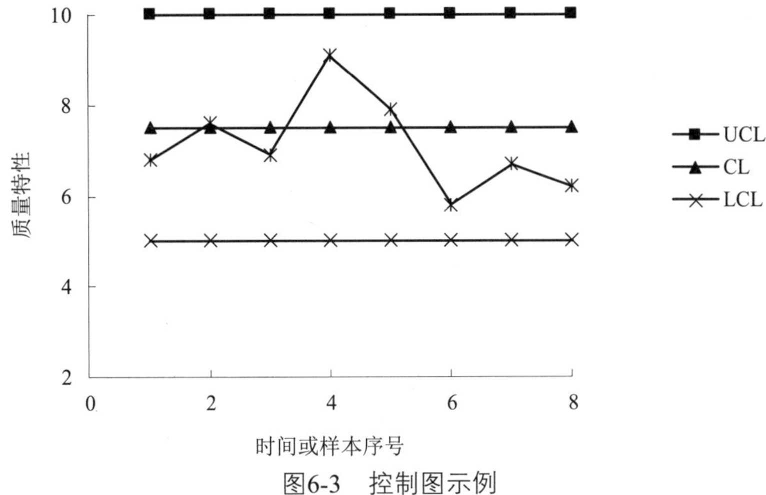

图6-3　控制图示例

如果控制图中的测量值高于控制上限或低于控制下限，说明过程失控，应仔细调查研究以查明问题所在，找出并非以随机方式变动的因素。

2. 帕累托图

帕累托图又称排列图、主次图，是按照发生频率大小顺序绘制的直方图，表示有多少结果是由已确认类型或范畴的原因造成的。帕累托图是将出现的质量问题和质量改进项目按照重要程度依次排列而采用的一种图示，可以用来分析质量问题，确定产生质量问题的主要因素，以利于指导如何采取纠正措施。帕累托图与帕累托法则一脉相承，帕累托法则认为，相对来说，较少出现的原因往往造成绝大多数的问题或缺陷。如图6-4所示，影响砌砖质量的主要因素是门窗洞口的偏差和墙面垂直度，应重点对这两方面加强管理。

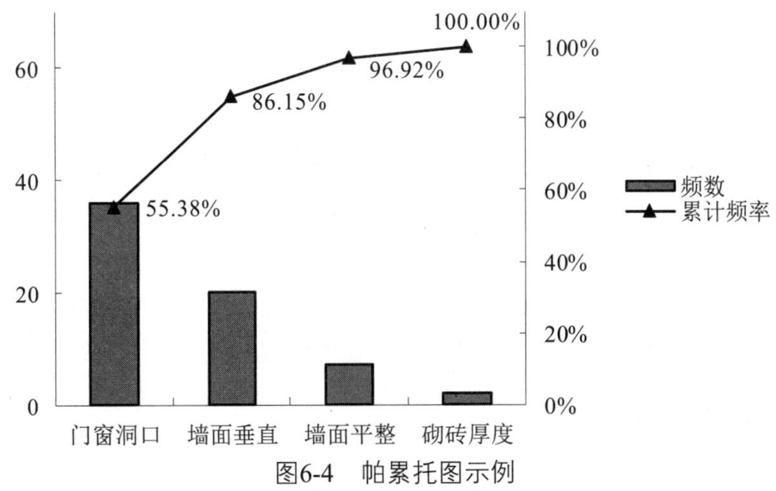

图6-4　帕累托图示例

为了使改进措施最有效，首先必须抓住造成大部分质量问题的少数关键原因。帕累托图可用于确定造成大多数问题的关键原因，也可用于查明生产过程中最可能产生某些缺陷的环节。

3. 因果图

因果图又称石川图(Ishikawa diagram)，是描述、整理、分析质量问题(结果)与影响质量的因素(原因)之间关系的图，因其状如鱼骨，故又称鱼骨图。在因果图中，问题或缺陷(即后果)标注在“鱼头”外，在“鱼骨”上长出“鱼刺”，按出现机会多寡列出产生问题的可能原因。因果图不仅有助于说明各个原因之间是如何相互影响的，而且能够表现出各个可能的原因是如何随时间而依次出现的。通过全面、系统地整理与分析影响质量的因素，可以明确影响质量的因素与质量问题之间的关系，为最终找出解决问题的途径提供有力支持。图6-5为混凝土强度不足的质量问题分析因果图。

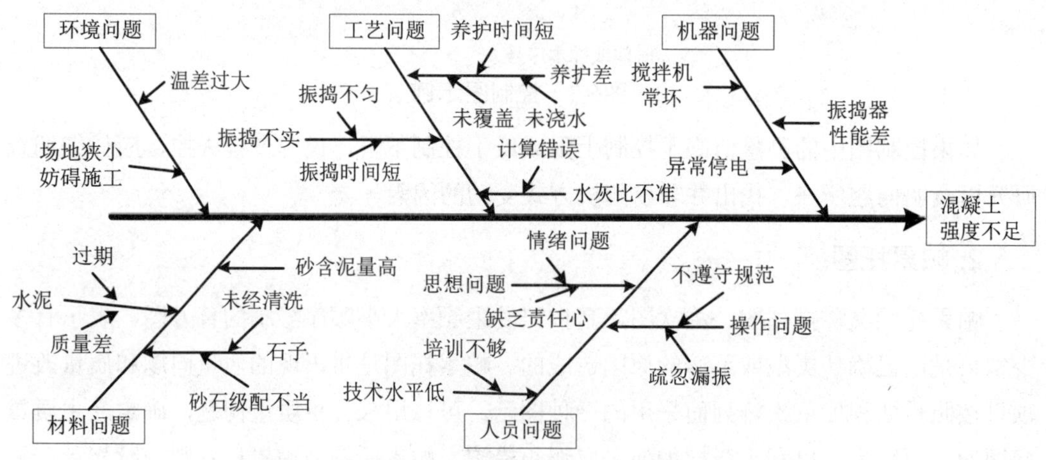

图6-5　混凝土强度不足的质量问题分析因果图示例

4. 调查表法

调查表法又称调查分析法，是利用表格进行数据采集和统计的一种方法。表格形式可根据需要自行设计，以便于统计和分析。常用的调查表主要有统计分析表和位置检查表。

(1) 统计分析表。将质量特性填在预先绘制好的频数分布空白表上，每测出一个数据，就在相应的栏内画“正”字进行记录；记录完毕，即可统计频数分布情况。此法比较简单，主要用于根据质量特性的分布获得质量改进的线索。图6-6为某建筑施工项目中墙体工程平整度统计分析调查表。

(2) 位置检查表。位置检查表主要用于对不合格或缺陷位置的检查。在检查中，可以在检查表所附的草图上标注不合格或缺陷存在的位置。

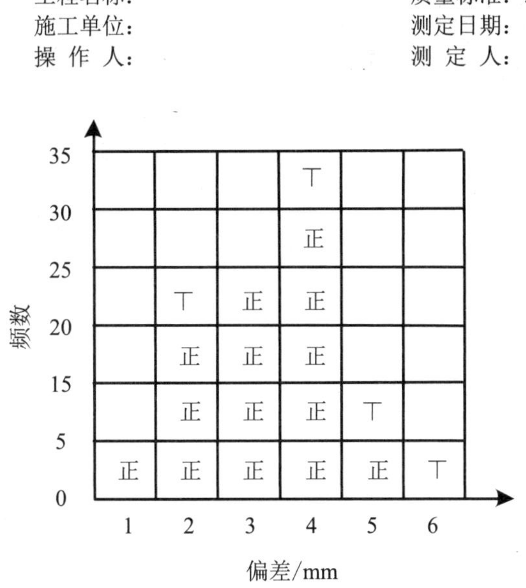

图6-6　某墙体工程平整度统计分析调查表

5. 直方图

直方图又称质量分布图，是一种统计报告图，它是根据从生产过程中收集来的质量数据绘制而成的以组距为底边、以频数为高度的一系列连接起来的矩形图。用直方图可以比较直观地看出产品质量特性的分布状态，便于判断其总体质量分布情况，常见的直方图如图6-7所示。

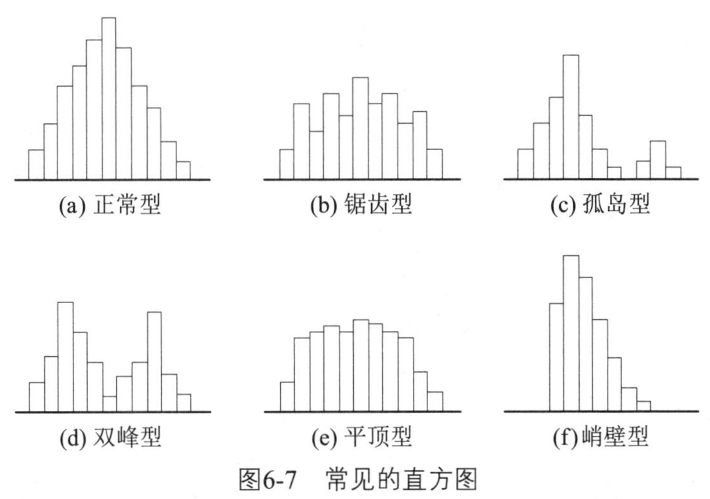

图6-7　常见的直方图

6. 相关图

在质量管理中，两个变量之间常常存在相互依存的关系，但这种关系又不具有确定的定量关系。在这种情况下，相关图也称散布图。可以将两个变量的相关数据成对地以点的形式描绘在直角坐标图中，以观察与分析这两个变量之间的关系，实现对产品或工序的有效控制。典型的相关图如图6-8所示。

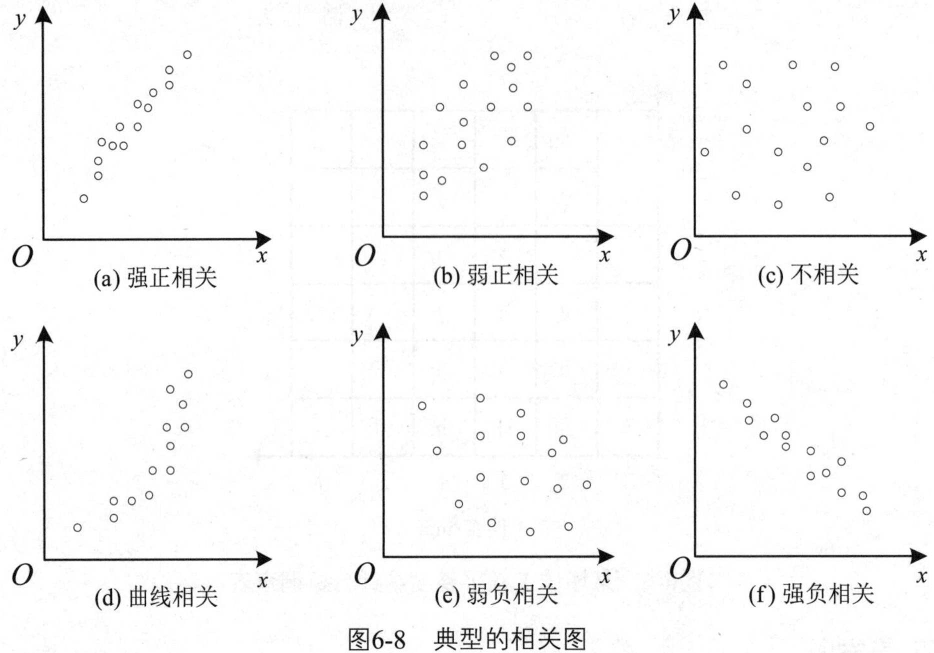

图6-8　典型的相关图

7. 分层法

分层法又称分类法或分组法，它把“类”或“组”称为层，分层法可将杂乱无章的数据和错综复杂的因素按不同的目的、性质、来源等加以分类，使之系统化、条理化。在分析影响质量的因素时，一般可以按不同时间分层，例如按不同班次、不同日期进行分层；按操作人员分层，例如按新工人、老工人、男工人、女工人进行分层；按使用设备分层，例如按不同的机床型号、不同的工夹具等进行分层；按操作方法分层，例如按不同的切削用量、温度、压力等工作条件进行分层；按原材料分层，例如按不同的供料单位、不同的进料时间、不同的材料成分等进行分层；按其他因素分层，例如按不同的工厂、使用单位、使用条件、气候条件等进行分层。

【例题】 钢筋焊接点共50个，其中不合格19个，不合格率为38%。为了调查焊接质量较差的原因，现分层进行数据采集。经查明，该批钢筋的焊接由A、B、C三个焊工操作，操作方法不同；在焊接过程中使用了甲、乙两个工厂供应的焊条。基于上述条件，可以分别按操作者和供应焊条的厂家分层进行分析，如表 6-1和表 6-2所示。

表 6-1　按焊接操作者分层

操作者	不合格点数	合格点数	不合格率/%
A	6	13	32
B	3	9	25
C	10	9	53
合计	19	31	38

表 6-2　按焊条供应厂家分层

工厂	不合格点数	合格点数	不合格率/%
甲	9	14	39
乙	10	17	37
合计	19	31	38

以上可以看出，就操作方法而言，焊工B的焊接方法较好；就供应焊条的厂家而言，使用乙厂的焊条焊接较好。

通过进一步分析可以得出综合分层表，如表6-3所示，从表中可知，如果使用甲厂的焊条，采取焊工B的操作方法较好；如果使用乙厂的焊条，采用焊工A的焊接方法较好。针对不同情况，采用不同的对策，可以提高钢筋焊接质量。

表 6-3　综合分层表

操作者	点数	甲厂焊条	乙厂焊条	合计
A	不合格	6	0	6
	合格	2	11	13
B	不合格	0	3	3
	合格	5	4	9
C	不合格	3	7	10
	合格	7	2	9
合计	不合格	9	10	19
	合格	14	17	31

上述7种方法即为“老七种工具”。在质量管理中，还可以使用关联图法、KJ法、系统图法、矩阵图法、矩阵数据分析法、网络图法和PDPC法，这7种方法被称为“新七种工具”。

6.1.5　工程项目质量管理的原则

《质量管理体系 基础和术语》(ISO 9000：2015)定义了可用于指导工程项目质量管理的7项原则。

1. 以顾客为关注焦点

质量管理的首要关注点是满足顾客要求并且努力超越顾客要求。坚持以顾客为关注焦点原则的依据在于：项目组织只有赢得和保持顾客与其他相关方的信任，才能获得持续成功。与顾客相互作用的每个方面，都提供了为顾客创造更多价值的机会。理解顾客和其他相关方当前和未来的需求，有助于项目组织的持续成功。

满足项目干系人明示的、隐含的或必须履行的需要和期望是项目组织的最终目标。项目干系人包括项目当事人以及其利益受项目影响的个人和组织。根据顾客满意管理理论，顾客既包括外部顾客，又包括内部顾客，项目干系人之间的关系包含不同层面的顾客关系。顾客满意度是由顾客的感知和期望的关系所决定的。顾客的期望主要来源于供方的口碑、个人或群体的需求以及过去的经验和经历。当顾客感知到项目质量特性超过期望时，顾客感知的项目质量是卓越的；当顾客的感知低于期望时，顾客无法接受项目品质；当顾客的期望被认知所确认时，项目品质是令人满意的。

2. 领导作用

各级领导应建立统一的宗旨，确立统一的方向，创造全员积极参与实现组织质量目标的条件。坚持领导作用原则的依据在于：统一的宗旨和方向的建立，以及全员的积极参与，能够使组织战略、方针、过程和资源协调一致，以实现其目标。

项目经理不仅是项目实施的指挥者，而且是项目资源的调配者，同时又是项目质量环境的营造者。在项目管理中，项目经理应针对项目的特点和要求，引导员工理解项目的目标并激发员工的积极性，以统一的方式来评价、协调和实施管理活动，营造一个和谐的工作氛围。为了保证项目的工作质量、过程质量和产品质量，项目经理不但要对项目本身、项目组织有充分的了解，还需要对项目的内、外部环境进行处理。项目经理应以身作则，努力为项目组织及项目过程创建一个好的质量环境，尽量使组织内部形成统一的价值观，共同遵守制度和惯例。

3. 全员积极参与

组织内部全员积极参与质量管理是提高组织创造和提供价值能力的必要条件。坚持全员积极参与原则的依据在于：为了高效地管理组织，各级人员得到尊重并参与其中是极其重要的。通过表彰、授权和提高能力，可以促进全员积极参与质量管理，从而实现组织的质量目标。

员工是项目的具体实施者，实施项目质量管理不仅需要管理者正确领导，还有赖于全体员工的参与。员工质量意识的强弱、道德水平的高低、掌握质量管理技能的多少，都会直接或间接影响项目质量水平。所以，组织应不断地对员工进行质量意识、职业道德水平的教育，加强对员工质量理论、质量技能的培训，从而激发员工的积极性和责任感，提高员工解决项目质量问题的能力。这一原则充分体现了全面质量管理的思想。在质量方针的引导下，项目质量目标应是明确的，所有项目成员均应清楚地知道项目存在的目的和意义，明确各自的职责。各级领导要想员工所想，要善于激发员工的工作热情，凝聚每一个员工的力量，促使全员参与的实现。

4. 过程方法

将项目活动作为相互关联、功能连贯的过程组成体系来理解和管理时，可以更加高效地得到一致的、可预知的结果。坚持过程方法原则的依据在于：质量管理体系是由相互关联的过程所组成的。理解体系是如何产生结果的，有助于组织尽可能完善其体系并优化其绩效。

坚持过程方法是实现顾客满意的重要途径，可以提高关注关键过程的结果和发现改进机会的能力，从而通过过程的有效管理、资源的高效利用及跨职能壁垒的减少，尽可能地促进项目组织绩效的提升。项目建设是一次性的渐进过程，从开始到结束可划分为若干个过程，构成项目的整个生命周期。一个项目必须按照一系列规划好并互相关联的过程来实施。首先，在项目规划时，应确定项目各过程的负责人及其职责和权限并形成文件；其次，应确定项目各过程的范围和目标，各过程的相互依赖性应当协调并综合在项目目标中；再次，设计过程时，应把项目生命周期中较迟出现的过程考虑在内，比如项目的实施过程、运营过程等；最后，为评定项目业绩，应制订进展评价计划。每一个项目阶段都以某种可交付成果作为完成标志。通常前一阶段的可交付成果经批准后，才能转入下一阶段的工作。

5. 改进

成功的组织需要持续关注改进。坚持改进原则的依据在于：改进对于组织保持当前的绩效水平，及时对内、外部条件变化做出反应，并创造新的机会，都是非常必要的。

项目组织改进的根本目的是不断满足各项目干系人的需要。项目是一次性的，但项目管理是开放性的、连续性的，为了提高过程的效果和效率，应持续改进过程。在项目质量管理过程中，可以通过策划明确项目质量过程，通过过程设计提出项目质量计划，实施管理和监控。具体可将项目质量管理分为策划、控制、保证、改进、收尾几个阶段，其中策划阶段主要进行项目前期可行性研究和决策立项，包括提出项目需求和目标、进行决策成本和效益等可行性研究，以保证项目决策质量。质量控制、质量保证和质量改进是项目质量管理的重要内容，其目的是确保质量策划的落实，并及时处理项目实施过程中出现的不可预见因素，保证项目的质量，通过持续改进工作质量，提高顾客的满意度。持续改进应贯穿项目质量管理的全过程，以适应条件、环境及顾客需求和期望的变化。

6. 循证决策

基于数据分析和客观评价的决策，更有可能产生顾客期望的结果。坚持循证决策的依据在于：决策是一个复杂的过程，包含某些不确定性，涉及多种类型和来源的输入及理解，而这些理解可能是主观的，分析事实、证据和数据可以使决策更加客观、可信。

在项目质量管理过程中，决策始终贯穿，其有效性决定了质量管理的有效性。项目的顺利进行离不开人流、物流、信息流的支持，其中任何一项在流通过程中发生不畅、停顿，都会对项目的正常进行造成严重影响。其中，信息流的畅通是保证项目进展过程中的人流、物流畅通的前提条件，信息流不仅能调节人流和物流有目的、有规则地活动，还能及时反映项目的运行状态。树立科学的决策观，以循证决策为原则是项目质量管理成功的关键。在项目质量管理过程中，必须避免盲目的、只凭个人主观意愿的决策。

7. 关系管理

为了获得持续成功，组织需要管理与其他相关方(如供方)的关系。坚持关系管理的依据在于：其他相关方会影响组织绩效。组织实施关系管理，有助于其他相关方发挥作用，提升组织绩效，促成组织持续成功。其中，对供方及合作伙伴网络的关系管理是尤为重要的。

从客户关系的角度来说，项目组织既是供方又是顾客，具有双重身份。作为供方的项目组织有它自身的受益者，各受益者分别持有不同的期望。作为顾客，项目组织又是供方(供应商)提供项目资源的接受者，项目资源包括人力资源、物力资源、技术服务资源等，资源本身的质量直接或间接地影响着项目质量，决定着能否提供令顾客满意的、合乎质量标准的产品。因此，项目承包商和供应商是相互依存、互利共赢的关系。随着项目大型化和复杂化程度的提高，资源外取和任务多层外包将成为项目实施的常用方式，建立与供方互利的原则是供需双方共同的利益追求，正确认识供方的作用，与供方保持和谐的关系，监控供方所提供资源的质量，将成为改进项目质量的有效途径。

6.2 工程项目质量策划

工程项目质量策划是工程项目质量管理的首要部分，该部分通过制定项目质量目标并规定必要的运行过程和相关资源，助力质量目标的实现。质量策划的正确与否将最终影响项目可交付成果质量的高低。

6.2.1 工程项目质量策划概述

1. 工程项目质量策划的内涵

工程项目质量策划是指确定工程项目的质量方针、目标以及落实质量方针、达到目标的作业过程和资源措施等工作，它是项目质量管理工作的一部分。《质量管理体系 基础和术语》(ISO 9000：2015)将质量策划定义为“质量策划是质量管理的一部分，致力于制定质量目标并规定必要的运行过程和相关资源以实现质量目标”。

工程项目质量策划不仅是项目部的工作，也是各级组织的工作，项目高层管理者应该制定质量方针和目标，并为质量方针和目标的实现提供各种配套资源；项目中低层管理者应该依据质量方针和目标，确定各部门的质量管理目标和工作，并为质量管理目标和工作的落实策划所需开展的各项活动。

2. 工程项目质量策划的内容

开展工程项目质量管理活动需要进行项目质量策划，但应强调的是，工程项目质量管理体系策划并不是包罗万象的，而应针对项目关键环节，一般包括项目质量目标策划、项目质量管理体系策划、项目实施过程策划、项目质量改进策划。

(1) 项目质量目标策划。质量目标是“在质量方面所追求的目标”。项目质量目标对员工具有激励作用，对项目质量管理具有导向作用，因此，项目组织必须“在项目组织的各相关职能和层次上建立相应的质量目标”。

(2) 项目质量管理体系策划。项目质量管理体系策划是一种宏观的质量策划，由项目最高管理层负责，根据质量方针来确定项目的基本方向、设定质量目标、确定质量管理体系要素、分配质量职责等。

(3) 项目实施过程策划。项目质量策划不仅需要设定质量目标，还需要规定项目实现的必要过程和相关资源。这种策划既包括对项目全生命周期的策划，也包括对某一具体过程的策划，如设计、开发、采购和过程运作。在对实施过程进行策划的过程中，还应将重点放在过程的难点与关键点上。

(4) 项目质量改进策划。项目质量改进目标是质量目标的重要组成部分，项目质量改进策划包括中长期质量改进策划和年度质量改进策划。

3. 工程项目质量策划的步骤

美国质量管理专家朱兰(J.M.Juran)认为，质量策划就是设定质量目标以及开发为达到这些目标所需要的产品与过程的一系列相关活动(见图6-9)，具体包括以下步骤。

(1) 设定质量目标。

(2) 识别顾客——受目标影响的人。

(3) 确定顾客需求，开发反映顾客需求的产品特征。

(4) 开发能够生产具有这种特征产品的过程。

(5) 设定过程控制，并将由此得出的计划转化为操作计划。

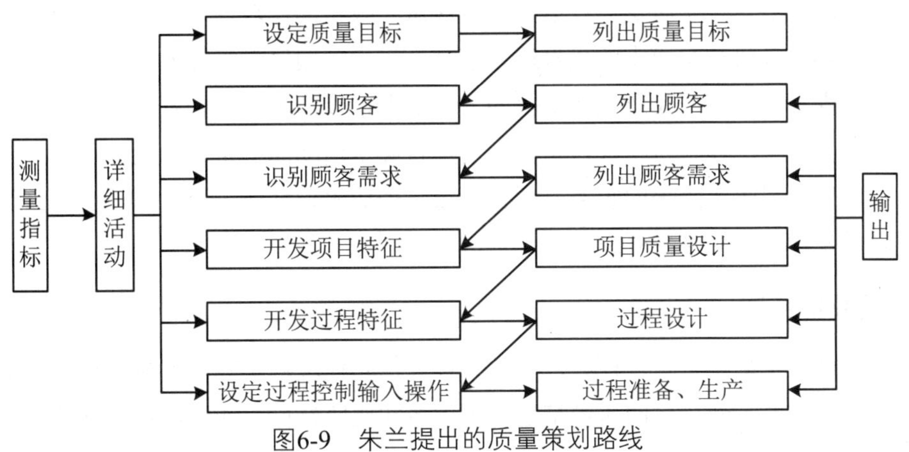

图6-9 朱兰提出的质量策划路线

4. 工程项目质量策划的编制依据

工程项目质量策划的编制依据包括以下内容。

(1) 相关法规对产品的要求。

(2) 质量管理体系。

(3) 企业的质量方针。

(4) 顾客对产品的需求和期望。

(5) 企业现阶段的质量水平。

(6) 行业内质量管理水平和未来发展态势。

(7) 现阶段存在的问题和需要改进的方面。

6.2.2 工程项目质量策划方法

运用科学的方法和技术有助于更好地完成项目质量策划，提高策划的科学性。常用的策划方法主要有质量功能展开技术、成本收益分析法、质量标杆法、流程图法、实验设计法等。

1. 质量功能展开技术

质量功能展开技术(quality function deployment，QFD)是一种把顾客(用户、使用方)对产品的需求进行多层次转化分析，转化为产品的设计要求、零部件特征、工艺要求、生产要求的质量策划、分析和评估工具，可用来指导产品设计和质量保证。该方法采用总体产品设计的概念，提供一种将顾客需求转化为对应产品开发和生产每一个阶段的技术要求的途径。常用的质量功能展开工具有顾客要求策划矩阵、设计矩阵、最终产品特征展开矩阵、生产/采购矩阵、过程设计和质量控制表、作业指导书等。

2. 成本收益分析法

成本收益分析法又称经济质量法，这种方法要求在进行项目质量策划时充分考虑完成项目质量的经济性，实质是通过运用质量成本与收益的比较，分析编制出能够保证项目质量收益超过项目质量成本的项目质量管理计划。美国质量管理专家朱兰将质量成本定义为“为保证和提高产品质量而支付的一切费用，以及因未达到既定质量水平而造成的一切损失之和”。项目质量收益是指开展项目质量活动能够带来的全部收入，如提高生产效率、降低成本等带来的收益。项目质量管理成本包括两方面，即项目质量保证成本和项目质量检验与质量恢复成本。

3. 质量标杆法

质量标杆法又称确定基准计划，它是一种利用其他项目实际实施或计划的质量结果或项目质量计划作为新项目的质量策划参照体系和比照目标，通过比较进行项目质量策划或制订新项目质量计划的方法。其他项目可以是项目团队以前完成的类似项目，也可以是其他项目团队已经完成或正在进行的项目。应用该方法时，以标杆项目的质量政策、质量标准与规范、质量管理计划、质量核检表、质量工作说明文件、质量改进记录和原始质量凭证等为蓝本，结合新项目的特点制订新项目的质量策划文件。运用这种方法时，应充分注意标杆项目在质量管理中实际发生的各种质量问题及教训，在进行新项目质量策划时，还应考虑采取相应的防范和应急措施，尽可能避免类似项目质量事故的发生。

4. 流程图法

流程图是描述项目工作流程和项目流程各个环节之间相互联系的图表，通常由若干因素和箭线相连的一系列关系组成。项目流程图有助于预测项目发生质量问题的环节，分配项目质量管理责任，找出解决项目质量问题的措施等，因此项目流程图非常有助于项目质量策划。流程图既可以用于分析项目质量因素，亦可以用于编制项目质量计划。项目质量策划常使用的流程图主要有项目系统流程图、实施过程流程图、作业过程流程图等。

5. 实验设计法

实验设计法是一种多因素优选方法，广泛用于产品开发设计、工艺优化和配方研制。实验设计方法需要采用试验方法去识别对项目的成功影响最大的关键因素，据此进行项目质量策划。这种方法比较适用于那些独特性很强的原创性项目的质量策划，也可以用于权衡项目的成本和进度。

6.2.3　工程项目质量计划

在项目管理过程中，策划项目质量特征、编制项目质量计划是保证项目成功实施的重要过程，“质量来源于计划，而不是来源于检查”是对项目质量计划重要性的充分说明。

项目质量计划是指为确定项目应达到的质量标准和如何达到这些项目质量标准而制订的项目质量计划与安排。项目质量计划是项目质量策划的结果之一，它规定了与项目相关的质量标准、如何满足这些标准、由谁及何时按照相关程序使用相关资源。项目质量计划工作的成果包括项目质量计划、项目质量工作说明、质量核检表和可用于其他管理环节的信息。

1. 工程项目质量计划的内容

工程项目质量计划是针对具体项目的质量要求所编制的针对设计、采购、施工、安装、试运行等活动的质量控制方案。工程项目质量计划可分为整体计划和局部计划，具体包括以下内容。

(1) 项目质量管理依据。

(2) 质量目标和管理计划。

(3) 必要的质量控制手段、实施过程、服务、检验和试验程序及相关的支持性文件。

(4) 确保质量管理目标得以实现的相关保障性文件，即产品形成全过程的有关文件。

(5) 产品形成各阶段相应的质量验证，在设计、生产、采购等阶段均应设置适当的检验点、见证点或评审点，对所有质量特性和要求均应明确接收(验收)标准。

(6) 质量记录文件，包括表格和说明的填写要求。

(7) 质量改进措施，更改和完善质量管理体系的程序。

此外，需要说明的是，质量策划可以针对产品进行，也可以针对管理和作业进行。如果是产品策划，应对产品的质量特性进行识别、分类和比较，建立质量目标，明确质量要求和约束条件；如果是管理和作业策划，应为实施质量管理做好准备，包括组织设置和活动安排。

2. 工程项目质量计划的编制要求

在工程项目质量计划编制过程中，要始终考虑如何实施计划和实施效果。离开了实施，质量计划就失去了应有的作用。此外，还应注意以下几点。

(1) 基于项目质量策划。项目质量计划不能偏离项目质量策划，应将质量策划输出的内容以文字的形式表达出来，以便项目相关方了解和理解。

(2) 项目质量计划要有针对性。项目质量计划不能涵盖全部质量活动，因此，编制项目质量计划要有针对性，以便于操作。

(3) 文字简洁。根据GB/T 19000—2016和ISO 9000族标准的规定，质量计划可以引用质量手册的部分内容或程序文件，不必重复罗列。

(4) 明确责任人和完成时间。项目质量计划可能涉及一些新的分配，因此在编制质量计划时，应进行必要的质量职责分配。需要强调的是，项目质量计划必须明确规定负责人和完成时间。

(5) 及时公布实施。所有承担项目质量计划的负责部门或人员，都应该了解项目质量计划，以便于具体实施。因此，应将计划及时下发到相关人员手中。

(6) 定期审核。应对项目质量计划草案以及正式计划进行评审，以确保项目质量计划应用效果。

3. 工程项目质量计划的编制依据

工程项目质量计划的编制依据主要包括以下五个方面。

(1) 项目质量方针。项目质量方针是组织高层管理者明确表示的项目管理总体指导思想，它不仅是一个组织对待项目质量的指导思想和中心意图，也是制订项目质量计划的根本出发点，同时为确立质量目标提供框架。但应注意，项目质量方针在实施过程中应适时调整。

(2) 项目范围描述。项目范围描述明确了为提交具有既定特性和功能的项目产出物而必须开展的项目工作和对这些项目工作的具体要求，主要包括项目目的说明、项目目标说明、项目产出物的简要说明和项目成果说明。

(3) 项目产出物的描述。项目产出物的描述是指对项目产出物的全面与详细说明。

(4) 相关标准和规定。项目组织在制订项目质量计划时，还应充分考虑所有项目质量相关领域的国家和行业标准、各种规范以及政府规定等。

(5) 其他信息。其他信息是指除范围描述和产出物描述外，其他项目管理方面的要求，以及与项目质量计划制订有关的信息。

4. 工程项目质量计划的输出

工程项目质量计划的编制过程最终会生成一系列项目质量计划文件，通常包括项目质量管理计划、项目质量管理工作说明、项目质量核检表和其他程序的输入。

(1) 项目质量管理计划。该文件既是项目质量管理工作的核心文件，也是项目质量计划编制工作的重要成果之一。工程项目质量管理计划应明确规定管理者、操作者、执行者等项目干系人的职责权限与质量责任；明确达到项目质量要求所需的人力、物力、财力以及设备资源；规定项目质量活动的基本程序；明确项目质量计划和检查部门的验证方法和验收标准、检测手段等。此外，还应明确项目质量体系的组织结构、项目质量体系的责任划分和工作流程、项目质量管理的措施与方法等。

(2) 项目质量管理工作说明。该文件用专业化的术语描述各项操作规程的含义，以及通过质量控制程序对项目进行检测的方法。例如，仅仅把符合计划进度时间要求作为质量管理的检测标准是不够的，项目管理小组还应指出每项工作是否都应准时开始，或只要准时结束即可；是否需要检测个人的工作，或仅仅对特定的子项目进行检测，以及哪些工作需要检测。项目质量管理工作说明通常是一种工程项目质量管理计划的辅助性和支持性文件(附件)，它应全面给出项目质量管理各个方面的支持细节和具体说明，包括执行工程项目质量管理计划所使用的具体方法、工具、图表和程序等方面的规定和说明。

(3) 项目质量核检表。该表是一种项目质量管理工具，用于检查需要执行的一系列步骤是否已经实施以及实施结果。通常可以依据工程项目质量管理计划，通过对项目工作分解结构和项目工作流程的分析中得到核检表的内容。核检表应根据项目所属专业领域的差异和项目本身特性进行设计。

(4) 其他程序的输入。工程项目质量计划程序可以为其他领域提出更长远的工作要求。在编制工程项目质量计划过程中，能够为项目的其他过程和工作生成各种信息，如项目进度计划和采购计划及对应的管理都需要考虑项目质量计划。

6.3　工程项目质量控制

工程项目质量控制是指对项目质量实施情况的监督和管理，主要是监督项目的实施结果，将项目结果与事先制定的质量标准进行比较，找出存在的差距，并分析形成这一差距的原因，以便采取纠偏措施消除项目质量差距。工程项目质量控制的工作应贯穿项目实施的全过程。

6.3.1 工程项目质量控制的基本程序

工程项目质量控制的基本程序是计划(plan)、监督检查(monitoring)、报告偏差(reporting deviations)和采取纠正行动(corrective action)4步操作构成的循环，即PMRC循环，如图6-10所示。

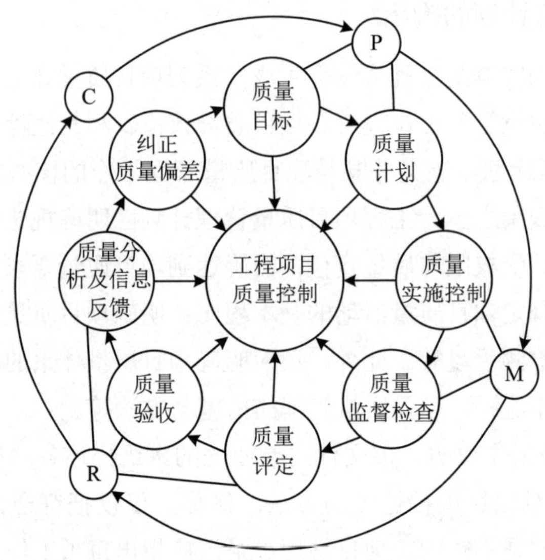

图6-10 PMRC循环示意图

1. 计划阶段

这一阶段的工作主要是确立质量目标、制定实施方案和活动计划。

2. 监督检查阶段

这一阶段的工作主要是监督检查工程项目质量管理计划的实施过程。

3. 报告偏差阶段

这一阶段的主要工作是根据监督检查的结果，发出偏差信息。例如，监理机构向施工单位发出违规通知、现场通知和指令等。

4. 采取纠正行动阶段

这一阶段的主要工作是质量管理部门检查纠正措施的落实情况及其效果并进行信息反馈，为后续质量控制计划的制订提供信息。

6.3.2 工程项目质量控制的原则和目标

1. 工程项目质量控制的原则

(1) 坚持质量第一。事物是质和量的统一，有质才有量。在工程项目的建设过程中，不存在没有质量的数量，也不存在没有数量的质量。质量反映事物的本质，数量则是事物存在和发展的规模、程度、速度等的标志。没有质量就没有数量、品种和效益，也就没有工期、成本和效益。工程项目质量不仅关系到用户的利益，而且关系到人民生命财产的安全，所以必须坚持质量第一的原则。

(2) 坚持质量标准。质量标准是评定产品质量的尺度。工程项目质量是否满足要求，应通过质量检验，严格对照标准来评定。不符合质量标准要求的工程必须返工处理。

(3) 坚持以“人”为核心。人是工程项目建设的组织者、决策者、管理者和操作者，也是工程项目建设全过程的参与者和实施者。工程项目各部门、各岗位人员的工作水平和工作完善程度，会直接或间接地影响工程项目的质量。所以，在工程项目质量控制中，要以“人”为核心，重点控制人的素质和人的行为，提高人的质量意识，防止工作失误，充分发挥人的积极性和创造性，以提高人的工作质量来保证工程项目的质量。

(4) 坚持以预防为主。工程项目的质量控制应该是积极主动的，因为如果等到出现质量问题后再进行处理，就会造成损失。因此，应加强事前控制和事中控制，减少事后控制，以预防为主，加强工序和中间产品的质量控制。

(5) 树立一切为了用户的思想。用户完全满意的质量才是好质量，要树立一切为了用户的思想并将其作为一切工作的出发点，贯穿到工程项目质量形成的各项工作中。应确立“下道工序就是用户”的意识，每道工序和每个岗位相关人员都要立足本职工作，不给下道工序留麻烦，以保证工程项目质量和最终质量能使用户满意。

(6) 用数据说话。在工程项目质量控制中，应依靠确切的数据和资料，应用数理统计方法，对工作对象和工程项目实体进行科学分析，研究工程项目质量的波动情况，寻找影响工程项目质量的主次原因，从而采取有效的改进措施，保证和提高工程项目质量。

2. 工程项目质量控制的目标

工程项目质量控制主要为实现以下目标。

(1) 项目规模在计划范围之内。

(2) 项目实施期间不出现重大事故和损失。

(3) 项目投入小于产出，产生明显的经济效益。

(4) 项目资源配置合理高效。

(5) 项目产品市场竞争力强。

6.3.3　工程项目各阶段质量控制工作

1. 工程项目定义与决策阶段

工程项目可行性研究阶段的工作质量关系到项目全局，该阶段的项目质量控制工作主要是策划项目总体方案及确定项目总体质量水平，具体包括以下几方面。

(1) 审核可行性研究报告是否符合国民经济发展长远规划、国家经济建设方针政策。

(2) 审核可行性研究报告是否符合项目建议书或业主的要求。

(3) 审核可行性研究报告是否具有可靠的基础资料和数据。

(4) 审核可行性研究报告是否符合技术经济方面的规范标准和定额等指标。

(5) 审核可行性研究报告的内容、深度和计算指标是否达到标准要求。

在项目决策过程中，应充分考虑项目费用、时间、质量等目标之间的对立统一关系，确定项目应达到的质量目标和水平。

2. 工程项目规划设计阶段

工程项目规划设计是从技术和经济的角度对项目实施进行全面的布置安排，规划设计成果既是项目实施的主要依据，又是影响项目质量的决定性环节。工程项目规划设计阶段的质量控制工作主要包括质量设计、设计质量控制和质量预控。

(1) 质量设计。项目开发人员应根据项目的使用要求提出质量设计方案，包括项目质量的可行性、安全性、适应性、经济性、时间性等指标的方案设计。

(2) 设计质量控制。设计质量关系到设计工作对项目质量的保证程度，因此，必须采用一系列行之有效的设计和质量控制方法，以确保项目产品的质量水平。设计质量控制包括合理划分项目设计开发阶段；适时开展设计阶段的评审、验证和确认活动；明确设计工作的职责和权限等。

(3) 质量预控。质量预控指预测控制对象可能造成质量问题的因素，具体包括拟订质量控制计划、设计控制程序、制定检验评定标准、提出解决有关问题的对策、编制质量控制手册等。不仅项目规划阶段需要质量预控，项目实施阶段同样需要质量预控。

3. 工程项目实施阶段

工程项目实施阶段是形成项目实体的重要阶段，它是项目质量控制的核心环节，也是形成最终项目产品质量的重要阶段。加强项目实施阶段的质量控制，有助于保证和提高项目质量。这一阶段的质量管理工作应侧重对项目参与人员、机械和材料、工艺方法和项目环境因素的控制。项目实施阶段的质量控制可分为事前控制、事中控制和事后控制，如图6-11所示。

4. 工程项目结束阶段

在项目完工与交付阶段，需要对照项目定义和项目目标及预期要求，先由项目团队全面检验项目工作和项目产出物，然后向项目的业主或用户进行验收和移交工作，直至项目的业主或用户最终接受项目工作结果，项目结束。本阶段的控制重点是对项目进行全面的质量检查，判断质量目标实现情况，提出不合格情形的处理措施。

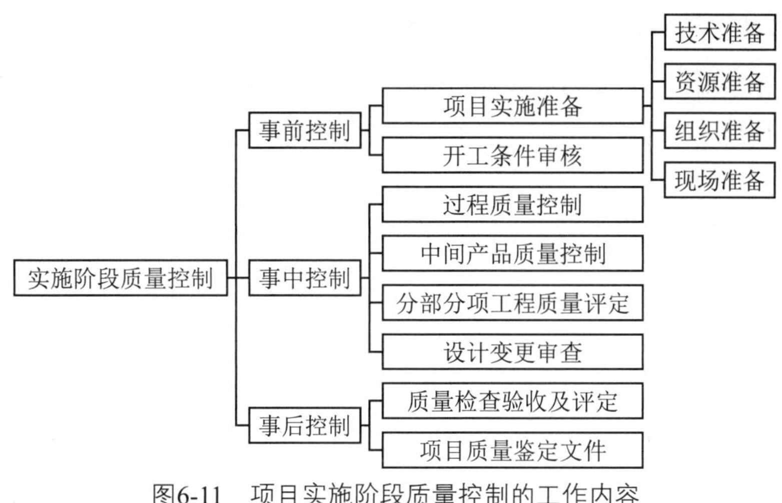

图6-11　项目实施阶段质量控制的工作内容

6.3.4　工程项目质量控制的结果

1. 改进工程项目质量

改进工程项目质量是指通过项目质量管理与控制来提高项目质量。一个完善的质量控制系统可以有效地提高项目过程质量和可交付成果质量。项目质量的改进是项目质量控制和项目质量保障工作共同作用的结果，也是项目质量控制最为重要的一项结果。

2. 接受工程项目质量的决定

接受工程项目质量的决定包括两个方面，一方面是指项目质量控制人员根据项目质量标准对已完成的项目工作结果进行检验后，对该项工作结果所做出的接受和认可的决定；另一方面是指项目的业主/客户或其代理人根据项目总体质量标准对完成的整个项目工作结果进行检验后，对项目做出的接受和认可的决定。一旦做出接受项目质量的决定，就表示一项工作已经完成，或一个项目已经完成；如果做出不接受项目质量的决定，就应要求项目团队返工。

3. 返工

返工是指在项目质量控制中发现某项工作存在质量问题并使其工作结果无法被接受时，通过采取行动将有缺陷或不符合要求的项目工作变得符合要求或符合质量要求的一项工作，同时返工也是项目质量控制的一种结果。返工的原因通常有3个，一是质量计划考虑不周，二是质量保障不力，三是出现意外原因。返工所带来的不良后果也有3个，一是延误项目进度，二是增加项目成本，三是影响项目形象。有时，重大返工或多次返工会导致项目成本突破预算，以及无法在批准的工期内完成项目。在项目质量管理中返工是最严重的质量问题。项目团队和组织应尽量避免返工。因为这不仅是一种坏的质量控制结果，也是一种质量失控的结果。

4. 完成核检清单

核检清单是指记录质量检验数据和结果的检查表，同时也是项目质量控制工作的一种结果。当使用核检清单开展项目质量控制时，已完成的核检清单也是项目质量控制报告的一部分。核检清单通常可以作为历史信息使用，据此可在下一步对项目质量控制工作做出必要的调整和改进。

5. 工程项目调整

项目调整是项目质量控制的一种阶段性和整体性结果，它是指根据项目质量控制中所出现的问题或者项目各方提出的项目质量变动请求，对整个项目的过程或活动立即采取的纠正和改变。

6.4 工程项目质量改进

项目质量管理活动按其对项目质量的影响可分为两类：一类是为保持现有质量水平稳定的活动，称之为“质量维持”，通常通过质量控制来实现；另一类是根据用户需求和组织经营的需要对现有的项目质量加以改进，不断提高项目质量满足顾客要求的能力的活动，这类活动统称为“质量改进”。

6.4.1 工程项目质量改进的内涵

《质量管理体系 基础和术语》(ISO 9000：2015)将“质量改进”定义为“质量管理的一部分，致力于增强满足质量要求的能力”。质量改进措施就是为改善产品的特征和特性，以及为提高组织活动和过程的效益和效率所采取的措施。质量改进不仅包含对产品和服务的改进与完善，而且包括对生产过程与方法的改进与完善，以及对组织管理活动的改进和完善。

工程项目建设同时具有产品和服务的性质，即最终的工程成果属于产品范畴，工程建设过程中的设计、施工管理等属于服务范畴，而工程项目产品的质量往往是由其服务质量决定的。此外，工程项目实施中的每一个过程和工序都相互联系、相互影响，工程项目质量是在整个项目的推进中逐渐形成的，因此工程项目的质量改进是在项目实施中对服务过程的改进。

工程质量受诸多因素影响，因此可能会出现许多质量缺陷。质量缺陷可以分为偶发性缺陷和经常性缺陷。偶发性缺陷是由系统因素引起的工序波动所造成的缺陷，例如原材料用错、设备突然失灵、工具损坏、违反操作规程等。这类缺陷明显，易于发现，原因直接，可以采取预防措施加以改进。经常性缺陷是由偶然因素引起的工序波动所造成的缺陷，例如原材料成分的微小变化、刀具磨损、夹具松动、操作者精力变化等。这类缺陷不如偶发性缺陷那样突出和激烈，不易察觉与鉴别，人们往往不予重视和改进。

在质量管理中，质量控制活动和质量改进活动并不是相互独立的，而是紧密相连、交替出现的。首先通过质量控制活动将质量维持在当前的质量水平区间内，然后通过质量改进活动将产品质量提升到更高的质量水平区间，最后再次通过质量控制活动将质量维持在新的质量水平区间内。

6.4.2　工程项目质量改进的意义

工程项目质量改进对提高工程质量、降低成本、增强项目企业在市场上的竞争力以及增加经济效益都有十分重要的意义，具体体现在以下几个方面。

1. 减少工程项目产品质量缺陷

质量改进最直接的成果是工程项目产品质量缺陷的减少，而缺陷的减少将增加客户满意度，改善项目企业声誉。

2. 增强工程项目产品满足客户需求的能力

工程项目产品质量的改进意味着工程项目产品满足客户需求的能力得到增强，从而能为客户带来更大的价值。客户对工程项目产品的需求会随着时间的推移不断变化，质量改进是一个主动增强工程项目产品满足客户要求的能力的过程，有助于项目企业适应不断变化的客户需求。

3. 提高效率

工程项目产品质量的改进通常伴随着施工过程的改进，而生产施工过程的改进往往意味着更高的效率、更少的浪费。

4. 降低项目企业运营成本

一方面，质量改进要求项目企业投入额外资源，这样会增加成本，但改进后的施工过程通常能够提高效率、减少浪费，从而降低成本；另一方面，工程项目产品质量缺陷的减少通常也意味着项目企业售后维护成本的减少。

5. 适应技术的快速变化

随着科技的发展，施工技术也在不断地变化，质量改进往往需要引入新技术，这不仅会带动项目企业的技术更新，还会增强项目企业的竞争力。

6.4.3　工程项目质量改进的原则和流程

1. 工程项目质量改进的原则

(1) 过程为主原则。项目质量改进本质上是对过程的改进。工程项目是由一系列相互联系的过程组成的，如设计、采购、施工、管理等。工程项目质量是由形成和支持它的过程的效率和效果决定的。因此，工程项目质量改进就是对项目实施中的一系列过程的改进。

(2) 持续改进原则。工程项目质量改进是一种持续性的活动，这是由工程项目的质量特点决定的。工程项目质量影响因素较多，包括设计、材料、机械、地形、气象、施工工艺、操作方法、技术措施等，且工程项目实施中有许多相互关联的过程，容易发生偶然性和系统性的质量波动。此外，在工程项目实施过程中，客户需求也会常常发生变化，从而产生对工程项目质量的新要求。因此，应在项目实施过程中持续地对各个过程进行改进。

(3) 全员参与原则。工程项目质量改进需要上至项目管理层、下至施工人员的全员参与。工程项目复杂性高，各个活动过程相互联系、相互影响，而人员又是在每项活动过程中起主导作用的因素。因此，工程项目质量改进要求全体项目人员相互配合、协调工作，每一位项目人员都应具有强烈的质量意识，积极参与到工程项目质量改进活动中。

2. 工程项目质量改进的流程

工程项目质量改进的流程如图6-12所示。

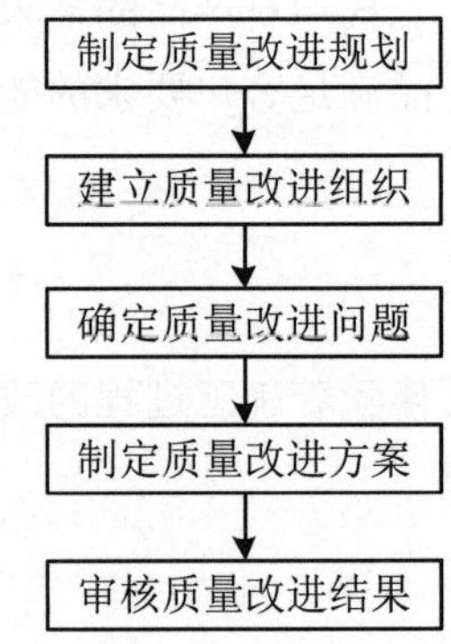

图6-12　工程项目质量改进的流程

6.4.4　工程项目质量改进的计划

1. 论证质量改进必要性

论证质量改进的目的是使项目有关人员了解质量改进的重要性和需要改进的方面。论证质量改进的依据是质量信息，掌握有关质量信息是制订质量改进计划的基础。质量信息主要有以下来源。

(1) 质量等级评定。通过工程质量等级的评定、核定，可以清楚地了解项目质量水平，评估项目企业的社会地位；还可以清楚地了解产生缺陷的项目，以及缺陷对下一道工序的影响和对用户的危害。

(2) 质量成本分析。工程项目质量成本包括内部故障成本和外部损失成本。内部故障成本是指在施工过程中不满足规范规定的质量要求而支付的费用。外部损失成本是指工程交工后，不能满足规定的质量要求，导致工程款和质量保证金被扣减(索赔)，以及维修、更换或信誉受损等造成的损失。通过质量成本分析，可以明确因质量事故及不可弥补的缺陷给项目企业带来的利益损失，进而明确改进的方向。

(3) 信息反馈。质量信息主要来源于信息反馈系统、工程回访和用户意见以及企业管理层和其他员工。

在论证质量改进必要性时，可采用排列图法找出影响质量的诸因素中最关键的因素，将其作为质量改进的突破目标。

2. 确定质量改进项目先后次序

论证质量改进必要性后，可能会发现多项质量问题，应根据这些问题对项目质量的影响程度，优先改进那些急需改进、影响较大的项目，一般可按以下原则考虑。

(1) 先改进不符合图纸、工艺、标准的项目。

(2) 先改进影响下道工序正常工作的项目。

(3) 先改进投资少、效益大的项目。

(4) 先改进实施起来比较容易、技术比较成熟的项目。

(5) 先改进阻力小的项目。

3. 编制与实施质量改进计划

质量改进计划除了规定改进项目的课题、进度目标、责任之外，还规定了各阶段的活动。质量改进活动需要一定的投资和费用，因此必须听取有关部门和项目部的意见和建议。质量改进计划一般通过一系列特定的质量改进项目或活动来实施，涉及生产流程、生产设备、作业指引、控制环节、接收标准、责任者等方面。

实施工程项目质量改进计划的流程如下所述。

(1) 确定质量改进项目并做好准备工作。组织全体成员参与工程项目质量改进及活动准备，根据用户的需求和生产过程中出现的质量问题，确定每个季度和全年的质量改进措施和负责部门。各负责部门制订每一个项目的改进措施计划后，经质量管理部门综合平衡，汇编成企业的季度、年度计划草案。同时，质量管理部门要根据季度计划和临时出现且亟待解决的质量问题，编制月度计划草案。

(2) 调查可能的因果关系。通过收集、分析和确认数据，提高对改进过程性质的认识。应认真按照计划采集数据，以事实为依据，通过对数据进行分析，掌握待改进过程的性质，并确定可能的因果关系。

(3) 采取预防或纠正措施。在确定因果关系后，应针对原因制定不同的预防或纠正措施方案，组织参与实施该措施的成员，对各方案的优缺点进行研究。

(4) 确认改进措施的落实。采取预防或纠正措施后，应收集有关数据加以分析，以确认预防或纠正措施的成效。应注意的是，收集数据的环境应与之前调查和确定因果关系时收集数据的环境相同。如果在采取预防或纠正措施之后，不好的结果仍继续发生，且发生的频次与以前几乎相同，导致影响了工程项目质量和发展计划，那就需要重新确立质量改进项目和活动。

(5) 保持改进成果。质量改进成果经确认及认可后需保持下来，对改进后的过程则需要在新的水平上加以控制。

(6) 继续完善及改进。如果期望的改进已经实现，就应根据企业自身的情况再选择和实施新的质量改进项目和活动。进一步改进质量的可能性总是存在的，要善于发现需要改进的地方。

工程项目质量改进计划可以确定特殊项目或合同的特殊质量要求，并将其列入计划表中，还可以制定实现质量要求的具体措施，同时可以作为监督和评定质量的依据。在项目企业采取旨在提高活动和过程的效益和效率的各项措施中，项目管理层开展的质量改进必须是持续不断的。

6.4.5 工程项目质量改进的工具与方法

质量改进的基本方法是PDCA循环，即plan(计划)、do(实施)、check(检查)和action(处理)循环。PDCA循环是美国贝尔试验室的休哈特博士通过总结前人的管理经验和教训，于1930年提出的一种管理工作程序，后在1950年被美国质量管理专家戴明(E. Deming)博士再度挖掘出来进行改进，并推广到日本，应用在产品质量改进过程中。

经过多年的应用，PDCA循环已成为国际通行的质量改进标准工作程序。ISO 9000族已将其纳入标准，作为质量管理工作程序的一部分。ISO 9000：2015标准将“持续改进”定义为“提高绩效的循环活动”，这与PDCA循环的原理是一致的。

1. PDCA循环的基本内容

标准的PDCA循环包含“4个阶段8个步骤”，如图6-13所示。在实际应用中，PDCA循环的4个阶段必不可少，但具体的工作程序、步骤应根据工程项目的规模、特点、难度、待改进的质量问题等情况来决定。

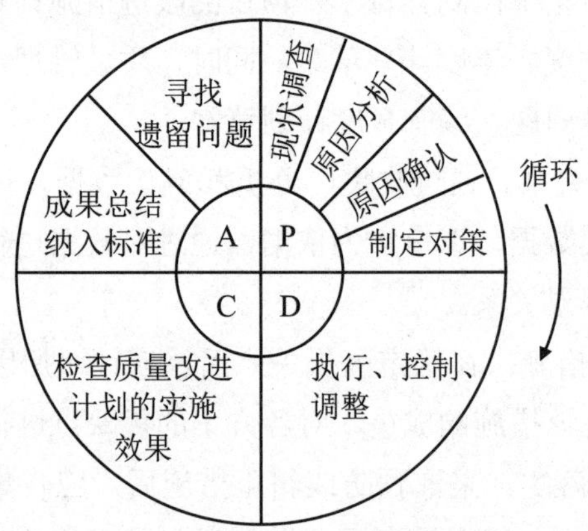

图6-13　PDCA循环的基本内容

(1) 计划。计划阶段的任务是制定质量改进规则，识别、分析质量问题，提出解决方案。计划阶段通常包含现状调查、原因分析、原因确认和制定对策4个步骤。

(2) 实施。质量改进措施的实施包含执行、控制和调整3个步骤。质量改进措施的执行应以质量改进计划为依据。在执行过程中，需采取必要的控制措施协调各部门工作，保证改进实施过程按计划进行。在实施过程中，质量问题影响因素会随着时间发生变化，因此有必要对原计划进行调整。

(3) 检查。检查阶段的主要工作是检查质量改进计划的实施效果，与预定改进目标进行对比，评价改进目标的实现情况。

(4) 处理。处理阶段包括采取巩固措施和寻找遗留问题两个步骤。采取巩固措施主要是指对质量改进活动的过程和成果进行总结并形成标准化的流程制度。通过质量改进成果与质量改进目标进行对比，从而明确遗留问题，为质量持续改进奠定基础。

2. PDCA循环质量改进的特点

(1) 大环套小环，小环保证大环(见图6-14)。在PDCA循环某一阶段的工作中，也会存在现状调查、制订计划并实施、检查实施效果和阶段性小结等PDCA小循环。小循环推动大循环某一阶段的工作，从而保证大循环的顺利进行，如图6-14所示。

(2) 持续改进的循环。每经历一个PDCA循环，项目质量就会提高到一个新的水平。通过持续的PDCA循环，能够实现质量的持续改进，如图6-15所示。

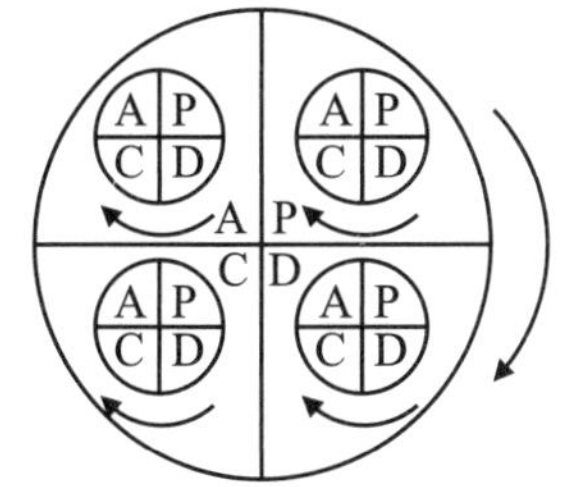

图6-14　大环套小环，小环保证大环

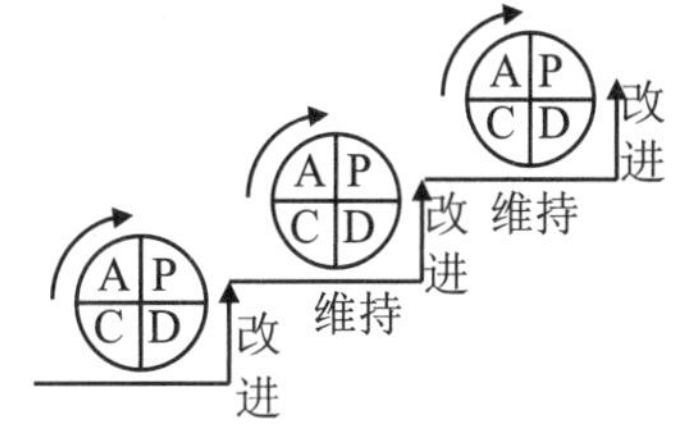

图6-15　持续改进的循环

(3) 强调抓主要矛盾。在质量改进过程中，PDCA循环强调抓住最主要的质量问题产生的原因，通过最小投入来实现最佳改进效果。

3. 工程项目质量改进工具

工程项目质量改进工具如表6-4所示。

表 6-4　工程项目质量改进工具一览表

阶段	步骤	流程图	直方图	因果图	控制图	排列图	散布图	趋势图	树型图	分层图	关联图	核检表	头脑风暴法	成本/效益	5W 1H	调查表	矩阵图
P	找出问题		△	△	△			△		△			△		△	△	△
	分析原因			△		△	△		△	△	△		△		△	△	△
	确定主因			△		△	△				△	△					
	制定方案	△							△				△	△	△		△
D	实施方案				△												
C	检验效果		△		△	△		△		△		△		△		△	
A	完善标准	△							△			△					
	找新问题		△		△	△		△					△				

复习思考题

1. 什么是工程项目质量管理？常用的工程项目质量管理方法有哪些？
2. 简述工程项目质量管理的基本工作内容。
3. 简述工程项目质量策划的步骤。
4. 简述工程项目质量控制应遵循的原则，并举例说明。
5. 简述工程项目质量控制各阶段的工作。
6. 阐述工程项目质量改进的步骤。
7. 简述工程项目质量持续改进的内容。

扫码自测

第7章 工程项目资源与成本管理

7.1 工程项目资源管理概述

工程项目资源管理是指为了降低项目成本，而对工程项目生产要素所进行的计划、配置、控制，并根据授权进行考核和处置等活动。工程项目生产要素是指作用于工程项目的各类有关要素，通常指投入工程项目的人力资源、材料、机械设备、技术和资金等要素。工程项目生产要素是完成施工任务的重要基础，也是工程项目目标得以实现的主要保障。

在工程项目管理过程中，为了实现各阶段目标和最终目标，在开展各项工作时，必须加强工程项目资源管理。工程项目资源管理的主体是以项目经理为首的项目经理部，管理的客体是与工程活动相关的各生产要素。因此，要加强工程项目资源管理，就必须认真地分析和研究工程项目生产要素。

7.1.1 工程项目资源的种类

工程项目资源作为工程项目实施的基本要素，通常包括以下方面。

1. 人力资源

在各类工程项目资源中，人力资源具有非常重要的作用，主要包括劳动力总量、各专业和各级别的劳动力、操作工和修理工以及不同层次和职能的管理人员。

当下，建筑企业常用的用工模式包括劳务外包、零散用工、自有作业班组、劳务派遣等。劳务外包，指的是专业分包企业或者总承包企业与独立的劳务企业之间合作，签订相关的劳务分包合同，将所承包的工程作业交给相关工作的作业队或班组，合作模式可以采用包清工或工种分包形式，可以是全部工程，也可以是部分工程。零散用工，指的是以包工头牵头组成的劳务队伍与企业签订承包协议，分包劳务工作，工人按完成工作量结算薪资。自有作业班组，指的是企业自有的劳务作业班组，工人属于企业员工，但伴随建筑企业改制，建筑企业自有班组数量占行业总体劳动者比例在逐年缩小。劳务派遣，指的是建筑企业与劳务派遣公司合作，由后者提供相关劳务员工供建筑企业长期使用。

2. 材料

材料主要包括原材料、设备和周转材料。其中，原材料和设备构成了工程建筑的实体。

按照在生产中的作用分类，建筑材料可分为主要材料、辅助材料和其他材料。主要材料是指在施工中被直接加工，构成工程实体的各种材料，如钢材、水泥、木材、沙、石等。辅助材料是指在施工中有助于产品的形成，但不构成实体的材料，如促凝剂、脱模剂、润滑物等。其他材料是指不构成工程实体，但又是施工必需的材料，如燃料、油料、砂纸、棉纱等。周转材料包括脚手架材、模板材、工具、预制构配件、机械零配件等。这些材料在施工中有独特作用，因而自成一类，其管理方式与原材料基本相同。

3. 机械设备

机械设备主要是指项目施工所需的施工设备、临时设施和必要的后勤供应。其中，施工设备有塔吊、混凝土拌合设备、运输设备等；临时设施有施工用仓库、宿舍、办公室、工棚、厕所、现场施工用供排系统(水电管网、道路等)；后勤供应是指保障施工机械设备正常运转的电力、燃气、燃油等物资供应，以及安全防护设施搭建及维修保养等服务供应。

4. 技术

技术的含义很广，具体指操作技能、劳动手段、劳动者素质、生产工艺、试验检验方法、管理程序和方法等。任何物质的生产活动都是建立在一定的技术基础上的，也是在一定的技术要求和技术标准的控制下进行的。随着生产的发展，技术水平也在不断提高，技术在生产中的地位和作用越来越重要。

5. 资金

资金是一种资源，从流动过程来看，首先是投入，即将筹集到的资金投入到施工项目中；其次是使用，也就是支出，资金的合理使用是施工有序进行的重要保证，这也是人们常说“资金是项目的生命线”的原因。

此外，工程项目资源还可能包括计算机软件、信息系统、服务、专利技术等。

7.1.2 工程项目资源管理的内容

(1) 人力资源管理。工程项目人力资源管理是指对项目人力资源开展的有效规划、积极开发、合理配置、准确评估、适当激励等方面的管理工作。

(2) 材料管理。工程项目材料管理是指对施工生产过程中所需要的各种材料的计划、订购、运输、储备、发放和使用所进行的一系列组织与管理工作。由于材料费用在总费用中所占比重较大，加强材料管理是提高企业经济效益的主要途径。材料管理的关键环节在于材料管理计划的制订。

(3) 机械设备管理。工程项目机械设备管理是指项目经理部根据所承担的施工项目的具体情况，对机械设备进行科学选择、优化配备、合理使用和维修保养等的过程。

(4) 技术管理。工程项目技术管理是指项目经理部在施工的过程中，对各项技术活动过程和技术工作的各种要素进行科学管理的过程。

(5) 资金管理。工程项目资金管理是指项目经理部根据工程项目施工过程中资金运转的规律，进行的资金收支预测、资金计划编制、资金筹集与投入、资金使用、资金核算与分析等一系列资金管理工作。

7.1.3　工程项目资源管理的主要工作

1. 编制工程项目资源管理计划

在工程项目施工过程中，往往涉及多种资源，如人力资源、原材料、机械设备、施工工艺及资金等。因此，在施工前必须编制工程项目资源管理计划。施工前，工程总承包商的项目经理部应制订指导工程施工全局的施工组织计划，其中，项目资源计划是施工组织计划中的一项重要内容。为了合理安排资源的投入量、投入时间、投入步骤，在编制项目资源管理计划时，必须按照工程施工准备计划、施工进度总计划和主要分部分项工程进度计划以及工程的工作量，确定所需资源的数量、进场时间、进场要求和进场安排。

2. 保证资源的供应

在工程项目施工过程中，为保证资源的供应，应按照各种资源管理计划，派专业部门人员负责组织资源供应，进行优化选择，并及时将资源投入到施工项目管理中，从而使施工计划得以实施、施工项目的需要得以保证。

3. 节约使用资源

在工程项目施工过程中，资源管理的根本意义在于节约资源。因此，节约使用资源是资源管理诸环节中最为重要的一个环节。如果要节约使用资源，就要根据每种资源的特性，设计出科学的措施，进行动态配置和组合，协调投入，合理使用，不断地纠正偏差，以尽可能少的资源，满足项目的使用需求，达到节约的目的。

4. 对资源使用情况进行核算分析

对工程项目投入资源的使用和产出情况进行核算是资源管理的重要环节之一。通过资源核算分析，资源管理者可以明确资源的投入与使用情况，对不合理的使用情况制定调整方案。对资源使用效果进行分析，一方面是对管理效果的总结，以便找出问题，评价管理活动；另一方面为管理者提供反馈信息，以便指导以后的管理工作。

由于工程项目资源管理涉及的资源种类多、供应量大，加之工程项目施工过程的不均衡性、环境变化等因素影响，不同工程项目的资源管理工作的内容存在较大差异，在具体实施管理时应综合考虑多方面因素。

7.1.4　工程项目资源管理的意义

工程项目资源管理的根本意义在于节约活劳动和物化劳动，具体意义包括以下几方面。

(1) 有助于进行资源的优化配置，即适时、适量、比例适当、位置适宜地组织并投入资源。

(2) 有助于进行资源的优化组合，即资源投入搭配适当、协调，既能够有效地形成生产力，又能够保质、保量、按时达成项目目标。

(3) 有助于实现资源的动态管理，即按照项目的内在规律，有效地计划、组织、协调、控制各种资源，从而使资源在工程项目施工过程中合理流动，并在动态中实现平衡。

(4) 有助于提高资源的使用效率，控制工程项目成本。

7.2 工程项目人力资源管理

7.2.1 工程项目人力资源管理的概念和内容

人力资源是指一定时期内组织中的人所拥有的能够被企业所用，且对价值创造起贡献作用的教育、能力、技能、经验、体力等的总称。人力资源的本质是人所具有的脑力和体力的总和，可以统称为劳动能力。人力资源管理是指企业的一系列人力资源政策以及相应的管理活动，这些活动主要包括：企业人力资源战略的制定；员工的招募与选拔、培训与开发；绩效管理；薪酬管理；员工流动管理；员工关系管理；员工安全与健康管理等。具体来说，人力资源管理是企业运用现代管理方法，对人力资源的获取(选人)、开发(育人)、保持(留人)和利用(用人)等方面进行计划、组织、指挥、控制和协调等，最终实现企业发展目标的一种管理行为。

同其他类型的组织一样，工程项目组织也需要进行人力资源管理。对工程项目组织而言，人力资源是指工程项目组织成员所具有的劳动能力。工程项目人力资源管理是指有效地使用涉及工程项目人员的过程。工程项目人力资源管理的目的是调动所有工程项目干系人的积极性，在组织的内部和外部建立有效的工作机制，以实现工程项目目标。

工程项目人力资源管理的主体是项目经理。工程项目人力资源管理同工程项目范围、时间、费用、质量、采购和沟通等方面的管理一样，同为项目经理必不可少的管理职能。项目经理在进行本项目人力资源管理时，必须同项目组织的人事部门紧密配合。项目组织通常是一个临时性的组织，在项目开始时成立，在项目结束后解散。在项目目标实现的过程中，各阶段任务变化大，人员变化也大。例如，在设计阶段，主要任务是控制设计的质量和进度、控制设计的概算和预算，这个阶段需要较多的项目管理人员以及较少的现场管理人员；项目进行到施工阶段以后，需要补充施工现场管理人员。工程项目人力资源管理的主要内容是根据项目目标，不断地获得项目所需人员，并将其整合到项目班子中，使之与项目组织融为一体。在项目目标实现的过程中，应采用激励的手段，让他们始终对项目保持忠诚并全身心投入，应对他们的工作能力、优点和缺点进行评价，必要时还要对他们进行培训，以保证最大限度地挖掘其潜能，高效率地实现项目目标。

工程项目人力资源管理在管理的一般原则、目标、任务、内容等方面与一般的人力资源管理相同，也包括对项目组织成员数量和质量两方面的管理。一方面，要根据项目活动的变化，配备或调整人员，满足项目对人力资源的实际需要，做到匹配。要做到这一点，就要同项目管理的其他方面紧密配合，例如与项目时间管理紧密配合起来，根据项目进度安排，配备并培训相应的人员。另一方面，要使项目组织成员“人尽其才”，应为他们创造良好的工作环境，让他们在工作中感到身心愉快，对工作过程和结果感到满意，在实现项目目标的同时也能实现个人目标。

7.2.2　工程项目人力资源计划

工程项目人力资源计划是企业从战略规划和发展目标出发，根据内、外部环境的变化，预测企业未来发展对人力资源的需求，以及为满足这种需求提供人力资源的活动过程。工程项目人力资源计划与其他企业人力资源计划一样，也包括以下内容。

(1) 总计划。该计划包括人力资源计划的总原则、总方针、总目标。

(2) 职务编制计划。该计划包括组织结构、职务设置、职务描述和职务资格要求等。

(3) 人员配置计划。该计划包括每个职务的人员数量、人员的职务变动、职务人员空缺数量等。

(4) 人员需求计划。该计划通过总计划、职务编制计划、人员配置计划可得出人员需求计划，人员需求计划中应阐明需要的职务名称、人员数量、希望到岗时间等，如表7-1所示。

(5) 人员供给计划。这是人员需求计划的对应性计划，主要包括人员供给的方式、人员内部流动政策、人员外部流动政策、人员获取途径和获取实施计划等。

(6) 教育培训计划。该计划包括教育培训需求、培训内容、培训形式、培训考核等。

(7) 人力资源管理政策调整计划。该计划明确计划期内的人力资源政策的调整原因、调整步骤和调整范围等。

(8) 投资预算。投资预算是对上述各项计划费用的预算。

表 7-1　某施工项目劳动力需求计划

月份	模板木工	砌墙瓦工	抹灰瓦工	钢筋工	水暖工	电工	操作人员	技术助手	一般助手	小计	所占百分比/%	累计/%
1	18	2	0	10	4	2	2	17	7	62	0.51	0.51
2	33	15	0	17	6	5	4	25	32	137	1.14	1.65
3	47	13	0	27	6	7	11	37	59	207	1.72	3.37
4	48	21	0	32	6	8	12	39	82	248	2.06	5.43
5	63	26	8	32	6	8	14	58	105	320	2.65	8.08
6	63	26	21	24	6	9	21	95	120	385	3.19	11.27
7	98	26	27	35	9	9	24	84	195	507	4.20	15.47
8	115	28	30	40	9	9	35	156	163	585	4.84	20.31
…	…	…	…	…	…	…	…	…	…	…	…	…
19	72	0	70	27	20	22	29	143	247	630	5.22	100.00
总计	2270	244	887	793	236	256	597	3199	3481	11 963	100.00	

7.2.3 工程项目人力资源培训

1. 培训计划

培训计划包括新员工上岗培训、老员工的继续教育以及各种专业培训等。培训计划涉及培训政策、培训需求分析、培训目标建立、培训内容、培训方式等方面。工程项目人力资源培训内容包括规章制度、安全施工、操作技术和文明教育4个方面，具体有人员的应知应会知识、法律法规及相关要求、操作和管理的沟通配合须知、施工合规意识、个体工效要求等。

2. 培训内容

1) 对管理人员的培训

(1) 岗位培训。按照不同的劳动规范，遵循系统性、制度化、多样化、学以致用和效用性的原则开展培训活动。

(2) 继续教育。建立以总工程师、总会计师和总经济师(三总师)为主的技术、业务人员继续教育体系，采取按系统、分层次、多形式的方法，对符合要求的项目管理人员进行继续教育。

(3) 学历教育。有计划地选派部分项目管理人员到高等院校深造，毕业后仍回本单位继续工作。

2) 对工人的培训

对工人的培训主要包括班组长培训、技术工人等级培训、特种作业人员培训以及对外部施工队伍的培训。

7.2.4 工程项目劳动力的组织形式与劳务合同

1. 工程项目劳动力的组织形式

工程项目劳动力的组织形式是指企业内部劳务市场向工程项目供应劳动力的组织方式，即施工班组中工人的结合方式。工程项目劳动力的组织形式包括以下几种。

(1) 企业劳务部门管理的劳动力组成作业队(或称劳务承包队)，可以组成建制或部分承包项目经理部所辖的一部分或全部工程的劳务作业。该作业队内划分班组，设有管理人员，可管辖该队作业人员，其职责是接受劳务部门的派遣，承包工程，进行内部核算、职工培训等，并支付工人劳动报酬。如果企业规模较大，还可由3～5个作业队组成劳务分公司，亦实行内部核算。

(2) 项目经理部根据计划与劳务合同，接收到作业队派遣的作业人员后，应根据工程的需要，或保持原建制不变，或重新进行组合。组合的形式有以下3种。

① 专业班组，即按施工工艺，由同一工种(专业)的工人组成班组，只完成其专业范围内的施工过程。这种组织形式有利于提高专业施工水平，提高熟练程度和劳动效率，

但是给协作配合增加了难度。

② 混合班组，即由相互联系的多工种工人组成班组，可以在一个集体中进行混合作业，工作中可以打破每个工人的工种界限。这种班组对协作有利，但不利于专业技能及熟练水平的提高。

③ 大包队，即扩大的专业班组或混合班组，适用于一个单位工程或分部工程的作业承包，队内还可以划分专业班组。大包队的优点是可以进行综合承包，独立施工能力强，有利于协作配合，简化了管理工作。

2. 工程项目劳务合同

工程项目劳务合同一般分为两种形式：一是按施工预算或投标价承包；二是按施工预算中的清工承包。其中，清工承包是指业主自行购买所有材料，找具有一定资质的施工队伍或者劳务公司、工程服务公司来施工的一种工程承包方式。

劳务合同的内容应包括工程名称、工作内容及范围、提供劳务人员的数量、合同工期、合同价格及确定原则、合同价款的结算和支付、安全施工、重大伤亡及其他安全事故处理、工程质量、验收与保修、工期延误、文明施工、材料机具供应、文物保护、发包人及承包人的权利和义务、违约责任等。

7.3　工程项目材料管理

工程项目材料管理是项目经理部为顺利完成工程施工任务，合理使用和节约材料，努力降低材料成本所进行的使用计划、订货采购、运输、库存保管、供应加工、使用回收等一系列的组织和管理工作。材料管理工作贯穿工程项目管理的全过程。

7.3.1　我国工程材料的供应形式

1. 业主方提供(甲供)

业主方提供是指业主根据项目管理模式以及材料市场供应情况，自行组织采购一些技术要求高、价值量较大的材料，以供施工单位施工时使用。

业主自行采购的材料物资要以文件形式通报施工单位，明确所供材料物资的名称、型号、规格、质量标准、技术要求、数量清单，并提供订货合同副本和招标文件、中标单位投标文件以及货物交接清单等资料。对于建筑材料，需要附上检测报告、合格证、使用说明和样品封样；对于建筑设备，还需要附上安装使用说明书、安装图及装箱资料；若是进口材料或设备，则需要提供中文资料。相关资料原则上应该随材料、设备同时到达，如有特殊情况，应在3天内提供全部资料。所有资料交接需要办理双方移交登记签收手续，以备查询。

业主方采购的材料到货时，业主应提前通知工程项目部派工作人员参加验收，按货物清单当场验收，并落实卸货地点，以减少现场搬运工作。工程项目部应根据施工进度计划，向业主明确告知材料、设备必须到场的时间。

2. 施工方负责采购

施工方自行采购材料，应以设计要求及工程项目管理实施规划为依据。施工方自行采购材料主要有以下两种方式。

(1) 施工企业集中采购供应。施工企业建立内部材料市场，通过市场信号及运行规则，根据各个施工项目的资源需求计划，编制材料采购供应计划，对某一阶段所有施工项目所需的主要材料、大宗材料实行统一计划、采购、供应、调度和核算。这样可优化材料采购供应渠道，降低材料采购成本。当施工项目规模很大时，可由施工项目部实施材料采购供应优化，向各个子项目部组织材料供应。当施工项目部远离施工企业时，如果施工企业无法实现上述供应条件，可授权施工项目部进行材料采购供应。

(2) 施工项目部采购供应。施工项目部负责采购供应批量较小、价值量较小的材料，以及一些特殊材料和零星材料。周转材料、大型工具可采用租赁方式，小型工具及随手工具采用支付费用方式，由班组在内部市场自行采购。

7.3.2　工程项目所需建筑材料的供应过程

工程项目所需的建筑材料随项目性质的不同而不同，例如道路工程施工项目所需材料类型很少，而房屋工程施工项目所需材料可能有数百种。在制订材料供应计划时，应以现场的需求顺序为依据，每种材料的选择过程如下：根据施工合同确认采购项目→制订采购量及其供应时间的计划→发布调查订货单，寻找供应源→选择厂商，获得报价单→分析收到的报价单和厂家的先决条件→初步确定供货厂家→报请业主及工程师批准→与厂商谈判，确定供应订购方案。

1. 材料计划清单

材料计划清单(见表7-2)包括给定范围的工程实施所需的所有品种、型号、规格或质量的材料，它与施工条件及施工方案相关。例如浇筑混凝土主要需要水泥、石子、沙、水，有时需要外加剂、养护材料，大体积混凝土还需要粉煤灰等。但如果施工方案采用商品混凝土，浇筑混凝土所需的材料就是商品混凝土。材料计划清单中的每一种材料都应符合合同规定，并与施工方案相吻合。

表 7-2　材料计划清单

序号	材料名称	单位	数量	规格或质量	单价
1					
2					
…					

2. 材料需求时间计划

根据施工项目进度计划，编制材料需求时间计划。当采用项目管理软件编制施工进度计划时，可自动生成各种材料直方图。表7-3为某工程项目主要材料需求计划表。

表 7-3　某工程项目主要材料需求计划表

序号	(主要)材料名称	单位	材料计划	2023年												2024年								
			总用量	1月	2月	3月	4月	5月	6月	7月	8月	9月	10月	11月	12月	1月	2月	3月	4月	5月	6月	7月	8月	9月
1	钢筋	t	7000	20	0	300	500	500	900	1000	1200	1000	800	200	200	200	100	0	40	0	40	0	0	0
2	混凝土	m^3	56 000	200	0	1000	3000	5000	3000	6000	10 000	5000	4000	4000	4000	4000	2000	1000	1000	1000	500	300	1000	0
3	普通硅酸盐水泥	t	3340	10	0	50	80	100	100	80	180	20	20	300	500	500	500	500	300	30	30	30	10	0
4	灰砂砖	千块	3710	100	0	100	160	160	160	270	500	50	50	300	500	500	500	150	50	20	20	50	50	20
5	砌块	m^3	7250	0	0	0	0	0	0	0	0	0	100	1000	2000	2000	2000	20	50	80	0	0	0	0
6	中砂	m^3	5300	80	0	200	300	350	350	200	300	50	50	700	800	800	800	50	50	50	50	50	50	20
7	胶合板	m^2	60 000	500	0	3000	6000	6000	6000	10 000	15 000	10 000	0	0	2000	1500	0	0	0	0	0	0	0	0
8	方木	根	90 000	1000	0	5000	12 000	12 000	10 000	15 000	20 000	15 000	0	0	0	0	0	0	0	0	0	0	0	0
9	止水螺杆	条	12 500	0	0	1000	1500	1500	1500	2000	4000	1000	0	0	0	0	0	0	0	0	0	0	0	0
10	高强螺杆	条	8000	0	0	0	1000	1000	1000	2000	3000	0	0	0	0	0	0	0	0	0	0	0	0	0
11	套扣脚手架	t	400	0	0	0	50	50	50	80	170	0	0	0	0	0	0	0	0	0	0	0	0	0
12	可调上托	个	59 000	0	0	2000	6000	8000	10 000	15 000	18 000	0	0	0	0	0	0	0	0	0	0	0	0	0
13	钢管Φ48×3.0	t	600	50	0	0	30	50	50	50	80	50	80	40	40	40	40	0	0	0	0	0	0	0
14	钢管扣件	个	150 000	5000	0	0	5000	10 000	10 000	10 000	20 000	30 000	20 000	10 000	10 000	10 000	10 000	0	0	0	0	0	0	0
15	安全网	m^2	46 000	1000	0	0	0	0	0	5000	6000	8000	10 000	4000	4000	4000	4000	0	0	0	0	0	0	0
16	防水卷材	m^2	35 000	0	0	2000	3000	3000	3000	5000	5000	0	0	0	0	0	0	7000	7000	0	0	0	0	0
17	外墙面砖	m^2	15 000	0	0	0	0	0	0	0	0	0	0	0	0	0	0	10 000	5000	0	0	0	0	0
18	外墙干挂石材	m^2	7000	0	0	0	0	0	0	0	0	0	0	0	0	0	0	3000	4000	0	0	0	0	0
19	外墙干挂石材龙骨	t	140	0	0	0	0	0	0	0	0	0	0	0	0	0	50	90	0	0	0	0	0	0
20	以下空白		0																					

3. 材料采购咨询

对材料采购源的初步调查可以通过材料询价的形式进行，材料询价的内容包括材料品种、数量、规格和送货频率。大批量的材料采购还可以通过公开招标的形式进行，有意向的材料供应商应根据要求提供报价单并附带材料样品。

在选择供应商时，应考察其资信情况、生产规模、材料质量、财政状况、管理水平、专业竞争能力、生产设备及工程技术、历史表现、服务水平、市场声誉等方面。如有必要，可到生产现场进行实地考察。

在收到报价单后，应由材料采购部门和工程项目计划部门共同对材料交货和付款条件及其价格、质量、交货时间进行比较和研究。还应将咨询条款和规定需求与供应商建议进行比较，并检查偏离的可接受度，然后再分析每个可接受报价的价格、发货时间和付款条件。

7.3.3　材料库存管理

材料库存管理的理想情况是每项施工活动开始之前材料为零库存；在施工阶段应储备满足短期需求的存货，并根据消耗情况定期补充；在施工活动结束时再次实现零库存。但在工程项目中，这种理想的库存状态几乎不可能实现，因为每项施工活动都需采购足够的材料、储备足够的存货、保持安全存货及留出紧急采购所需要的超前时间，所有这些因素导致材料库存在项目现场逐步增加。

材料库存会耗费资金、占用采购投资、占据材料仓库或堆场。一般在库存高峰期，施工材料总数可能达到数百项，相应成本可占材料总成本的5%～15%。因此，需要确定材料合理库存，在保障施工需求的同时，减少资金与库房场地占用。

1. 材料库存成本

材料库存成本为订货费用与保管费用之和，计算公式为

$$T = RS/Q + QCK/2 \tag{7-1}$$

式中：T表示简单条件下的库存总费用；R表示材料年需要量或总消耗量；C表示物资单价；S表示一次订货费用；K表示材料年保管费率；Q表示一次订货量。

将T对Q求导，令其导数为零，则一次最经济的订货数量的公式为

$$Q = \sqrt{2RS/CK} \tag{7-2}$$

将式(7-2)代入式(7-1)，则最小总费用的计算公式为

$$T = \sqrt{2RSCK} \tag{7-3}$$

2. 重复性使用材料的库存

重复性使用材料指可多次周转使用的材料，如模板、脚手架等。确定重复性使用材料的库存，应考虑经济采购量、库存上下限、重要建筑材料中每一种材料的库存补充和再次订购点的超前时间等因素；还应注意以下事项。

(1) 减少订货次数。订货次数等于材料总消耗量与经济订货量的比值。订货频率一般为一个月1次或2次，或每周1次，一次订货数量按照实际情形可以相应调整。

(2) 按照标准份额供应订货。例如，如果水泥用10t容量的散装车供货，那么一次订货量应为10t，或10t的倍数。

(3) 对于容易变质的材料，在确定一次订货量时，应注意其保存期限，以防因变质造成损耗。

(4) 在供应商材料价格打折时或季节价格变动、天气条件不利的情形下，应调整订货量。

3. 非重复性使用材料的库存

非重复性使用材料指一次性消耗材料，如水泥、钢筋等。对于非重复性使用材料，应达到的库存目标为：在活动即将开始前和活动完成后的材料库存为零，在活动进行时保持低平均库存。对于这类材料，如果市场允许，无须储备太多。因为这类材料的采购超前时间、发货时间很容易算出，订货较为方便。采购这类材料时，应优先考虑合适的货源、质量和数量，临时采购可能不经济，通常会比计划采购多花费10%～15%的资金；还应尽量保证相关活动结束之后没有剩余材料，但如果这类材料在实际需要时市场上有可能缺货，则应提前订货储备。

7.3.4　工程项目施工现场的材料管理

项目经理部实施材料管理的时间范围为从各种材料进入施工现场起，至施工结束退出施工现场为止。项目经理部应明确责任部门，落实责任人，明确岗位职责，及时对进入施工现场的材料进行管理。施工现场的材料管理人员必须经过专业培训，持证上岗，按管理内容和管理区域实施管理。

1. 现场材料验收

现场材料验收包括验收准备、质量验收和数量验收3个方面。

1) 验收准备

在材料进场前，根据平面布置图准备存料场地及设施。应确保场地平整、夯实，并按需要建棚、建库。对每天进场存放的材料，需采用苫垫、围挡的，应准备好充足的苫垫、围挡物品。办理材料验收前，应认真核对进料凭证，经核对确认是应收的材料后，方能办理质量验收和数量验收。

2) 质量验收

(1) 外观检验。对于一般材料，主要检验规格、型号、尺寸、色彩及完整度；对于专用、特殊加工制品，应依据加工合同、图纸及翻样资料，由技术部门进行质量验收。

(2) 内在质量验收。由专业技术人员负责，按规定比例抽样后，送专业检验部门检测其力学性能、工艺性能、化学成分等技术指标。

以上检验，均应做好进场材料质量验收记录。

3) 数量验收

(1) 无包装的材料。砖采用落地点丁的验收方法。砂石应抽样验收，抽查率不得低于10%。袋装水泥按袋点数，袋重抽查率不得低于10%。散装水泥除采取措施卸净外，按磅单抽查。

(2) 有包装的材料。除按包装件数实行全数验收外，对于重要、专用、易燃易爆、有毒的物品，应逐项逐件点数、验尺和过磅。对于一般通用的材料，可抽查验收，抽查率不得低于10%。

经核对质量凭证、数量检查无误后，应及时办理验收手续，填制记账凭证并办理转账。

2. 材料保管与保养

材料验收完毕后，应选择合适的存放场所，合理码放，维护材料的使用价值，确保贮存安全。

(1) 对于怕日晒雨淋、对温度和湿度要求较高的材料，必须入库存放；如需临时露天存放，必须“上苫下垫”，下垫高度不低于40厘米，还要有排水措施。

(2) 对于可以露天保存的材料，应按其性能“上苫下垫”，做好围挡。建筑物内一般不存放材料，若必须存放，必须经消防部门批准，设置防护措施，并标识清楚。

(3) 在材料保管、保养过程中，应定期对材料的数量、质量、有效期限进行盘查核对，如发现问题，应分析原因、提出处理意见并做好处理结果反馈。

(4) 在施工现场，易燃易爆、有毒有害物品和建筑垃圾的处理必须符合环保要求。

3. 材料发放及领用

材料发放及领用是现场材料管理的中心环节，标志着材料从生产储备转向生产消耗。项目组必须严格执行领发手续，明确领发责任，采取不同的领发形式。凡有定额的工程用料，都应实行限额领料。限额领料是指生产班组在完成施工生产任务中，所使用的材料品种、数量应与其所承担的生产任务相符合。具体包括以下步骤。

(1) 施工用料前，由项目的技术和预算部门根据生产计划及时签发和下达限额领料单。

(2) 施工生产班组持限额领料单到仓库领取限定品种、规格、数量的材料，双方办理出料手续并签字，发料员做好记录。

(3) 材料领出后，由班组负责保管并合理使用，材料员按保管要求对施工班组进行监督，负责月末库存盘点和办理退料手续。

(4) 如果出现材料超耗情况，施工班组需要再次填写限额领料单，并附超耗原因，经项目部材料主管审批后方能领料。

(5) 材料定额员应根据验收结果和工程量计算班组实际应用量和实际耗用量，并对结算结果进行节超分析。当月完成的，完成一项结算一项；跨月完成的，按当月实际完成量结算，全部完成后再进行总结算。

7.4　工程项目机械设备管理

在工程项目施工过程中，施工机械设备起着至关重要的作用，它不仅影响工程的进度和质量，还直接决定了施工成本和效率。随着科技的发展，各种新型施工机械设备层出不穷，如何选择机械设备，是每个施工团队必须首先解决的问题。

7.4.1　工程项目施工机械设备的选择原则

施工团队应依据工程项目管理规划或施工组织设计合理选择施工机械设备，具体遵循以下原则。

1. 满足工程需求

在选择施工机械设备时，应充分考虑工程的性质、规模和施工环境等条件。例如，对于大型土石方工程，应选择适用于大面积挖掘和填筑的挖掘机、铲车等设备；对于高空施工，应选用具备良好平衡性和升降功能的高空操作平台。

2. 性能合理

除了满足工程要求，施工机械设备的性能也是重要的选择依据，具体包括工作效率、工作质量、使用成本、操作人员要求、安全性、稳定性、安拆与维修难易程度、气候适应性、环保性能等方面。一般来说，机械设备越先进、性能越优越，工作效率和安全性就越高。因此，在选择施工机械设备时，可以参考设备的生产厂家、技术指标等信息，对其进行综合评估。

3. 经济性好

评价施工机械设备经济性的主要指标是施工单价，主要和机械设备的固定资产消耗及运行费等因素有关。固定资产消耗与施工机械设备的投资成正比，包括折旧费、大修费和投资利息等费用；运行费是与完成施工量成正比的费用，包括劳动工资、直接材料费、燃料费、润滑材料费、劳保设施费等。在选择施工机械设备时，不仅需要权衡工程量与相关费用的关系，还需要考虑施工机械设备的先进性和可靠性，从而做出综合评定。

7.4.2　工程项目施工机械设备的获取途径

工程项目施工机械设备可以从以下途径获得。

1. 自有机械设备

自有机械设备指企业拥有并使用的机械设备。这类企业通常具有相应的资金、技术和管理实力。自有机械设备的优势在于机械设备的稳定性和可控性较强，能够满足企业特定的施工要求。但是，由于不同施工项目对机械设备的种类和数量的要求不同，自有机械设备需要根据实际情况进行调整。自有机械设备的缺点在于初始投资成本较高，可能会面临资金占用的问题。

2. 租赁机械设备

租赁机械设备是指施工企业通过租赁公司等渠道租用所需的施工机械设备，以满足施工需要。租赁形式不需要企业投入资金，这样可以避免机械闲置和维护、升级所带来的成本压力；也可以根据不同项目的需求灵活调整租赁机械设备的种类和数量；选择信誉良好、机械设备性能稳定的租赁公司，还可以有效降低工程风险。租赁机械设备具有很强的灵活性，因此，成为许多施工企业的首选。

3. 分包机械设备

在某些情况下，施工企业可能会将部分机械设备的提供任务分包给其他供应商或承包商。在这种方式下，施工企业需要与分包商明确机械设备的使用和管理责任，确保机械设备的有效利用。分包机械设备的优点在于可以进一步分散风险，同时也可能带来更多的选择和竞争。

7.4.3 工程项目施工机械设备使用计划

项目经理部应根据工程项目施工管理规划，如施工方案、方法、措施等，编制工程项目施工机械设备使用计划，如表7-4所示，报企业有关部门或领导审批。

表 7-4 某工程土建施工主要机械设备使用计划(部分)

序号	分类	名称	品牌	数量	进场时间	出场时间
1	测量仪器	全站仪	徕卡	1	2024年2月	2024年6月
2		电子水准仪	徕卡	3	2024年2月	2024年6月
3		激光测距仪	博世	3	2024年2月	2024年6月
4		激光铅直仪	JDA-95B	2	2024年2月	2024年6月
5	运输设备	塔吊	QTZ80	1	2024年2月	2024年10月
6		室外电梯	SC200\200	2	2022年2月	2024年10月
7	土方施工	推土机	PR751	1	2024年2月	2024年4月
8		自卸汽车	东风3055	5	2024年2月	2024年4月
9		铲车	龙工	1	2024年2月	2024年4月
10		打夯机	HW60	10	2024年2月	2024年4月
11	钢筋制安	钢筋调直机	SGTJ4-10	3	2024年3月	2024年6月
12		钢筋成型机	FHF-900	2	2024年3月	2024年6月
13		钢筋切断机	GTJ5-12	2	2024年3月	2024年6月
14	混凝土浇筑	混凝土地泵	HBT80C	2	2024年3月	2024年6月
15		平板振捣器	ZFD110	5	2024年3月	2024年6月
16		插入式振捣器	ZN-50	10	2024年3月	2024年6月
…						

在制订计划过程中，需要结合工程项目的实际情况，预测可能出现的施工机械设备使用变化，以便及时调整计划，确保工程项目的顺利进行。施工机械设备的进场和退场是工程项目施工机械设备管理的重要环节，需要合理安排和监督，以确保工程项目施工的高效进行。

7.5　工程项目施工技术管理

工程项目技术管理是项目经理部在项目施工的过程中，对各项技术活动过程和技术工作的各种要素进行科学管理的总称，所涉及的技术要素包括技术人才、技术装备、技术规程、技术信息、技术资料、技术档案等。

7.5.1　建筑业企业技术管理基本制度

1. 图纸学习会审制度

制定、执行图纸会审制度的目的是领会设计意图，明确技术要求，发现设计文件中的差错与问题，提出修改与洽商意见，避免发生技术事故或产生经济与质量问题。

2. 施工组织设计管理制度

按企业施工组织设计管理制度来制定施工项目的实施细则，重点关注单位工程施工组织设计及分部分项工程施工方案的编制与实施。

3. 技术交底制度

施工项目技术系统一方面要接受企业技术负责人的技术交底，另一方面要在项目内进行层层交底，因此要编制制度，以保证技术责任制落实，技术管理体系正常运转，技术工作按标准和要求进行。

4. 施工项目材料、设备检验制度

施工项目材料、设备检验制度的宗旨是保证施工项目所用的材料、构件、零配件和设备的质量，进而保证工程质量。

5. 工程质量检查及验收制度

制定工程质量检查及验收制度的目的是加强工程施工质量控制，避免质量差错造成永久隐患，并为质量等级评定提供数据，为工程项目积累技术资料。工程质量检查及验收制度包括工程预检制度、隐蔽工程验收管理制度、工程分阶段验收制度、单位工程竣工检查验收制度、分项工程交接检查验收制度等。

6. 技术组织措施计划制度

制定技术组织措施计划制度的目的是克服施工中的薄弱环节，挖掘施工潜力，加强

计划性、预测性，从而保证施工任务的完成，获得良好技术经济效果和提高技术水平。

7. 工程施工技术资料管理制度

工程施工技术资料是施工单位根据有关管理规定，在施工过程中形成的应当归档保存的各种图纸、表格、文字、音像材料等技术文件材料的总称，是工程施工及竣工交付使用的必备条件，也是对工程进行检查、维护、管理、使用、改建和扩建的依据。制定该制度的目的是加强对工程施工技术资料的统一管理，提高工程质量的管理水平。该制度必须贯彻国家和地区有关技术标准、技术规程和技术规定，以及企业的有关技术管理制度。

8. 其他技术管理制度

除以上几项主要的技术管理制度外，项目经理部还应根据需要，制定其他技术管理制度，保证有关技术工作正常运行。例如，土建与水电专业施工协作技术规定、工程测量管理办法、技术革新和合理化建议管理办法、计量管理办法、环境保护工作办法、工程质量奖罚办法、技术发明奖励办法等。

7.5.2 图纸会审

图纸会审是施工单位熟悉、审查设计图纸，了解工程特点、设计意图和关键部位的工程质量要求，帮助设计单位减少差错的重要手段，也是项目组织在学习和审查图纸的基础上，进行质量控制的一种重要而有效的方法。对于图纸会审，三方代表应共同参加，“三方”即建设单位或其委托的监理单位、设计单位和施工单位。图纸会审可由监理单位(或建设单位)主持，首先由设计单位介绍设计意图、设计特点及施工要求，其次由施工单位提出图纸中存在的问题和对设计单位的要求；最后通过三方讨论与协商，解决存在的问题，写出会议纪要，交给设计人员，针对纪要中提出的问题，设计人员通过书面形式进行解释，或提交设计变更通知书。

7.5.3 技术交底

技术交底的目的是使参与施工的人员熟悉和了解工程特点、设计意图、技术要求、施工工艺和应注意的问题。施工项目应建立技术交底责任制，加强施工质量检验、监督和管理，从而提高工程项目质量。

技术交底必须满足施工规范、规程、工艺标准、质量检验评定标准和建设单位的合理要求，所有的技术交底资料都要列入工程技术档案。技术交底必须以书面形式进行，经过检查与审核并有相关人员签字。整个工程和各分部分项工程均须进行技术交底，特殊和隐蔽工程更应认真进行技术交底。在技术交底时，应着重强调易发生质量事故与工伤事故的工程部位，防止各种事故的发生。

(1) 设计单位技术交底的内容。由设计单位的设计人员向施工单位交底，内容包括：设计依据；建设项目所处规划位置、地形地貌、气象、水文、工程地质、地震烈度；施工图设计依据；设计意图；施工注意事项等。

(2) 施工单位技术负责人向下级技术负责人交底的内容。此类技术交底内容包括：工程概况、工程特点及设计意图、施工方案、施工准备要求、施工注意事项等。

(3) 施工项目技术负责人对工长、班组长交底的内容。技术负责人应按工程分部、分项进行交底，内容包括：设计图纸具体要求；施工方案实施的具体技术措施及施工方法；土建与其他专业交叉作业的协作关系及注意事项；各工种之间协作与工序交接质量检查；设计要求；规范、规程、工艺标准；施工质量标准及检验方法；隐蔽工程记录、验收时间及标准；成品保护项目、保护办法与制度；施工安全技术措施等。

7.5.4　技术措施计划

技术措施是为了克服施工中的薄弱环节，挖掘施工潜力，保证完成施工任务，获得良好的经济效果，在提高技术水平方面采取的各种手段或办法，例如节约原材料、保证安全、降低成本等措施。

1. 技术措施计划的主要内容

(1) 加快施工进度方面的技术措施。例如，采用更先进的施工方法和更先进的施工机械设备等。

(2) 保证和提高工程质量的技术措施。例如，建立完善的质量管理体系、培养施工人员质量意识、优化施工流程和工艺等。

(3) 节约劳动力、原材料、动力、燃料的措施。例如，施工现场安装节水装置、使用高效能的电气设备和照明设施等。

(4) 推广新技术、新工艺、新结构、新材料的措施。

(5) 提高机械化水平、改进机械设备的管理以提高完好率和利用率的措施。例如，定期维护和保养、提高员工技能和合理排产等。

(6) 改进施工工艺和操作技术以提高劳动生产率的措施。例如，加强技术创新、引进先进的施工技术和设备、提高施工生产自动化程度等。

(7) 保证施工安全的措施。例如，建立安全管理制度、提供安全培训、加强现场管理等。

2. 技术措施计划的编制

(1) 技术措施计划应按年、季、月分级编制，以生产计划要求的进度与指标为依据。

(2) 编制技术措施计划应综合考虑施工组织设计和施工方案。

(3) 编制技术措施计划时，应结合施工实际分级编制，逐级细化。公司编制年度技术措施纲要。分公司编制年度和季度技术措施计划。项目经理部编制月度技术措施计划。

(4) 项目经理部编制的技术措施计划是作业性的，因此在编制时既要贯彻上级编制的技术措施计划，又要充分发动施工员、班组长及工人提出合理化建议，为计划的顺利实施奠定群众基础。

(5) 编制技术措施计划应预测其经济效果。

3. 技术措施计划的贯彻执行

(1) 在下达施工计划的同时，将技术措施计划下达到相关负责人及有关班组等。

(2) 应认真检查技术措施计划的执行情况，发现问题及时处理，督促计划执行；如果无法执行，应查明原因，分析并提出改进建议。

(3) 每月底施工项目技术负责人应汇总当月的技术措施计划执行情况，填写报表上报并公布执行成果。

7.6　工程项目资金管理

工程项目资金管理是指项目经理部根据工程项目施工过程中的资金运动规律，开展的资金收支预测、编制资金计划、筹集投入资金、资金支出、资金核算与分析等一系列资金管理工作。

7.6.1　工程项目收支预测

1. 工程项目收入预测

工程项目收入预测应从收取工程预付款开始，按月进度或工程形象进度收取工程进度款，直到最终竣工结算，按时间测算出工程价款数额。资金收入预测应体现资金在时间、数量上的总体概念，为工程项目筹措资金、加快资金周转、合理安排资金使用提供了科学依据。项目经理部要严格按合同规定的结算办法测算每月或每阶段实际应收的工程进度款数额，同时还要注意收款的滞后时间因素，力争缩短滞后时间。

2. 工程项目支出预测

工程项目支出预测是指在分析工程项目管理实施规划、成本控制计划和材料物资储备计划的基础上，测算出随着工程的实施，每月的人工费、材料费、施工机械使用费、物资储运费、分包工程费、临时设施费、其他直接费和施工管理费等各项支出，并形成对整个工程项目按时间、进度、数量制订的资金使用计划、项目费用每月支出图及支出累加图。

资金支出预测应从实际出发，尽量具体而详细，同时还要注意资金的时间价值，确保测算结果能满足资金管理的需要。

3. 工程项目资金收支对比

图7-1是工程项目资金收支预测对比图，横坐标表示以项目合同总工期为100%的时

间进度百分比，也可按月(旬、周)表示；纵坐标表示以项目合同价款为100%的资金百分比，也可用绝对资金数额来表示。分别将收支预测累计数值绘于图中，便得到*A*、*B*两条曲线。在同一进度时，*A*、*B*线上两点距离即为该进度下收入与支出的预计差额，即应筹措的资金数量。图中*a*、*b*间距离反映的是该工程项目应筹措的资金最大值。工程项目资金收支对比也可列表进行。

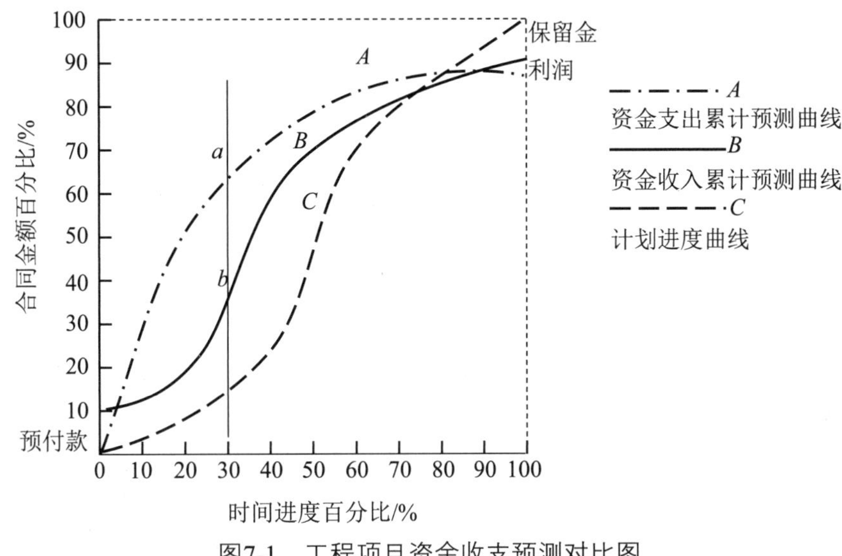

图7-1　工程项目资金收支预测对比图

7.6.2　工程项目资金筹措

1. 工程项目的资金来源

(1) 财政资金，包括财政无偿拨款和拨改贷资金。

(2) 银行信贷资金，包括基本建设贷款、技术改造贷款、流动资金贷款和其他贷款等。

(3) 发行国家投资债券、建设债券、专项建设债券以及地方债券等。

(4) 企业自有资金和对外筹措资金(发行股票及企业债券，向产品用户集资)。

(5) 利用外资，包括利用外国直接投资、合资、合作建设以及利用外国贷款。

2. 施工过程所需资金的来源

施工过程所需资金的来源，一般是在承发包合同中做出规定，由发包方提供工程备料款和分期结算工程款。为了保证施工过程的正常进行，施工企业也可垫支部分自有资金，但在占用时间和数额方面必须严格控制，以免影响施工企业经营活动的正常进行。具体来说，施工过程所需资金主要有以下来源。

(1) 预收工程备料款。

(2) 已完成施工价款结算。

(3) 银行贷款。

(4) 施工企业自有资金。

(5) 调剂或占用其他项目资金。

7.6.3 工程项目资金使用管理

大型建筑企业为了便于资金管理，确保资金的使用效率，往往在企业财务部门设立项目专用账户，由财务部门对所承建的施工项目进行资金收支预测，统一对外收支与结算，施工项目经理负责项目资金的使用管理，具体操作方法如下所述。

1. 内部银行

内部银行即企业内部结算中心，它按照商业银行运行机制，为企业内部各核算单位开立专用账户，核算各单位资金收支，把企业的一切资金收支和内部单位的存贷款业务都纳入内部银行。内部银行本着对存款单位负责、专款专用、不许透支、存款有息、借款付息、违章罚款的原则，实行金融市场化管理。

此外，企业内部银行还要行使企业财务管理职能，进行项目资金收支预测，统一对外收支与结算，统一对外办理贷款筹集资金和内部单位的资金借款，并负责组织好企业内部各单位利税和费用上缴等工作，发挥企业内部资金调控管理职能。

2. 项目专用账户

实行内部核算的项目经理部，以独立身份成为企业内部银行的客户；实行非内部核算的项目经理部，一般从属于项目管理公司，按这一隶属关系成为企业内部银行的客户。无论采取哪种方式，项目经理部都可以在内部银行设立项目专用账户，为使用并管理资金创造便利条件。

项目专用账户又分为存款账户和贷款账户。内部银行不允许透支，但考虑到某些项目部由于各种原因存在短期资金周转不灵的情况，为维持施工需要暂时向内部银行贷款，为此在存款账户之外，必要时应增设贷款账户。

此外，为了便于项目资金的使用管理，应建立健全项目资金管理责任制，明确项目资金的使用管理由项目经理负责，项目经理部财务人员牵头协调组织日常工作，做到统一管理、归口负责、业务交圈对口；明确项目预算员、计划员、统计员、材料员、劳动定额员等有关职能人员的资金管理职责和权限。

7.7 工程项目成本管理

工程项目成本是指项目形成全过程所耗用的各种费用的总和。工程项目成本管理是指承包人为确保将项目成本控制在计划目标之内所做的预测、计划、控制、核算与分析等管理工作。

7.7.1　工程项目成本预测

工程项目成本预测是指施工前通过成本信息和工程项目的具体情况，在保质保量且按期竣工交付使用的前提下，对未来的成本水平及其可能发展趋势做出科学推测，以选择成本低、效益好的最佳成本方案。工程项目成本预测包括以下内容。

1. 人工、材料、机械使用费的预测

(1) 人工费。首先分析工程项目人工费单价，再分析工人的工资水平及社会劳务的市场行情，根据工期及准备投入的人员数量分析该项工程合同价中的人工费是否需要调整。

(2) 材料费。材料费占建安费的比重极大，应作为重点准确把握。可分别对主材、辅材、其他材料费进行逐项分析，重新核定材料的供应地点、购买价、运输方式及装卸费，分析定额中规定的材料规格与实际采用的材料规格的区别，汇总分析预算中的其他材料费等。

(3) 机械使用费。投标施工组织设计中的机械设备的型号、数量一般是套用定额中的施工方法确定的，与工地实际施工情况有一定差异，工作效率也有不同，因此要测算实际将要发生的机械使用费。同时，还应计算可能发生的机械租赁费及新购置机械设备费的摊销费，对主要机械重新核定台班产量定额。

2. 施工方案引起费用变化的预测

工程项目中标后，必须结合施工现场的实际情况制定技术先进可行和经济合理的实施性施工组织设计，结合项目所在地的经济、自然地理条件、施工工艺、设备选择、工期安排的实际情况，比较实施性施工组织设计所采用的施工方法与标书编制时的不同，或与定额中施工方法的不同，以据实做出正确的判断。

3. 措施费的预测

措施费是指为了完成建设工程施工，发生于该工程施工前和施工过程中的技术、生活、安全、环保等方面的费用，如文明施工费、夜间施工费、二次搬运费、工程定位复测费、大型机械设备进出场及安拆费、脚手架工程费等。措施费应根据工程项目特点采取按比例计算或按实际发生值计算。

4. 临时设施费的预测

临时设施费预测需要根据工期和拟投入的人员、设备的数量来确定临时设施的规模和标准，按实际发生并参考以往工程施工历史数据确定目标值。

5. 成本失控的风险预测

项目成本目标的风险分析，就是对在本项目实施过程中可能影响项目目标实现的因素进行事前分析，通常从以下方面进行分析。

(1) 对工程项目技术特征的认识，如结构特征、地质特征等。

(2) 对业主单位有关情况的分析，包括业主单位的信用、资金到位情况、组织协调能力等。

(3) 对项目组织系统内部的分析，包括施工组织设计、资源配备、队伍素质等方面。

(4) 对项目所在地的交通、能源、电力的分析。

(5) 对气候的分析。

7.7.2 工程项目成本计划

工程项目成本计划是在成本预测的基础上，编制而成的项目所在计划期内的生产费用、成本水平、成本降低额与降低率，以及为降低成本所采取的主要措施和规划的方案。成本计划将成本降低目标分解落实到各部门和施工队伍。

1. 工程项目成本计划的编制原则

(1) 从实际出发原则。编制成本计划必须根据国家的方针政策，从企业的实际情况出发，充分挖掘企业内部潜力，确保降低成本指标既积极可靠，又切实可行。工程项目管理部门要降低成本，应正确选择施工方案，合理组织施工，提高劳动生产率；还应改善材料供应，降低材料消耗，提高机械利用率，节约施工管理费用。

(2) 与其他计划相结合原则。编制成本计划必须与工程项目的其他各项计划密切配合，保持平衡。制订成本计划要以工程项目的生产、技术组织措施、劳动工资、材料供应等计划为依据。同时成本计划会影响其他计划指标，因此其他计划应考虑降低成本的要求，与成本计划密切配合。

(3) 统一领导、分级管理原则。编制成本计划应在项目经理的领导下，以财务和计划部门为中心，发动全体员工，总结降低成本的经验，发掘降低成本的途径，确保成本计划的制订和执行具有广泛的群众基础。

(4) 弹性原则。编制成本计划应具备一定的弹性，充分考虑项目实施阶段内、外部环境的变化，如原材料价格上涨、劳动力紧缺、非计划停工等情况对实际成本的影响，确保成本计划具有一定的应变和适应能力。

2. 工程项目成本计划的内容

工程项目成本计划通常包括成本控制计划和成本保证体系。

1) 成本控制计划

成本控制计划主要针对工程施工及管理过程中的消耗，编制相应的控制依据。

(1) 材料成本控制计划。该计划主要包括主要材料、贵重材料及周转材料的消耗量和价格。

(2) 机械设备控制计划。该计划主要是机械设备的数量和使用维修费用，具体包括两方面，即新购机具的折旧摊销和使用费用，如材料、水电消耗以及机具修理等费用。

(3) 劳务费成本控制计划。该计划的主要目的是包括合理安排进出场时间，减少辅助用工，控制非生产用工，提高工效，综合考虑用工单价。

(4) 临时工程费用控制计划。该计划主要包括临时水电设施、加工场地及仓房的合理使用等方面。

(5) 管理费用成本计划。该计划主要包括管理人员工资奖金、办公费、差旅费、车辆使用费、业务招待费等方面。

工程项目成本控制计划主要是对消耗做数量和总价的控制，对于难以预见的费用和难以确定的消耗也要设定一个总的控制线。如果有分包项目，应对分包项目成本单独制订计划，主要包括分包单价或总价的控制线及配合费用。

2) 成本保证体系

(1) 责任制度。责任制度是规定执行者对成本计划的制订、执行、调整应具有的责任、义务。

(2) 检查制度。检查制度的目的在于促进计划的落实和执行，还应对信息反馈和措施调整做出明确的规定。例如，工程量变更引起材料数量变化应如何解决，工长对计划的可行性有异议应如何解决等。

(3) 工作方法与手段。例如，确定限额领料的材料种类，控制成本的主要方法和途径，必要的奖罚制度等。

3. 工程项目成本计划的编制方法

1) 收集和整理资料

(1) 国家和上级部门有关编制成本计划的规定。

(2) 项目经理部与企业签订的承包合同及企业下达的成本降低额、降低率和其他有关技术经济指标。

(3) 有关成本预测、决策的资料。

(4) 项目施工计划。

(5) 施工组织设计。

(6) 项目使用机械设备的生产能力及其利用情况。

(7) 项目的材料消耗、物资供应、劳动工资及劳动效率等计划资料。

(8) 计划期内的物资消耗定额、劳动工时定额、费用定额等资料。

(9) 以往同类项目成本计划的实际执行情况及有关技术经济指标完成情况的分析资料。

(10) 同行业同类项目的成本、定额、技术经济指标资料及增产节约的经验和有效措施。

(11) 本企业的历史先进水平和当时的先进经验及采取的措施。

(12) 国外同类项目的先进成本水平情况等资料。

此外，还应深入分析当前情况和未来的发展趋势，了解影响成本升降的各种有利和不利因素，研究如何克服不利因素和应采取哪些降低成本的具体措施，为编制成本计划提供丰富、具体和可靠的成本资料。

2) 分解目标成本

签订施工合同之后，由企业根据合同造价、施工图和招标文件中的工程量清单，确定正常情况下的企业管理费、财务费用和制造成本。将正常情况下的制造成本确定为项目经理的可控成本，形成项目经理的责任目标成本。

项目经理接受企业法定代表人的委托后，应通过主持编制项目管理实施规划确定降低成本的途径，组织编制施工预算，确定项目的计划目标成本。计划目标成本是项目或企业对未来时期项目成本所规定的奋斗目标，低于实际成本，但通过努力可以实现。相关的计算公式为

$$\text{项目目标成本}=\text{预计结算收入}-\text{税金}-\text{项目目标利润} \tag{7-4}$$

$$\text{目标成本降低额}=\text{项目的预算成本}-\text{项目的目标成本} \tag{7-5}$$

$$\text{目标成本降低率}=\text{目标成本降低额}/\text{项目的预算成本} \tag{7-6}$$

根据成本控制目标的不同要求，计划目标成本可以按成本组成分解、按子项分解和按时间分解。

(1) 按成本组成分解。项目投资主要分为建安(建筑安装)工程投资、设备购置投资、工器具购置投资及其他投资，如图7-2所示。

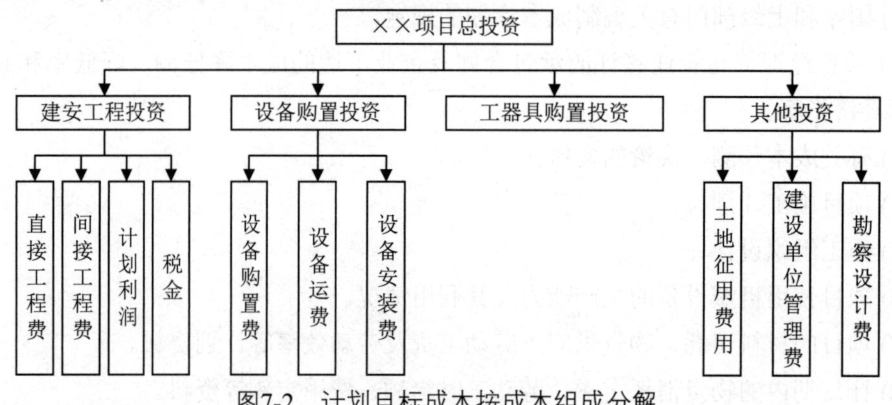

图7-2　计划目标成本按成本组成分解

(2) 按子项分解。将计划目标成本按分部分项工程进行分解，如图7-3所示。

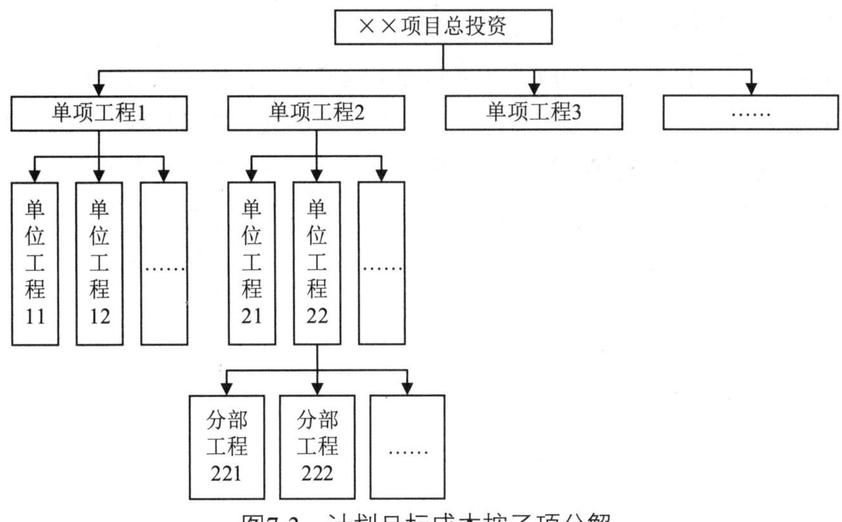

图7-3　计划目标成本按子项分解

(3) 按时间分解。依据项目进度计划，确定完成各项工作的成本支出计划，绘制时间—累积成本曲线，如图7-4所示。

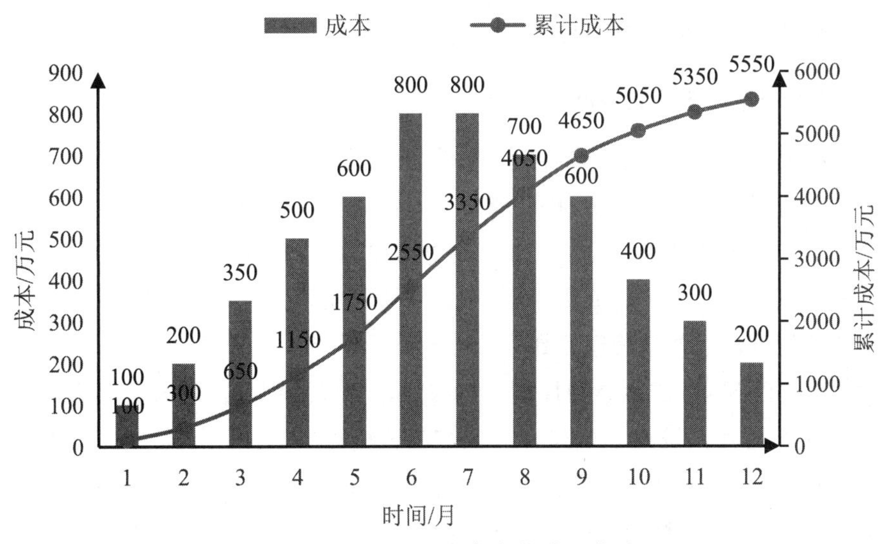

图7-4　时间—累计成本曲线(S曲线)

3) 编制成本计划草案

对于大中型项目，经项目经理部批准下达成本计划指标后，各职能部门应充分发动群众进行认真讨论。在总结上期成本计划完成情况的基础上，结合本期计划指标，找出完成本期计划的有利和不利因素，挖掘降低成本的潜力，采取克服不利因素的具体措施，以保证计划任务的完成。为了使指标真正落实，各职能部门应尽可能将指标分解落实到各班组和个人，确保目标成本的降低额和降低率得到充分讨论、反馈、再修订，使成本计划既切合实际，又成为项目相关者共同奋斗的目标。各职能部门亦应认真讨论项目经理部下达的成本控制指标，拟定具体实施的成本控制计划，编制各部门的费用预算。

4) 编制正式的成本计划

在各职能部门上报本部门的成本计划和费用预算后，首先，项目经理部应结合各项技术经济措施，检查各成本计划和费用预算是否合理可行，并进行综合平衡，使各部门的成本计划和费用预算之间相互协调、衔接。其次，从全局出发，在保证完成企业下达的成本降低任务或实现本项目成本目标的情况下，以生产计划为中心，分析研究成本计划与生产计划、劳动工时计划、材料成本与物资供应计划、工资成本与工资基金计划、资金计划等的相互关系，确保各计划协调平衡。经反复讨论、多次综合平衡，确定成本计划指标，作为编制成本计划的依据。最后，项目经理部编制正式的成本计划，上报企业有关部门，经批准后，即可正式下达至各职能部门执行。

7.7.3 工程项目成本控制

工程项目成本控制是指项目在施工过程中，对影响项目成本的各种因素加强管理，并采取各种有效措施，将施工中各环节实际发生的各种消耗和支出严格控制在成本计划范围内，并随时对成本报表统计汇总，对实际成本与计划成本之间的差异进行分析，找出原因，采取措施，消除偏差，最终实现甚至超过预期的成本目标。

1. 工程项目成本控制分类

(1) 成本事前控制。成本事前控制是指在施工前对影响成本的施工活动进行事前规划、审核，确定目标成本，属于前馈控制。事前控制应对成本进行预测，为确定目标成本提供依据。在预测的基础上，通过对多种方案成本进行对比和分析，确定目标成本。把目标成本分别按各成本项目或费用项目进行层层分解，落实到各部门、班组和个人，实行归口分级管理，以便于管理控制。

(2) 成本事中控制。成本事中控制是指在成本形成过程中，随时将实际发生的成本与目标成本进行对比，及时发现差异并采取相应措施予以纠正，以保证成本目标的实现，属于过程控制。成本事中控制应在成本目标归口分级管理的基础上进行，严格按照成本目标对一切生产耗费随时随地进行检查、审核，把可能产生损失浪费的苗头消灭在萌芽状态，把各种成本偏差信息及时地反馈给有关责任单位，以利于及时采取纠正措施。

(3) 成本事后控制。成本事后控制是指在成本形成之后，对实际成本的核算、分析和考核，属于后馈控制。成本事后控制通过比较实际成本和一定的标准，确定成本的节约或浪费，并进行深入的分析，查明成本节约或超支的主客观原因，确定其责任归属，并对成本责任单位进行相应的考核和奖惩。通过成本分析，为日后的成本控制提出积极的改进意见和措施，进一步修订成本控制标准，改进各项成本控制制度，以达到降低成本的目的。成本事后控制的意义并非消极的，大量的成本控制工作依靠成本事后控制来实现。从某种意义上讲，事前控制与事后控制是相对而言的，本期的事后控制，也就是下期的事前控制。

2. 工程项目成本控制方法

1) 偏差控制法

偏差控制法是通过比较实际执行数据与控制目标，发现偏差并找出偏差原因的一种方法。在项目实施过程中，会发生各种情况导致实际成本与预算相偏离。为了达到成本控制的目的，需要对预算的实际执行状况与原预算不断地进行比较，分析差异，监督预算执行。采用偏差控制法进行成本控制主要包括发现偏差(见图7-5)、分析偏差形成原因和进行成本控制3个步骤。

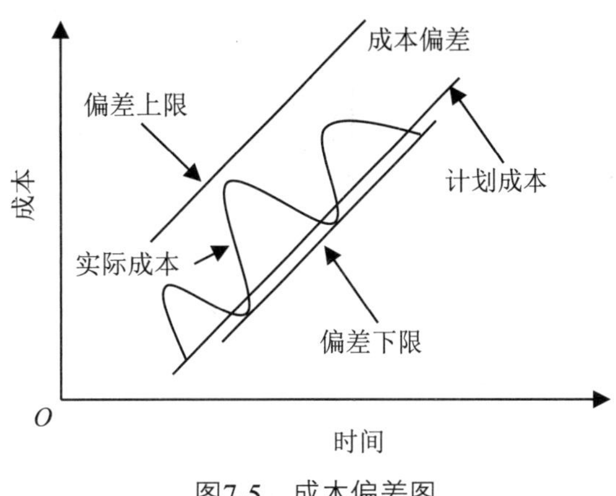

图7-5　成本偏差图

2) 成本分析表法

成本分析表法是利用表格的形式调查、分析、研究项目成本的一种方法。可利用的表格包括月度成本分析表和最终成本控制报告表等。

(1) 月度成本分析表。该表分为直接成本分析表和间接成本分析表两种。月度直接成本分析表主要反映分部分项工程实际完成的实物量和与成本相对应的情况，以及与预算成本和计划成本相对比的实际偏差和目标偏差，旨在为分析偏差产生的原因和针对偏差采取相应的措施提供依据。月度间接成本分析表主要反映间接成本的发生情况，以及与预算成本和计划成本相对比的实际偏差和目标偏差，为分析偏差产生的原因和针对偏差采取相应的措施提供依据。此外，还可以通过间接成本占产值的比例来分析其效用水平。

(2) 最终成本控制报告表。该表主要通过已完实物进度、已完产值和已完累计成本，结合尚需完成的实物进度、尚可上报的产值和还将发生的成本，进行最终成本预测，以检验实现成本目标的可能性，并为项目成本控制提出新的要求。针对这种预测，工期短的项目应该每季度进行一次，工期长的项目应该每半年进行一次。

3) 成本累计曲线法

成本累计曲线法可以通过时间—累计成本曲线(见图7-6)反映整个项目或项目中某个相对独立部分的开支状况。时间—累计成本曲线上的实际支出与计划情况的偏差应引起项目组织的警惕，项目经理部应当认真分析产生偏差的原因，判断该偏差是否为非正常偏差，并制定有针对性的处理措施。

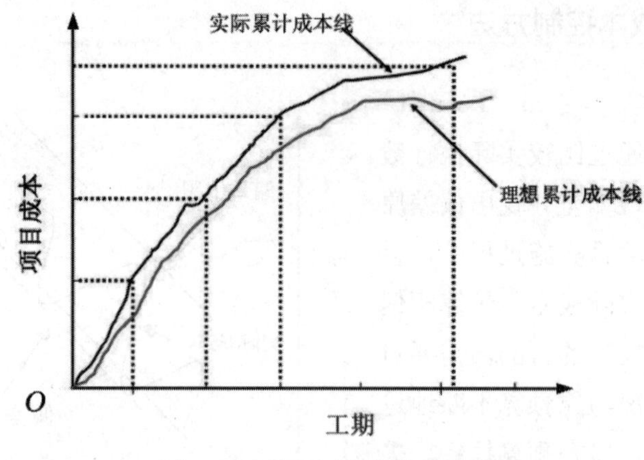

图7-6　时间—累计成本曲线

4) 施工图预算控制法

在工程项目成本控制中，可以按照施工图预算，采用“以收定支”或者“量入为出”的方法，具体包括以下几个方面。

(1) 人工费的控制。假定项目人工费预算为300元/工日，项目经理部在与施工队签订劳动合同时，应将人工费定价在270元/工日以下，其余部分留作日后作为额外人工费和关键工序奖励费。如此安排，既能保证人工费不超支，又能为关键工序人工费的增加留有储备。

(2) 材料费的控制。在对材料成本进行控制的过程中，应以预算价格来控制材料采购成本，通过落实“限额领料单”控制材料消耗数量。项目材料管理人员应关注材料市场价格的变动，收集系统翔实的市场信息。如果材料价格大幅度上涨，可以向定额管理部门反映，同时争取甲方补贴。地方材料的预算价格的计算公式为

$$\text{地方材料的预算价格}=\text{基准价}\times(1+\text{价差系数}) \tag{7-7}$$

(3) 机械使用费的控制。由于项目施工的特殊性，实际机械利用率通常超过定额设定水平，加之定额所设定的施工机械原值和折旧率有较大的滞后性，施工图预算的机械使用费往往低于实际发生的机械使用费，从而形成超支。因此，部分施工项目在取得甲方的谅解后，会在合同中明确规定一定数额的机械费补贴。

5) 挣得值法

挣得值(earned value，EV)法是在工程项目实施中运用较多的一种方法，也是对项目进度和费用进行综合控制的一种有效方法。挣得值法可以对项目在任一时间的计划指标的完成状况和资源耗费进行综合度量，从而准确描述项目的进展状态。此外，挣得值法可以预测项目可能发生的工期滞后量和费用超支量，从而及时采取纠正措施，为项目管理和控制提供有效手段。

(1) 挣得值法的3个基本参数。

① 计划工作量的预算成本(budgeted cost for work scheduled，BCWS)是指在项目实施过程中的某阶段计划要求完成的工作量所需的预算成本，主要反映进度计划应当完成

的工作量，计算公式为

$$BCWS=计划工作量\times预算定额 \tag{7-8}$$

② 已完工作量的实际成本(actual cost for work performed，ACWP)是指项目实施过程中某阶段实际完成的工作量所消耗的成本，主要反映项目执行的实际消耗情况。

③ 已完工作量的预算成本(budgeted cost for work performed，BCWP)是指项目实施过程中某阶段按实际完成工作量及按预算定额计算的成本，即挣得值(EV)，也称挣值，计算公式为

$$BCWP=已完工作量\times预算定额 \tag{7-9}$$

(2) 挣得值法的评价指标。

① 成本偏差(cost variance，CV)是指检查期间BCWP与ACWP之间的差值，计算公式为

$$CV=BCWP-ACWP \tag{7-10}$$

当CV<0时，表示执行效果不佳，实际消耗成本超过预算值，即超支；当CV>0时，表示实际消耗成本低于预算值，表示有节余或效率高；当CV=0时，表示项目按计划执行。

② 进度偏差(schedule variance，SV)是指检查日期BCWP与BCWS之间的差值，计算公式为

$$SV=BCWP-BCWS \tag{7-11}$$

当SV>0时，表示进度提前；当SV<0时，表示进度延误；当SV=0时，表示项目按计划执行。

③ 成本绩效指数(cost performed index，CPI)是指BCWP与ACWP之比，计算公式为

$$CPI=BCWP/ACWP \tag{7-12}$$

当CPI>1时，表示低于预算；当CPI<1时，表示超出预算；当CPI=1时，表示实际成本与预算成本吻合，项目成本按计划进行。

④ 进度绩效指数(schedule performed index，SPI)是指BCWP与BCWS之比，计算公式为

$$SPI=BCWP/BCWS \tag{7-13}$$

当SPI>1时，表示进度提前；当SPI<1时，表示进度延误；当SPI=1时，表示实际进度等于计划进度。

(3) 度量挣得值的方法。

① 线性增长计量。将费用按比例平均分配给整个工期，将完成量的百分比计入挣得值。

② 50-50规则。作业开始计入50%的费用，作业结束计入剩余50%的费用。该方法适用于具有多个子作业的情况。

③ 工程量计量。例如，项目桩基总数为300根，总造价为150万元，每完成1根，挣得值为0.5万元。

④ 节点计量。将项目分为多个进度节点并赋予挣得值，每完成一个节点，计入该节点挣得值。

挣得值评价曲线如图7-7所示。

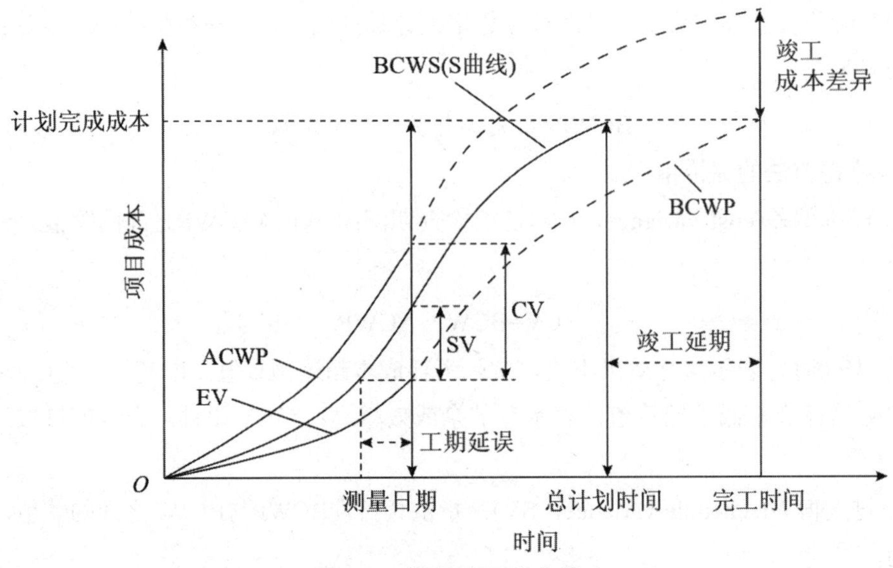

图7-7　挣得值评价曲线

以上工程项目成本控制方法，不可能也没有必要在一个工程项目中全部同时使用，可由各工程项目根据自己的具体情况和客观需要，选用有针对性、简单实用的方法，以取得事半功倍的效果。此外，在选用工程项目成本控制方法时，应充分考虑与各项施工管理工作相结合。例如，在计划管理、施工任务单管理、限额领料单管理、合同预算管理等工作中，通过跟踪原有的业务管理程序，利用业务管理所取得的资料进行成本控制，不仅省时省力，还能帮助各业务管理部门落实责任成本，从而得到这些部门有力的配合和支持。

3. 工程项目成本控制依据

(1) 项目成本计划。项目成本计划是在项目成本估算的基础上，更精确地估算项目总成本，并将其分摊到各项具体活动和各个具体阶段，为项目成本控制制订基准计划的项目成本管理活动，包括制定成本标准和编写项目费用预算报告。成本标准是项目成本控制的准绳，包括成本计划中规定的各项指标。项目费用预算报告是基于可利用信息对不同时点上的成本进行预测，然后将各时点的成本汇总形成的，同时也是实施成本控制的基本依据。

(2) 项目成本管理绩效报告。项目成本管理绩效报告是记载项目预算实际执行情况的资料，它主要包括项目各个阶段或各项工作的完成情况、是否超出预算分配的额度、存在哪些问题等内容。通常用6个基本指标来分析项目成本绩效，分别是项目计划作业的预算成本、累计预算成本、累计实际成本、累计盈余量、成本绩效指数和成本偏差。

(3) 项目变更申请。当项目的某些基准发生变化时，项目的质量、成本和计划随之发生变化，为了保证项目目标的实现，应对项目发生的各种变化采取必要的应变措施，这种行为就是项目变更。在实施工程项目成本控制时，应根据项目变更情况，采取措施，及时纠偏，完善各种核算管理制度，修订成本定额，调整成本计划，以适应变化。在项目执行过程中，环境变化非常普遍，由于设计、施工和甲方使用要求等因素，施工过程中经常发生项目变更。项目变更会增减工程内容或改变施工工序，进而影响成本费用的支出。因此，项目承包方应针对工程变更对既定施工方法、机械设备使用、材料供应、劳动力调配和工期目标等的影响程度，以及为实施变更内容所需要的各种资源进行合理估价。

(4) 项目成本管理计划。项目成本管理计划是描述当实际成本与计划成本发生差异时，应如何进行管理的计划。计划成本是控制项目成本的基本依据，确定计划成本的同时，必须制定降低可控成本的有效措施，保证成本控制措施的有效性。控制措施主要包括技术、经济和管理措施。在项目执行过程中，应坚持进行计划收支与实际收支对比，确定有无偏差及偏差大小，并据此决定采取相应的管理措施，以实现对整个项目成本控制过程的有序安排，达到合理使用费用的目的。

4. 工程项目成本控制流程

(1) 确定工作范围，制订工作进度计划和成本预算。按预算成本确定初步的计划成本后，还必须按预算工程量、材料用量、机械设备需用量，以及实际人工单价、材料采购价、机械设备使用和租赁单价等因素确定可能支出的计划成本。

(2) 实施跟踪检查，将实际情况与进度计划进行对比分析，做出趋势预测，提出费用支出报告及发展趋势报告。

(3) 根据费用支出报告和发展趋势报告，制定纠偏决策。

(4) 实施成本控制。成本控制包括制度控制、定额或指标控制、合同控制等。

(5) 组织成本分析，进行下一阶段的预测分析。项目部每月进行成本分析，形成成本分析报告；定期或不定期召开项目成本分析会，总结成本管理经验，吸取成本超支的教训，为下月成本控制提供对策。

(6) 采取相应措施。根据预测分析的结果，提出相应的解决方案，以缩小项目成本和计划成本的偏差。

(7) 项目竣工时进行成本核算。项目竣工时，可最终确定工程结算收入与各成本项目的支出数额，项目部应整理汇总有关的成本核算资料报公司审核。项目部根据公司的审核意见及与各部门、各有关人员签订的成本承包合同，对责任人予以奖罚。如果成本核算和信息反馈及时，在工程施工过程中，分次进行成本考核并兑现奖罚，效果会更好。

工程项目成本控制流程如图7-8所示。

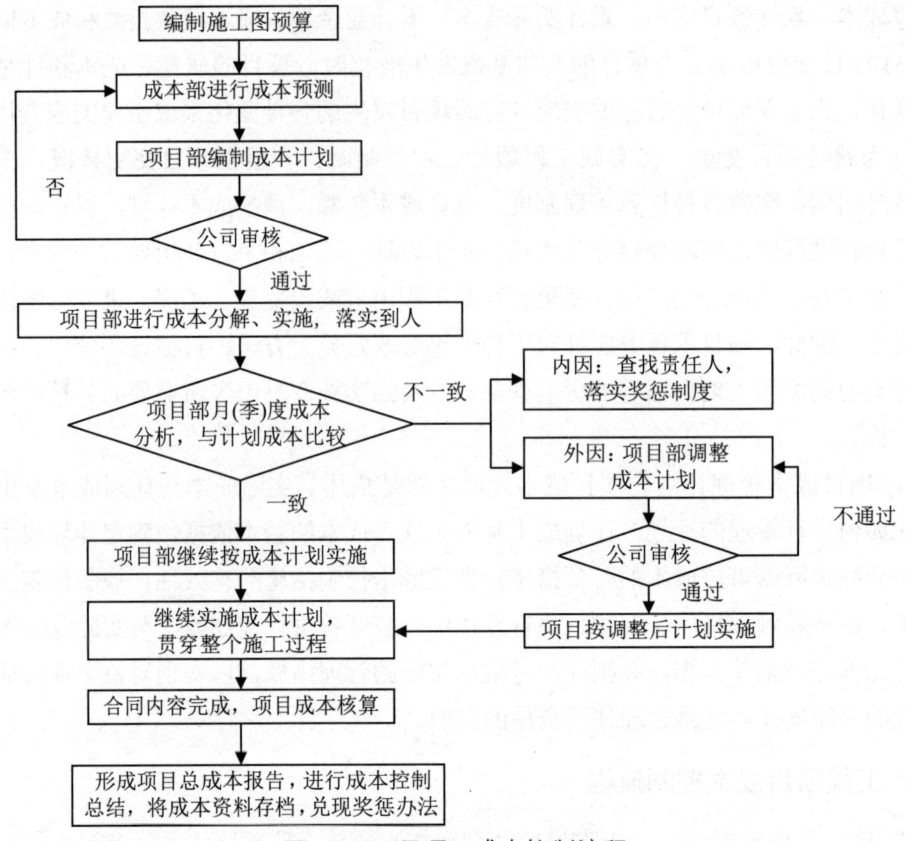

图7-8　工程项目成本控制流程

7.7.4　工程项目成本核算与分析

1. 工程项目成本核算

工程项目成本核算是指定期地确认、记录施工过程发生的费用支出，以反映工程项目发生的实际成本。工程项目成本核算通常以单位工程为对象，也可以根据实际项目情况灵活调整。

1) 工程项目成本核算程序

(1) 项目开工后记录各分项工程消耗的人工费、材料费、机械台班费等。

(2) 度量本期工程完成状况。

(3) 汇总、核算和分摊工程工地管理费及工程总部管理费实际开支。

(4) 对各分项工程以及总工程的各个费用项目进行盈亏核算，提出工程项目成本核算报表。

2) 工程项目成本核算原则

(1) 确认原则。对于各个施工环节发生的成本，都必须按一定的标准和范围加以认定和记录。对于已经发生的或预期将发生的并要求得到补偿的一切支出，都应作为成本加以确认。

(2) 分期核算原则。施工是持续进行的，企业为确定一定时期的工程项目成本，应将施工活动划分为若干阶段，并计算各阶段项目成本。成本核算的分期应与会计核算的分期相一致，通常按月计算，便于确定财务成果。

(3) 相关性原则。相关性原则又称有用性原则，是指在选择具体成本核算方法、程序和标准，以及确定成本核算对象和范围时，应与工程施工特点和成本管理要求及特性相结合，并与企业一定时期的成本管理水平相适应。

(4) 一贯性原则。一贯性原则是指企业采用的成本核算方法应前后一致，如耗用材料的计价方法、折旧的计提方法、施工间接费的分配方法、未完施工的计价方法等。

(5) 实际成本核算原则。实际成本核算原则是指企业核算应采用实际成本计价，必须根据计算期内实际完成工程量以及实际消耗和实际价格计算实际成本。

(6) 及时性原则。及时性原则是指企业成本的核算、结转和成本信息的提供应在确保真实的前提下，在规定时间内完成。

(7) 配比原则。配比原则是指营业收入与其相应的成本、费用应相互配合，本期的费用应与本期的收入同时确认入账，不得脱节、提前或延后。

(8) 权责发生制原则。凡是当期已实现的收入和已发生或应当负担的费用，不论款项是否收付，都应作为当期收入或费用处理。凡不属于当期的收入和费用，即使款项已在当期收付，也不作为当期收入和费用。

(9) 谨慎原则。谨慎原则是指在市场经济条件下，在成本、会计核算中应对企业可能发生的损失和费用做出合理预计，以增强抵御风险的能力。

(10) 划分收益性支出与资本性支出原则。会计核算应严格区分收益性支出与资本性支出界限，正确计算当期损益。收益性支出是指为取得本期收益发生的工资、水电费等支出。资本性支出是指不仅仅为取得本期收益而发生的支出，如构建固定资产支出。

(11) 重要性原则。重要性原则是指对于成本有重大影响的业务内容，应作为核算重点，力求精确；对于不重要的经济内容，可简单处理，不应事无巨细，以节约资源。

(12) 明晰性原则。明晰性原则是指项目成本必须直观、清晰、简明、可控，便于理解和利用。

3) 工程项目成本核算任务

(1) 执行国家有关成本开支范围、费用开支标准、工程预算定额和企业施工预算、成本计划等的有关规定，控制费用，促使项目合理且节约地使用人力、物力和财力。这是施工项目成本核算的先决前提和首要任务。

(2) 正确、及时地核算施工过程中发生的各项费用，计算工程项目的实际成本。这是项目成本核算的主体和中心任务。

(3) 反映和监督工程项目成本计划的完成情况，为项目成本预测、项目施工技术选择和项目经营决策提供可靠的成本报告和有关资料，促进项目改善经营管理，降低成本，提高经济效益。这是施工项目成本核算的根本目的。

4) 工程项目成本核算方法

工程项目成本核算应采用会计核算、统计核算和业务核算相结合的方法，对实际成本与预算成本、实际成本与计划目标成本进行比较和分析。

(1) 会计核算。会计核算是指以传统会计方法为主要手段，以货币为度量单位，以会计记账凭证为依据，综合、系统、完整地对各项资金的来源和去向进行记录、计算、整理汇总的一种方法。

(2) 统计核算。统计核算是指建立在会计核算与业务核算基础之上的一种成本核算方法。主要的统计内容有产值指标、物耗指标、质量指标、成本指标等。

(3) 业务核算。业务核算是指对项目中各项业务的各个环节，通过使用各种凭证进行具体核算管理的一种方法。例如，核算某个作业班组的工日、材料、能源的消耗情况等。

2. 工程项目成本分析

一方面，根据会计核算、统计核算和业务核算提供的资料，对施工成本的形成过程和影响成本升降的因素进行分析，以寻求进一步降低成本的途径；另一方面，通过成本分析，可以通过账簿、报表所反映的成本现象看清成本的实质，从而增强项目成本的透明度和可控性，为加强成本控制、实现项目成本目标创造条件。

1) 工程项目成本分析方法

工程项目成本分析方法有比较法、因素分析法、差额计算法、比率法等。

(1) 比较法。比较法又称指标对比分析法，是指对比技术经济指标，检查目标的完成情况，分析产生差异的原因，进而挖掘降低成本途径的方法。比较法通常有3种形式：将实际指标与目标指标对比；将本期实际指标与上期实际指标对比；将本工程项目相关指标水平与本行业平均水平、先进水平对比。

(2) 因素分析法。因素分析法又称连环置换法，可用来分析各种因素对成本的影响程度。在进行分析时，假定众多因素中的一个因素发生了变化，而其他因素保持不变，然后逐个替换，分别比较计算结果，以确定各个因素的变化对成本的影响程度。

(3) 差额计算法。这是因素分析法的一种简化形式，利用各个因素的目标值与实际值的差额来计算其对成本的影响程度。

(4) 比率法。比率法是指用两个以上的指标的比例进行分析的方法。该方法先把对比分析的数值变成相对数，再观察其相互之间的关系。常用的比率法有相关比率法、构成比率法和动态比率法。

2) 工程项目成本分析指标

(1) 挣得值原理中的各项指标。通过应用计划工程量的预算成本、挣得值和已完工程量的实际成本3个指标，分析项目实际与计划的费用和进度差异。

(2) 效率比指标。通过计算实际与计划的相对变动情况，体现某方面的效率，如机械生产率、劳动生产率、材料消耗率等指标。

(3) 成本分析指标。通过比较实际成本与计划成本，计算偏差数额，分析偏差产生的原因，绘制工程项目成本差异分析表(见表7-5)、各分项工程成本比较表等，反映主要成本项目差异情况。最后根据表格，得出差异分析报告、成本状况报告等。

表 7-5　工程项目成本差异分析表

项目名称：　　　　　　　　　　所属单位：　　　　　　　　　　单位：元

序号	费用项目	单位	预算收入						实际成本				实际成本与计划成本差额	差异原因	预算收入与实际成本的差异	盈亏情况说明	改进措施
			数量	单价	小计金额	洽商变更、价差等预算收入	合计	单项收入占总收入比例	数量	单价	合计	单项成本占总成本比例					
1	结构工程																
2	装饰工程																
3	安装工程																
4	措施费用																
5	工程水电费																
6	试验费																
7	现场管理费及规费																
8	垫资项目利息																
9	总包服务费																
10	上缴公司管理费																
11	利润																
12	税金及附加																
13	分包抵税																
14	索赔																
15	合计																

3) 工程项目成本分析的内容

(1) 按照项目施工进展情况进行成本分析，包括以下内容。

① 分部分项工程成本分析。

② 月(季)成本分析。

③ 年度成本分析。

④ 竣工成本分析。

(2) 按目标成本项目进行成本分析，包括以下内容。

① 人工费分析。

② 材料费分析。

③ 机械使用费分析。

④ 其他直接费分析。

⑤ 间接成本分析。

(3) 针对专项成本项目进行分析，包括以下内容。

① 成本盈亏异常分析。

② 工期成本分析。

③ 质量成本分析。

④ 资金成本分析。

⑤ 技术组织措施节约效果分析；

⑥ 其他有利因素和不利因素对成本影响的分析。

复习思考题

1. 简述工程项目各项资源的内容。
2. 如何对劳动力进行经济激励？经济激励计划的设计原则是什么？
3. 我国工程项目建筑材料的供应方式有哪些？建筑材料分为哪几类？
4. 简述建筑材料的供应过程。
5. 影响材料库存成本的因素有哪些？如何降低材料库存成本？
6. 什么是限额领料？如何进行限额领料管理？
7. 工程项目中如何获取施工机械设备？
8. 简述建筑企业技术管理基础工作及基本制度。
9. 某工程项目工期为1年，按施工定额分别需要钢材1000t、水泥5000t。依据施工平面图设计，有两种方案可供选择：第一种方案是钢材库面积200m^2，可存放钢材300t；水泥库面积500m^2，可存放水泥1000t；第二种方案是钢材库面积300m^2，可存放钢材450t；水泥库面积400m^2，可存放水泥800t。假设钢材每吨年保管费用为5元，催货费用为400元/次；水泥每吨年保管费为5元，催货费用为405元/次。该项目采用哪种方案费用最为节省？

10. 如何制订工程项目成本计划？在工程项目实施过程中如何实施成本控制？

11. 某土方工程总挖方量为4000m^3，预算单价为45元/m^3，该挖方工程预算总费用为180 000元。计划用10天完成，每天挖土方400m^3。开工后第6天完成挖方2000m^3，向承包单位支付工程进度款累计已达120 000元。

(1) 计算开工后第6天结束时的费用偏差与进度偏差，并对结果加以说明。

(2) 计算开工后第6天结束时的费用绩效指数和进度绩效指数，并对结果加以说明。

12. 某工程项目进展到第15周后，对前14周的施工情况进行了统计检查，有关统计情况如表7-6所示。

(1) 计算前14周每项工作的挣得值并填入表中，列出一个挣得值的计算过程。

(2) 计算第14周挣得值BCWP总和。

(3) 假设前14周完成了工作量的70%，计算前14周的计划成本。

(4) 计算该项目前14周已完成工作量的实际成本。

(5) 根据以上结果分析该工程项目的进度执行情况。

(6) 假设工程项目执行情况可以反映项目未来的变化，请估计项目完成时的总成本。

表7-6　工程项目预算费用、实际费用及完成情况

工作代号	预算费用/万元	实际完成百分比/%	实际消耗费用/万元	挣得值/万元
A	250	100	280	
B	300	100	300	
C	150	100	140	
D	300	100	340	
E	150	100	180	
F	350	0	0	
G	900	100	920	
H	250	100	250	
I	700	50	400	
J	550	100	550	
K	350	100	340	
L	400	20	100	
M	200	0	0	
N	450	0	0	
合计				

扫码自测

第8章 工程项目安全与环境管理

工程项目安全与环境管理是指为了达到工程项目安全生产与环境保护的目的而采取的系统化管理活动，具体包括工程项目安全管理与环境管理两大部分。

8.1 工程项目安全管理

8.1.1 安全管理原则

1. 管生产必须同时管安全

安全管理是施工管理的重要组成部分，两者存在密切的联系，具有共同管理的基础。管生产必须管安全的原则，不仅向各级项目管理人员明确了安全管理责任，也向一切与施工活动有关的机构、人员明确了工作范围内的安全管理责任。

2. 明确安全管理的目的

安全管理的目的是对施工活动中的人、物、环境因素状态进行管理，有效控制人的不安全行为和物的不安全状态，从而消除或避免事故，保护劳动者的安全与健康。没有明确目的的安全管理是一种盲目行为，盲目的安全管理可能会导致不安全状态向更为严重的方向发展或转化。

3. 坚持预防为主的方针

安全管理的方针是“安全第一、预防为主、综合治理”。“安全第一”是从保护生产力的角度和高度而言的，表明在施工活动范围内安全与施工的关系，肯定安全在施工活动中的位置和重要性。“预防为主”强调施工活动应在符合安全要求的物质条件和工作秩序下进行，以防止人身伤亡和设备事故及各种危险的发生，从而保障劳动者的安全和健康，促进生产率的提高。安全管理的目的是预防和消灭事故，防止或消除事故伤害，保护劳动者的安全与健康。“综合治理”强调安全管理不是处理事故，而是针对施工活动的特点，采取有效管理措施，预防并控制不安全因素的发展，把可能发生的事故隐患消灭在萌芽状态，以保证施工活动正常有序进行，保障人员的安全与健康。

4. 坚持“四全”动态管理

工程项目安全管理涉及施工活动的各个阶段，贯穿从开工到竣工交付使用的全过程。因此，施工活动必须坚持全员、全过程、全方位、全时段的动态安全管理。安全管理不是少数人和安全部门的事，而是一切与施工有关人员的共同职责。

5. 安全管理重在控制

安全管理的目的是预防、消灭事故，防止或消除事故伤害，保护劳动者的安全与健康。在安全管理过程中，对生产因素状态的控制，与安全管理目的的关系更直接，因此更为突出。应将施工活动中对人的不安全行为和物的不安全状态的控制视为动态安全管理的重点，因为事故通常是由人的不安全行为运动轨迹与物的不安全状态运动轨迹交叉造成的。

6. 在安全管理中发展和提高的原则

随着施工活动的进行以及企业的发展，安全管理水平也应不断提高，如此才能有效应对复杂多变的环境给项目造成的影响，确保项目的顺利实施。

8.1.2　安全管理相关制度

1. 安全管理责任制度

安全管理责任制度是工程项目安全管理制度的核心内容。工程项目各级管理人员和相关人员都应明确自己的安全管理责任，加强对工程项目安全管理工作的领导和监督，保证安全管理工作的顺利开展。

2. 安全生产规章制度

安全生产规章制度是指在工程项目中实行的符合国家相关法规和标准的安全生产规章制度，要求所有相关人员严格遵守和执行。这些规章制度通常包括安全生产教育和培训、安全操作规程、应急预案等内容。

3. 安全管理机构和人员

安全管理机构和人员是工程项目安全管理制度的重要组成部分。工程项目中应设立专门的安全管理机构，负责工程项目安全管理工作的组织、协调和领导。同时，还应配备专门负责安全管理工作的人员，确保安全管理工作的有效开展。

4. 安全管理监督检查制度

制定安全管理监督检查制度是为了监督和检查工程项目安全管理工作的执行情况，及时发现和解决存在的安全隐患，保证工程项目的安全。通过定期开展安全管理监督检查工作，可以进一步提高安全管理工作的质量和效果。

5. 安全事故处理制度

制定安全事故处理制度是为了规范工程项目发生安全事故时的应急处理程序和措

施，保障现场工作人员的生命安全和财产安全，及时采取有效措施避免事故扩大，并对事故进行调查和处理，提出改进措施，防止类似事故再次发生。

6. 安全生产宣传教育制度

制定安全生产宣传教育制度是为了提高工程项目现场工作人员的安全生产意识，增强他们的安全技能，减少安全事故的发生。通过定期开展安全生产宣传教育工作，可以提高现场工作人员的安全意识和安全素养，有效降低工程项目的安全风险。

7. 安全管理信息管理制度

制定安全管理信息管理制度是为了规范工程项目安全管理信息的收集、整理、报送和查询工作，确保安全管理信息及时、准确传递，为工程项目安全管理工作提供可靠的信息支持，帮助项目管理人员及时掌握现场工作的安全情况，进而及时采取相应的措施。

8.1.3 施工现场的不安全因素

施工现场的不安全因素主要来自人、组织、物3个方面。

1. 人的不安全因素

人的不安全因素，是指影响安全的人的因素，即能够使系统发生故障或发生性能不良问题的人的不安全因素，或违背设计及安全要求的错误行为。

1) 个人的不安全因素

个人的不安全因素包括人员的心理、生理、能力中所具有的不能适应工作和作业岗位要求且影响安全的因素。

(1) 心理。心理上的不安全因素包括影响安全的性格、气质和情绪，如急躁、懒散、粗心等。

(2) 生理。生理上的不安全因素大致包括以下5个方面。

① 视觉、听觉等感觉器官不能适应作业岗位要求。

② 体能不能适应作业岗位要求。

③ 年龄不能适应作业岗位要求。

④ 患有不符合作业岗位要求的疾病。

⑤ 疲劳、醉酒等。

(3) 能力。能力上的不安全因素包括知识技能、应变能力、资格等不能适应工作和作业岗位要求。

2) 人的不安全行为

人的不安全行为是指能够造成事故的人为错误。人的不安全行为是违背设计和操作规程的错误行为，会导致系统故障或性能不良。

(1) 不安全行为类型。

① 操作失误，忽视安全警告。

② 造成安全装置失效。

③ 使用不安全设备。

④ 用人工代替工具操作。

⑤ 物体存放不当。

⑥ 冒险进入危险场所。

⑦ 攀坐不安全位置。

⑧ 在起吊物下作业、停留。

⑨ 在机器运转时进行检查、维修、保养。

⑩ 有分散注意力行为。

⑪ 没有正确使用个人防护用品、用具。

⑫ 不安全装束。

⑬ 对易燃易爆等危险物品处理错误。

(2) 产生不安全行为的主要原因。

① 工作知识不足或工作方法不适当。

② 技能不熟练或经验不足。

③ 作业速度不适当。

④ 工作时不注意警示标志。

2. 组织的不安全因素

组织管理缺陷也是潜在的不安全因素，主要有以下几个方面。

(1) 指派不具备安全资格的人员上岗，分工时不考虑工人的工种与技术等级。

(2) 没有工作交底，没有采取安全技术措施，没有创造生产安全的必备条件。

(3) 擅自变更安全技术措施。

(4) 擅自决定变动、拆除、挪用或停用安全装置和设施。

(5) 擅自决定让设备带病运行、超出力运行，没有采取相应的技术措施和安全保障措施，或是让工人冒险作业。

(6) 不按规定给工人配备必须佩戴的劳动安全卫生防护用品。

(7) 对作业场所危险源辨识不清并指令人员操作。

(8) 未及时给有职业禁忌者调换工种。

(9) 发布违反职业健康安全和环境安全法律、法规、条例、标准、规程的指令。

3. 物的不安全因素

物的不安全因素是指能够导致事故发生的物质条件，包括机械设备或环境存在的不安全因素。

(1) 生产安全防护设施配置不完善。

(2) 照明光线不良，照度不足；作业场地烟雾尘土弥漫，视物不清；光线过强。

(3) 通风不良或无通风；通风系统效率低。

(4) 作业场所狭窄。

(5) 作业场地杂乱；工具、制品、材料堆放不安全。

(6) 交通线路规划不安全。

(7) 操作工序设计或配置不安全。

(8) 地面有油、冰雪和其他易滑物。

(9) 贮存、输送方式不安全，例如没有按规定贮存和输送有毒物品、腐蚀性化学危险品、易燃易爆气体等物品。

(10) 环境温度和湿度不适宜。

8.1.4 施工安全管理程序

施工安全管理程序如图8-1所示。

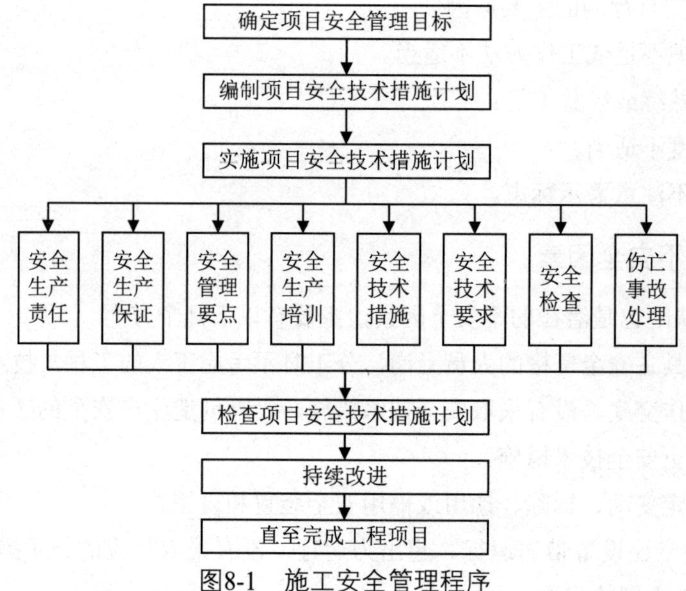

图8-1 施工安全管理程序

1. 确定项目安全管理目标

根据项目性质和规模、法律法规要求、企业的安全文化、风险评估结果、历史数据和经验教训确定项目的安全管理总目标，例如确定项目目标为“在项目完成前实现零伤亡事故”。按照目标管理的方法，将项目安全管理总目标在以项目经理为首的项目管理系统内进行分解，从而确定每个岗位的安全目标，实现全员安全控制。

2. 编制项目安全技术措施计划

项目安全技术措施计划是在项目初期制定的，旨在保证项目安全执行的文件。该计划包括对工程项目可能存在的各种风险和安全问题的评估，以及相应的预防和控制措施。项目安全技术措施计划通常由专业的安全工程师或顾问进行编制，以确保项目的安全性和可持续性。

3. 实施项目安全技术措施计划

项目安全技术措施中的各种安全设施、防护装置应列入施工任务单。采购的实施安全计划所需的材料、设备及防护用品，应达到相应的质量保证要求。安全防护用品和机械产品都必须有合格证，并实行验收手续。在实施项目安全技术措施计划的过程中，项目技术负责人和安全员应进行全过程监督，做好记录，待计划完成时由相关人员对其进行验收，验收资料存入技术档案。各级安全部门应以项目安全技术措施计划为依据，以安全法规和安全规章制度为准则，经常对施工现场实施项目安全技术措施计划的情况进行检查，纠正违反安全技术措施计划的行为，监督措施落实。

4. 检查项目安全技术措施计划

项目安全技术措施计划落实到各有关部门和下属单位后，计划部门应定期检查。企业领导在检查生产计划的同时，应同时检查项目安全技术措施计划的完成情况。安全管理与安全技术部门应经常了解项目安全技术措施计划的实施情况，根据实际情况补充和修改项目安全技术措施计划，协助相关部门和人员解决实施中的问题，及时汇报并督促有关部门按要求完成计划。

5. 持续改进，直至完成工程项目

根据项目安全技术措施计划的实施情况，综合考虑多方面因素，持续改进计划内容，确保计划的顺利实施，直到完成工程项目，施工安全管理工作结束。

8.1.5　安全教育

安全教育是实现安全施工的一项重要基础工作，可以提高相关部门和人员安全施工的自觉性、积极性和创造性，增强安全意识，掌握安全知识，提高自我防护能力，使安全规章制度得到贯彻执行。安全教育的主要内容包括安全生产思想、安全知识、安全技能、安全规程标准、安全法规、劳动保护和典型事例分析，安全教育的实施方式有以下几种。

1. 三级安全教育

三级安全教育是建筑施工企业必须坚持的安全生产基本教育制度，它是指企业、项目经理部、施工班组三个层次的安全教育，是工人进场上岗前必经的程序，属于施工现场实名制管理的重要一环，也是现场管理的核心部分之一。

三级安全教育应有执行制度和培训计划，同时应做好三级安全教育内容、时间及考核结果的记录。

(1) 企业教育内容。国家和地方有关安全施工的方针、政策、法规、标准、规范、规程和企业安全规章制度等，每年培训时长不少于24小时。

(2) 项目经理部教育内容。工地安全制度、施工现场环境、工程施工特点及可能存在的不安全因素等，每年培训时长不少于24小时。

(3) 施工班组教育内容。本工种的安全操作规程、安全事故剖析、劳动纪律和岗位讲评等，每年培训时长不少于16时，如发生重大安全事故，应及时组织安全教育活动。

2. 特种作业人员培训

2010年，国家安全生产监督管理总局(现为应急管理部)发布《特种作业人员安全技术培训考核管理规定》，后于2013年、2015年进行修订，这是我国特种作业人员安全管理方面的国家标准。特种作业是指容易发生事故，对操作者本人、他人的安全健康及设备、设施的安全可能造成重大危害的作业。特种作业人员是指直接从事特种作业的从业人员。

施工项目特种作业人员包括电工、电(气)焊工、架子工、司炉工、爆破工、机械操作工、起重工、塔吊司机及指挥人员、人货两用电梯司机、信号指挥人员、场内车辆驾驶人员、起重机械拆装作业人员、物料提升机作业人员等。

特种作业人员应接受与其从事的特种作业相关的安全技术理论和实际操作培训，经考核合格，取得《中华人民共和国特种作业操作证》(以下简称特种作业操作证)后，方可上岗作业。特种作业操作证每3年复审一次，复审合格，由考核发证机关重新颁发特种作业操作证。

3. 经常性教育

(1) 经常性教育贯穿管理工作全过程，并根据接受教育对象的不同特点，采取多层次、多渠道和多种方法进行，以取得良好的效果。

(2) 采用新技术、新工艺、新设备、新材料和调换工作岗位时，应对操作人员进行新技术操作和新岗位的安全教育，未经教育不得上岗操作。

(3) 班组应每周安排一个安全活动日，可利用班前或班后时间组织活动，主要学习随时下发的安全生产规定和操作规程，回顾上周的安全生产情况，提出下周的安全生产要求，分析班组工人安全思想动态及现场安全生产情况。

(4) 适时安全教育。根据建筑施工特点进行“五抓紧”安全教育。

① 工程突击赶任务，往往不注意安全，要抓紧教育。

② 工程接近收尾时，容易忽视安全，要抓紧教育。

③ 施工条件好时，思想容易麻痹，要抓紧教育。

④ 季节气候变化，外界不安全因素多，要抓紧教育。

⑤ 节假日前后，思想不稳定，要抓紧教育，做到警钟长鸣。

(5) 违章纠正教育。对于违反安全规章制度而导致重大险情或已遂事故的员工，应进行违章纠正教育。教育内容包括违反的规章条文、意义及危害。引导受教育者充分认识到自己的过失，吸取教训。对于情节严重的违章事件，除教育责任人外，还应通过适当的形式现身说法，以扩大教育面。

(6) 安全部门召开安全例会。安全部门人员应经常到施工现场、岗位进行巡回检查，督促安全规章制度的贯彻执行；组织专题安全技术讲座，利用班前班后会议进行安全技术知识教育；还可以利用广播、黑板报、现场会等形式进行经常性安全教育。

经常性安全教育应做好记录，记载培训时间、地点、讲授人、培训对象、人数、教育内容等信息，以备检查。

8.1.6　安全技术措施和交底

1. 安全技术措施

安全技术措施是指为了防止工伤事故和职业病的危害，从技术层面采取的措施。在工程施工中，安全技术措施是指针对工程特点、环境条件、劳动力组织、作业方法、施工机械、供电设施等制定的确保安全施工的措施，具体包括以下内容。

(1) 一般工程安全技术措施。场内运输道路及人行通道的布置；临时用电技术方案；临边、洞口及交叉作业的施工防护安全技术措施；安全网的架设范围和管理要求；防火、防毒、防爆、防雷安全技术措施；临街防护，临近外架供电线路、地下供电、供气、通风、管线、毗邻建筑物防护等安全技术措施；机械设备安全技术措施；冬、夏雨期施工安全技术措施；新技术、新材料、新设备和新工艺施工安全技术措施。

(2) 特殊工程安全技术措施。结构复杂、危险性较大的分部分项工程，应编制专项施工方案和安全措施。例如，基坑支护与排降水工程、土方开挖工程、模板工程、起重吊装工程、脚手架工程、拆除工程、爆破工程等，必须编制单项的安全技术措施，并附有设计依据、详细计算、样图和文字要求。

(3) 季节性施工安全技术措施。季节性施工安全技术措施是指考虑夏季、冬季等不同季节的气候经施工带来的不安全因素以及因此可能造成的各种突发性事故，而从防护、技术、管理上采取的防护措施。一般建筑工程，可以在施工组织设计或施工方案安全技术措施中编制季节性施工安全技术措施；危险性大、高温期长的建筑工程，应单独编制季节性施工安全技术措施。

2. 安全技术交底

安全技术交底是指施工负责人在生产作业前对直接生产作业人员进行的安全操作规程和注意事项的培训。《建设工程安全生产管理条例》规定，建设工程施工前，施工单位负责项目管理的技术人员应向施工作业班组、作业人员详细说明有关安全施工的技术要求，并由双方签字确认。重大安全技术措施和重要部位的安全技术措施应由公司技术负责人向项目经理部技术负责人进行书面的安全技术交底；一般安全技术措施及施工现场应注意的安全事项，由项目经理部技术负责人向施工作业班组、作业人员做出详细说明，并经双方签字认可。

(1) 安全技术交底的主要内容。主要内容包括：本工程项目的施工作业特点和危险点；针对危险点的具体预防措施；应注意的安全事项；相应的安全操作规程和标准；发生事故后应及时采取的避难和急救措施等。

(2) 安全技术交底的基本要求。基本要求包括：项目经理部必须实行逐级安全技术交底制度，纵向延伸到班组全体作业人员；技术交底必须具体、明确、针对性强；技术交底的内容应针对分部分项工程施工中给作业人员带来的潜在危险因素和存在的问题；应优先采用新的安全技术措施；应将工程概况、施工方法、施工程序、安全技术措施等向工长、班组长、作业人员进行详细交底；定期向由两个以上作业队伍组成的多工种交叉施工的作业队伍进行书面安全技术交底；保留书面安全技术交底等签字记录。

8.1.7 安全检查

安全检查是指建设行政主管部门、施工企业安全生产管理部门或项目经理部对施工企业、项目经理贯彻国家安全生产法律法规的情况、安全生产情况、劳动条件、事故隐患等进行的检查。

1. 安全检查的形式

安全检查采取日常性检查、季节性检查、专业性检查、节假日前后检查和不定期检查等形式。各种检查可单独进行，也可结合进行。

(1) 日常检查。基层班组长或安全检查员督促做好班前准备工作和检查离班前交接收整工作，督促本班组成员认真执行安全制度和岗位责任制度，遵守操作规程。各级主管人员应在各自业务范围内，经常深入现场进行安全检查，及时发现安全隐患，并及时督促有关部门解决。

(2) 季节性检查。季节性检查是指根据季节特点，为保障安全生产所进行的检查。例如，春季风大，应注重防火、防爆和高空作业安全；夏季高温、多雷雨，应注重防暑、降温、防汛、防雷击、防触电；冬季温度降低，应注重防寒、防冻、防滑等。

(3) 专业性检查。专业性检查是针对危险性大的特种作业、特种设备、特殊场所和安全生产薄弱环节的专门检查。例如，电焊、气焊、起重设备、运输车辆、锅炉等压力容器、易燃易爆场所等。专业性检查是不定期的，主要由安全人员负责执行，同时吸收与检查内容有关的技术和管理人员参加。

(4) 节假日前后检查。节假日前后检查是针对节假日期间作业人员易产生麻痹思想的特点而进行的安全检查，包括节日前的安全生产综合检查、节日后的遵章守纪检查等。

(5) 不定期检查。不定期检查是指不提前通知受检单位或部门而进行的检查。不定期检查一般由上级部门组织进行，带有突击性，可以发现受检单位或部门安全施工的持续性程度，以弥补定期检查的不足。不定期检查主要是主管部门对下属单位或部门进行抽查。

2. 安全检查的内容

安全检查以查思想、查安全责任、查安全制度、查安全措施、查安全防护、查设备设施、查教育培训、查操作行为、查劳动防护用品使用和查伤亡事故处理等为主要内容，重点是查违章指挥和违章作业。安全检查后应编制安全检查报告，说明已达标项目、未达标项目、存在的问题、原因分析、纠正和预防措施等。

(1) 安全设施的检查。在施工现场安全检查中，应检查安全设施的完备性，包括：消防设施、安全通道、应急照明等设施是否齐全有效；消防设备是否齐全并且处于可使用状态；安全通道是否畅通；应急照明是否正常工作等。

(2) 施工作业的安全。在施工现场安全检查中，应对施工作业的安全进行全面检查，包括：对高空作业、起重作业、电气作业等进行安全检查，确保作业人员有足够的安全防护措施，并且按照规定进行操作；对施工现场的材料堆放、临时用电、临时设施等进行检查，确保施工现场整体的安全。

(3) 现场环境的安全。现场环境的安全也是安全检查的重点内容之一，包括：对施工现场的地面、道路、排水系统等进行检查，确保施工现场的环境安全；对施工现场的危险化学品、有害物质等进行管控，确保施工现场的环境不会对工人造成伤害。

(4) 安全管理的检查。在施工现场安全检查中，应对安全管理进行全面检查，包括：对施工现场的安全标志、安全教育、安全培训等进行检查，确保施工现场的安全管理工作到位；对施工现场的安全责任制度、安全督导等进行检查，确保施工现场的安全管理工作得到有效执行。

做好上述工作，才能有效地预防施工现场安全事故的发生，保障工人和现场的安全。

3. 安全检查的方法

(1) “听”，即听取基层管理人员或施工现场安全员汇报安全生产情况，介绍现场安全工作经验、存在的问题、今后的改进方向。

(2) “问”，即通过询问和提问，对以项目经理为首的现场管理人员和操作工人进行的应知应会抽查，以便了解现场管理人员和操作工人的安全素质。

(3) “看”，即查看施工现场安全管理资料和对施工现场进行巡视。例如，查看项目负责人、专职安全管理人员、特种作业人员等的持证上岗情况；现场安全标志设置情况；劳动防护用品使用情况；现场安全防护情况；现场安全设施及机械设备安全装置配置情况等。

(4) “量”，即使用测量工具对施工现场的一些设施、装置进行实测实量。例如，对脚手架各种杆件间距的测量；对现场安全防护栏杆高度的测量；对电气开关箱安装高度的测量；对在建工程与外电线路安全距离的测量等。

(5) “测”，即使用专用仪器、仪表等监测器具对特定对象关键特性技术参数的测试。例如，使用漏电保护器测试仪对漏电保护器漏电动作电流、漏电动作时间的测试；使用地阻仪对现场各种接地装置接地电阻的测试；使用兆欧表对电机绝缘电阻的测试；使用经纬仪对塔吊、外用电梯安装垂直度的测试等。

(6) “运转试验”，即由具有专业资格的人员对机械设备进行实际操作、试验，检验其运转的可靠性或安全限位装置的灵敏性。例如，对塔吊力矩限制器、变幅限位器、起重限位器等安全装置的试验；对施工电梯制动器、限速器、上下极限限位器、门联锁装置等安全装置的试验；对龙门架超高限位器、断绳保护器等安全装置的试验等。

4. 安全检查评分方法

2012年7月，《建筑施工安全检查标准》(JGJ 59—2011)开始实施，建筑工程安全检查由传统的定性评价上升到定量评价，安全检查得以进一步规范化、标准化。

《建筑施工安全检查标准》的主要内容包括安全管理、文明施工、扣件式钢管脚手架、门式钢管脚手架、碗扣式钢管脚手架、承插型盘扣式钢管脚手架、满堂脚手架、悬挑式脚手架、附着式升降脚手架、高处作业吊篮、基坑工程、模板支架、高处作业、施工用电、物料提升机、施工升降机、塔式起重机、起重吊装、施工机具共19项，检查评定项目得分作为对施工现场安全生产情况的综合评价依据。19项安全检查内容中包括96项保证项目和94项一般项目，按照标准附录中的分项检查评分表进行评分。以下是具体的安全检查评分方法。

(1) 分项检查评分表和检查评分汇总表的满分分值均为100分，评分表的实得分值为各检查项目所得分值之和。各分项检查表在汇总表中所占的分值分别为：安全管理10分、文明施工15分、脚手架10分、基坑工程10分、模板支架10分、高处作业10分、施工用电10分、物料提升机与施工升降机10分、塔式起重机与起重吊装10分、施工机具5分。

(2) 评分采用扣减分值的方法，扣减分值总和不得超过该检查项目的应得分值。

(3) 当按分项检查评分表评分时，若保证项目中有一项未得分或保证项目小计得分不足40分，此分项检查评分表不应得分。

(4) 分值计算方法。检查评分汇总表中各分项项目实得分值的计算公式为

$$A_1 = \frac{BC}{100} \tag{8-1}$$

式中：A_1表示汇总表各分项项目实得分值；B表示汇总表中该项应得满分值；C表示该项检查评分表实得分值。

当评分遇有缺项时，分项检查评分表或检查评分汇总表的总得分值的计算公式为

$$A_2 = \frac{D}{E} \times 100 \tag{8-2}$$

式中：A_2表示遇有缺项时总得分值；D表示实查项目在该表的实得分值之和；E表示实

查项目在该表的应得满分值之和。

(5) 脚手架、物料提升机与施工升降机、塔式起重机与起重吊装项目的实得分值，应为所对应专业的分项检查评分表实得分值的算术平均值。

(6) 建筑施工安全检查等级评定。应按汇总表的总得分和分项检查评分表的得分，将建筑施工安全检查评定划分为优良、合格、不合格3个等级。

① 优良：分项检查评分表无零分，汇总表得分值应在80分及以上。

② 合格：分项检查评分表无零分，汇总表得分值应在80分以下、70分及以上。

③ 不合格：汇总表得分值不足70分，或有一分项检查评分表得零分。

当建筑施工安全检查评定的等级为不合格时，必须限期整改达到合格。

8.1.8　安全事故处理

1. 安全事故分类

1) 按照事故的原因及性质分类

按照安全事故的原因和性质进行划分，可以将其分为4类，即生产事故、质量问题、技术事故和环境事故。

(1) 生产事故。生产事故主要是指在建筑产品的生产、维修、拆除过程中，操作人员违反有关施工操作规程等直接导致的安全事故。这种事故一般是在施工作业过程中发生的，事故发生比较频繁，同时也是建筑安全事故的主要类型之一。当前，我国对建筑安全生产的管理主要针对生产事故。

(2) 质量问题。质量问题主要是指设计不符合规范或施工不达标等而导致建筑结构实体或使用功能存在瑕疵，进而引起的安全事故。其中，设计不符合规范主要是因为一些资质不足的单位或个人私自出图或设计本身存在安全隐患。施工不达标是因为施工过程违反有关操作规程或施工主体偷工减料。质量问题可能发生在施工作业过程中，也可能发生在建筑实体的使用过程中，在建筑实体的使用过程中，若出现质量问题，所带来的危害是极其严重的，尤其是在发生地震、火灾的情况下。质量问题是建筑安全事故的主要类型之一。

(3) 技术事故。技术事故主要是指工程技术原因导致的安全事故。技术事故所导致的结果通常是毁灭性的。技术是安全施工的保证，曾被确信无疑的技术可能会突然出现问题，导致严重的事故。在工程技术领域，人类历史上发生过多次技术灾难。例如，苏联的切尔诺贝利核事故，美国宇航史上最严重的“挑战者号”爆炸事件等。在工程建设领域，这方面的惨痛教训同样深刻。例如，加拿大特朗斯康谷仓地基滑动事故，美国密苏里州发生的海厄特摄政通道垮塌事故等。

(4) 环境事故。环境事故主要是指建筑实体在施工或使用过程中，使用环境或周边环境原因导致的安全事故。其中，使用环境原因主要是指对建筑实体的使用不当，比如荷载超标，按静荷载设计而实际使用为动荷载，使用高污染建筑材料或放射性材料等。

使用高污染建筑材料或放射性材料的建筑物，既会给施工人员造成职业病危害，又会给使用者的身体带来伤害。周边环境原因主要是指一些自然灾害对施工安全的影响，例如山体滑坡等。在地质灾害频发地区，应尤为重视环境事故的发生。人们往往将环境事故的发生归咎于自然灾害，其实体现了人们缺乏对环境事故的预判和防治能力。

2) 按事故类别分类

按照安全事故类别进行划分，可以将其分为14类，即物体打击、车辆伤害、机械伤害、起重伤害、触电、灼烫、火灾、高处坠落、坍塌、透水、爆炸、中毒、窒息、其他伤害。

3) 按事故严重程度分类

根据《生产安全事故报告和调查处理条例》第三条的规定，按照生产安全事故造成的人员伤亡和直接经济损失进行划分，可以将其分为4个等级，即特别重大事故、重大事故、较大事故、一般事故。

(1) 特别重大事故，是指造成30人以上死亡，或者100人以上重伤(包括急性工业中毒，下同)，或者1亿元以上直接经济损失的事故。

(2) 重大事故，是指造成10人以上30人以下死亡，或者50人以上100人以下重伤，或者5000万元以上1亿元以下直接经济损失的事故。

(3) 较大事故，是指造成3人以上10人以下死亡，或者10人以上50人以下重伤，或者1000万元以上5000万元以下直接经济损失的事故。

(4) 一般事故，是指造成3人以下死亡，或者10人以下重伤，或者1000万元以下直接经济损失的事故。

上述条款中“以上”包括本数，“以下”不包括本数。

2. 安全事故处理流程

1) 事故发生及时报告

建筑施工现场发生伤亡事故后，负伤人员或最先发现事故的现场人员应立即将事故概况(包括伤亡人数，发生事故的时间、地点、原因)等报告本单位工程项目经理部领导或安全技术人员，单位负责人接到报告后，应于1小时内向事故发生地县级以上人民政府安全生产监督管理部门和负有安全生产监督管理职责的有关部门报告，并有组织、有指挥地抢救伤员、排除险情。安全生产监督管理部门和负有安全生产监督管理职责的有关部门根据事故的严重程度和施工现场情况，用快速办法分别通知和报告公安机关、劳动部门、工会、人民检察院及上级主管部门。

2) 迅速抢救伤员并保护好事故现场

事故发生后，应迅速采取必要措施抢救伤员和排除险情，预防事故的蔓延扩大。同时，为了调查事故、查清事故原因，必须保护好事故现场。因抢救负伤人员和排除险情而必须移动现场物件时，必须进行录像、摄影或画清事故现场示意图，并做出标记。这是因为事故现场是提供有关物证的主要场所，也是调查事故原因不可缺少的客观条件。现场各种物体的位置、颜色、形状及其物理、化学性质等应尽可能保持事故发生时的状态，必须采取一切措施防止人为或自然因素的破坏。清理事故现场应在调查组确认现场取证完毕，并征得上级劳动安全监察部门、行业主管部门、公安部门、工会等同意后进行，不得以恢复生产为由擅自清理现场。

3) 组织事故调查组

一般事故是由企业负责人或其指定人员组织生产、技术、安全等有关人员以及工会成员组成事故调查组。较大事故是由企业主管部门会同事故发生地的市(或者相当于设区的市一级)劳动部门、监察部门、公安部门、工会组成事故调查组对事故进行调查。重大事故是由省、自治区、直辖市主管部门或者国务院有关主管部门会同同级劳动部门、公安部门、监察部门、工会组成事故调查组对事故进行调查；特别重大事故由国务院或国务院授权有关部门组织事故调查组进行调查。根据事故性质，可邀请人民检察院派员参加或请有关专家、工程技术人员进行鉴定，但与事故有直接利害关系的人员不得参加事故调查组。

4) 现场勘察

在事故发生后，调查组必须到现场进行勘察。现场勘察是一项技术性很强的工作，涉及广泛的科学技术知识和实践经验，现场勘察必须及时、全面、细致、客观。现场勘察的主要内容如下所述。

(1) 作出笔录。笔录内容包括：发生事故的时间、地点、气象等；现场勘查人员的姓名、单位、职务；现场勘查起止时间、勘查过程；能量逸散所造成的破坏情况、状态、程度等；设备损坏或异常情况及事故前后的位置；事故发生前劳动组合、现场人员的位置和行动；散落情况；重要物证的特征、位置及检验情况等。

(2) 现场拍照。拍照内容包括：方位拍照，反映事故现场在周围环境中的位置；全面拍照，反映事故现场各部分之间的联系；中心拍照，反映事故现场中心情况；细目拍照，揭示事故直接原因的痕迹物、致害物等；人体拍照，反映伤亡者主要受伤和造成死亡伤害部位。

(3) 现场绘图。根据事故类别和规模以及调查工作的需要，应绘出下列示意图：建筑物平面图、剖面图；事故发生时人员位置及疏散(活动)图；破坏物立体图或展开图；涉及范围图；设备或工、器具构造图等。

5) 分析事故原因，确定事故性质

通过事故调查，分析事故原因，总结教训，制定预防措施，避免类似事故的重复发生，同时确定事故性质，明确事故责任人，为依法处理提供证据。

(1) 查明事故经过，明确造成事故的各种因素，包括人、物、生产管理和技术管理方面的问题，认真、客观、全面、细致、准确地分析，确定事故的性质和责任。

(2) 整理和仔细阅读调查材料，按照《企业职工伤亡事故分类标准》(GB 6441—86)

的规定，对受伤部位、受伤性质、起因物、致害物、伤害方法、不安全状态和不安全行为7项内容进行分析，确定直接原因、间接原因和事故责任者。

(3) 分析事故原因时，应根据调查所确认的事实，从直接原因入手，逐步深入到间接原因。通过对直接原因和间接原因的分析，确定事故直接责任者和领导责任者，再根据上述责任者在事故发生过程中的作用，确定主要责任者。

(4) 确定事故的性质，通常分为3类。

① 责任事故，即由人的过失造成的事故。

② 非直接责任事故，即由人们不能预见或不可抗拒的自然条件变化所造成的事故；或者在技术改造、发明创造、科学试验活动中，由于科学条件限制而发生的无法预料的事故。但是，能够预见并可采取措施加以避免的伤亡事故，或由于没有经过认真研究解决技术问题而造成的事故，不能包括在内。

③ 破坏性事故，即为达到既定目的而故意制造的事故。对已确定为破坏性事故的，应由公安机关和企业保卫部门认真追查破案、依法处理。

6) 撰写事故调查报告

事故调查组应按照《死亡、重伤事故调查报告书》的规定，着重把事故发生经过、原因、责任分析、处理意见以及本次事故教训和改进工作的建议等内容逐项撰写成文字报告，经调查组全体人员签字后报批。如果调查组内部意见有分歧，应在查清事实的基础上，对照政策法规反复研究，统一认识。如果个别人员持有不同意见，应允许保留，并在签字时写明自己的意见。事故调查报告提交期限为事故发生之日起60日内，若有特殊情况，延长期限最长不超过60日。事故调查报告应包括下列内容。

(1) 事故发生单位概况。

(2) 事故发生经过和事故救援情况。

(3) 事故造成的人员伤亡和直接经济损失。

(4) 事故发生的原因和事故性质。

(5) 事故责任的认定以及对事故责任者的处理建议。

(6) 事故防范和整改措施。

7) 事故的审理与结案

事故的审理与结案主要包括以下几项内容。

(1) 事故的审理和结案的权限和期限。企业及其主管部门负责处理的内容包括：执行对事故责任人员的行政处分；组织防范措施的实施；做好事故的善后处理。企业及其主管部门应根据事故调查组提出的调查报告中的处理意见和防范措施建议，撰写《企业职工伤亡事故调查处理报告书》，报经劳动监察部门审查同意批复后视为结案。企业在接到对伤亡事故处理的结案批复文件后，应在企业职工中公开宣布批复意见和处理结果。关于对事故责任者的处理，根据其情节轻重和损失大小，按照主要责任、重要责任、一般责任、领导责任等予以处分。对有关人员的处分应记入受处分人的档案，但依法应由司法机关处理的除外。一般情况下，重大事故、较大事故、一般事故处理应在75天内结案；特别重大事故应在90天内结案；如有特殊情况，结案时间不得超过180天。

(2) 事故档案。事故教训应予以记载并归档保存，作为研究改进措施、进行安全教育以及展开科学研究的资料。当事故处理结案后，应归档的事故资料如下所述。

① 职工伤亡事故登记表。

② 职工死亡、重伤事故调查报告书及批复材料。

③ 现场调查记录、图纸、照片。

④ 技术鉴定和试验报告。

⑤ 物证和人证材料。

⑥ 直接和间接经济损失材料。

⑦ 事故责任者的自述材料。

⑧ 医疗部门对伤亡人员的诊断书。

⑨ 发生事故时的工艺条件、操作情况和设计材料。

⑩ 处分决定和受处分人员的检查材料。

⑪ 有关事故的通报、简报及文件。

⑫ 注明参加事故调查人员的姓名、职务、单位等。

8.2　工程项目环境管理

8.2.1　工程项目环境管理概述

1. 工程项目环境管理的内涵

工程项目环境管理主要是指在工程的建设和运营过程中对自然和生态环境的保护，以及按照法律法规、合同和企业的要求，保护和改善作业现场环境，控制和减少现场的各种粉尘、废水、废气、固体废弃物、噪声、振动等对环境的污染和危害。

工程项目环境管理是环境保护工作中极为重要的一项工作，也是促进环境与经济协调发展的主要调控手段。工程项目环境管理的主要任务是通过对工程项目实施环境管理，从源头上控制工程项目建设对周边环境的不利影响。

2. 工程项目对环境的影响以及与环境的交互作用

自20世纪中叶以来，环境危机被列为全球性问题，其根源与建设工程项目有着一定的联系。例如，工业化与城市化的迅猛发展造成的资源浪费以及环境污染等，工程项目已逐渐成为影响环境的重要污染源之一。工程项目建设与运行中排放的废水、废气和固体废弃物，无论是对大气、水体还是对人类自己都造成了巨大的隐患。

同时，工程项目对环境有很大的依赖性，如自然环境、人文环境等。工程项目的环境影响着工程项目的实施，工程项目与环境之间是相互制约、相互协调的交互关系。因此只有促进环境与工程项目的协调发展，工程项目才能取得成功。

3. 工程项目环境管理的目的

工程项目环境管理的目的包括以下几个方面。

(1) 保护生态环境。工程项目通常需要占用大量的土地资源，涉及当地水域和生态系统，尤其是大型工程的建设过程，对环境的影响尤为严重。因此，需要对工程项目进行科学规划，开展项目环境影响评价和环境监测，对项目生态环境风险进行评估和控制。

(2) 预防环境污染。工程项目施工过程中产生的噪声、震动、废气、废水、固体废弃物等污染物对周边环境和居民会产生不利影响。环境管理的目的是通过施工现场管理，控制污染物排放，对废弃物进行有效处理，以减少工程建设对环境的污染。工程项目应制定环保预案，建立监测系统，确保施工过程中的环境污染得到有效控制。

(3) 提高资源利用率。工程项目需要耗费大量能源和材料，环境管理能够减少能源和资源消耗，促进资源的合理利用。如今，绿色建筑理念已在全球范围内广泛推广，通过采用节能减排技术和资源循环利用，可以降低项目能源和资源消耗，提高资源利用率，减少对自然资源的依赖。

(4) 促进社会发展。工程项目环境管理可以促进社会经济的可持续发展。通过环境管理，可以提高建筑质量和工程安全性，保障人员的生命财产安全。同时，通过合理规划项目布局、改善城市交通、建设公共设施等，有助于提升居民的生活质量和城市的整体形象，同时也推动了社会进一步发展。

工程项目环境管理需要从规划、设计、施工、运营等各环节入手，制定相应的管理措施和标准，并进行全程监测和评估。同时，还需要加强法规的制定和执行，增强人们的环保意识，加强技术研发和人才培养，构建环境管理体系，确保环境管理落到实处。

8.2.2 我国工程项目环境评价制度

1. 环境影响评价体系

2003年9月1日，我国开始实施《中华人民共和国环境影响评价法》，并于2018年12月29日修正。总体来说，我国工程项目环境影响评价体系可以归纳为以下几点。

(1) 依法进行严格的环境影响评价，提出环境影响评价报告。根据工程项目对环境的影响程度编制环境影响评价文件。该评价文件分为3类，即环境影响报告书、环境影响报告表、环境影响登记表。国家相关主管部门应根据评价文件对工程项目进行分类管理。

评价项目对环境的影响，包括对环境的污染、对生态的影响和对人文景观的影响等内容。工程项目建设方应根据建设工程项目环境影响报告和总体环保规划，全面制订并实施工程项目范围内环境保护计划，有效控制污染物及废弃物的排放，并进行有效治理；保护生态环境，防止因工程建设和投产引发生态变化与扰民问题，防止水土流失，进行绿化规划等；应注重分析工程项目对环境的影响和污染，制定防治措施，并报上级主管部门批准。

(2) 编撰评价文件。评价文件应由具有相应环境影响评价资质的机构提出，包括建设项目周边环境的描述、对环境将产生影响的预测，并提出具体的技术与组织措施，分析环境影响的经济损益，编写或按格式填写最终结论，报相关行政主管部门审批。在工程建设阶段，应对照环境影响评价文件采取恰当的保护措施或改进措施并备案。

(3) 根据规定，在项目总投资中必须明确保证有关环境保护设施建设的投资情况。

(4) 环境影响报告获批准后，计划部门才可批准建设项目设计任务书。

(5) 所有的新建、改建、扩建和技术改造项目以及开发项目都必须实现“三同时”，即污染治理的设施与主体工程同时设计、同时施工、同时投产运行。

通过工程项目环境影响评价以及制定相应的预防和应急措施，可以确保工程项目环境管理在项目生命周期中得以有效实施。

2. 环境影响评价制度

1998年11月29日，生态环境部发布了《建设项目环境保护管理条例》，并于2017年7月16日修订。该条例规定国家实行建设项目环境影响评价制度。

1) 建设项目环境保护分类

根据建设项目对环境的影响程度，对建设项目环境保护实行分类管理，具体分类如下所述。

(1) 建设项目对环境可能造成重大影响的，应当编制环境影响报告书，对建设项目产生的污染和对环境的影响进行全面、详细的评价。

(2) 建设项目对环境可能造成轻度影响的，应当编制环境影响报告表，对建设项目产生的污染和对环境的影响进行分析或者专项评价。

(3) 建设项目对环境影响很小，不需要进行环境影响评价，应当填报环境影响登记表。

建设项目环境影响评价分类管理名录，由国务院环境保护行政主管部门在组织专家进行论证和征求有关部门、行业协会、企事业单位、公众等意见的基础上制定并公布。

2) 建设项目环境影响报告书

建设项目环境影响报告书应包含以下内容。

(1) 建设项目概况。

(2) 建设项目周围环境现状。

(3) 建设项目对环境可能造成影响的分析和预测。

(4) 环境保护措施及其经济、技术论证。

(5) 环境影响经济损益分析。

(6) 对建设项目实施环境监测的建议。

(7) 环境影响评价结论。

建设项目环境影响报告书、环境影响登记表的内容和格式，均由国务院环境保护行政主管部门规定。

依法应当编制环境影响报告书、环境影响报告表的建设项目，建设单位应当在开工建设前，将环境影响报告书、环境影响报告表报有审批权的环境保护行政主管部门审批；建设项目环境影响评价文件未依法经审批部门审查或者审查后未予批准的，建设单位不得开工建设。

环境保护行政主管部门审批环境影响报告书、环境影响报告表时，应当重点审查建设项目的环境可行性、环境影响分析预测评估的可靠性、环境保护措施的有效性、环境影响评价结论的科学性等，并分别自收到环境影响报告书之日起60日内、收到环境影响报告表之日起30日内，做出审批决定并以书面形式通知建设单位。

环境保护行政主管部门可以组织技术机构对建设项目环境影响报告书、环境影响报告表进行技术评估，并承担相应费用；技术机构应当对其提出的技术评估意见负责，不得向建设单位、从事环境影响评价工作的单位收取任何费用。

依法应当填报环境影响登记表的建设项目，建设单位应当按照国务院环境保护行政主管部门的规定，将环境影响登记表报建设项目所在地县级环境保护行政主管部门备案。

环境保护行政主管部门应当开展环境影响评价文件网上审批、备案和信息公开。

建设项目环境影响报告书、环境影响报告表经批准后，建设项目的性质、规模、地点、采用的生产工艺或者防治污染、防止生态破坏的措施发生重大变动的，建设单位应当重新报批建设项目环境影响报告书、环境影响报告表。

建设项目环境影响报告书、环境影响报告表自批准之日起满5年，建设项目方开工建设的，其环境影响报告书、环境影响报告表应当报原审批部门重新审核。原审批部门应当自收到建设项目环境影响报告书、环境影响报告表之日起10日内，将审核意见以书面形式通知建设单位；逾期未通知的，视为审核同意。

8.2.3 设计阶段的环境管理

在工程设计阶段，环境管理的主要目标是最大限度地做好资源和环境的规划设计，以便合理利用。应根据环境影响评价文件，对环境产生影响的因素进行仔细分析，并结合工程设计要求，提出相应的技术和管理措施，该措施可以反映在设计文件中。工程设计必须严格执行有关环境管理的法律、法规和工程建设强制性标准中关于环境保护的相应规定，应充分考虑环境因素，防止因设计不当导致环境问题的发生。此外，还应加强设计人员的环境教育，提高其环境保护意识和职业道德。

建设工程设计工作应结合拟建工程项目的周边社会环境和自然环境的特点，以减少建设工程对环境的影响为出发点，采用环保设计理念，通过节约资源、减少污染、提高能效等手段，实现可持续发展的目标。环保设计理念的核心是将环境保护纳入设计的整个过程，在达到最佳环境效益的同时，满足用户的需求。

1. 环保设计理念强调节约资源的重要性

通过使用节能、节水、节约原材料等方面的高效技术，可以减少资源消耗。例如，在建筑设计中，可以采用节能灯具、低碳材料、保温材料等，以减少对能源和材料的需求。在建筑产品设计中，可以通过减少材料的用量和使用可再生材料来减少资源消耗。这样既可以降低成本，又可以减少对环境的影响。

2. 环保设计理念注重减少污染物的排放

在建筑产品设计中，可以通过使用低污染材料、减少有害物质的使用和优化生产过程等措施来减少污染物的排放。在建筑和基础设施设计中，可以采用先进的污水处理和废水处理技术，以确保排放物达到环保标准。通过新能源和清洁能源的应用，还可以进一步减少对空气和水资源的污染。

3. 环保设计理念强调提高能效的重要性

在建筑产品设计中，通过采用高效的电子元件、改进机械结构、优化设计等手段，可以提高产品的能效，减少能源消耗。在建筑和基础设施设计中，可以通过改善建筑的隔热、通风和照明系统，以及使用智能控制技术，提高能源利用效率，从而降低对能源的需求和用户的能源使用成本，进而提高用户体验。

4. 环保设计理念强调可持续发展的重要性

可持续设计是指在建筑产品设计中，考虑到整个项目生命周期对环境的影响，并采取相应措施，以确保建筑产品或建筑材料的使用、维护和处理不会对环境造成重大负面影响。可持续设计还可以通过鼓励循环经济，推动绿色供应链管理和材料再生利用等措施，推动资源的可持续利用。

环保设计理念是以环境保护为目标的设计理念，通过节约资源、减少污染、提高能效和推动可持续发展等措施，实现可持续生活和产业发展。在未来的工程项目设计过程中，环保设计理念将扮演越来越重要的角色，成为推动社会进步的重要力量。

8.2.4　施工阶段的环境管理

施工阶段是工程项目环境管理的关键阶段。施工阶段通常持续时间比较长，工序复杂，很多环境问题都集中在施工现场。例如，施工阶段会产生大量的粉尘、噪声、污水、建筑垃圾等，这会给城市造成严重污染，阻碍社会的和谐发展。

1. 建设工程施工引发的环境问题

(1) 大气污染。建设工程项目在材料运输与装卸、现场堆放、施工场地平整、基坑及场内道路施工等环节，会产生地面扬尘，造成施工现场及附近一定范围内的大气污染，影响附近居民的生活和身体健康。

(2) 土壤和水污染。建设工程项目施工过程中，施工现场的施工人员会产生生活污水，施工过程中会产生地面冲洗水、混凝土养护废水、废旧原料和物品、化工原料的包装(如油漆桶、沥青桶等)及电池等，如果缺乏有效管控措施，废水和残液可能会渗入土壤和水体，造成周边环境污染。

(3) 噪声污染。噪声污染是指在建筑施工过程中产生的干扰周围生活环境的噪声，这是建筑施工过程中周边居民反映最为强烈和常见的问题。建筑施工过程涉及大量大型机械设备的使用，例如强夯机、打桩机、挖掘机、砂浆搅拌机、塔吊等，使用过程中会产生大量噪声。部分施工工序，例如混凝土振捣、钢筋切割等也会产生恼人的噪声。

(4) 固体废弃物污染。施工期间产生的固体废弃物主要包括建筑垃圾和施工人员的生活垃圾等，若不采取有效的处置方法，将会影响周围环境。其中，建筑垃圾主要包括碎石、碎渣、塑料、钢筋、玻璃、预制板、废弃包装材料等；施工人员的生活垃圾主要包括厨余垃圾、食物残渣、纸张等。

(5) 有害气体及放射性物质污染。建筑材料中的苯、甲醛等化学物质对人体危害严重，容易引起皮肤过敏、眼睛或呼吸道发炎、血液疾病等。建筑材料的放射性污染危害不易察觉且不可预见，例如，一部分无机材料及其产品中含有镭(Ra)，镭可以蜕变成放射性很强的氡(Rn)，易引发肺癌。

(6) 光污染。建设工程施工过程中的光污染主要是指过量的光辐射对周边居民生活造成的不良影响。随着我国城市化进程的加快，工程项目夜间施工的现象非常普遍，工地照明所使用的灯光对周围居民的生活休息造成了严重影响。同时，施工过程中焊接工艺所产生的弧光也是重要的污染源，容易刺伤人的眼睛，引发视觉混乱。

2. 施工现场环境管理的基本要求

《中华人民共和国建筑法》《中华人民共和国环境保护法》和《建设项目环境保护管理条例》等法律法规，均对工程项目的环境保护做出了相应的规定。工程项目建设应严格执行相关法律法规和标准规范，建立项目施工环境管理的检查、监督和责任约束机制。对施工中可能产生的污水、烟尘、噪声、强光、有毒有害气体、固体废弃物等有害于环境的因素，实行信息跟踪、预防预报、明确责任、制定措施和严格控制的方针，以消除或降低对施工现场及周边环境(包括人员、建筑、管线、道路、文物、古迹、江河、空气、动植物等)的影响或损害。

3. 施工现场环境管理的主要内容

1) 收集环境管理相关资料

项目部应在施工前了解经过施工现场的地下管线，并标出位置，加以保护。在施工过程中，如果发现文物、古迹、爆炸物、电缆等，应当停止施工，保护现场，并及时向有关部门报告，按照规定处理后方可继续施工。

2) 环境因素分析

项目部应对施工现场的环境因素进行分析，对可能产生污水、废气、噪声、固体废弃物等的污染源采取措施，进行实时控制，具体包括以下方面。

(1) 建筑垃圾和渣土应堆放在指定地点并采取措施定期清理搬运。

(2) 装载建筑材料、垃圾或渣土的车辆，应采取防止尘土飞扬、洒落或流溢的有效措施。根据施工现场的需要，还应设置机动车辆冲洗设施，并对冲洗污水进行处理。

(3) 应按规定有效处理有毒有害物质，禁止将有毒有害废弃物作为土方回填。除有符合规定的装置外，禁止在施工现场熔化沥青和焚烧油毡、油漆及其他可产生有毒有害烟尘和恶臭气味的废弃物。

(4) 施工现场应设置畅通的排水沟渠系统，保持场地道路的干燥、坚实。施工现场的泥浆和污水未经处理不得直接外排。

(5) 当有条件时，可以对施工现场进行绿化布置。

3) 施工区域规划设计

项目部应依据施工条件和施工总平面图、施工方案和施工进度计划的要求，综合考虑节能、安全、防火、防爆、防污染等因素，认真做好所负责区域场地的平面规划、设计、布置、使用和管理，具体包括以下几个方面。

(1) 现场的主要机械设备、脚手架、密封式安全网和围挡、模具，施工临时道路，水、电、气管线，施工材料制品堆场及仓库，土方、建筑垃圾堆放区，变配电间、消火栓，警卫室和现场的办公、生产和生活临时设施等的布置，均应符合施工平面图的要求，并根据现场条件合理进行动态调整。

(2) 现场入口处的醒目位置应公示工程概况牌、安全纪律牌、防火须知牌、安全无重大事故牌、安全生产及文明施工牌、施工总平面图、项目经理部组织架构及主要管理体制人员名单。

(3) 施工现场必须设立门卫，根据需要设置警卫，负责施工现场保卫工作，并采取必要的保卫措施。主要管理人员应在施工现场佩戴证明其身份的标识。

4) 文明施工

项目部应做好现场文明施工工作，促进施工阶段的环境保护。文明施工是施工企业管理水平的直观体现，其内容包括施工现场的场容管理、机械管理、文化管理、卫生管理等。

(1) 现场文明施工的一般要求。文明施工可以保持施工现场良好的作业环境、卫生环境和工作秩序，一般包含以下几点要求。

① 规范施工现场的场容，保持作业环境的整洁卫生。

② 科学组织施工，确保施工过程有序进行。

③ 减少施工对周围居民和环境的影响，保证职工的安全和身心健康。

④ 管理责任明确，奖惩分明。

⑤ 定期检查管理实施程度。

(2) 场容管理。场容管理作为施工现场管理的重要方面，无论是政府主管部门，还是施工企业，以及项目经理部都应予以重视。施工现场的场容管理应在施工平面图设计的合理安排和物料器具定位管理标准化的基础上，做到以下几点。

① 施工中需要停水、停电、封路而影响环境时，必须经有关部门批准，事先告示。

② 在行人、车辆通过的地方施工，应当设置沟、井、坎覆盖物和标志。

③ 针对现场人流、物流、安全、保卫、遵纪守法方面等提出公告或公示要求。

④ 针对管理对象(不同的分包人)划定责任区和公共区。

⑤ 及时清理现场，保持场容场貌的整洁。

⑥ 施工机械应当按照施工总平面布置图规定的位置和线路设置。

⑦ 应保证施工现场道路畅通，排水系统处于良好的使用状态。

(3) 机械管理。机械管理是施工单位对机械设备的装备购置、使用维修、更新改造、处理报废等全过程管理工作的总称。施工单位应完善机械管理体制，健全规章制度，加强维修保养，同时还应做好使用人员培训和管理工作。

(4) 文化管理。文化管理是指在建筑施工过程中，通过建立和维护一种积极的、安全的文化氛围来提高工作质量和效率的管理活动。施工现场文化管理是一个涉及多方面的综合体系，它不仅包括安全文化建设、员工行为管理，还涉及企业形象的塑造和企业文化的传播。

(5) 卫生管理。卫生管理是指在建筑施工过程中，通过制定和实施一系列卫生管理制度和措施，确保施工现场环境整洁、工人健康安全，以及施工活动符合卫生标准的活动。其内容包括现场环境卫生管控、食品安全管理等。

8.2.5 结束阶段的环境管理

工程项目结束阶段的环境管理是一个薄弱环节，此时组织现场清理工作会产生大量的建筑垃圾和粉尘，给环境造成影响，因此应重视对建筑垃圾的处理。在该阶段的主要工作如下所述。

(1) 在主体工程竣工验收的同时，进行环境保护设施竣工验收，保证项目配套的环境保护设施与主体工程同时投入试运行。

(2) 应当向环境保护主管部门申请与工程配套建设的环境保护设施的竣工验收，并对环境保护设施的运行情况和建设项目对环境的影响程度进行监测。应注重对自然环境指标的监测，如大气、水体等周边环境资源，必须确保将污染排放量限制在国家规定的标准范围内。

(3) 对工程项目环境保护设施效果进行监控与测量，这也是对环境管理体系的运行进行监督的重要手段。为了保证监测结果的可靠性，应定期对监测和测量设备进行校准和维护。

(4) 在项目后评价中应对工程项目环境设施的建设、管理和运行效果进行调查、分析、评价，若发现实际情况偏离原目标、指标，应提出改进的意见和建议。

为规范建设项目环境保护设施竣工验收的程序和标准，强化建设单位环境保护主体责任，2017年11月20日，生态环境部发布了《建设项目竣工环境保护验收暂行办法》，该办法对建设项目竣工验收阶段的环境保护验收工作做出了相关规定。建设单位是建设项目竣工环境保护验收的责任主体，应当按照本办法规定的程序和标准，组织对配套建设的环境保护设施进行验收，编制验收报告，公开相关信息，接受社会监督，确保建设项目需要配套建设的环境保护设施与主体工程同时投产或者使用，并对验收内容、结论和公开信息的真实性、准确性和完整性负责，不得在验收过程中弄虚作假。

环境保护设施是指防治环境污染和生态破坏以及开展环境监测所需的装置、设备和工程设施等。建设项目竣工后，建设单位应当如实查验、监测、记载建设项目环境保护设施的建设和调试情况，编制验收监测(调查)报告。需要对建设项目配套建设的环境保护设施进行调试的，建设单位应当确保调试期间污染物排放符合国家和地方有关污染物排放标准和排污许可等相关管理规定。环境保护设施未与主体工程同时建成的，或者应当取得排污许可证但未取得的，建设单位不得对该建设项目环境保护设施进行调试。验收监测(调查)报告编制完成后，建设单位应当根据验收监测(调查)报告结论，逐一检查是否存在验收不合格的情形，提出验收意见；存在问题的，建设单位应当进行整改，整改完成后方可提出验收意见。

案例：漂浮的地平线，躺着的摩天楼——深圳万科中心品鉴

1. 项目概况

深圳万科中心地处深圳盐田区大鹏湾畔大梅沙旅游度假区，北靠梧桐山绿色山脊，南依大鹏湾海域，与香港新界隔海相望。万科中心是集办公、住宅和酒店等多功能于一体的大型建筑群，是深圳市第一批建筑节能及绿色建筑示范项目，如图8-2所示。2006年7月，美国史蒂文•霍尔建筑师事务所以设计理念为“漂浮的地平线、躺着的摩天楼”的设计方案一举中标该项目。该项目曾先后被评为国家绿色建筑评价标识三星级、财政部和住房城乡建设部第四批可再生能源建筑应用示范项目，并获得国内首个美国LEED-NC铂金级认证、第十届中国土木工程詹天佑奖、美国建筑师协会(AIA)荣誉奖、第三届好设计创造好效益“最佳绿色建筑奖”等奖项。

图8-2　深圳万科中心

2. 绿色建筑技术措施

(1) 节地与室外环境。项目场地噪声源主要为内环路的交通噪声，以及附近居民和学校的生活噪声，场地内1.5m高度处等效声压级分布满足《声环境质量标准》(GB 3096—2008)中噪声2类标准要求。场地声环境现场测试表明，项目场地声环境质量较好。日照分析结果表明，由于万科中心距离周边建筑较远(200m以上)，且项目建筑高度低于周边住宅和学校建筑群，不会影响周边住宅楼和学校建筑群的日照。项目玻璃幕墙选用可见光反射率为0.12的双银中空Low-E玻璃，幕墙外设计活动百叶外遮阳，景观照明灯具的上射光比例只有1.72%，可减少项目的光污染。项目首层全部采用架空设计，首层占地面积只有4748m^2。场地内采用绿地、透水铺装、人工湿地、水景等改善场地热环境的技术措施，项目透水地面面积与室外地面总面积之比为87%，远超过绿色建筑评价标准40%的要求，场地热环境质量较好。项目采用屋顶绿化方式，绿化区域在阳区，全天均有日照。植物配置主要选用适合当地生长、易于养护的乡土树种。屋顶绿化率为90.6%。项目对地下空间进行了合理利用，地下室主要为设备用房、机电用房、后勤用房和停车场。地下建筑面积为37 370.9m^2，建筑占地面积为15 434m^2，地下空间利用率为242.1%。

(2) 节能与能源利用。建筑外墙主体采用200mm加气混凝土砌块，玻璃幕墙采用高透光双银中空Low-E玻璃，屋顶主体为150mm厚钢筋混凝土，保温材料采用35mm厚的挤塑聚苯乙烯泡沫塑料板，屋面为绿化屋面。采用铝合金可调遮阳板系统，在实际运行中，根据朝向和天气情况合理控制各方向的遮阳板开启角度，有效地降低了空调与照明能耗。项目根据深圳地区的气候条件，只考虑夏季制冷，不需考虑冬季采暖，空调系统采用部分负荷冰蓄冷系统，充分利用深圳的峰谷电价政策来降低夜间运行费用。采用两台双工况螺杆主机，在空调工况和制冰工况下额定能效比分别可达4.53和3.65。风系统采用地板送风+新风+全热回收的系统形式，采用两台全热回收机组，对排出的冷量进行回收。该项目太阳能主体光伏发电系统为并网运行方式，太阳电池方阵采用正南朝向安装，选用1515块单晶硅太阳能电池板，每块组件的峰值功率为180Wp，总峰值功率为272.7kWp。并网光伏发电系统光电转换效率的实测值为10.05%。地下车库照明系统设计总装机容量为5.76kWp，该系统主要包括太阳能电池、控制器、蓄电池、照明灯具等。地下车库面积约300m^2，总照明负荷为1000W，灯具24小时常亮。在光照条件较好时，车库24小时照明都是用太阳能产生的电能，阴雨天则采用市电直接供电。

(3) 节水与水资源利用。项目在方案、规划阶段制定水系统规划方案，统筹、综合利用各种水资源，进行动态水系统规划设计，用水总体上可分为市政自来水、中水处理和雨水收集回用系统。项目室外道路大面积采用透水地面，大面积铺设渗透砖和植草砖等渗透性铺地材料，通过透水砖的孔隙吸收雨水，增加雨水的自然渗透，补给地下水资源。透水地面面积与室外地面总面积之比为87%。项目地区年降雨量为1933.3mm，因此对屋顶雨水和其他非渗透地表径流雨水进行收集和利用。为了控制总雨水排放量，另建有1个地下雨水池，用于收集地表径流雨水，收集的雨水经湿地处理后回用于绿化和道路浇洒。中水处理系统采用垂直流人工湿地系统，出水用于景观绿化及道路广场冲洗，日处理能力为150m^3/d。项目所有用水器具全部采用节水设备，包括双档节水型坐便器、无水小便斗、红外线控制的非接触式水嘴、出水口带起泡器、入墙式面盆水嘴、入墙式花洒头。

(4) 节材与材料资源利用。项目采用全新的混合框架+拉索结构体系，拉索结构为国内房屋建筑中首次采用。在混合结构中，首层为钢结构体系，2～6层为混凝土宽扁梁框架结构体系。项目全部采用预拌混凝土和商品砂浆，所有立面采用清水混凝土饰面，节约建筑装饰材料。该项目从节材的角度出发，竖向承重结构合理采用C50、C60高性能清水混凝土，受力钢筋合理采用HRB400级以上的高强钢筋，钢结构合理采用Q345GJ、Q345GJZ等高强度钢材。项目在施工前，由总承包单位编制《万科中心固体废弃物控制作业指导书》，明确回收物品的种类、分类处理方案、再利用方案等，在施工过程中记录废弃物的回收情况。在建造过程中，旧材料全部回用；无法回用的废弃物，全部运到相关收购站，并有专人记录。施工现场废弃物回收使用比例约为45%。在材料采购和施工过程中，大量选用当地生产或周边地区生产的建筑材料，500km以内建筑材料使用总量占所用建筑材料总量的98.84%。采用钢结构体系、铝合金玻璃幕墙体系、竹材墙板等多种可再生循环材料，使用总量占所用建筑材料总量的比例为29.4%。

室内设计十分重视绿色建材的使用，大规模使用速生材料(竹子)，独立办公室和会议室的门和吊顶、员工的卡位以及所有的会议桌均采用竹子，既减少了对森林的伤害，又创造出独特的艺术空间。土建、景观、结构与室内装修等进行一体化设计和施工，避免了装修材料的浪费。

(5) 室内环境质量。项目室外噪声源较少，采用中空玻璃幕墙、外遮阳装置、室内吸声降噪、建筑构件隔声、设备防噪和其他减低噪声等措施，通过检测和模拟分析，满足国家《民用建筑隔声设计规范》(GB 50118—2010)的要求。幕墙玻璃采用高透光双银中空Low-E玻璃，采用活动可调外遮阳装置，外遮阳板上设置有透光孔，在遮阳板全部开启状态下，各楼层的采光系数大于等于2%的面积比例为78.17%～87.06%。同时采用铝合金百叶进行水平垂直式遮阳。外遮阳的构造形式，根据不同朝向的太阳辐射特点，设计不同形式的外遮阳设施，采用电动开启方式和手动开启方式，遮阳叶片在启闭过程中可停在0°～90° 的任何位置。

该项目采用架空地板送风全空气空调系统。空调机组采用地板送风专用机组(CAM)，均布在各层房间，CAM的送回风口为底送底回，CAM的送风区和回风区是由地板下用作间隔的防火布分隔。送风口为具有二次回风功能及可变风量的空调末端风口(FTU)，回风口为普通地板回风专用风口。根据室内温度记录表和现场实测发现，室内温度、湿度、二氧化碳浓度和风速都符合国家标准《公共建筑节能设计标准》(GB 50189—2015)的要求。

项目监测参数为室内二氧化碳浓度和温度，新风机组和全热回收新风换气机可以根据室内二氧化碳浓度变频调节新风量，地板送风专用机组的送风量可根据室内温度自动调节。

(6) 运营管理。万科中心(万科总部)由深圳万科物业服务有限公司负责运营管理。该项目采用科学的节约资源管理模式，建立了比较完善的节能、节水等资源节约与绿化管理制度，包括《节能降耗管理制度》《办公环境温度管理办法》《办公照明管理规定》《资源能源使用管理程序》《清洁绿化用水管理办法》《消杀类农药管理规定》《垃圾收集站消杀管理规定》《垃圾收集站管理规定》和《垃圾中转站管理办法》等。该项目在运行过程中严格控制废气、废水排放，建筑生活污水经过人工湿地深度处理后回用于场区绿化和道路广场冲洗，餐饮油烟废气经过净化处理后高空排放，备用发电机、冷却塔、水泵、制冷机组均采用隔声降噪措施，地下车库根据一氧化碳浓度进行排风。在地下室设有27m^{2}的生活垃圾集中收集站，分类收集生活垃圾，办公区各功能区域设有分类垃圾收集箱(桶)，生活垃圾分类定期交给市政处理。对可生物降解垃圾进行单独收集，并设置多功能微生物有机垃圾生化处理设备，分解厨余垃圾。垃圾处理房设有风道或排风、冲洗和排水设施，处理过程无二次污染。项目建筑智能化系统遵循技术先进、适当超前、方便实用、安全可靠、投资合理、具有开放性和互联性、可扩展、采用标准化结构的原则。系统由空调监控系统、智能照明系统、高低压配电监控系统、火灾自动报警及消防联动系统组成，采用开放式的网络结构，方便物业管理和系统集成，可以对空调系统、新风机系统、送排风系统、照明系统、给排水系统、发电机系统等进行集中监测与控制，并保存重要的信息与数据。

3. 项目综合效益分析

(1) 经济效益。该项目的绿色建筑总增量成本为2696.3万元，折合单位建筑面积增量成本为1872.4元/㎡。对太阳能光伏发电系统、可调外遮阳系统和可循环材料的大规模示范，导致增量成本有所提升。经测算分析，每年可减少运行费用约88.31万元。

(2) 环境效益。该项目全年节电量为757 700kWh，按1kWh电量耗0.41kg标煤计算，折合310吨标煤，每年可减排二氧化碳765.7t，减排二氧化硫6.2t，减排粉尘3.1t。该项目通过水循环利用，减少污水排放量，所有排放水体全部达到三级水标准，减轻了市政水处理压力。

(3) 社会效益。我国环境压力日益剧增，迫切需要科学适宜的绿色建筑技术和经验。该项目对于南方地区绿色建筑新技术的大范围应用和展示(可调外遮阳技术、太阳能光伏发电技术、冰蓄冷技术、钢结构体系等)具有重要的示范作用，充分体现万科专注于绿色建筑产业化的企业精神和社会责任。

资料来源：姚香. 漂浮的地平线，躺着的摩天楼——深圳万科中心品鉴[J]. 建筑与文化，2017(3)：47-53.

复习思考题

1. 简述工程项目安全管理的原则与主要工作，并说明工程项目安全管理的重要性。
2. 简述工程项目安全管理相关制度。

3. 简述施工现场安全管理的程序。
4. 简述工程项目环境管理的主要工作和意义。
5. 简述工程项目对环境的影响以及与环境的交互作用。

扫码自测

第9章　工程项目沟通管理

隆冬时节，有一位秀才去买柴。他对卖柴的人说：“荷薪者过来！”卖柴的人虽然听不懂“荷薪者”三个字，但是听得懂“过来”两个字，于是把柴担到秀才前面。秀才开口便问：“其价如何？”卖柴的听不懂这句话，但是听得懂“价”这个字，于是告诉秀才价钱。秀才接着说：“外实而内虚，烟多而焰少，请损之(你的柴外表是干的，里头却是湿的，燃烧起来，浓烟多而火焰少，请减些价钱吧)。”卖柴的人愣了半天，还是听不懂秀才的话，于是担着柴走了。在寒风中等柴烧的秀才非常郁闷。

上面这个小故事体现了沟通的重要性。沟通管理也是工程项目管理的一项重要工作，沟通可以使矛盾的各个方面居于统一体中，解决各个方面的界面问题，消解不一致和矛盾，还可以使系统结构均衡，也可以使项目实施和运行过程顺利。在工程项目实施过程中，项目经理是沟通与协调的中心和桥梁。

9.1　工程项目沟通管理概述

工程项目沟通管理是指对于项目实施过程中各种不同方式和不同内容的沟通活动的管理。工程项目沟通管理的目标是以合理的方式适时收集、处理、储存和交流信息。它是对项目信息和信息传递的内容、方法和过程的全面管理，也是对人们交换思想和交流感情(与项目工作有关的)的活动与过程的全面管理。项目管理人员应学会使用“项目语言”收发信息，有效管理和规范项目沟通活动和沟通过程。因为成功的工程项目管理离不开有效的沟通和信息管理，对项目实施过程中的口头、书面和其他形式的信息沟通进行全面管理是工程项目管理中一项非常重要的工作。

在整个项目的目标规划、项目定义、设计和计划以及实施控制等工作中，存在各种各样的沟通与协调工作。例如，项目目标因素之间的沟通与协调；项目各子系统内部、子系统之间、子系统与环境之间的沟通与协调；各专业技术方面的沟通与协调；项目实施过程的沟通与协调；各种管理方法、管理过程的沟通与协调；各种管理职能。又如成本、合同、工期、质量等的沟通与协调；项目利益相关者之间的沟通与协调等。可以说，沟通作为一种管理方法，贯穿整个项目和项目管理的全过程。

9.1.1　工程项目沟通的内涵与目的

1. 工程项目沟通的内涵

所谓沟通，是指人与人之间的思想和信息的交换，是将信息由一个人传达给另一个人，逐渐广泛传播的过程。著名组织管理学家切斯特·巴纳德(Chester I. Barnard)认为，“沟通是把一个组织中的成员联系在一起，以实现共同目标的手段”。沟通是项目组织协调的重要手段，也是消除组织间或成员间信息障碍的有效方法。工程项目沟通是以项目经理为中心，纵向对高层管理者、项目发起人、团队成员，横向对职能部门、客户、供应商等进行项目信息的交换过程。

2. 工程项目沟通的目的

顺畅、高效的沟通对工程项目取得成功至关重要，工程项目沟通是为了达到以下目的。

(1) 明确总目标，使工程项目参与者对项目总目标达成共识。项目经理是组织实施项目、全面履行合同的人。他一方面要研究业主的总目标、期望以及对项目成功的检验标准，另一方面要通过有效的沟通，使项目参与各方把总目标作为行动指引，以便在行动上保持一致，共同实现工程项目总目标。

(2) 有效激励项目参与各方。不同的项目参与方，他们之间的目标可能并不一致，难免存在一些组织矛盾和纠纷。通过有效的沟通，可以加强各方之间的相互理解，还可以建立和保持良好的项目合作精神。

(3) 提高项目组织内部成员之间的信任度，提高项目管理工作效率。

(4) 增强项目透明度，改善项目成员人际关系。当工程项目遇到困难时，例如成本严重超支、项目进度严重滞后等，通过有效沟通可以增强项目组织成员的信心，便于识别出当前问题的产生原因，有助于项目参与各方采取措施对项目合理“纠偏”。

9.1.2　工程项目沟通的过程和影响因素

1. 工程项目沟通的过程

沟通涉及沟通的主体和渠道两方面，信息的发送者(或称信息源)和信息的接收者(或称信息终端)是沟通的主体，沟通双方在沟通的过程中需要通过一定的渠道，按照一定步骤实现信息的交换和思想的交流，如图9-1所示。

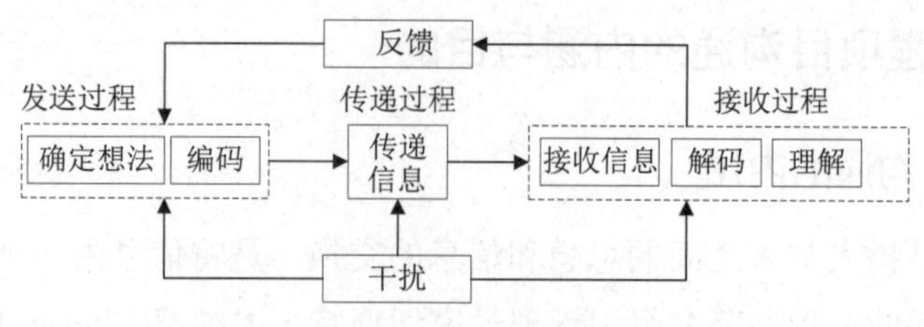

图9-1　工程项目沟通的过程

(1) 确定想法。在沟通过程中，信息发送者应确定沟通的信息内容和思想，确保对方能够接受和理解。但是这些信息并不是直接发送出去的，还需要经过编码进行加工处理。

(2) 编码。编码是指由信息发送者根据信息接收者的个性、知识水平和理解能力等因素，设法找到一种信息接收方能够理解的语言和表达方式，将自己所要发送的信息或想法进行加工处理的工作。完成编码工作后，信息发送者能够更加顺利地将信息传递出去。

(3) 选择渠道。信息发送者在完成信息编码后，还需要选择合适的沟通渠道(或称信息传递渠道)，以便将信息通过该渠道传递至信息接收者手中。沟通渠道应根据所传递信息的特征、信息接收者的具体情况和沟通渠道的噪声干扰等情况来选择，特别应考虑信息渠道是否畅通、噪声干扰是否过大、是否有利于信息反馈等方面的因素。

(4) 传递信息。选定沟通渠道后，可以使用沟通渠道将信息传送给信息接收者。信息传送有时是由机器设备来完成的，有时是通过人们面对面沟通实现的。一般情况下，电子型信息的传送依赖各种信息网络，书面型信息的传送可以通过邮局或快递公司，而思想型信息的传送多通过面对面沟通的形式完成。

(5) 接收信息。此时，信息从发送者手中传递到信息接收者一方，并被接收者所接受。在这一步骤中，信息接收者应全面关注并认真接收对方传递过来的信息，特别是在面对面沟通过程中，应仔细倾听对方的讲述，全面接收对方用语言或肢体语言传递的信息。

(6) 解码。解码是指信息接收者将已经接收到的信息从初始形式转化为可以理解的形式的一项信息加工工作。例如，将各种机器码转换成自然语言，将外语翻译成本土语言，将方言或暗语、手势转化成可以理解的语言，这些都属于解码。

(7) 理解。理解是指通过汇总、整理和推理的过程，明确那些已经完成解码的信息或数据所表示的思想和要求。例如，全面认识一个事物的特征(信息传递)，真正了解对方的意图和想法(交换思想)，完全体会对方的情绪和感情(感情交流)等。

(8) 反馈。反馈是指信息接收者针对信息发送者提供的信息提出疑问或者做出回应的过程，这是一种反向的信息沟通过程。反馈是沟通过程中必不可少的一个环节，因为它不仅有助于人与人之间相互理解，还有助于沟通的顺畅进行。

工程项目沟通传递的信息，既有用语言、文字表达的信息，还包含“字里行间”和“言外之意”的信息，特别是在思想交换和感情交流的沟通过程中更是如此。信息发送者或接收者在编码、解码和理解这些关键环节中，都有可能遭到各种因素的干扰，导致信息发送者的想法被误解或者歪曲(干扰)。因此，应充分使用反馈和非语言沟通等手段，提高沟通效率，否则可能会造成沟通中断或“言者无意，听者有心”等各种误解的结果。项目经理应熟悉项目组织中的沟通过程，能够分析和发现项目管理中出现的各种沟通障碍，采用必要的手段，确保项目组织中信息畅通、沟通充分。

2. 工程项目沟通的影响因素

工程项目沟通受许多因素影响，项目管理者应科学管理这些因素，以保证项目沟通通畅和有效。工程项目沟通主要受到以下因素的影响。

(1) 信息发送者。信息发送者是项目沟通的起点，信息发送的质量直接影响项目沟通的效果。如果信息发送者在沟通能力和技巧方面存在问题，没有按照项目管理所应遵循的信息沟通原则去传递信息，就会破坏项目信息沟通的效果和质量。

(2) 信息接收者。信息接收者的接受能力、理解能力、价值观和目标指向等都会影响沟通效果。例如，信息接收者对批评和建议所持有的态度、能否理解所接收到的信息和数据，是否存在没有被包括在受众中的信息接收者，这些都将直接影响工程项目沟通。

(3) 沟通环境。沟通环境是影响信息沟通的重要因素，所有的沟通都是发生在具体的沟通环境中的，工程项目沟通也是在特定的组织文化环境、人员环境和物理环境下进行的。如果沟通环境存在问题，就会直接影响沟通效果，甚至使沟通完全失效。例如，如果沟通环境的背景噪声比信息发送者的声音高10个分贝，人们就无法听到任何有用信息而只能听到噪声了。

(4) 信息资源。在工程项目沟通中，传递和交流的是信息，如果信息资源本身存在缺陷，就会对信息沟通结果产生负面影响，无法实现预期的沟通效果和目的。因此，在工程项目沟通中，项目管理者必须明确项目组织的信息需求、团队成员能够接收的信息形式等方面的问题。

(5) 沟通方式与渠道。项目管理者应该明确工程项目沟通所采用的沟通方式和渠道，确保可以有效地将信息传递给项目团队的每位接收者。通常，沟通渠道与沟通方式有关，在工程项目沟通中，常采用的沟通方式有口头沟通、书面沟通和其他形式的沟通。项目管理者应根据需要选择一定的沟通方式，然后根据沟通方式选择相应的沟通渠道。

(6) 反馈与回应。沟通是一个过程，信息接收者接收到信息后，会做出反馈或回应，这些反馈或回应又会促进更进一步的信息沟通。为了避免无效沟通和沟通双方的相互理解，需要建立一套相应的反馈或回应机制，信息接收者及时做出反馈或回应，有助于信息发送者了解对方接收和理解信息的程度，据此增加或者减少要传递的信息，改变或调整传递信息的方式与“代码”，从而形成一种互动，让沟通更具成效。

项目沟通管理是一项很重要的项目管理工作，项目管理者在制订沟通计划时，应认真考虑和分析以上这些沟通原则和影响因素，以便使项目沟通计划更加合理、更加有效。

9.1.3 工程项目沟通管理的流程

工程项目沟通管理由沟通规划、信息发布、绩效报告、管理收尾4部分组成，如图9-2所示。沟通规划决定项目利益相关者的信息沟通需求；信息发布将项目信息及时发送给项目利益相关者；绩效报告包括状况报告、进度报告和预测；管理收尾包括项目记录收集、对项目符合最终规范的保证、项目效果分析以及相关信息存档。

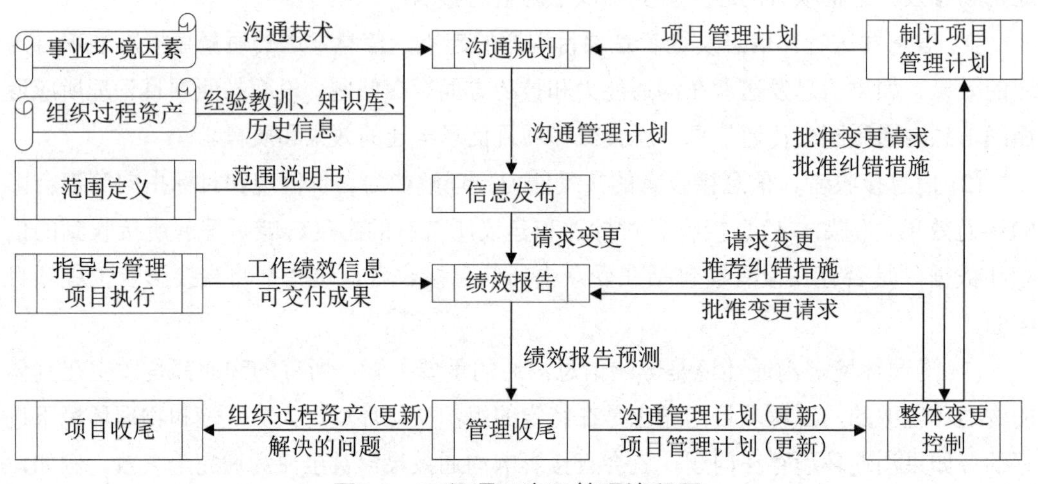

图9-2 工程项目沟通管理流程图

9.1.4 工程项目沟通管理的特点

工程项目沟通管理具有以下特点。

(1) 工程项目沟通是信息交换和共享的过程。

(2) 工程项目沟通是工程项目的组织过程，在工程项目实施过程中，应有效解决沟通问题，科学设计专业工作流程和管理工作流程等。

(3) 工程项目沟通是心理和组织行为的过程。

(4) 工程项目沟通管理贯穿工程项目的整个生命周期，当项目启动、制订计划、实施计划、发生变更、发生冲突和解决问题时，都需要及时沟通。

9.1.5 工程项目沟通管理的作用

在工程项目管理中，沟通管理的作用主要表现在以下几个方面。

(1) 沟通是决策和计划的基础。项目组织要做出正确的决策，必须以准确、完整、及时的信息作为基础，而沟通是传递信息的重要方式。

(2) 沟通是组织和控制管理过程的依据和手段。项目管理者只有通过信息沟通，掌握项目组织内的各方面情况，才能为科学管理提供依据，才能有效提高项目组织的管理效能。

(3) 保证项目管理者成功领导。项目管理者需要通过各种途径将意图传达给下级人员，确保下级人员理解和执行；同时应主动将项目进展情况向上级部门和业主汇报，争取得到上级部门和业主的支持。如果沟通不畅，下级人员就不能正确理解和执行项目管理者的意图，这将导致项目执行混乱，甚至失败。

(4) 有利于建立和改善人际关系。信息沟通可以将许多个人、团体组织贯通起来，使之成为一个整体；还可以减少人与人的冲突，改善项目组织的内外部的关系。

9.1.6　工程项目沟通管理的原则

工程项目沟通管理是确保项目利益相关者之间有效沟通和信息顺畅流动的过程。项目沟通是项目成功的关键因素之一，应遵循以下原则。

(1) 明确定义目标和期望。在项目开始之前，明确沟通的目标和期望是非常重要的，包括确定所需的信息、沟通的频率和渠道以及利益相关者的沟通需求。明确的目标和期望能够确保项目团队和利益相关者在沟通过程中保持一致，避免误解和混乱。

(2) 建立有效的沟通渠道。选择合适的沟通渠道对于项目团队和利益相关者之间的有效沟通至关重要。不同的沟通渠道适用于不同的信息和利益相关者。例如，对于重要的决策和问题，面对面的会议可能是最适合的方式；对于简单的更新和进展报告，电子邮件或在线协作工具可能更合适。在项目组织中建立起一个多种渠道相互补充的沟通网络，可以确保信息流动的高效性。

(3) 使用清晰和简明的语言。在项目沟通中应使用清晰和简明的语言，避免使用专业术语和技术性语言，以便所有利益相关者都能理解和参与。此外，结合图表和图像来解释复杂的概念和信息，更有助于确保沟通效果。

(4) 定期更新信息和沟通。项目信息和项目进展是不断变化的，因此定期更新信息和沟通是必不可少的。项目经理应制订一个沟通计划，明确定期更新信息和沟通的频率，具体可采用进展报告、会议、工作坊等形式。定期更新信息和沟通有助于项目团队和利益相关者保持对项目状态的了解，从而及时解决问题和风险。

(5) 倾听和反馈。项目沟通不仅仅是向利益相关者传达信息，也包括倾听和接受反馈。项目管理者应主动倾听利益相关者的意见、建议和问题，并及时回应。倾听和反馈是建立信任和合作关系的重要环节，可以帮助双方解决潜在的冲突和问题，确保项目的顺利进行。

遵循上述工程项目沟通管理原则不仅可以确保项目利益相关者之间有效沟通和信息的顺畅流动，还可以提高项目的成功率，有助于达成项目在时间、成本和质量方面的目标。

9.2 工程项目沟通的类型

工程项目组织管理依赖于有效的沟通，项目组织内部沟通的效果是测定项目组织管理效果的最好尺度。沟通是一种手段，也是消除组织成员隔阂和误解、促进组织高效运行的基本方法，沟通效果往往会受到各项目利益相关者之间沟通程度的影响。

9.2.1 内部人际关系的沟通与协调

由项目经理领导的项目经理部是项目组织的核心。通常情况下，项目经理不直接控制资源和具体工作，而是由项目经理部的职能人员具体负责实施控制，这会导致项目经理和职能人员之间及各职能人员之间存在界面，因此需要沟通与协调。

(1) 项目经理与技术专家的沟通。技术专家往往对基层的具体施工了解较少，他们更为关注技术方案的优化，注重数据，对技术可行性过于乐观，而不注重社会和心理方面的影响。项目经理应积极引导，发挥技术人员的作用，同时还应注重方案实施的可行性。

(2) 建立完善、实用的项目管理系统，明确划分各自的工作职责。许多项目经理对管理程序寄予很大的希望，并认为只要建立科学的管理程序，大家按程序工作，同时明确职责，就可以有效解决组织沟通问题。实践证明，这种观点并不全面，主要有以下几个原因。

① 过于依赖细化的管理程序容易使组织僵化。

② 项目具有特殊性，实际情况千变万化，项目管理工作很难定量评价，管理效果主要受管理者的能力、职业道德、工作热情和积极性的影响。

③ 过于程序化容易造成组织效率低下、组织摩擦大、管理成本高、工期长。

(3) 建立项目激励机制。由于工程项目的特点，项目经理更应注意从心理学、行为科学的角度采取激励措施，激励各个成员的积极性。

① 采用民主的工作作风，不独断专行，在项目经理部内放权，让组织成员独立工作，充分发挥其积极性和创造性，从而对工作产生成就感。

② 改进工作关系，关心各个成员，礼貌待人。

③ 公开、公平、公正地处理事务。

④ 在向上级和职能部门提交的报告中，应包括对项目组织成员的评价和鉴定意见，在项目结束时应对成绩显著的成员进行表彰。

(4) 形成比较稳定的项目管理队伍。以工程项目作为经营对象的企业，例如承包公司、监理公司等，应形成比较稳定的项目管理队伍，这样有助于成员之间相互熟悉，彼此了解，可大大减少组织摩擦。

(5) 职能人员应保持双重忠诚。项目经理部是一个临时性的管理组织，特别是在矩阵式组织中，项目成员会保留其在原职能部门的专业职位，同时可能还会为其他项目提供管理服务。所以，应鼓励项目组织成员对项目和职能部门保持忠诚，这是项目成功的必要条件。

(6) 开展考核评价工作。建立公平、公正的考核工作业绩的方法和标准，并定期客观、慎重地对项目成员进行业绩考核，这样有助于激励项目成员，但应注意排除偶然、不可控制和不可预见等因素，尽可能确保考核的客观性。

9.2.2　项目经理部与企业管理层关系的沟通与协调

项目经理部与企业管理层关系的沟通与协调应严格执行“项目管理目标责任书”，以企业管理层的指令以及企业管理制度为依据。项目经理部接受企业有关职能部门的指导，两者既是上下级行政关系，又是服务与服从、监督与执行的关系，即企业层次生产要素的调控体系要服务于项目层次生产要素的优化配置，同时项目层次生产要素的动态管理要服从于企业主管部门的宏观调控。

企业应对项目管理全过程进行必要的监督与调控，项目经理部应按照与企业签订的“责任状”，尽职尽责、全力以赴地抓好项目的具体实施。在经济往来方面，应根据企业法定代表人与项目经理签订的“项目管理目标责任书”，严格履约，按实结算，建立双方平等的经济责任关系；在业务管理方面，项目经理部作为企业内部项目的管理层，应接受企业职能部门的业务指导和服务。一切统计报表，包括技术、质量、预算、定额、工资、外包队伍的使用计划及各种资料都需要按照系统管理和有关规定准时报送主管部门。

项目经理部与企业管理层的主要业务管理关系包括以下几个方面。

(1) 计划统计。项目管理的全过程、目标管理与经济活动，必须纳入计划管理。项目经理部除每月(季)度向企业报送施工统计报表外，还要根据企业经理与项目经理签订的“项目管理目标责任书”规定的工期，编制单位工程总进度计划、物资计划、财务收支计划，坚持执行月计划、旬安排、日检查制度。

(2) 财务核算。项目经理部作为企业内部一个相对独立的核算单位，负责整个项目的财务收支和成本核算工作。在整个工程施工过程中，不论项目经理部内部成员如何变动，其财务系统管理和成本核算责任不会有任何改变。

(3) 材料供应。工程项目所需三大主材(水泥、钢筋、木材)、地材、钢木门窗及构配件、机电设备等，均由项目经理部按单位工程用料计划上报公司供应部门，实行加工、采购、供应、服务一条龙。凡是供应到现场的各类物资，必须在项目经理部调配下统一建库、统一保管、统一发放、统一加工，并按规定结算。栋号工程按施工预算定额发料，采用材料成本票据结算。

(4) 周转料具供应。工程项目所需机械设备及周转材料，均由项目经理部上报计划，公司组织供应。设备进入工地后，由项目经理部统一管理、调配。

(5) 预算及经济洽商签证。预算合同经营管理部门负责项目全部设计预算的编制和报批，选聘到项目经理部工作的预算人员负责所有工程施工预算的编制，包括经济洽商签证和增减账预算的编制报批。各类经济洽商签证需要分别送公司预算管理部门、项目经理部和作业队存档，以作为审批和结算增收的依据。

(6) 质量、安全、行政管理、测试计量等工作，均通过业务系统管理，实行从决策到贯彻实施，从检测控制到信息反馈全过程的监控、检查、考核、评比和严格管理。

(7) 项目经理部与水电、运输、吊装分公司之间的关系，是总包与分包之间的关系。在公司沟通与协调下，通过合同明确总分包关系，各专业部门服从项目经理部的安排和调配，为项目经理部提供专业施工服务，并就工期、服务态度、服务质量等签订分包合同。

9.2.3 项目经理部内部供求关系的沟通与协调

项目经理部内部的供求关系涉及面广，比较复杂，沟通与协调工作量相对较大，而且存在很大的随机性，这就要求组织内部需要制定明确、具体的资源需求计划，并对照计划提前部署，严格执行。在实施过程中，应充分加强调度工作，做到资源分配的平衡。

项目经理部内部供求关系的沟通与协调包括以下两方面。

(1) 编制供求计划，并认真执行。项目经理部应做好内部劳务、原材料、设备等资源供求的沟通与协调工作，确保供求关系顺畅及供求平衡，保证项目的实施进度和技术质量，从而促进项目总体目标的实现。

(2) 充分发挥调度系统和调度人员的作用，加强调度工作，排除障碍。在内部供求关系的沟通与协调工作中，调度工作是关键环节。当供求关系出现问题时，对供和求的合理调整与平衡工作由调度人员来进行。调度人员应充分了解相关环节资源供应的必需性和可缓性，认真分析施工作业的关键因素，做好预测，及时准备。另外，调度人员也应充分了解市场，预测市场的波动，对于计划供求的资源应提前做好准备；如果由企业内部市场供应资源，那么应提前与相关管理部门联系，做好准备。

9.2.4 项目经理部与发包人关系的沟通与协调

发包人代表项目所有者，对项目具有特殊的权力，如果想要取得项目的成功，必须获得发包人的支持。

(1) 项目经理应理解项目总目标和发包人的意图，研读合同或项目任务文件。对于未能参加项目决策过程的项目经理，必须了解项目构思的基础、起因及出发点，了解目标设计和决策背景，否则可能会对目标及任务产生片面甚至错误的理解，从而给工作的开展造成很大的困难。如果项目管理和实施状况与最高管理层或发包人的预期要求不同，发包人将会实施干预，改变这种状态，这会导致工期延误和资源浪费。所以，项目经理必须认真研究发包人的意图，研究项目目标。

(2) 让发包人投入项目全过程，而不仅仅给他一个结果(竣工的工程)。项目经理应在兼顾预定目标的前提下，执行发包人的指令，使发包人满意。发包人通常是其他专业或领域的人，可能对项目懂得很少，若要使其满意可采取以下办法。

① 帮助发包人了解并理解项目实施过程，减少非程序干预。

② 项目经理在做出决策时，应考虑到发包人的期望，了解发包人所面临的压力和关注的焦点。

③ 尊重发包人，随时向发包人报告情况。

④ 加强计划性和预见性，让发包人了解承包商和非程序干预的后果。

(3) 发包人在委托项目管理任务后，应向项目经理说明和解释项目前期策划和决策过程，并提供详细的资料。

(4) 项目经理有时会遇到发包人所属部门或合资者各方同时来指导项目的情况，这是非常棘手的。项目经理应认真倾听这些人的忠告，向他们耐心地解释和说明，而不应让他们直接指导实施和指挥项目组织成员，否则将会严重损害整个工程实施效果。项目经理部协调与发包人关系的直接方法是执行合同。

9.2.5　项目经理部与监理机构关系的沟通与协调

项目经理部应及时向监理机构提供生产计划、统计数据、工程事故报告等资料，应按《建设工程监理规范》的规定和施工合同的要求，接受监理单位的监督和管理，做好协作配合工作。项目经理部应充分了解监理工作的性质和原则，尊重监理人员，始终坚持双方目标一致的原则，积极主动地配合监理工作。

在合作过程中，项目经理部应注意现场签证工作，遇到设计变更、材料改变或特殊工艺及隐蔽工程等情况，应及时告知监理人员并获得认可，形成书面材料，尽量减少与监理人员的摩擦。项目经理部应严格组织施工，避免在施工中出现敏感问题。当与监理意见不一致时，双方应以进一步合作为前提，在相互理解、相互配合的原则下进行协商，项目经理部应尊重监理人员或监理机构的最后决定。

9.2.6　项目经理部与设计单位关系的沟通与协调

项目经理部应在设计交底、图纸会审、设计洽商与变更、地基处理、隐蔽工程验收和交工验收等环节与设计单位密切配合，同时还应接受发包人和监理工程师对双方的沟通与协调。项目经理部应注重与设计单位的沟通，主动与设计单位磋商设计中存在的问题，积极支持设计单位的工作，同时也要争取设计单位的支持。项目经理部在设计交底和图纸会审工作中，应与设计单位进行深层次交流，准确把握设计，对于设计与施工不吻合或设计中的潜在问题，应及时予以澄清和落实；对于一些争议性问题，应巧妙地利用发包人和监理工程师的职能，避免正面冲突。

9.2.7　项目经理部与材料供应人关系的沟通与协调

项目经理部应在项目管理实施规划的指导下，认真编制材料需求计划，认真调查市场，在确保材料质量和保证供应的前提下选择供应人。为了保证双方的顺利合作，项目经理部应与材料供应人签订供应合同，确保供应合同具体、明确。为了减少资源采购风险，提高资源利用效率，供应合同应就供应数量、规格、质量、时间和配套服务等事项进行明确。项目经理部应有效利用价格招标机制、竞争机制、供求机制与材料供应人建立可靠的供求关系，以确保材料质量和后续服务。

9.2.8 项目经理部与分包人关系的沟通与协调

项目经理部与分包人关系的沟通与协调应按分包合同执行，既要正确处理技术关系和经济关系，又要正确处理项目进度管理、质量管理、安全管理、成本管理、生产要素管理和现场管理的协作关系。项目经理部应加强与分包人的沟通，及时了解分包人的情况，发现问题及时处理，并以平等的合同双方的关系支持分包人的活动，同时加强监管力度，避免问题的复杂化和扩大化。

9.2.9 项目经理部与其他单位关系的沟通与协调

项目经理部与其他单位的沟通与协调包括以下几个方面。

(1) 项目经理部应要求作业队伍到建设行政主管部门办理分包队伍施工许可证，到劳动管理部门办理劳务人员就业证。

(2) 隶属于项目经理部的安全监察部门应办理企业安全资格认可证、安全施工许可证、项目经理安全生产资格证等手续。

(3) 隶属于项目经理部的安全保卫部门应办理施工现场消防安全资格认可证，到交通管理部门办理通行证。

(4) 项目经理部应到当地户籍部门办理劳务人员居住手续。

(5) 项目经理部应到当地城市管理部门办理临建审批手续。

(6) 项目经理部应到当地政府质量监督管理部门办理建设工程质量监督通知书等手续。

(7) 项目经理部应到市容监察部门审批运输不遗洒、污水不外流、垃圾清运、场容与场貌等的保证措施方案和通行路线图。

(8) 项目经理部应配合环保部门做好施工现场的噪声监测工作，及时报送厕所、化粪池、道路等有关环节的现场平面布置图、管理措施及方案。

(9) 项目经理部因建设需要砍伐树木时，必须提出申请，报市园林主管部门审批。

(10) 如有特殊原因确需临时占用现有城市公共绿地和城市总体规划中已确定的城市绿地及道路两侧的绿化带时，需要经城市园林部门、城市规划管理部门及公安部门同意并报当地政府批准。

(11) 大型项目施工或者在文物较密集地区施工，项目经理部应事先与市文物部门联系，在施工范围内有可能埋藏文物的区域进行文物调查或者勘探工作，如果发现文物，应共同商定处理办法。在开挖基坑、管沟或其他挖掘中，如果发现古墓葬、古遗址或其他文物，应立即停止作业，保护好现场，并立即报告当地文物管理部门。

(12) 项目经理部应持建设项目批准文件、地形图、建筑平面图、用电量资料等到城市供电管理部门办理施工用电报装手续，如果需委托供电部门进行方案设计，应办理书面委托手续。

(13) 供电方案经城市规划管理部门批准后即可进行供电施工设计。外部供电图一般由供电部门设计，内部供电设计主要指变配电室和控制室的设计，可由供电部门设计，也可由具备资格的设计人员设计，并报供电管理部门审批。

(14) 项目经理部在确定建设地点并对项目的用水量进行计算后，应委托自来水管理部门进行供水方案设计，同时还应提供项目审批文件、标明建筑红线和建筑物位置的地形图、建设地点周围自来水管网情况、建设项目的用水量等资料。

(15) 自来水供水方案经城市规划管理部门审查通过后，应在自来水管理部门办理报装手续，并委托其进行相关的施工图设计。同时，应准备建设用地规划许可证、地形图、总平面图、基础平面图、施工许可证、供水方案批准文件等资料。

项目经理部与远外层关系的沟通与协调应以严格守法、遵守公共道德为前提，在确保工作合法性的基础上，公平、公正地处理工作关系，提高工作效率。如果有些环节出现沟通和协调不畅的情况，项目经理部可充分利用中介机构和社会管理机构的力量，及时疏通关系，加强沟通。

9.3　工程项目沟通的问题及组织争执

9.3.1　工程项目沟通的问题及产生原因

1. 沟通问题

在项目实施过程中，如果沟通与协调不力或沟通与协调工作不到位，常常会出现组织工作混乱的局面，影响整个项目的实施效果。常见的沟通问题包括以下几种。

(1) 项目组织或项目经理部出现混乱，总体目标不明确，不同部门和单位的目标不一致，立场各异，甚至尖锐对立，项目经理无力扭转这种局面。

(2) 项目经理部经常讨论不重要的事务性问题，沟通与协调会议经常会被一些职能部门领导打断和干扰，导致偏离议题。

(3) 信息未能在正确的时间以合理的详细程度正确传达到位，项目组织成员抱怨信息不足或信息过量、信息不及时及不得要领。

(4) 项目经理部缺乏应有的沟通，项目组织成员不敢或不习惯提出问题并公开讨论。

(5) 项目经理部缺乏团队精神、内部气氛消极，特别是在项目遇到危机、上层系统准备对项目做重大变更、对项目组织做调整或项目即将结束时，这一问题更为突出。

(6) 项目实施混乱，各部门和成员对合同、指令、责任书理解不一致或不能理解，特别在国际工程以及国际合作项目中，由于各方所使用的语言不同，更容易造成理解偏差。

(7) 项目得不到职能部门的支持，无法获得资源和管理服务，项目经理花费大量的时间和精力周旋于职能部门之间，无法与外界进行正常的信息交流。

2. 沟通问题产生的原因

(1) 项目利益相关者缺少对项目目标、责任、组织规则和实施过程的统一认识和理解，仅从自身利益出发，进行非程序干涉，从而导致目标混乱、存在矛盾，形成实质上的多业主状况。项目利益相关者通常来自不同国度、不同专业领域、不同部门，有着不同的习惯、观念和理解能力，且适应不同的法律体系，如果在项目初期没有起草统一的解释文本，就很容易引发矛盾和误解。

(2) 项目经理自认为经验丰富，在制订计划时没有听取基层实施者的意见，不了解实施者的具体能力和情况等，致使计划不符合实际；在制订计划后，项目经理没有与相关职能部门进行协商，武断决策，并指令技术人员执行。

(3) 项目经理部内部没有对组织成员进行明确的职责划分，导致组织成员不清楚自己的职责范围，工作含混不清，职责冲突，缺乏授权；同期项目之间优先等级不明确，导致项目之间出现资源争执。

(4) 管理信息系统设计不完善，功能不全，信息渠道不畅通，信息处理有故障，没有按层次分级、分专业进行信息优化和浓缩。

(5) 项目经理的领导风格和项目组织的运行风气不正，具体表现为发包人或项目经理独裁，不允许提出不同意见或批评，内部言路堵塞；由于信息封锁，信息不畅，上层或职能部门人员故弄玄虚，或存在幕后操作问题；项目经理部存在强烈的人际关系冲突，项目经理和职能部门经理之间互不信任，互不接受；项目经理部不愿意向上级部门汇报坏消息，不愿采纳那些与自己观点不同的意见，采用封锁或者消极的办法处理争执和问题；项目成员不愿承担义务，将项目管理看作办公室管理工作；项目管理者制订计划和做决策仅依靠报表和数据，不注重与实施者直接面对面沟通，经常以领导者自居，以居高临下的姿态面对组织成员，喜欢强迫和命令，对承包商经常动用合同处罚或以合同处罚相威胁。

(6) 沟通与协调会议主题不明，项目经理权威性不强，或不能正确引导；与会者不遵守纪律，使沟通与协调会议成为聊天会；有些职能部门领导过于强势(年龄大、工龄长、经验丰富、资格老)或个性放纵，存在不遵守纪律、没有组织观念的现象，甚至拒绝任何批评和干预，而项目经理无力指责和干预。

(7) 下层单位或子项目滥用分权和计划灵活性原则，随意扩大自由处置权，过于注重发挥自己的创造性，偏离项目总目标，且容易与其他同级部门产生摩擦，与上级领导产生权力争执。

(8) 采用矩阵式组织，但没有从直线式组织的运作方式上转变过来。由于组织运作规则设计得不好，项目经理与企业职能经理的权力、责任界限不明确，一个新的项目经理需要经过很长时间才能被企业、管理部门和项目组织接受和认可。

(9) 项目经理缺乏管理技能、技术判断力和管理经验，并且没有威信。

(10) 发包人或企业经理不断改变项目的范围、目标、资源条件和项目的优先等级。

9.3.2 组织争执

1. 组织争执的类型

沟通不顺利或沟通与协调工作不成功常常会导致组织争执。项目组织容易产生争执，这是由项目和项目组织的特殊性决定的。常见的组织争执包括以下几种。

(1) 目标争执。项目组织成员各自有着不同的目标和打算，对项目总目标缺乏了解，不能达成共识；项目目标系统存在矛盾，例如，同时要求压缩工期、降低成本、提高质量标准等。

(2) 专业争执。例如，对工艺方案、设备方案、施工方案存在不一致看法，建筑造型与结构之间的矛盾等。

(3) 角色争执。例如，企业任命总工程师作为项目经理，项目经理既负责项目工作，又负责原部门的工作，常常以总工程师的立场和观点看待项目、解决问题。

(4) 过程的争执。例如，在决策、计划、控制环节处理问题的方式和方法存在矛盾。

(5) 项目组织间的争执。例如，利益争执、行为不协调、合同中存在矛盾和漏洞、权力争执和互相推卸责任，以及项目经理与职能部门之间的界面争执等。

2. 组织争执的解决措施

在实际工程项目中，组织争执普遍存在，不可避免。项目经理往往需要花费大量的时间和精力处理组织争执，这已成为项目经理的日常工作。

组织争执是一个复杂的问题，它会导致项目组织成员关系紧张和意见分歧。通常，争吵是争执的表现形式。组织内部如果产生激烈的争执，就可能会形成尖锐的对立，导致组织摩擦、能量损耗和低效率。

面对组织争执，正确的处理方法不是禁止争执或让争执自行消亡，而是通过争执发现问题和矛盾，从而获得信息，然后通过积极的引导和沟通达成一致，化解矛盾。因此领导者应有效地管理争执，有意识地引起争执，通过争执引起讨论和沟通；通过协商寻求平衡，满足各方面的利益。通常情况下，对于不影响项目整体大局的争执，领导者应采取策略引导双方回避争执，或者说服双方向对方适当妥协或做出非原则性让步，引导双方友好协商、互谦互让、扩大合作面，形成利益互补的局面，从而成为利益共同体，以化解争执。对于利益冲突性争执，如果不能通过沟通与协调来解决，应交由上级领导出面裁决，将争执双方独立于利益体之外，有助于尽快解决争执，保证项目工作的顺利进行。对于冲突性比较激烈的争执，在协商、调解都无法解决的情况下，应当机立断，采取行政裁决甚至法律手段来解决。

9.4 工程项目沟通的方式

9.4.1 工程项目沟通方式的类型

1. 按是否反馈分类

按是否反馈分类，可将工程项目沟通分为双向沟通(有反馈)和单向沟通(无反馈)。

在单向沟通过程中，发送者发送信息，接收者接收信息，只有单一方向的交流，缺乏信息反馈。例如，报告会、讲演、宣读政策文件等。单向沟通的优点是信息传递速度快，组织成员意见统一，时间进度易于控制；缺点是信息没有反馈，观点可能会片面，组织内部士气不高。

在双向沟通过程中，发送者和接收者经常互换角色，发送者把信息发送给接收者，接收者接收信息后，还要以发送者的身份反馈信息，直到沟通完成。例如，项目例会、研讨会、商业洽谈、技术交流等。双向沟通的优点是组织内部士气和参与度高，反馈信息能够及时完善沟通结果；缺点是组织成员观点难以统一，各持己见，沟通容易变为拉家常，浪费时间和精力等。

2. 按信息流向分类

按信息流向分类，可将工程项目沟通分为垂直沟通和横向沟通。

垂直沟通分为上行沟通和下行沟通，均属于上下级之间的沟通方式。一般下行沟通的速度要快于上行沟通的速度，因为下行沟通多属于领导布置任务，而上行沟通多属于下属向领导反映问题、申请和汇报工作，领导通常会延误，尤其涉及费用支出的时候。垂直沟通的优点是沟通速度快，信息传递准确；缺点是如果层级较多，信息传递变慢，可能会出现越级沟通和隐瞒事实的现象。

水平沟通是平等组织、企业、部门、团队成员之间采用的沟通方式。水平沟通的优点是沟通主体之间彼此平等，沟通顺畅；缺点是容易产生矛盾和冲突，难以控制局势。

3. 按组织系统分类

按组织系统分类，可将工程项目沟通分为正式沟通和非正式沟通。

正式沟通是通过企业、团体、组织规定的沟通渠道，进行信息传递和交换的方式。例如，项目例会、项目计划、项目报告、变更大会、合同和协议、组织与组织间的往来公函等。正式沟通的优点是比较严肃，约束力强，沟通效果好，信息具有法律效力；缺点是沟通速度慢，方式刻板，可能会因传递渠道的影响，造成信息失真和扭曲。正式沟通常用于重要的沟通和决策。

非正式沟通是通过正式沟通渠道以外的渠道进行信息传递和交换的方式。例如，茶余饭后的私聊、拉家常、过年过节的问候等。非正式沟通的优点是形式多样，沟通速度快，组织成员可以畅所欲言，沟通压力小等；缺点是不留证据，难以控制，信息极易失真，甚至成为谣言。非正式沟通常用于领导了解员工情况，以及关系密切的成员之间的交流等。

4. 按是否通过语言沟通分类

按是否通过语言沟通分类，可将工程项目沟通分为语言沟通和非语言沟通。

语言沟通是人类特有的一种活动方式，它是指个体或群体之间以语词符号为载体互相交换观念、意图、看法等，主要包括口头沟通、书面沟通和电子沟通等方式。语言沟通是人们日常生活的重要组成部分，它涉及生活的各个方面，也是人们交流、交换和学习的有效途径。

非语言沟通是通过身体动作、体态、语气语调、空间距离等方式交流信息、进行沟通的过程。非语言沟通越来越被重视，有研究证实高达80%的人际沟通都是非语言沟通。除特殊环境、特殊原因，一般语言沟通都伴随非语言沟通，而非语言沟通很少伴随语言沟通，非语言沟通能起到语言沟通无法达到的效果。例如，用手指指示物品或指向具体位置，能够帮助对方更好地理解；适当运用肢体动作，例如点头(表示赞同或认可)和摇头(表示反对或不同意)，能够提升交流的有效性。

5. 按是否有文字记录分类

按是否有文字记录分类，可将工程项目沟通分为书面沟通和口头沟通。

书面沟通是指借助书面文字材料实现的信息沟通。例如备忘录、协议书、合同、信函、公告、通知、报刊、广告、文件、书籍杂志等。书面沟通的优点是准确可信、逻辑清晰、有形有据，可以复制，便于传播，弱化沟通者的消极情绪等；缺点是耗时较多，无法及时反馈，对沟通者的文字表达能力要求较高，不易传递情绪信息，无法运用情境和非语言要素等。

口头沟通是指借助于口头语言实现的信息交流，它是日常生活中人们常用的沟通形式，例如口头汇报、会谈、讨论、演讲、电话联系等。口头沟通的优点是能够观察接收者的反应，迅速得到反馈，有机会补充阐述，有助于达成共识与引发共鸣；缺点是沟通过程缺少有效凭证，易于形成谣言，沟通效率较低，容易产生分歧等。

随着计算机和网络技术的发展，网络沟通被人们广泛运用于生活和工作中。网络沟通可以使沟通主体直观化，极大地缩小了信息存储空间，降低了沟通成本，更为便利、安全，还可以跨平台实现，容易集成。网络沟通的途径包括基于互联网的项目专用网站、电子邮件、即时通信软件、基于互联网的项目信息门户等。

9.4.2　工程项目的正式沟通

工程项目的正式沟通是通过正式的组织过程来实现的，也是由项目的组织结构图、项目流程图、项目管理流程、信息流程和运行规则构成的，具体包括以下形式。

1. 项目手册

项目手册是项目和项目管理基本情况的集成，它的作用之一就是方便项目参与者之间顺利沟通。项目手册通常包括以下内容。

(1) 项目概况、规模、业主、工程目标、主要工作量。

(2) 项目参与者。

(3) 项目工作分解结构。

(4) 项目范围管理。

(5) 项目的沟通方式和管理程序。

此外，项目手册应有统一的文档和信息的定义和说明、统一的WBS(work breakdown structure)编码体系、统一的组织编码、统一的信息编码、统一的工程成本细目划分方法和编码、统一的报告系统。

2. 各种书面项目文件

各种书面项目文件包括计划、政策、程序、目标、任务、战略、项目组织结构图、项目组织责任图、报告、请示、指令、协议等。

在工程实施过程中，应形成以书面文本沟通的习惯，对各种工程项目问题的协商结果、指令、要求都应落实在书面文本上，项目各方的沟通内容也应以书面文本作为最终依据，这是法律和合同的要求，也是避免出现争执的有效方法。同时建立定期报告制度，建立报告系统，及时通报工程的基本情况。对工程中出现的各种特殊问题应及时处理、及时登记，并提交报告。工程实施过程中涉及的各方面活动，应办理相应的手续并留存签收证据，例如场地交接、图纸交接、材料和设备验收等。

3. 项目协调会议

项目协调会议通常包括常规的协调会议和非常规的协调会议。前者是在项目手册中有具体规定，后者是在特殊情况下组织召开的会议。项目经理对项目协调会议应给予足够的重视，还应亲自组织和策划，具体原因如下所述。

(1) 通过项目协调会议可以获得大量的信息，便于了解和分析项目情况。

(2) 便于检查工作，澄清问题，了解各子系统的工作完成情况、存在问题及影响项目进度的主要因素。

(3) 便于布置下阶段工作，调整网络计划，研究解决问题的对策，选择合理方案及分配资源。

(4) 便于实施激励，动员其他承包商和项目部成员一起努力工作。

此外，正式沟通的形式还包括各种工作检查，特别是工程成果的检查验收，以及通过项目指挥系统、建议制度、申述和请求程序、申述制度、离职谈话等途径进行的沟通。

9.4.3　工程项目的非正式沟通

1. 非正式沟通的形式

非正式沟通是通过项目中的非正式组织关系形成的。一个项目参与者在正式的项目组织中承担一个角色，处于复杂的人事关系网络中。在项目组织中，人们建立起各种关系来沟通信息、了解情况，从而影响人们的日常行为。在工程项目中，常见的非正式沟通形式有以下几种。

(1) 通过聊天、喝茶等传递消息，了解信息，沟通感情。

(2) 在正式沟通前后以及在工程重大问题处理过程中进行非正式磋商，如座谈、聊天、吃饭等。

(3) 到现场进行非正式巡视，与各种人接触、聊天，旁听会议，直接了解项目情况。

2. 非正式沟通的作用

非正式沟通的作用有正面的，也有负面的，项目管理者可以利用非正式沟通的优势，达到非常好的管理效果。

(1) 管理者可以利用非正式沟通了解项目参与者的真实意图，从而了解项目的真实情况。

(2) 通过非正式沟通可以解决各种矛盾，协调好各方面的关系。

(3) 非正式沟通可以形成激励作用。

(4) 通过非正式沟通获得的信息，可以辅助决策。

(5) 非正式沟通可以消除项目组织层级之间的隔阂，使项目组织成员之间的关系更亲近、更和谐。

(6) 在做出重大决策之前采用非正式沟通可以集思广益，缓和矛盾，提高管理工作的成效。

9.5　工程项目沟通计划

工程项目沟通计划是对项目全过程的沟通工作、沟通方法、沟通渠道等各个方面的计划与安排。对于大多数项目而言，编制沟通计划是项目初期阶段的工作内容。但后期需要根据计划实施结果进行定期检查，必要时应修订计划，所以项目沟通计划管理工作是贯穿项目全过程的一项工作。项目沟通计划是和项目组织计划紧密联系在一起的，因为项目沟通效果直接受项目组织结构的影响。工程项目沟通计划包括以下4个方面具体工作，如图9-3所示。

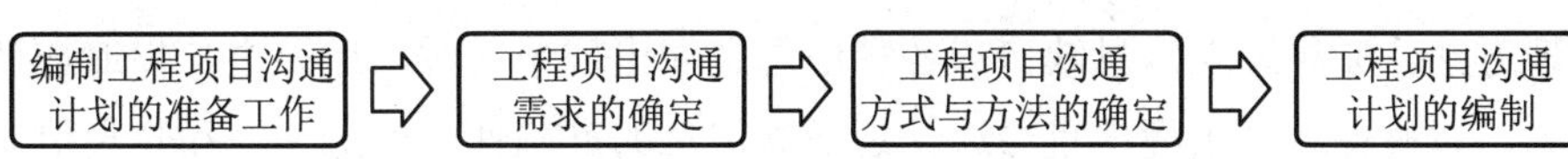

图9-3　工程项目沟通计划工作

9.5.1 编制工程项目沟通计划的准备工作

1. 收集信息

信息收集是编制工程项目沟通计划的第一步，也是进行项目沟通管理决策的前提条件。在编制工程项目沟通计划之前，首先应收集各种相关信息，主要包括以下方面。

(1) 项目沟通内容方面的信息。这是通过对项目利益相关者的信息需求调查而获得的一类信息。从项目组织的角度而言，项目信息需求包括：项目团队内部垂直沟通方面的信息需求；项目团队与外部环境及其他项目利益相关者之间的“外情内达”和“内情外达”两个方面的信息需求；项目团队内部各个职能组织和群体之间的横向沟通方面的信息需求。在编制工程项目沟通计划之前，必须全面收集相关信息，确保工程项目沟通计划能够满足项目组织的信息需求。

(2) 项目沟通所需沟通手段的信息。在收集项目沟通信息需求的同时，还应收集有关项目沟通方式、方法、手段和渠道等方面的信息，具体包括：明确需要使用口头沟通、书面沟通、面谈或会议、书面报告和报表的方法来满足的信息需求；明确需要使用哪些电子信息工具；明确需要采用哪些信息沟通渠道和媒介。将这些信息收集齐全，才能制订出可行的项目沟通计划。

(3) 项目沟通时间和频率方面的信息。在明确项目组织的信息需求和沟通手段要求之后，还应确定信息沟通的时间和频率。其中，沟通时间是指一次沟通持续的时间长短，沟通频率是指同一种沟通的时间间隔。由于信息是有时效性的，收集这方面的信息对于制订沟通计划是十分必要的。

(4) 项目信息来源与最终用户方面的信息。编制工程项目沟通计划前还需要收集各种项目信息来源和最终用户方面的信息，这是有关谁是信息生成者、谁是信息发布者以及谁是信息接收者等方面的信息。其中，信息来源涉及信息生成者和信息发布者的责任，信息最终用户涉及信息接收者的责任，包括接收、理解和使用信息的责任以及信息保密的责任等，因此必须明确这两方面的信息。

如果项目组织想要收集到上述信息为编制工程项目沟通计划服务，就要努力提高项目信息管理者收集和处理信息的能力水平，建立一支可靠的信息收集队伍。另外，还要开辟尽可能多的信息来源和渠道，力求收集的信息完整齐备。

2. 对收集到的信息进行加工处理

对收集到的信息进行加工处理是编制工程项目沟通计划的重要一环，只有经过加工处理的信息才能作为编制工程项目沟通计划的有效信息。在对收集的各种信息进行加工处理时，应遵循准确、系统和可靠的原则与要求，采用归纳、整理、汇总和其他必要的信息处理方法，如果发现信息缺口或各种信息之间出现矛盾时，还要进一步追加调查和收集信息，以确保编制工程项目沟通计划所需信息的准确性。追加调查和收集信息的工作大多数是双向的，信息收集人员或项目沟通计划编制人员要双向沟通、共同合作，进一步收集有关的信息，同时项目最终用户(如项目经理和管理人员)也要积极提供信息、提出要求和反馈意见。

9.5.2　工程项目沟通需求的确定

工程项目沟通需求的确定是在信息收集与加工处理的基础上，对项目组织的信息需求做出的全面决策。项目沟通需求是项目全部利益相关者在项目实现过程中的信息需求，具体指项目业主/客户、项目团队、项目经理、项目供应商、项目所在社区等对项目的工期、进度、成本造价、环境影响、资源需求、预算控制、经费结算等各个方面的各种信息的全面需求。工程项目沟通需求的确定涉及对所需信息内容、格式、类型、传递方式、更新频率、信息来源等方面的决策。例如，项目业主究竟需要哪些项目信息，这些信息是以报表还是以报告的形式提供，这些信息是数值型还是字符型的；哪些信息需要通过面谈传递，哪些信息需要通过会议或电子邮件传递；相关报告或报表多长时间报告一次，是由项目经理报告还是由项目财务主管或项目技术主管报告等。

在确定工程项目沟通需求时，主要考虑以下几个方面。

(1) 项目组织管理方面的信息需求。这是有关项目团队组织、项目团队的上级组织和项目全部利益相关者关系等方面的组织信息需求，包括有关组织结构、相互关系、主要的责任与权利、主要的规章制度、主要的人力资源情况等方面的信息需求。

(2) 项目内部管理方面的信息需求。这是有关项目团队内部开展管理时所需的各个方面的信息，包括项目团队内部各种职能管理、各种资源管理、各种工作过程管理等方面的信息需求。

(3) 项目技术方面的信息需求。这是有关项目技术工作及技术资料方面的信息需求，包括整个项目产出物的技术信息和资料、项目工作技术的信息和资料以及项目核心的技术信息与资料等方面的信息需求。

(4) 项目实施方面的信息需求。这是有关整个项目工期进度计划及其完成情况方面的信息需求，包括整个项目实际产出物质量和工作质量方面的信息需求、整个项目资金与预算控制方面的信息需求等有关项目实施情况的统计信息需求。

(5) 项目与公众关系的信息需求。这包括两个方面的信息需求，一方面是项目组织所需的各种公众信息(包括国家和地区及当地社区的政治、经济、社会、风俗、文化等方面的信息)；另一方面是社会公众需要了解的项目信息(包括环保、利税、安置就业、项目的重要性等)。

在确定工程项目沟通需求的过程中，应仔细、全面、客观地分析和确定项目团队的信息需求，因为这关系到项目的成败；也应全面地分析和确定项目业主/客户的信息需求，以掌握和了解他们的信息需求和动机，因为项目就是为满足他们的要求和期望才开展的。

9.5.3 工程项目沟通方式与方法的确定

在工程项目沟通中，对于不同的信息，需要采取不同的沟通方式与方法，不同的沟通方式与方法会直接影响到项目信息传递的准确性、可靠性、及时性和完整性。因此在编制工程项目沟通计划过程中，应根据项目实际需求和客观条件综合决定沟通方式与方法。一般来讲，影响工程项目沟通方式与方法的因素主要有以下几个。

(1) 沟通需求的紧迫程度。项目的成功依赖大量的、不断更新的信息，有些沟通要求时间紧迫，而有些可以暂缓，在确定沟通方式与方法时应充分考虑这一因素，对于急迫的信息沟通需求，应选用更为快捷的沟通方式。

(2) 沟通方式与方法的有效性。在确定工程项目沟通方式与方法时，应注意沟通情境与沟通方式与方法的适配性。例如，会议沟通方式适合于研究和集体决策，公告沟通方式适合于发布规章制度或通告各种项目事务。

(3) 项目相关人员的能力和习惯。选择沟通方式与方法还应充分考虑项目参与者的经历、知识水平、接收与理解信息的能力和在沟通方面的习惯做法，具体包括项目参与者现有的能力和习惯以及需要通过广泛学习和培训提高和改进的能力与习惯。

(4) 项目本身的规模。如果项目规模小、工作量不大、生命周期很短，一般可以选择符合现有项目参与者习惯和便于实施的沟通方式与方法；如果项目规模大、生命周期长，就需要选择一些先进又有效的沟通方式和方法。

9.5.4 工程项目沟通计划的编制

在编制工程项目沟通计划时，应根据收集的信息，先确定项目沟通的目标，再根据项目沟通目标确定项目沟通需求，进而分解得到项目沟通任务，最后根据项目沟通的时间要求去安排项目沟通任务，并确定保障项目沟通计划实施的资源和预算。

除了目标、任务、时间要求、具体责任、预算与资源保障以外，工程项目沟通计划一般还应包括下列特殊内容。

(1) 信息的收集和归档格式要求。工程项目沟通计划应规定采用何种方法收集和存储沟通所需的不同类型信息，已经发布的信息经过更新和更正后应如何进行反馈和传播，以及开展这些工作的程序等。

(2) 信息发布格式与权限的要求。工程项目沟通计划应注明各种信息的流向、信息的最终用户和信息发布与使用权限，以及各种不同类型信息的发布方式等。项目信息发布格式与权限的要求应与项目组织结构图所表述的权限、责任和汇报关系相一致。

(3) 对发布信息的描述。工程项目沟通计划应对所发布的信息进行必要的规定和描述，包括信息的格式、内容、详尽程度、来源、参考文献、相关术语的定义、获得方法、存储要求等。

(4) 更新和修订项目沟通计划的方法。工程项目沟通计划应规定更新与修订计划的要求，包括根据项目需要更新工程项目沟通计划的周期和内容，工程项目沟通计划与项目集成计划的同步更新要求，以及更新和修订工程项目沟通计划的方法和程序。

(5) 约束条件与假设前提。工程项目沟通计划的约束条件是指在编制工程项目沟通计划时限制项目沟通的各种因素，假设前提是指那些在开展项目沟通时假定实际存在并作为制订沟通计划依据的前提条件。通常在这些条件发生变化时，应对工程项目沟通计划进行修订和更新。

9.6　工程项目报告

在工程项目沟通管理中，工程项目报告是传递项目信息时使用最多的方式，也是项目沟通中较为重要的信息传递方法，项目管理人员应了解、熟悉和掌握基本的项目报告方法。

9.6.1　工程项目报告的类型

工程项目报告分为口头报告和书面报告，这两种报告形式还可按照不同标准进一步分类。

1. 口头报告

口头报告根据用途可划分为以下3类。

(1) 汇报性口头报告。这种口头报告的核心内容是汇报项目整体或某个部分的实际情况或存在的问题，一般采用“白描”的方法，只要将事情的本来面貌叙述清楚即可，不需要加入分析和评论，因为这种报告的关键是说明事实而不是要说服对方或获得对方的认可。这种报告在项目沟通中使用较多，通常还要附一份备忘的书面报告。

(2) 说服性口头报告。这种报告的目的是通过报告去证明一种观点、一个计划、一个方案或其他事情的正确性，说服对方接受报告者提出的观点、计划或方案等。在项目管理中，这种口头报告也是经常使用的，其重要性高于汇报性口头报告，因为汇报性口头报告只是用来说明问题的，而说服性口头报告是用来解决问题或者商量解决方案的。说服性口头报告中包括白描性的事实叙述，但主要是解释性和论证性的叙述，通常也需要附带书面报告说明结果和一份备忘的书面报告。

(3) 敲定性口头报告。这种报告的目的是通过报告去敲定一件事情，这是一种需要做出决策的口头报告。例如，敲定一件事情是做还是不做，敲定一个计划的目标究竟是什么等。这种报告是一种请示或商量应该如何办理事情和解决问题的报告，因此报告者需要在报告过程中提出自己的意见、观点和建议，并说明相应的理由。在敲定性口头报告中，白描性的事实叙述很少，解释性和论证性的叙述也不多，主要是询问性的叙述和说明，因为这种报告的关键是敲定事情和做出决策。

2. 书面报告

书面报告各种各样，格式、内容和类型都不尽相同，有些书面报告的格式等事项是由项目团队自行确定的，有些书面报告的撰写要求是由项目业主规定的。通常，书面报告可按以下标准进行分类。

1) 按照书面报告的格式分类

按照书面报告的格式分类，可以将其划分为很多种类，但较为基本的只有两类，即书面报表和书面报告(狭义的书面报告)。

(1) 书面报表。书面报表是项目沟通过程中使用较多的一种书面报告，它是一种以管理工程语言编写的书面报告。这种书面报告按照固定的报表格式和固定的报告期，分别报告项目的工期、质量、成本、安全等各种报告期间发生的情况和各种对比数据。书面报表通常可以单独报告，也可以与具有说明性的书面报告一起报告，以分析和说明报表的一些细节和问题以及问题产生的原因。

(2) 书面报告。书面报告是指与书面报表不同的、主要使用文字说明事情或问题的狭义书面报告。它是一种以通用语言书写的书面报告，这种书面报告没有固定的格式，多数根据报告的问题和事情决定格式。这种书面报告有定期的和不定期之分，内容涉及项目的工期、质量、成本、安全等，重点不在于讨论事实数据，而是说明事实和分析原因。

2) 按照书面报告的用途分类

按照书面报告的用途分类，可以将其划分为项目绩效报告和项目工作终结报告两类。

(1) 项目绩效报告。项目绩效报告是在整个项目实现过程中，按照一定的报告期给出的有关项目各方面工作实际进展情况的报告。项目绩效报告不是项目活动过程的描述报告，而是项目进展和结果的汇总报告。项目绩效报告既包括由项目团队成员向项目经理或项目管理者提交的报告，也包括由项目经理向项目业主提交的报告，以及由项目经理向项目组织上层管理者提交的报告。

项目绩效报告通常会有一个特定的期限，即报告期，项目绩效报告的报告期可以是一周、一个月、一个季度或任何一个合适的周期。大多数项目绩效报告的内容包括在报告期间项目的进展和结果，而不包括自项目开始以来累积的绩效情况。表9-1是一个项目绩效报告内容纲要的实例。

表 9-1　某项目绩效报告内容纲要

1. 自上次报告以来的绩效成果
2. 项目实施计划完成情况
● 成本
● 进度
● 质量
3. 前期问题的解决情况
4. 本期发生的问题
5. 计划采取的改进措施
6. 下一报告期要实现的目标

由表9-1可见，项目绩效报告包含的细目主要有以下几点。

① 自上次报告以来的绩效成果。这部分应该报告本报告期间已实现的关键项目目标，也可以报告一些特定项目目标的完成(或没有完成)情况。

② 项目实施计划完成情况。这部分报告项目成本、进度、质量目标的实际完成情况，并对各目标实际完成情况与项目计划目标进行比较。

③ 前期问题的解决情况。如果前期项目绩效报告中曾经提出一些需要解决的项目问题，应在本期报告中给出解决结果并说明原因，不管是否解决都应报告情况。

④ 本期发生的问题。这部分报告现存问题，具体包括技术问题、进度问题、成本问题、人员问题和其他任何与项目相关的问题。

⑤ 计划采取的改进措施。这部分应详细说明在下一个报告期内为解决每一个问题所要采取的改进措施，包括解释这些措施是否会使项目目标的实现受到威胁等，以及项目管理工作中所要采取的改进措施。

⑥ 下一报告期要实现的目标。这部分对下一个报告期预期目标进行说明和规定，这些预期目标应与更新或修订后的项目计划相一致。

(2) 项目工作终结报告。项目工作终结报告通常是一个项目或一个项目阶段的总结。它不是绩效报告的累积，也不是对某个项目整个过程的详尽描述，它是当项目或项目阶段的目标达成或终止后，需要对项目或项目阶段进行的总结，主要阐述项目成果。工作终结报告不能拖到项目全部完成后才开始准备，而是应该在每个项目阶段进行适当的总结，以保证重要的、有用的信息不被遗失。工作终结报告包括以下几个方面的内容。

① 项目业主对项目或项目阶段的最初要求。这部分包括项目业主在项目定义阶段提出的各种期望与要求，以及项目团队对各项工作的期望和要求。

② 项目或项目阶段最初确定的主要目标。这部分包括各种项目计划和合同书中提出的既定目标和具体目标值，以及这些目标的改动和修订情况。

③ 项目或项目阶段作业的简要描述。这部分包括对项目或项目阶段的任务、资源、进度、成本、质量等方面的简要描述，以及对相关的约束条件和假设前提等方面的说明。

④ 项目或项目阶段结果和预期的对比。这部分包括项目或项目阶段成果所体现的各种实际利益，主要是项目给业主带来的实际利益，并对这些实际利益与项目定义阶段所确定的预期利益进行比较。

⑤ 项目或项目阶段目标的实现程度说明。这部分包括对项目具体实现的结果、目标实现程度等方面的说明。如果项目或项目阶段未能实现预期目标，就需要对造成这种结果的原因做出详细说明。

⑥ 善后事宜的说明。这部分包括需要进一步解决的问题，以及为了维护、提高或扩大项目成果，项目业主在将来应考虑采取的措施和应开展的活动等。

⑦ 提供给项目业主的所有交付物说明。这部分是对项目或项目阶段交付的项目产出物的描述，包括设备、材料、软件、设施、技术等，以及相应的图纸、图样、技术说明书和报告等。

⑧ 项目成果的最后测试数据。这部分包括对项目产出物的测试过程、测试参数、测试方法和测试结果等各方面的测试数据汇总。提供这些数据是为了方便项目业主接收和使用项目。

⑨ 项目或项目阶段的经验与教训。这部分主要是有关项目或项目阶段所犯错误或失误的经验总结，以及各方面可吸取的教训说明。

9.6.2 工程项目报告的编写原则

编写工程项目报告应遵循下列原则，以便提供有用和有价值的项目信息。

1. 报告要简明

不要试图以报告长度来打动报告接收者，报告篇幅的长短不等于项目进展或完成的好坏。简明的报告才会有更多被阅读的机会，因此应尽量提炼精华，确保项目报告简洁明了。

2. 报告内容和形式要保持一致

应根据报告内容选择报告的格式和语言,保证报告内容与形式相一致。在报告中要突出重点，尽量使用短句、容易理解的句子、简单的语言，确保各类收听或阅读报告的人都能理解。口头报告应有声有色，书面报告应易读易懂。

3. 借助图表进行简要和充分说明

图表是项目管理的工程语言，许多工程事务用一般语言很难描述清楚，即便描述了效果也欠佳，而图表可以直观地说明问题，所以应充分加以利用。不过，图表也不宜过于烦琐，每张图表最好仅讨论一个概念或问题。

4. 报告方式与报告接收者要相符

项目报告有对内的也有对外的，有为项目团队服务的，也有为项目业主服务的。报告接收者不同，报告方式也应有所不同，同时还应与报告接收者相符合。例如公开的报告应该是开放的、吸引人的，并应采用接收者容易理解的方式组织内容。

9.6.3 工程项目报告与文件的管理和控制

在项目实施过程中，除了项目报告外，还有许多其他文件也属于沟通管理的管理对象和范畴，如文本、图样、表格、表列、手册、各种电子存储设备或软件等。这些可以由项目团队提供或管理，也可以由项目业主提供和管理。

1. 项目报告与文件的管理和控制的重要性

项目报告与文件的管理和控制是非常重要的项目沟通管理内容，因为这些报告与文件都可能会进行改动，而这种改动可能是由项目客户或项目团队提出的变更造成的，所以必须记录、管理和控制这些改动，因为这直接涉及各方的利益和责任。

2. 项目报告与文件的管理和控制的统一性

在项目实施过程中，各种项目报告与文件的变更和修订必须贯彻统一性的原则，两者应该结合起来集成完成。通常一个项目报告与文件的变更和修订会导致一系列项目报告与文件的更新和修订。同时，项目团队必须清楚哪些报告与文件是最新版本或正在使用的版本，并据此开展工作。因此，项目报告与文件的页脚都应载有修订或变更日期、修订或变更序号、修订或变更人的姓名和签字。

3. 项目报告与文件的管理和控制的及时性

项目报告与文件的修订和变更必须及时，并且应及时将其发送至相关项目团队成员或项目业主手中，还应发放修订和更新通知以说明对报告和文件做了哪些改动。如果一个项目报告与文件仅做稍作修改，仅发送更改部分即可；如果变更很大，应发送重新修订的报告与文件。

4. 项目报告与文件的管理和控制的制度性

在项目早期就应该制定项目实施者和项目业主之间、项目经理和项目团队之间关于项目报告与文件的修订和更新制度，并在项目实施中逐步健全这种制度。例如，如果变更决定是以口头形式做出的，没有书面正式文件，那么可能会给项目带来各种各样的问题，对此应制定管理和控制制度。

9.7 工程项目会议

9.7.1 工程项目会议的类型

常见的工程项目会议类型有3种，即项目情况评审会议、项目问题解决会议和项目技术评审会议。项目会议沟通管理是项目沟通管理的重要内容。

1. 项目情况评审会议

项目情况评审会议通常是由项目经理主持召开的，会议成员一般包括全部或部分项目团队成员以及项目业主或项目上级管理人员。项目情况评审会议的基本目的是通报情况、找出问题和制订下一步的行动计划，一般定期召开，以便及早发现问题，防止危及项目目标实现的意外情况发生。通常情况下，项目团队会每周召开一次项目情况评审会议，如果有项目业主参加，周期就可以延长一些，具体根据项目生命周期的持续时间和合同任务书的要求而定。

项目情况评审会议的议程和内容主要包括：自上次会议后取得的成绩(明确已实现的项目目标和已完成的项目工作，对照检查前次会议决议的落实情况)；各种计划指标的完成情况(项目工期、进度、成本、质量等计划的完成情况)；项目各项工作存在的差异(项目实际工作和项目计划要求之间的差异，包括提前完成工作和未完成工作两方面)；项目工作的发展变化趋势(好或不好的发展趋势都要明确讨论)；项目工作发展结果预测(根据项目进展情况和发展趋势分析预测项目最终结果)；需要采取的措施(解决问题所需要采取的措施)；下一步行动的计划安排(会议最终必须确定项目下一步行动的具体计划安排)。

项目情况评审会议不仅有助于项目管理者获得信息和解决问题，还是项目管理者了解项目进展情况的简捷方式之一。当然，这种方式还需要与一对一的口头沟通和书面沟通结合使用。此外，项目情况评审会议应有交付物，包括会议纪要和决议、新的工作计划或报告等。

2. 项目问题解决会议

项目问题解决会议是一种解决项目问题的紧急会议。当项目团队成员或项目业主发现项目出现较大问题或潜在较大问题时，应立即与有关人员协商并召开项目问题解决会议，而不是等到以后通过召开项目情况评审会议再去解决问题，那样可能会错过解决问题的时机。通常，在项目起始阶段应对项目问题解决会议的召开者、召开时间以及利益相关者和权限等问题做出相应的规定。

项目问题解决会议的具体内容包括：描述和说明项目存在的问题(这是项目问题解决会议的首要议题)；找出项目问题产生的原因和影响因素(由全体与会者共同分析并找出项目问题产生的原因和相关影响因素，以便解决问题)；提出可行的问题解决方案(由全体与会者共同讨论并分析制定解决项目问题的备选方案)；评价并选定问题解决方案(评价各个备选方案并选出与会者满意的方案作为解决项目问题的实施方案)；重新修订项目相关计划(这不是必须的议程，如果要实施的项目问题解决方案涉及计划变更问题，就需要讨论和修订项目计划，反之不需要修订计划)。

3. 项目技术评审会议

在项目实施过程中，需要召开项目技术评审会议，以确保项目业主同意项目团队提出的各种技术方案。项目技术评审会议的内容因项目所属专业领域的不同而不同，主要有两种，一是项目技术初步评审会议，二是项目技术终审会议。项目技术初步评审会议是在项目团队完成最初的项目概念说明和项目初步技术方案设计以后所召开的针对项目初步设计的技术评审会议，其目的是在项目开始之前或项目初期，由项目业主对项目初步技术方案的进行评审和确认；项目技术终审会议是项目团队完成项目详细设计和说明以及各种图纸和报告以后所进行的最终技术设计评审会议，其目的是在项目团队开始实施之前，由项目业主对最终技术方案进行评审和确认。

9.7.2　工程项目会议沟通的方法与技巧

在召开工程项目会议的过程中，项目管理者需要采取多种方法和技巧管理会议，以确保工程项目会议沟通的有效和成功，具体包括会前、会中和会后3个阶段的管理。

1. 会前管理

项目会议会前管理主要是对项目会议准备工作的管理，项目会议准备工作通常是确保项目会议沟通成功的关键。会前管理的内容包括：分析确定召开会议是否有必要(是否真有必要和是否还有更合适的方式)；确定项目会议的目的(明确项目会议究竟想要交流哪些信息、实现哪些目标)；确定与会者(分析会议涉及的人员情况并确定利益相关者)；分发会议议程和通知(事先将会议议程和通知分发给与会者)；准备和分发会议材料(准备并分发各种会议材料，确保会议讨论深入和集中，防止跑题和误解)；提前安排会议场所(会议场所应有足够的空间，座位布置合理，会议场所的墙上可以贴上项目计划、实际进展情况等图表，以供与会者参考)。

2. 会议期间管理

会议期间管理非常重要，其内容包括：保证按时开始会议(按时开会，与会者就会形成按时到会的习惯，反之就会形成迟到的习惯)；指定会议记录者做会议记录(必须安排记录人员，会议记录应简洁概括会议决议、行动细目、任务分派和预期完工日期等)；说明会议目的和议程(说明要简洁，不要长篇大论，否则会影响会议主题的讨论)；掌握和控制会议进程(让利益相关者紧扣主题讨论，保持会议气氛活跃，确保能在预定时间内结束，及时总结讨论并引导会议进入下一个议题)；在会议结束时总结会议成果(确保与会者对所有决策有清晰的理解，避免产生误解)；确保会议不超时，如果没有完成所有议程，最好由涉及后续议程的与会者另外召开一个会议(这种后续会议讨论的通常是一些不太重要的问题，因为会议议程是按重要性排列的)。

3. 会后管理

会后应尽快整理会议记录，并在一定时间内公告项目会议成果，下发项目会议纪要文件。项目会议纪要文件应写明会议做出的决定并列出行动计划，包括具体负责人、预计完工日期和预期交付物等。项目会议纪要可以列出参加和缺席会议的人员。特别需要注意的是，应将会议纪要分发给所有被邀请参加会议的人，无论他们是否真正参加了会议。

复习思考题

1. 如何理解一般沟通管理和工程项目沟通管理？

2. 工程项目沟通管理与一般企业运营中的沟通管理有什么区别？为什么会有这些

区别？

3. 工程项目沟通管理包括哪些类型和内容？
4. 工程项目沟通有哪些常见问题？应如何解决？
5. 工程项目沟通管理有哪些作用？
6. 工程项目沟通的方式有哪些？
7. 现代通信技术和信息网络技术对于工程项目沟通管理有哪些方面的作用？
8. 在工程项目沟通管理中应该如何进一步加强对于项目信息的管理？
9. 如何制订工程项目沟通计划？
10. 简述工程项目报告的内容和工程项目报告在项目沟通中的作用。
11. 简述工程项目会议的类型以及工程项目会议沟通的方法和技巧。

扫码自测

第10章 工程项目信息管理

10.1 工程项目信息管理概述

信息是管理的基础，全面收集与工程项目有关的信息并正确处理和及时利用，是工程项目管理取得成功的重要保证。建立一个有效的信息管理系统，全面了解项目的实施进程，是工程项目信息管理的核心。

10.1.1 工程项目信息管理的内涵

信息即音讯、消息，是通信系统传输和处理的对象，泛指人类社会传播的一切内容。在通信和控制系统中，信息是一种普遍联系的形式。1948年，数学家香农(C.E.Shannon)在题为“通讯的数学理论”的论文中指出：“信息是用来消除随机不定性的东西”。

工程项目信息是指报告、数据、计划、安排、技术文件、会议等与项目实施有联系的各种信息。项目信息在项目实施过程中有非常重要的作用，项目信息是否准确以及能否及时传递给项目利害关系者，会影响项目的成败。因此，项目管理人要对项目信息进行系统、科学的管理。

工程项目信息管理是对项目信息的收集、整理、处理、储存、传递与应用等一系列工作的总称，也就是把项目信息作为管理对象进行管理，其目的是根据项目信息的特点，有计划地组织信息沟通，以保证决策者能够及时、准确地获得相应的信息。在工程项目管理的实施过程中，需要大量与目标相关的跟踪和控制信息，且信息量大，涉及专业复杂，形式多样。如今，随着信息技术、计算机技术和通信技术的飞速发展以及工程项目规模的日益扩大，有效地进行信息管理对工程项目的顺利实施起到越来越重要的作用。

10.1.2 工程项目信息管理的任务

信息管理是人类为了有效地开发和利用信息资源，以现代信息技术为手段，对信息资源进行计划、组织、领导和控制的社会活动，简言之，信息管理就是人类对信息资源和信息活动的管理。信息管理的过程包括信息收集、信息传输、信息加工和信息存储。

项目经理部是整个项目的信息中心，承担着项目信息管理的任务，具体包括以下几个方面。

(1) 建立项目信息管理系统，设计项目实施和项目管理中的信息流和信息描述体系，具体包括：按照项目实施过程、项目组织、项目管理组织和工作过程，建立项目信息流程；按照项目各方和环境组织的信息需求，确定与外界的信息沟通；制定项目信息收集、整理、分析、反馈和传递等规章制度；将反映项目基本情况的信息系统化、具体化，并编制项目手册，对项目信息进行分类，制定编码规则与结构，确定资料的格式、内容、数据结构要求。

(2) 在项目实施过程中，通过各种渠道收集信息，如现场调查问询、观察、试验以及阅读报纸、杂志和书籍等。

(3) 项目信息的加工与处理，具体包括：对信息进行数据处理、分析与评估，确保信息的真实、准确、完整和安全；编制项目信息报告。

(4) 传递项目信息，向相关方提供信息，保证信息传递渠道的畅通。

(5) 信息的存储和文档管理工作。

10.1.3 工程项目信息管理的内容

工程项目的决策和实施过程，不仅是物质生产过程，同时也是信息的产生、处理、传递和应用过程。项目策划阶段、设计阶段和招投标阶段等的主要任务之一就是产生、处理、传递和应用信息，主要成果是工程项目信息。虽然工程项目施工阶段的主要任务是按图施工，其主要成果是完成工程项目的实体，但施工阶段的物质生产过程始终伴随着信息的产生、处理等过程，它一方面需要施工阶段之前的其他阶段产生的信息，另一方面又不断地产生新信息，因此，工程项目施工阶段是物质生产过程和信息生产过程的高度融合。

工程项目信息管理的主要内容包括信息收集、信息加工和信息传递。

1. 信息收集

信息收集是项目信息管理的关键环节，也是后续各环节得以开展的基础。面对复杂的信息世界，在数据收集过程中，应紧紧围绕信息收集的目的，以尽可能经济的方式准确、及时、系统、全面地收集适用的数据。信息收集贯穿项目管理全过程，前期主要收集可行性研究报告、设计文件、招标投标合同文件及有关资料等；施工期间主要收集业主提供的信息、承包商的信息、建设项目的施工现场记录以及工地会议记录等；工程竣工阶段主要收集工程质量验收记录、竣工图和工程影像资料等。

按照来源进行划分，信息可分为内部信息和外部信息。信息收集方法多种多样，概括起来主要有网上调查法、出版资料查询法、内部资料收集法、口头询问法或书面询问法、传媒收听法、专家咨询法、现场观察法、试验法、有偿购买法、信息员采集法等。

2. 信息加工

信息加工过程包括鉴别真伪、分类整理、加工分析、编辑与归档保存4个步骤。

3. 信息传递

信息传递也称信息传输，指将信息以信息流的形式传递给信息需求者的过程。项目组织机构是项目内部信息传递的基本渠道。为了便于查找资料，在资料入库前应拟定一套科学的查找方法，做好编目分类工作。

10.1.4　工程项目信息的类型和基本要求

1. 信息的类型

工程项目中的信息有很多，许多项目管理人员的日常工作就是处理各类信息。常见的项目信息大致包括以下几种。

(1) 项目基本状况的信息。这类信息主要存在于项目建议书、可行性研究报告、项目手册、各种合同、设计和计划文件中。

(2) 现场工程实施信息。这类信息主要涉及工期、成本、质量、资源消耗情况等方面，主要存在于各种报告中，如日报、月报、重大事件报告、资源(设备、劳动力、材料)使用报告和质量报告。此外，这类信息还包括问题分析、计划和实际情况的对比以及趋势预测等信息。

(3) 各种指令、决策方面的信息。常见的这类信息有建筑工程变更指令单、建筑施工指令单等。

(4) 其他信息。外部进入项目的环境信息，如市场情况、气候、外汇波动、政治动态等。

2. 信息的基本要求

信息应符合工程项目管理的需要，应有助于项目管理系统的运行，切勿造成信息泛滥和污染，具体应符合以下基本要求。

(1) 具有适用性，专业对口。不同的项目管理职能人员、不同专业的项目参加者，在不同时间，承担不同的工作任务，对信息也有不同的要求。信息应专业对口，按专业的实际需要进行提供和流动。

(2) 具有准确性、可靠性，能够反映实际情况。信息应符合实际应用的需要，符合目标要求，这是正确、有效管理信息的前提。各种工程文件、报表、报告应实事求是，反映客观事实；各种计划、指令、决策应以实际情况为依据。失真的信息容易造成决策、计划、控制的失误，进而阻碍项目目标的实现。

(3) 及时提供信息。信息应满足接收者的需要，严格按规定时间提供并分发。只有及时提供信息，才能实现及时反馈，管理者也才能及时控制项目的实施过程。信息一旦过时，就会错失决策良机，造成损失。

(4) 简单明了，便于理解。信息的表达形式应符合人们日常接收信息的习惯，便于使用者了解情况、分析问题。对于不同的使用者，应采用不同的信息表达形式。例如，对于不懂专业、不懂项目管理的业主，宜采用更直观明了的信息表达形式，例如模型、表格、图形、文字描述等。

10.1.5　工程项目中的信息流

项目信息在项目组织内部和组织外部之间不断地流动，从而构成了“信息流”。

1. 工程项目中的流动过程及其相互关系

1) 工程项目中的流动过程

在工程项目中，主要存在以下4种流动过程。

(1) 工作流。由项目工作结构分解得到项目的所有工作，通过任务书(委托书或合同)确定这些工作的实施者，再通过项目计划具体安排他们的实施方法、实施顺序、实施时间以及实施过程中的协调。这些工作在一定时间和空间内实施，从而形成项目的工作流。工作流构成项目的实施过程和管理过程，其主体是工程实施人员和管理人员。

(2) 物流。项目工作实施需要各种材料、设备、能源，它们由外界输入，经过处理转换成工程实体，最终得到具备使用功能的工程。工作流引起物流，表现为工程的物质生产过程。

(3) 资金流。资金流是指工程实施过程中价值的运动。例如，由外部投入的资金，通过采购变成库存的材料和设备；支付的工资和工程款转变为已完工程；已完工程投入运行后成为固定资产，业主通过工程运行取得收益。

(4) 信息流。工程项目实施过程需要不断地产生大量信息，这些信息伴随上述几种流动过程按一定的规律产生、转换、变化和被使用，并被传送到相关部门或单位，形成项目实施过程中的信息流。项目管理者设置目标，做出决策，制订各种计划，组织资源供应，领导、激励、协调各项目参加者的工作，控制项目的实施过程等，都依赖于顺畅的信息流。

2) 各类流动过程之间的相互关系

以上4种流动过程之间相互联系、相互依赖又相互影响，共同构成项目管理过程。在这4种流动过程中，信息流对项目管理有着特别重要的意义，它将项目的工作流、物流、资金流、各个管理职能和项目组织，以及项目与环境结合在一起。它不仅反映而且控制、指挥着工作流、物流和资金流。例如，在项目实施过程中，各种工程文件、报告、报表反映了工程项目的实施情况，也反映了工程进度、费用状况，各种指令、计划、协调方案又控制和指挥着项目的实施。在项目实施全过程中，项目组织成员之间，以及与项目其他相关者之间都需要进行充分、准确、适时的信息沟通，及时采取相应的组织协调措施，以减少冲突，保证工程项目目标的顺利实现。因此，信息流是项目的神经系统。只有信息流通畅高效，项目实施过程才会顺利推进并富有成效。

2. 工程项目信息交换过程

1) 项目与外界的信息交换

项目作为一个开放系统，它与外界环境有大量的信息交换，具体包括以下两方面。

(1) 由外界输入的信息，例如物价信息、市场状况信息、周边情况信息、上层组织(如企业、政府部门)对项目的指令和干预、项目相关者的意见和要求等。

(2) 项目向外界输出的信息，例如项目需求信息、项目实施状况信息、项目结束后的各种统计信息等。

现代社会中，工程项目对社会各个方面都有很大的影响，因此项目信息必须对外公布，确保项目各相关方有知情权。同时，项目相关方、市场(如工程承包市场、材料和设备市场等)和政府管理部门、媒体也需要了解项目信息，例如项目的需求信息、项目的实施状况信息、项目结束后的各种统计信息等。

对于政府项目、公共工程项目等，更需要让社会各相关方了解项目信息，确保项目在“阳光”下运行。

2) 项目内部的信息交换

项目内部的信息交换即项目实施过程中，项目组织成员和项目管理各部门因相互沟通而产生的大量的信息流。项目内部的信息交换主要包括以下几方面。

(1) 正式的信息渠道。信息通常是在组织机构内部按组织程序流通的，它属于正式的沟通，一般有以下3种信息流。

① 自上而下的信息流。通常决策、指令、通知和计划是自上而下传递的，这个传递过程应是逐层细化、具体化的，一直传递到操作层，成为可执行的操作命令。

② 由下而上的信息流。通常各种工程实际情况信息是由下而上传递的，这个传递不是一般的叠合(装订)，而是经过归纳整理逐渐形成的报告。项目经理应做好信息整合工作，以保证信息即便经过浓缩也不会不失真。若信息过于详细，容易导致信息处理量过大、重点不突出，且容易遗漏；而过度浓缩又容易导致使用者对信息的曲解。

在实际工程项目中，常发生这样的情况：上级管理人员，例如投资者、业主、项目经理，经常哀叹信息太多，桌子上堆积如山的报告却抽不出时间查看，但同时他们又不了解情况，在决策时缺乏可用的信息，这是信息传递和整合过程中的通病。

③ 横向或网络状的信息流。项目组织结构和管理工作流程设计的职能部门之间存在大量的信息交换。例如，技术人员与成本员、成本员与计划师，财务部门与计划部门以及与合同部门等之间都存在信息流。

在矩阵式组织中以及在现代高科技快速发展的背景下，人们越来越多地通过横向或网络状的沟通渠道获得信息。

(2) 非正式的信息渠道。常见的非正式信息渠道有即时通信软件、社交媒体平台、团队建设活动等，这是如今人们在日常工作中不可或缺的沟通方式。通过这些渠道，团队成员可以在较为轻松的环境中交流工作进度、讨论问题解决方案、分享个人经验或兴趣爱好。

10.2 工程项目管理信息系统

10.2.1 工程项目管理信息系统概述

1. 项目管理信息系统的内涵

在项目管理中，管理信息系统是将各种管理职能和管理组织整合到一起并促使其相互沟通并协调一致的神经系统。项目管理信息系统是由项目信息、信息流通和信息处理等综合而成的，它包括项目信息管理的组织(人员)、相关的管理规章、管理工作流程、软件、信息管理方法(如储存、沟通和处理方法)以及各种信息和信息的载体等。

项目经理作为项目的信息中心和控制中心，需要一个强有力的项目管理信息系统的支持。建立项目管理信息系统并使其顺利运行，是项目经理的责任，也是项目经理完成项目管理任务的前提。

项目管理信息系统有一般信息系统所具有的特性，其总体模式如图10-1所示。

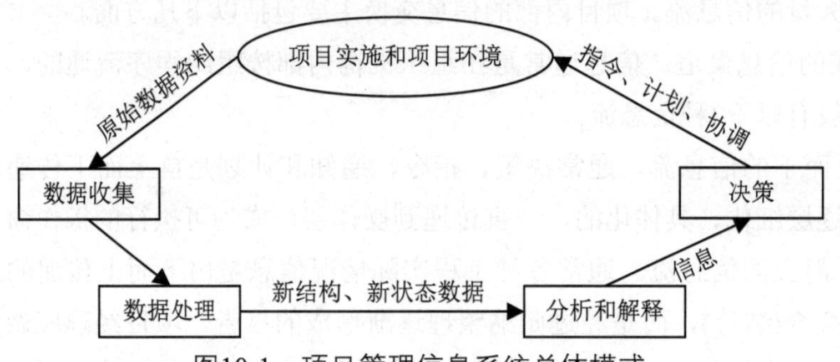

图10-1 项目管理信息系统总体模式

2. 项目管理信息系统的功能

(1) 在项目进程中，不断收集项目实施状况和环境的信息，特别是项目实施状况的原始资料和各种数据。

(2) 对数据进行整理，形成各种报告。

(3) 对数据进行分析研究，形成供决策使用的信息。

(4) 针对项目实施状况和环境状况的信息，做出对项目实施过程进行调整的决策，发出指令或调整计划，或协调各方面的关系，控制项目的实施过程。

项目管理信息系统是为项目的计划和控制服务的，并在项目的计划和控制过程中运行。所以，它是在项目管理组织、项目工作流程和项目管理工作流程的基础上设计的，并全面反映它们之间的关系。项目管理信息系统的有效运行要求信息标准化、工作程序化和管理规范化。

3. 项目管理信息系统的总体结构

项目管理信息系统的总体结构描述了项目管理信息子系统的构成。例如，某工程项目管理信息系统由编码子系统、合同管理子系统、资源管理子系统、财会管理子系统、成本管理子系统、设计管理子系统、质量管理子系统、组织管理子系统、计划管理子系统、文档管理子系统构成，如图10-2所示。

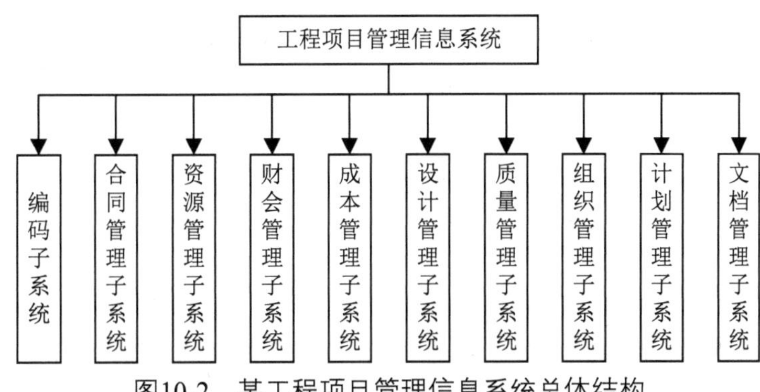

图10-2　某工程项目管理信息系统总体结构

4. 项目管理信息系统的信息流通

1) 项目参加者之间的信息流通

项目的信息流就是信息在项目参加者之间的流通，与项目组织形式密切相关。在项目管理信息系统中，每个参加者均为系统网络上的一个节点，负责信息的收集(输入)、传递(输出)和处理工作。项目管理者要具体设计这些信息的内容、结构、传递时间和精确程序等。在项目实施过程中，不同项目参加者对信息的需求及所能提供的信息各不相同。

(1) 业主。业主需要的信息包括以下几个方面。

① 项目实施情况月报，包括工程质量、成本、进度总报告。

② 项目成本和支出报表，一般按分部工程和承包商编制成本和支出报表。

③ 供审批用的各种设计方案、计划、施工方案、施工图纸、建筑模型等。

④ 决策前所需要的专门信息、建议等。

⑤ 各种法律、规定、规范，以及其他与项目实施有关的资料等。

业主提供的信息包括以下几个方面。

① 各种指令，例如变更工程、修改设计、变更施工顺序、选择承(分)包商等。

② 各种审批计划、设计方案、施工方案等。

③ 向投资者或董事会提交的工程项目实施情况报告等。

(2) 项目经理。项目经理需要的信息包括以下几个方面。

① 各项目管理职能人员的工作情况报表、汇报、报告、工程问题请示。

② 业主的各种口头和书面指令，各种批准文件。

③ 项目环境的相关信息。

④ 工程承包商、供应商关于工程情况的报告、汇报及工程问题的请示。

项目经理提供的信息包括以下几个方面。

① 向业主提交各种工程报表、报告。

② 向业主提供决策用的信息和建议。

③ 向社会其他方面提交工程文件，这些文件通常是按法律要求必须提供的，或审批需要使用的。

④ 向项目管理职能人员和专业承包商下达各种指令，对各种请示进行回复，对项目计划进行落实，对各方面工作进行协调等。

2) 项目管理职能之间的信息流通

项目管理信息系统是一个非常复杂的系统，它由许多子系统构成。系统中的每个节点不仅表示各项项目管理职能工作，而且代表一定的信息处理过程，每一个箭头不仅表示管理职能工作顺序，而且表示一定的信息流通过程。

按照管理职能，可以建立各个项目管理信息子系统，例如成本管理信息系统、合同管理信息系统、质量管理信息系统、材料管理信息系统等。这些子系统为专门的职能工作服务，用来解决专门信息的流通问题，它们共同构成项目管理信息系统。

例如，成本计划信息流通过程如图10-3所示。

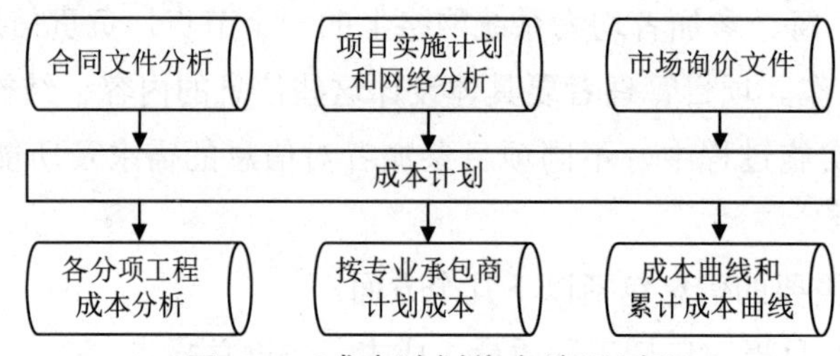

图10-3　成本计划信息流通过程

图10-3中的“合同文件分析”工作的信息流程可用图10-4表示。

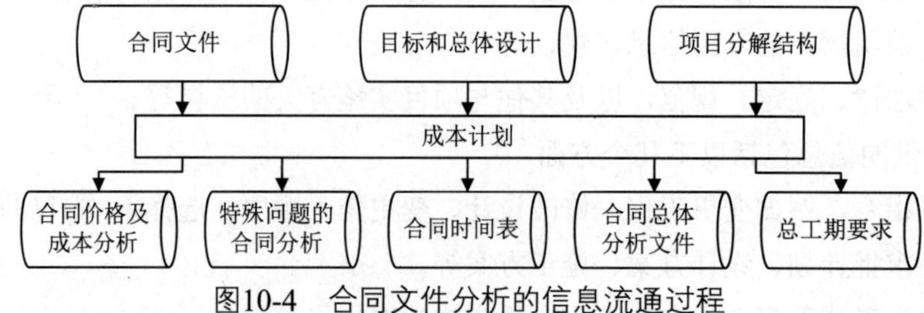

图10-4　合同文件分析的信息流通过程

在此必须对各种信息的结构、内容、负责人、载体以及完成时间等做出专门的设计和规定。

3) 项目实施过程中的信息流通

项目实施过程中的工作程序既可以表示项目的工作流，又可以从一个侧面表示项目的信息流，它涵盖各个工作阶段的信息输入、输出和处理过程，以及信息的内容、结构、要求、负责人等内容。按照项目生命期，项目管理还可以划分为可行性研究信息子系统、计划管理信息子系统、施工管理信息子系统等。

10.2.2 项目管理信息系统的建立过程

项目管理信息系统必须经过专门的策划和设计，在项目实施中控制其运行。设计项目管理信息系统应考虑项目组织及业主的需要。项目管理信息系统是在项目组织模式、项目实施流程和项目管理流程的基础上建立的，这些流程之间互相联系，又互相影响。建立项目管理信息系统具体包括以下几步。

1. 确定信息的需求特性

按照项目组织结构和相关者分析，确定项目相关者的信息和沟通需求，即通过调查确定信息系统的输出。

(1) 分析项目相关者以及社会其他方面在项目实施过程中的信息需求，并考虑如何及时地将信息提供给他们。特别应该注意要向项目上层组织和投资者提供所需要的信息，建立可能的信息渠道，以帮助他们做出决策、制订计划和实施控制。

(2) 明确项目组织各个层次和各个职能部门的信息需求，按照相关人员在组织系统中的职责、权力和任务进行设计，也就是说，要明确他们完成工作、行使权力所需的信息，以及能够向其他方面提供的信息。

(3) 不同层次的管理者对信息的内容、精度、综合性有不同的要求，因此应综合考虑。

2. 收集和加工信息

(1) 信息收集。在项目实施过程中，每天产生的大量数据，都会反映在记工单、领料单、任务单、图纸、报告、指令、信件等文件中，必须确定记录这些原始数据的负责人，这些数据的内容、结构、准确程度，以及获得这些数据的渠道。由责任人对原始数据的收集、整理，以及它们的正确性和及时性负责。通常由专业班组的班组长、记工员、核算员、材料管理员、分包商等承担这项任务。

对于工作包和工程活动，需要收集以下数据信息。

① 实际执行的数据，包括活动开始或结束的实际时间。

② 使用或投入的实际资源数量和成本等。

③ 反映质量状况的数据。

④ 有关项目范围、进度计划和预算变更的信息。

(2) 信息加工。原始数据量大面广，表达方式多种多样，经过加工才能符合管理需要，才能满足不同层次项目管理者的需求。信息加工的概念很广泛，通常包括以下几个方面。

① 一般的信息处理方法，如排序、分类、合并、插入、删除等。

② 数学处理方法，如数学计算、数值分析、数理统计等。

③ 逻辑判断方法，包括评价原始数据的置信度、来源的可靠性、数值的准确性，以及进行项目诊断和风险分析等。

原始数据经过整理后可形成不同层次的报告，应建立规范化的项目报告体系。

3. 存储信息，选择载体

许多信息作为工程项目的历史资料和实施情况证明，在项目实施过程中经常被使用，有些作为工程资料保存至项目结束，有些甚至要长期保存。因此应按不同的使用和储存要求，将数据和资料储存在一定的信息载体上，确保安全可靠且使用方便；还应建立项目文档系统，将所有信息分解、编目，以便查询。

1) 项目信息的存储

(1) 文档组织形式，包括集中管理和分散管理。其中，集中管理是指在项目或企业中建立信息中心，集中储存资料；分散管理是指由项目组织成员以及项目经理部的各个部门保管资料。

(2) 监督要求，包括对外公开和不对外公开。

(3) 保存期，分为长期保存和非长期保存。有些信息暂时有效，有些信息在整个项目期有效，有些信息需要长期保存，如竣工图等必须在工程运行期间一直保存。

2) 信息载体

(1) 纸张，如各种图纸、说明书、合同、信件、表格等。

(2) 移动存储设备，如U盘、移动硬盘等。

(3) 影像资料，如照片、微型胶片等。

(4) 其他载体，如项目管理信息数据库、网盘、云存储等。

3) 选择信息载体的影响因素

随着科学技术的发展，新的信息载体不断涌现，不同的载体对介质技术和信息存取技术有着不同要求。在选择信息载体时，应结合多方面因素综合考虑。

(1) 项目信息管理系统运行成本的限制。不同的信息载体需要不同的投资，运行成本也不相同。在符合管理要求的前提下，尽可能降低项目信息管理系统运行成本，是项目信息管理系统设计的目标之一。

(2) 项目信息管理系统运行速度的要求。例如，气象、地震预防、国防、宇航等的工程项目要求信息系统运行速度快，因此必须采用相应的信息载体和处理、传输手段。

(3) 特殊要求。例如，合同、备忘录、变更指令、会谈纪要等必须以书面形式呈现，由双方或一方签署才具有法律效力。

(4) 信息处理技术、传递技术和费用的限制。

信息的收集、存储以及传递过程中组织责任的落实，必须由专门人员负责，并将此作为项目信息管理系统的一部分。

4. 使用和传递信息

信息传递(流通)即指令信息流通到需要的地方。在项目管理中，要设计好信息的传递路径，就应按不同的要求选择快速、误差小、成本低的传输方式。按使用目的进行划分，信息可分为决策和证明两类。其中，决策指各种计划、批准文件、修改指令、执行指令等；证明指描述工程的质量、工期、成本实施情况的各种信息。

对不同的项目组织成员和项目管理人员，应明确规定不同的信息使用和修改权限，如果权限混淆容易造成混乱；还应具体规定某人员有某一方面(专业)的信息权限或综合(全部)信息权限，以及查询权、使用权、修改权等。

10.3　工程项目报告系统

10.3.1　工程项目报告的种类

工程项目报告是项目工作人员沟通的主要工具，其种类很多，常见的有以下几种。

(1) 日常报告。日常报告用于有规律地报告信息，可按控制期、里程碑事件、项目阶段提出报告，也可按时间提出日报、周报、月报、年报以及主要阶段报告等。

(2) 针对项目工作结构的报告。常见的有工作包、标段、整个工程项目报告。

(3) 专门内容报告。它是指为项目管理决策提供专门信息的报告，例如质量报告、成本报告、工期报告等。

(4) 特殊情况报告。该类报告常用于宣传项目取得的特别成果，或是对项目实施中发生的一些问题进行特别评述，例如风险分析报告、总结报告、特别事件(安全和质量事故等)报告、比较报告等。

10.3.2　工程项目报告的作用

(1) 工程项目报告可以帮助人们深入了解项目计划和实施状况以及目标完成程度，由此可以预测未来，可作为决策依据，确保决策迅速且准确。报告是为决策服务的，特别是上层决策，但报告内容仅反映过去的情况，在时间上是滞后的。

(2) 用来评价项目以及过去的工作和阶段成果。

(3) 总结经验，分析项目中的问题，特别是在每个项目阶段结束或整个项目结束时都应出具一份内容详细的分析报告，以保证项目实施得到持续改进。

(4) 通过报告激励项目参加者，同时便于大家了解项目成果。

(5) 提出问题，解决问题，以便管理者安排项目后期的工作计划。

(6) 预测未来情况，提供预警信息。

(7) 报告便于保存，可作为证据和工程资料，记录工程的实施状况。

(8) 公布信息，例如向项目相关者和社会公布项目的实施状况。

不同项目参加者对信息的内容、频率、描述角度、详细程度的要求也各不相同，因此应提前确定报告的形式、结构、内容和处理方式。

10.3.3 工程项目报告的要求

为了确保项目组织间沟通顺畅，充分发挥报告的作用，报告应符合以下要求。

(1) 与目标一致。报告的内容和描述应与项目目标一致，主要说明目标的完成程度和围绕目标存在的问题。

(2) 符合特定要求。特定要求包括各个层级的组织成员对项目信息需要了解的程度，以及各职能人员对专业技术工作和管理工作的信息需求。

(3) 规范化、系统化。在管理信息系统中，应完整定义报告的系统结构和内容，对报告的格式、数据结构进行标准化处理，并要求各参加者采用统一形式的报告。

(4) 真实有效。报告应具有真实性、有效性和完整性。

(5) 清晰明确。报告内容应完整、清晰，不能模棱两可，确保各类人员均能正确接收并正确理解，尽量避免造成误解和传输错误。

(6) 报告的侧重点要求。报告通常包括概况说明和重大差异说明以及主要活动和事件的说明。在组织报告内容时，应更多地考虑实际效用，如可信度、易于理解，无须面面俱到。

10.3.4 工程项目报告系统的构成

1. 工程项目报告的编制要求

在项目初期建立项目管理系统时必须包括项目报告系统，这就需要解决以下两方面问题：罗列项目实施过程中应有的各种报告并系统化；确定各种报告的形式、结构、内容、数据、信息采集和处理方式，尽量标准化。在设计报告时，应事先向各层级有关人员列表确认信息需求、信息来源、信息传递方式、信息格式等，建立如表10-1所示的报告目录表。

表10-1 报告目录表

序号	报告名称	报告时间	提供者	接收者			
				A	B	C	…
1							
2							
…							

在编制工程项目计划时，应当考虑需要的各种报告及其性质、范围和频次，并在合同或项目手册中予以确定。此外，原始资料应一次性收集，以保证相同的信息有相同的来源。在将资料归纳整理并用于编制报告之前，应进行可信度检查，同时引入计划值，以便对比分析。

原则上，编制报告时应从最低层级开始。最基础的资料来源是工程活动，包括工程活动的完成程度、工期、质量、人力消耗、材料消耗、费用等情况的记录，以及试验、验收、检查记录。上层报告应由各职能部门按照项目分解结构和组织结构层层归纳，并进行分析和比较，从而形成金字塔形的报告系统，如图10-5所示。

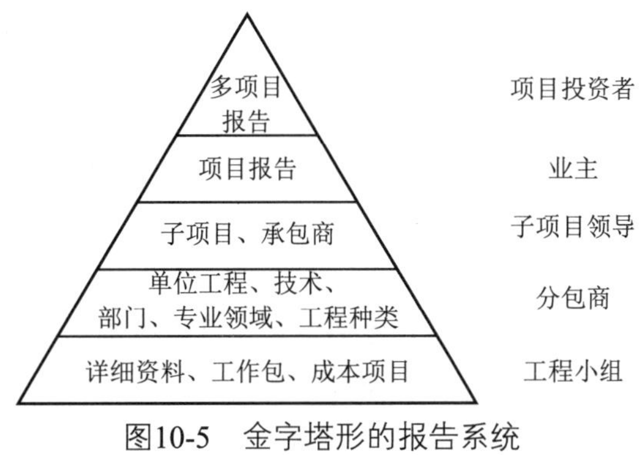

图10-5　金字塔形的报告系统

工程项目报告是自下而上传递的，其内容不断浓缩，如图10-6所示。

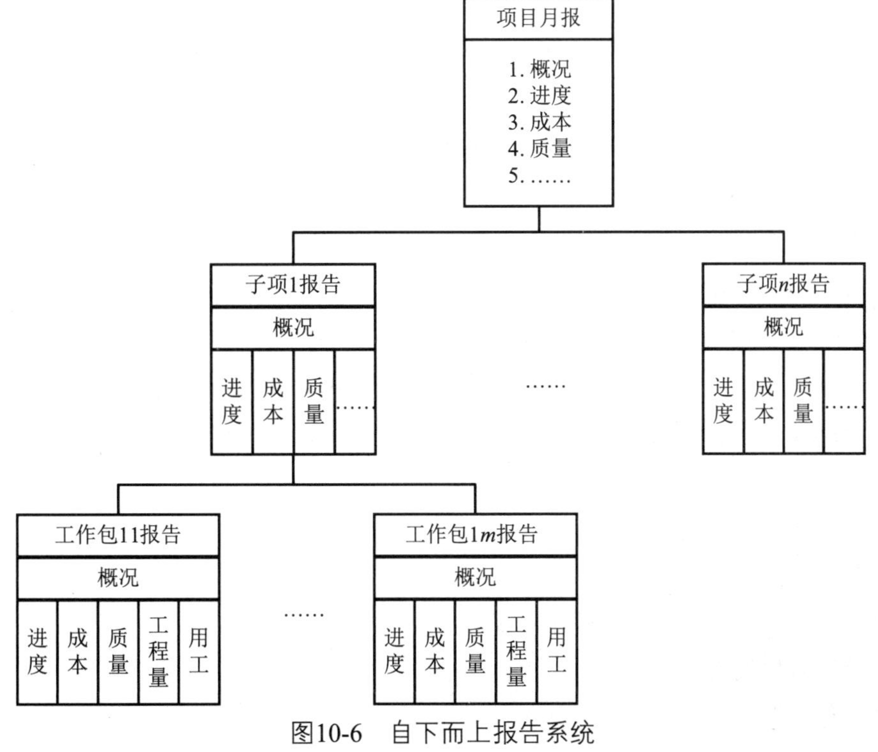

图10-6　自下而上报告系统

2. 项目月报

项目月报是最重要的项目总体情况报告，它的形式可以按要求设计，但内容比较固定，通常包括以下几个方面。

1) 项目概况

(1) 简要说明在本报告期项目及主要活动的状况，例如设计工作、批准过程、招标、施工、验收状况。

(2) 计划总工期与实际总工期的对比，一般可以在横道图上用不同颜色和图例进行比较，或采用前锋线方法。

(3) 总体趋向分析。

(4) 项目形象进度。用图示描述建筑施工和安装的进度，体现已经完成与尚未完成的可交付成果，显示已经开始与已经完成的计划活动，形成工程进展情况报告。这部分包括：项目的进展情况；项目实施过程中存在的主要问题及解决办法；计划采取的措施；项目变更；项目进展预期目标等。

(5) 成本状况和成本曲线。这部分包括整个项目的成本总结分析报告、各专业工程(或各标段)或各合同的成本分析、各主要部门的费用分析。在此，应分别说明原预算成本、工程量调整的结算成本、预计最终总成本、偏差量及产生原因和责任、工程量完成状况以及支出等。同时，可以采用对比分析表、柱形图、直方图和累计曲线的形式进行描述。

(6) 对导致质量问题、工程量偏差、成本偏差、工期偏差的主要原因进行说明。

(7) 说明下一个报告期的关键活动。

(8) 说明下一个报告期必须完成的工作包。

(9) 工程状况照片。

2) 项目进度详细说明

(1) 按分部工程列出成本状况，绘制实际进度与计划进度对比曲线。

(2) 按每个单项工程列出以下内容。

① 控制性工期实际情况和计划对比(最近一次修改)，可采用横道图形式。

② 关键性活动的实际工期和计划工期对比(最近一次修改)。

③ 实际成本和计划成本对比。

④ 工程施工现场状态。

⑤ 各种界面的状态。

⑥ 需要解决的关键问题及解决建议。

⑦ 特别事件说明。

⑧ 其他。

3) 预计工期计划

(1) 下阶段控制性工期计划。

(2) 下阶段关键活动范围内详细的工期计划。

(3) 未来几个月内关键工程活动表。

4) 按分部工程罗列各个施工单位情况

根据工程项目分部工程的划分结果，分别选定地基与基础工程、主体工程、建筑装饰装修工程、屋面工程、给排水和暖通工程、电气工程以及智能建筑等分部工程的施工单位，并罗列出报告期内各施工单位的具体情况，包括单位名称、资质等级、注册资金、主营业务等方面。同时，还要列出各分部工程施工单位的合同履约情况，并对各施工单位进行评价。

5) 项目组织状况说明

详细说明项目组织结构设置以及具体的人员分工，明确项目管理职责，总结本期工作，并对下期工作做出计划。

10.4 工程项目文档管理

10.4.1 工程项目文档管理概述

在实际工程中，许多信息在文档系统中储存，并由文档系统输出。文档管理是指对作为信息载体的资料进行有序收集、加工、分解、编目、存档，并为项目各参与者提供专用和常用信息的过程。常见的工程项目资料文档有合同文本及其附件、合同分析资料、信件、会谈纪要、各种原始工程文件(如工程日记、备忘录)、记工单、用料单、各种工程报表(如月报、成本报表、进度报告)、索赔文件、工程的检查验收及技术鉴定报告等。文档系统是管理信息系统的基础，也是管理信息系统高效率运行的前提条件。在项目中应建立像图书馆一样的文档系统，对所有文件进行有效的管理。

1. 工程项目文档系统应满足的要求

(1) 系统性，即文档系统应包括项目相关的、应进入信息系统运行的所有资料。项目部应按照有关档案管理的规定，将项目设计、采购、施工、试运行和项目管理过程中形成的所有文件进行归档。

(2) 各个文档应有单一标志，能够互相区别，这通常是通过编码来实现的。项目部应随项目进度及时收集、整理资料，并按项目的统一规定进行标识。

(3) 文档管理责任的落实，即应有专门的人员或部门负责资料管理工作。

2. 文档形式

项目文档资料通常是集中保存、处理和提供的。在项目实施过程中，一般有以下3

种文档形式。

(1) 企业保存的关于项目的资料。这类资料储存在企业文档系统中，例如，项目经理提交的各种报告、报表，这是上层系统需要的信息。

(2) 项目集中管理的文档。这是关于全项目的文件，必须设专门的储存场所，并配备专职或兼职的文件资料管理人员。

(3) 各部门专用的文档。它是指本部门专门保管的资料。

这些文档在内容上可能有重复，例如，一份重要的合同文件可能会复制3份，部门保存一份、项目组保存一份、企业保存一份。因此应注意信息安全，做好保密工作，同时确保文档内容正确、实用，以及在文档管理过程中不失真。

3. 文档管理需要确定的要素

文档管理需要确定的要素包括：谁负责资料管理工作？管理什么资料？针对什么问题？资料有哪些内容和要求？何时收集、处理资料？向谁提供资料？具体如图10-7所示。

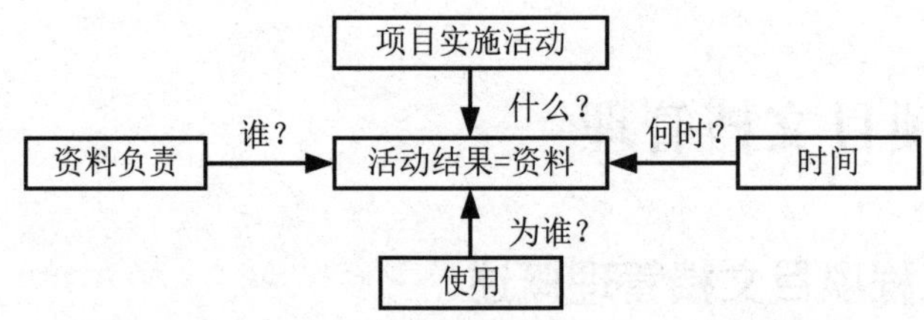

图10-7　文档管理需要确定的要素

10.4.2　工程项目文档资料的构成

1. 数据资料的类型

资料是数据或信息的载体。在项目实施过程中，资料中的数据有以下两种，如图10-8所示。

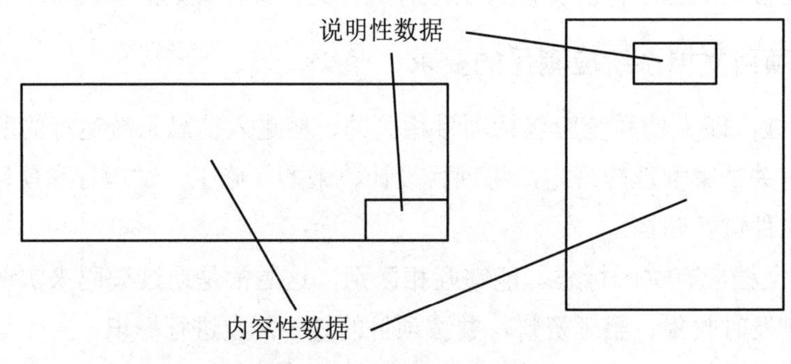

图10-8　两种数据资料

(1) 内容性数据。内容性数据是资料的实质性内容，例如施工图纸上的图、信件的正文等。它的内容丰富，形式多样，通常具有一定的专业意义，在项目实施过程中可能发生变更。

(2) 说明性数据。为了方便资料的编目、分解、存档、查询，应对各种资料进行说明和解释，通过一些特征加以区别，从而形成说明性数据，例如各种文件说明、文件索引目录等。该内容在项目实施过程中一般不做改变，由文档管理者设计。

通常情况下，文档是按内容性数据的性质进行分类的；而文档管理，例如生成、编目、分解、存档等以说明性数据为基础。

2. 文档分类

在项目实施过程中，文档资料面广量大，形式多样。为了便于进行文档管理，首先应对它们进行分类。通常的分类方法如下所述。

(1) 按照重要性分类，可分为必须建立文档、值得建立文档、不必存档。

(2) 按照资料的提供者分类，可分为外部文档、内部文档。

(3) 按照登记责任分类，可分为必须登记的存档以及不必登记的文档。

(4) 按照特征分类，可分为书信、报告、图纸等。

(5) 按照产生方式分类，可分为原件、复印件。

(6) 按照内容范围分类，可分为单项资料、资料包(综合性资料)，例如综合索赔报告、招标文件等。

10.4.3　工程项目文档系统的建立

建立工程项目文档系统应考虑稳定性、兼容性、可扩展性、逻辑性和实用性。

1. 资料编码

1) 对项目编码体系的要求

有效的文档管理是以友好、表达能力较强的资料编码为前提的。在项目实施前，应专门研究并建立项目文档编码体系。比较简单的编码形式是采用序数的形式，但这种形式表达能力较差，不能表示资料的特征。项目编码体系通常应满足以下要求。

(1) 体系统一，适用于所有资料。

(2) 能区分资料的种类和特征。

(3) 能进行无限扩展。

(4) 采用人工处理和计算机处理能达到同样效果。

2) 资料编码的组成

资料编码包含以下几个部分。

(1) 有效范围。说明资料的有效范围和使用范围，例如说明资料所属项目、功能或要素。

(2) 资料种类。根据外部形态进行划分，资料可分为图纸、书信、备忘录等；根据内容特点进行划分，资料可分为技术、商务、行政资料等。

(3) 内容和对象。资料的内容和对象是编码的重点。针对于一般项目，可采用项目工作分解结构作为资料的内容和对象。但有时项目工作分解结构并不适用，因为这种结构分解是按功能、要素和活动进行的，与资料说明对象常常不一致，这时就需要专门设计文档结构。

(4) 日期或序号。相同有效范围、相同种类、相同对象的资料可通过日期或序号来标识，例如对书信可用日期(序号)来标识。

对于不同规模的工程来说，资料编码的要求也不同。例如，对于一个小工程或一个单位工程而言，有效范围可以省略。但应注意，必须对每个部分的编码进行设计和定义。例如，某工程用11位编码作为资料代码，其编码结构如图10-9所示。

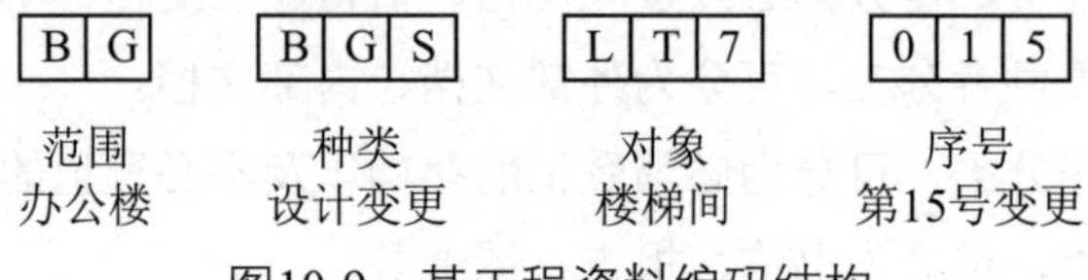

图10-9　某工程资料编码结构

2. 索引系统

为了方便使用资料，在项目实施前，应专门设计建立资料索引系统，它类似于图书馆的书刊索引。资料索引一般采用表格形式。表中的栏目应能反映资料的各种特征信息。不同类别的资料可以采用不同的索引表，如果需要查询或调用某种资料，即可根据索引寻找。

例如，信件索引包括信件编码、来(回)信人、来(回)信日期、主要内容、文档号、备注等栏目。在此应考虑来信和回信之间的对应关系，收到来信或回信后即可在索引表中登记，并将信件存入相应的文档中，如图10-10所示。

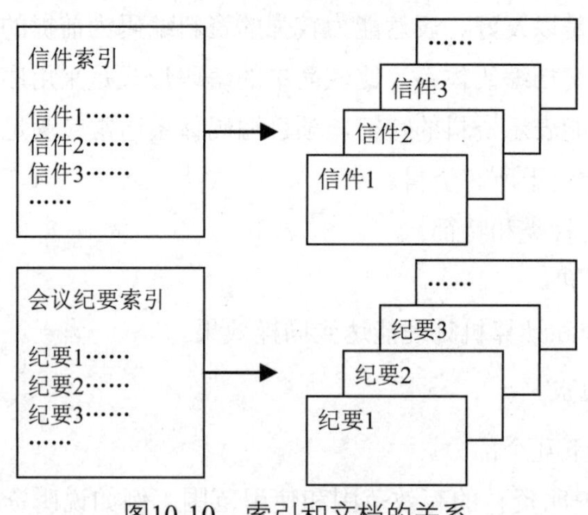

图10-10　索引和文档的关系

10.5　工程项目管理中的软信息

10.5.1　软信息的概念

工程在项目系统中运行的信息一般都是可定量化、可量度的信息，例如工期、成本、质量、人员投入、材料消耗、工程完成程度等，可以用数据表示，也可以写入报告中，人们通过报告和数据即可获得信息，了解情况。但是，在工程项目中有许多信息很难用上述信息形式表达，也很难通过正规的信息渠道沟通，这类信息即为软信息。所谓软信息，是指不能按标准化办法收集和处理，从而无法通过书面形式进行传递的信息。常见的软信息主要有以下几种。

(1) 参加者的心理动机、期望，管理者的工作作风、爱好、习惯，以及对项目工作的兴趣、责任心。

(2) 项目工作人员的工作积极性。

(3) 项目的软环境状况。

(4) 项目组织程度及组织效率。

(5) 项目小组内部关系的融洽程度，如友好或紧张等。

(6) 项目经理领导的有效性。

(7) 业主或上层领导对项目的态度、信心和重视程度。

(8) 项目小组精神，例如敬业程度、互相信任程度。

(9) 组织约束程度(项目文化通常比较难建立，但应有一种工作精神)。

(10) 项目实施秩序等。

许多项目经理对软信息不重视，认为它既不能定量化，也不精确。1989年，在国际项目管理学术会议上，有653位国际项目管理专家参与调查，其中94%的专家认为，在项目管理中十分需要那些不能在信息系统中储存和处理的软信息。可见，软信息非常重要，应予以重视。

10.5.2　软信息的作用

软信息不仅能更快、更直接地反映深层次、根本性的问题，还能反映项目组织、项目参与者的行为状况，同时也能预见项目危机，可以说它对项目未来的影响比硬信息更大。

软信息可以更好地帮助项目管理者研究和把握项目组织，有助于项目管理者实施项目组织激励。在趋向分析中，应全面考虑硬信息和软信息，对其描述必须与目标系统相一致，符合特定的要求。

如果在工程项目实施过程中出现问题，例如工程质量不好、工期延长、工作效率低下等，软信息对于分析和解决这些问题是很有帮助的，它能够直接揭示问题的实质、根本原因，而硬信息通常只能说明现象。

在项目管理决策支持系统和专家系统中，必须考虑软信息的作用和影响，通过建立项目整体信息体系来研究、评价项目问题，做出决策，否则这些系统是不科学的，也是不适用的。

10.5.3 软信息的特点

(1) 软信息尚不能在报告中体现或完全正确地体现，缺少表达方式和正常的沟通渠道。项目管理人员只有亲临现场，参与实际操作和小组会议时才能发现并收集软信息。

(2) 软信息无法准确地进行描述和传递，它只能由项目参加者自行领会，仁者见仁，智者见智，因此不确定性很大，这会导致决策的不确定性。

(3) 由于软信息很难表达，不能传递，很难进入信息系统，它更适用于局部沟通。真正有决策权的上层管理者(如业主、投资者)由于不具备使用条件(不参与实际操作)，无法获得和使用软信息，容易造成决策失误。

(4) 软信息主要通过非正式沟通来影响项目人员的行为。例如，项目人员对项目经理的专制作风持有意见和不满情绪，通过互相诉说，以软抵抗来对待项目经理的指令和安排。

(5) 软信息主要通过人们的模糊判断以及思考来进行信息处理，常规的信息处理方式是不适用的。

10.5.4 软信息的获取

在正规的工程项目报告中较少涉及软信息，而且它也不能通过正常的信息流获取，即便能够获取也很难保证它的准确性、全面性。软信息的获取方式通常有以下几种。

(1) 领导者的观察和反馈。项目管理者可以通过与项目领导和利益相关者的交流，了解他们对项目进展和目标的态度和期望，并根据反馈进行调整和改进。

(2) 团队成员的反馈和意见。项目管理者可以通过与团队成员的沟通和反馈收集软信息，了解他们在项目执行过程中面临的问题和挑战，并及时采取措施解决。

(3) 项目进展会议和讨论。项目进展会议是项目管理者与团队成员讨论项目进展和问题的重要平台。通过会议记录和讨论记录，项目管理者可以获取关于项目风险、进度和质量等方面的软信息，以便及时调整项目计划和资源分配。

此外，项目管理者还可以通过闲谈、聊天等非正式沟通方式获取软信息。通过收集和利用软信息，项目管理者可以更全面地了解项目的现状和团队成员的需求，从而做出更准确和有针对性的决策，提高项目的实施效率和成功率。在项目管理过程中，收集和利用软信息是项目管理者应该具备的重要能力。

10.5.5 软信息的研究方向

在项目管理中，软信息对决策有很大的影响。但人们对它的研究还远远不够，有许多问题尚未解决，具体如下所述。

(1) 在项目管理中，软信息的范围和结构如何？即存在哪些软信息因素，它们之间有什么联系。明确这些问题，可以进一步将它们结构化，建立项目软信息系统结构。

(2) 软信息如何表达、评价和沟通？

(3) 软信息会产生什么影响？它的作用机理是什么？

(4) 如何使用软信息？特别要注意在决策支持系统和专家系统中软信息的处理方法和规则，并应明确如何量化软信息，如何将软信息由非正式沟通转变为正式沟通等。

10.6　信息技术在工程项目管理中的应用

在实际工程中，大量信息由计算机文档系统进行处理、分析和输出。计算机的广泛应用是项目管理现代化的重要标志之一。如今，计算机已被大型承包企业、工程项目管理公司、工程项目咨询公司等广泛用于项目管理的可行性研究、计划、实施等各阶段，并应用于成本管理、合同管理、进度控制、风险管理、信息管理等领域，计算机已成为工程项目管理不可或缺的重要工具。

10.6.1　项目管理软件分类

项目管理可应用的软件非常多，在国际市场上已经商品化的软件就有几百个，此外还有大量研究者和实际应用者自行开发的软件。现阶段，项目管理软件主要分为以下几类。

1. 以网络技术为核心的项目管理软件包

基于网络技术的项目管理软件包是在工程项目管理中应用最早的软件，也是用于项目计划和控制的重要软件。此类软件开发较早，使用时间较长，技术相对成熟，应用也较为广泛。常见的此类软件有Primavera公司的P3和P6、ABT公司的Project WorkBench、微软公司的Microsoft Project以及我国的广联达斑马进度计划软件、鲁班工程管理数字平台、清华斯维尔项目管理软件等。此类软件通常具有工期计划和控制、成本计划和控制、资源计划和控制、多项目管理、统计分析已完成项目、与其他系统通信等功能。

2. 特殊功能软件

针对项目管理的差异性要求，特殊功能软件为项目管理者提供了某些专业方面的功能，以满足某些特殊需求。该类软件多由研究者和应用者自行开发、研制和应用。例如，合同管理软件、风险分析软件、项目评估软件、文档管理软件、成本核算软件、其他库存管理软件、质量管理软件等都属此类。

3. 工作岗位软件

工作岗位软件主要用于辅助项目日常管理工作，它作为日常工作和信息处理的工具，可有效提高项目管理者的工作效率和工作质量。例如，文本处理软件、表格处理软件、绘图软件、数据库软件等。

4. 其他软件

其他软件包括项目管理软件相关的培训软件、模拟决策系统、计算机通信软件等。

10.6.2 常用项目管理软件

1. 广联达斑马进度计划

斑马进度计划是一种项目管理工具，它主要用于追踪和管理项目进度。斑马进度计划通过将项目划分为不同的任务和阶段，并定义每个任务的截止日期，帮助项目团队成员明确他们需要完成的工作，并确保每项任务都能按时完成。此外，斑马进度计划还可以帮助项目经理和团队成员及时发现项目中存在的问题，及时采取行动解决问题，以确保项目能够顺利进行。

在斑马进度计划中，通常包括项目目标、关键里程碑、任务列表、任务负责人、任务截止日期等基本要素。其中，项目目标和关键里程碑是项目的重要目标和关键节点，常用来衡量项目的整体进度和成果。任务列表包括项目中需要完成的所有任务，每个任务都有明确的负责人和截止日期，负责人负责确保任务按时完成，从而确保项目整体能够按计划进行，并实现项目目标。

2. 鲁班工程管理数字平台

鲁班工程管理数字平台(Luban Builder)以用户权限与应用端的形式实现对建筑信息模型(building information modeling，BIM)数据的创建、修改、应用、分享，满足企业内各岗位人员需求，最大程度提高项目管理效率。该平台以BIM数据为载体，关联施工建造过程中的资料、图纸、进度、质量、安全、技术、成本等信息，形成工程项目的数字化管理解决方案，为项目提供数据支撑，实现有效决策和精细管理。该平台包括客户端、Web端、移动端以及指挥中心大屏。

3. 建文工程项目管理软件

建文工程项目管理软件是一款功能强大、操作简便的项目管理工具。它能够帮助项目经理和团队有效地进行项目计划、项目进度追踪、资源管理、风险管理、沟通协作等工作。建文工程项目管理软件具有用户界面友好和操作简便的特点。对于不熟悉项目管理软件的用户来说，能够快速上手并进行操作。建文工程项目管理软件支持多种项目计划和进度管理工具，包括甘特图、里程碑、工作时程表等多种可视化工具，以满足不同项目的需求；提供丰富的资源管理功能，用户可以对项目所需的人力、物力、财力等资源进行有效的分配和管理，确保项目顺利进行；还可以实时监控资源使用情况，预测资源短缺和冲突，帮助项目团队合理安排资源，提高项目的整体效益。

4. Primavera P6

Primavera P6作为新一代项目管理软件，可为项目管理者提供功能强大、简单易用的企业级项目管理解决方案，包括全局项目的优先级划分、计划编制、项目执行和控制以及大型项目管理和多项目组合管理(project portfolio management，PPM)。作为综合性的多项目组合管理解决方案，P6基于角色的功能设计，能够满足管理队伍中不同成员的具体需要、不同责任以及不同技能的发挥。它可以为不同规模的项目提供解决方案，甚至可以帮用户驾驭复杂项目，智能地衡量并满足项目团队中不同角色、不同职能、不同技能等级的需求。

5. Microsoft Project软件

Microsoft Project软件占领了项目管理软件包市场的大量份额。Microsoft Project的主要优点包括：软件与微软其他产品(Access、Excel、PowerPoint、Word)相似，因此用户使用软件菜单栏和工具栏相对容易；用户可以在应用文件之间便捷地共享信息资料；提供日常用语、提示卡及大量帮助范例，大大简化了程序应用；交互式日程系统、电子邮件及分配设备的功能强大；提供应用文件的VBA宏操作，便于高级用户设计接口或自动处理重复性工作。Microsoft Project的缺点包括：用户不容易查看关键路径的处理。

6. Autodesk Construction Cloud

Autodesk Construction Cloud以其强大的BIM工具和全面的项目管理功能而闻名，适合大型和复杂项目。该平台集成BIM和项目管理功能，能够帮助项目团队在设计、施工和运营阶段进行高效协作，实现项目全生命周期的高效管理，特别适合大型建筑公司和需要高效BIM管理的团队。该软件的核心功能包括BIM管理、文档管理、预算和成本控制、调度和质量控制。

7. Project Scheduler

Project Scheduler具备传统项目管理软件的所有特征和优点，具体包括：图形界面设计友好；报表功能强大；制图方便快捷；任务之间建立图式连接方便；任务工时修改容易；资源的优先设置及资源的平衡算法非常实用；对多个项目及大型项目的操作处理比较简单；与外部数据库连接方便。该软件的缺点是联机帮助和文件编制及电子邮件功能有限。

8. Timeline

Timeline是有经验的项目经理的首选。Timeline的优点包括：报表功能及与SQL数据库的连接功能非常突出；日程表、电子邮件功能、排序和筛选能力及多项目处理都经过精心设计；提供Co-Pilot功能，这是一种推出式帮助设施；用户界面友好，极易操作。Timeline的缺点是更适用于大型项目及多任务项目，不如其他软件便于初学者使用。

10.6.3 项目管理软件选择

在选择项目管理软件时，可以参考以下几个方面，还应结合组织和项目的特点进行综合考量。

1. 容量

关于容量，主要考虑系统能否处理预计进行的项目数量、需要的资源数量以及同时管理的项目数量。

2. 文件编制和联机帮助功能

各个项目管理软件的文件编制和联机帮助功能各不相同，差别较大。主要考虑用户手册的可读性、用户手册中概念的逻辑表达、手册和联机帮助的详细程度、举例说明的数量和质量，以及对高级性能的说明水平。

3. 操作简易性

主要考虑系统的“观看”和“感觉”效果、菜单结构、可用的快捷键、彩色显示、每次显示的信息容量、数据输入的简易性、现存数据修改的简易性、报表绘制的简易性、打印输出的质量、屏幕显示的一致性，以及用户熟悉系统操作的难易程度。

4. 可利用的功能

主要考虑系统是否具备项目组织所需要的各种功能。例如，程序是否包含工作分析结构以及甘特图和网络图；资源平衡或均衡算法怎么样；系统能否排序和筛选信息、监控预算、生成定制的日程表，并协助进行跟踪和控制；能否检验出资源配置不当并给出解决建议。

5. 与其他系统兼容的能力

在当今的数字化社会里，大量电子系统日趋统一。如果项目数据分散储存在多个地方，比如数据库、电子数据表等，这时就要特别注意项目管理软件的兼容能力。

6. 安装要求

主要考虑运行项目管理软件对计算机硬件和软件的要求，具体包括存储器、硬盘空间容量、处理速度和能力、图形显示类型、打印设置以及操作系统等方面。

7. 报表功能

各种项目管理软件的主要不同之处是它们提供的报表种类和数量不同。有些系统仅提供基本的施工计划、进度计划和成本报表，而有些系统提供非常广泛的功能设置，并且可以针对各项任务、资源、实际成本、承付款项、工作进程以及其他内容提供报表。另外，有些系统更便于定制化。

8. 安全性能

有些项目管理软件具有相对更好的安全性。如果安全问题很重要，那么就要特别注意系统对项目管理软件、每个项目文件及每个文件数据资料的限制方式。同时，如果需要使用国外软件，还应注意安全隐患。

9. 经销商的支持

主要考虑经销商或零售商是否提供技术支持，还需要考虑支持的费用和经销商的信誉。

复习思考题

1. 简述工程项目信息管理在工程项目管理中的重要作用。
2. 简述工程项目管理信息系统的建立过程。
3. 工程项目报告系统包括哪些方面的内容？
4. 工程项目文档系统包含哪些方面的信息？
5. 如何获取工程项目的软信息？软信息如何影响管理决策？
6. 简述信息技术在工程项目管理中的应用，试预测伴随信息化技术的发展，工程项目管理工作的发展趋势。

扫码自测

第11章 工程项目风险管理

风险是一种涵盖物质、金钱、文化和社会等多种元素的多维复杂现象。风险事件的发生不仅会对金融资产或实物资产、人或生态系统造成直接物质性损害，还会影响社会的运作模式和人们的思维方式。

11.1 工程项目风险管理概述

11.1.1 工程项目风险的概念

风险的定义有广义和狭义之分。广义的风险强调不确定性，狭义的风险强调损失的不确定性。如果风险表现为不确定性，说明风险可能带来损失，也可能带来利益，或是无损失也无获利，属于广义的风险；如果风险表现为损失的不确定性，说明风险只能带来损失，没有获利的可能性，属于狭义的风险。

工程项目风险是指可能导致工程项目损失的不确定性，美国项目管理大师马克思·怀德曼(R.Max Wideman)将其定义为某一事件的发生给工程项目目标带来不利影响的可能性。

11.1.2 工程项目风险的特征

1. 风险存在的客观性

风险是客观存在的，是不以人的意志为转移的。人们只能在一定的范围内改变风险形成和发展的条件，降低风险事故发生的概率，降低损失程度，而不能彻底消除风险。

2. 风险的损失性

风险发生后必然会给人们造成某种损失，但人们却无法准确预知风险的发生。人们只能在充分认识和了解风险的基础上降低风险发生的概率，减少风险造成的损失，而损失是风险的必然结果。

3. 风险损失发生的不确定性

风险是客观的、普遍的，但某一具体风险的发生是不确定的，是一种随机现象。例如，洪灾的发生是客观存在的风险事故，但某一次洪灾的发生是不确定的，也是无法预知的，因此需要人们加强防范和提高防范意识。

4. 风险存在的普遍性

风险在人们的生产生活中普遍存在，并时刻威胁着人类的生命和财产安全，例如地震灾害、洪水、火灾、意外事故的发生等。随着人类社会的不断前进和发展，人类将面临更多新的风险，风险事故造成的损失也可能越来越大。

5. 风险的社会性

没有人和人类社会，就谈不上风险。风险与人类社会的利益密切相关，时刻关系着人类的生存与发展，具有社会性。随着风险的发生，人们可能遭受经济上的损失或身体上的伤害，企业可能面临生产经营和财务上的损失。

6. 风险发生的可测性

单一风险的发生虽然具有不确定性，但对总体风险而言，风险事故的发生是可测的，即运用概率论和大数法则可以对总体风险事故的发生进行统计分析，以研究风险发生的规律性。

7. 风险的可变性

世间万物都处于运动、变化之中，风险也是如此。风险的变化，有量的增减，有质的改变，还有旧风险的消失和新风险的产生。风险因素的变化主要是由科技进步、经济体制与结构的转变、政治与社会结构的改变等方面引起的。

11.1.3　工程项目风险的构成要素

1. 风险因素

风险因素是风险事故发生的潜在原因，也是造成损失的内在或间接原因。根据性质的不同，风险因素可分为物质风险因素、道德风险因素和心理风险因素3种类型。

(1) 物质风险因素。物质风险因素是指有形的，并能直接影响事物物理功能的因素。例如财产所在的地域、建筑物结构和用途等。南方地区发生洪灾的可能性要比北方地区大；木质结构房屋发生火灾的风险要比混凝土结构房屋大；从事运营的机动车发生交通事故的可能性要比非运营机动车大。

(2) 道德风险因素。道德风险因素是指人们的故意行为或者不作为导致的风险，在保险业界较为常见。例如，为了获取全额保险金赔偿，被保险人在火灾发生时故意不施救；为获取巨额保险金赔偿，投保人故意将被保险的儿童置于危险状态等。

(3) 心理风险因素。心理风险因素是指由于心理原因引起行为上的疏忽和过失，导致增加风险事故发生的概率和损失幅度的因素。例如，乱扔烟头引起火灾、酒后驾驶引起交通事故等。

2. 风险事故

风险事故是造成损失的直接或外在原因，也是损失的媒介物，即风险只有通过风险事故的发生才能导致损失。就某一事件来说，如果它是造成损失的直接原因，那么它就是风险事故；而在其他条件下，如果它是造成损失的间接原因，它就会成为风险因素。例如，在冰雹灾害中，由于冰雹造成路面湿滑，进而引发交通事故并造成人员伤亡，此时冰雹属于风险因素；但如果冰雹直接击伤行人，则属于风险事故。

3. 风险损失

在风险管理中，风险损失是指非故意的、非预期的、非计划的经济价值的减少。风险损失通常分为两种形态，即直接损失和间接损失。

风险是由风险因素、风险事故和风险损失三者构成的统一体。风险因素是引起或增加风险事故发生的机会或扩大损失程度的条件，同时也是风险事故发生的潜在原因；风险事故不仅是造成生命财产损失的偶发事件，还是造成风险损失的直接或外在原因，同时也是风险损失的媒介。

11.1.4 工程项目风险管理的内涵

工程项目风险管理是为了实现项目目标，识别、分配、应对项目生命周期内风险的科学与艺术，它是一种综合性的管理活动，具体包括以下内容。

1. 全过程管理

工程项目风险管理既不是在项目实施前对于影响项目的不确定性因素的简单罗列与事先判断，以及建立在此基础上的硬性的、条条框框的项目风险管理对策，也不是在项目进行过程中，当项目风险发生时的危机管理以及应变对策，更不是纯粹的项目风险发生后的补救方案设计与事后经验总结，而是对于项目风险全过程的管理。项目风险的全过程管理不仅要求项目管理者能够审时度势、高瞻远瞩，通过有效的风险识别，实现对项目风险的预警预控，还要求项目管理者能够临危不乱、坦然面对，通过有效的风险管理工具或风险处理方法，对项目运行过程中产生的风险进行分散、分摊或分割，也要求项目管理者能够在项目风险发生后，采取有效的应对措施并能够总结经验教训，对项目风险管理工作进行改进。

2. 全员管理

项目风险的全员管理并不仅仅是对项目运行全部参与方或参与人员的管理，而是要求所有人员都能够参与项目风险管理，因此项目风险管理不只是项目风险管理职能部门的事情。项目风险管理不仅包括对政治、经济、社会、文化、制度等外部环境中的不确定性因素的管理，还包括对项目自身在计划、组织、协调等过程中所产生的不确定性因素的管理。

3. 全要素集成管理

项目风险管理主要涉及项目工期、造价及质量3个方面的问题，因此，项目风险管理过程就是在可能的条件下追求项目工期最短、造价最低、质量最优的多目标决策过程，不能仅满足于单一目标的实现。项目工期、造价与质量是3个直接关联和相互作用的相关要素。项目工期的提前或滞后将直接影响项目造价的高低，项目质量的优劣与项目造价的高低直接相关，项目工期与项目质量的波动同样受项目造价因素的影响。由此不难得出，项目风险管理是对工期、造价以及质量的全要素集成管理。

11.1.5　工程项目风险管理的特点

1. 工程项目风险的客观性与必然性

在工程项目建设中，无论是风暴、地震、滑坡灾害造成的损失，还是与人们活动紧密相关的施工技术、施工方案不当造成的损失，都是不以人们意志为转移的客观现实。自然界的物体运动以及人类社会的运动规律都是客观存在的，因此项目风险的发生也是客观必然的。

2. 工程项目风险的多样性

在一个工程项目中存在许多种类的风险，如政治风险、经济风险、法律风险、自然风险、合同风险、合作者风险等。这些风险之间存在复杂的内在联系。

3. 工程项目风险存在于整个项目生命期

例如，在项目目标设计阶段，可能存在构思错误、重要边界条件遗漏、目标优化错误等风险；在项目可行性研究阶段，可能存在方案失误、调查不完全、市场分析错误等风险；在项目设计阶段，可能存在专业不协调、地质不确定、图纸和规范错误等风险；在项目施工阶段，可能存在物价上涨、实施方案不完备、资金缺乏、气候条件变化等风险；在项目投产运行阶段，可能存在市场发生变化、产品不受欢迎、运行达不到设计能力、操作失误等风险。

4. 工程项目风险影响的全局性

风险影响通常不是局部的，也不是作用于某一段时间或某一个方面的，而是全局性的。例如，反常的气候条件造成工程停滞，这不仅会影响整个工程项目的后期计划，还会影响后期所有参与者的工作，从而导致工期延长，费用增加，甚至造成对工程质量的危害。

11.1.6　工程项目风险管理的程序

工程项目风险管理的程序暂时尚未有统一的规定，美国项目管理协会出版的《项目管理知识体系指南》(PMBOK®指南第6版)将项目风险管理程序分为以下7个步骤。

(1) 规划风险管理，即定义如何实施项目风险管理活动。

(2) 识别风险，即识别单个项目风险以及整体项目风险的来源，并记录风险特征。

(3) 实施定性风险分析，即通过评估单个项目风险发生的概率和影响以及其他特征，对风险进行优先级排序，从而为后续分析或行动打下基础。

(4) 实施定量风险分析，即针对已识别的单个项目风险和其他不确定性的来源，对整体项目目标的综合影响进行定量分析。

(5) 规划风险应对，即为处理整体项目风险敞口以及应对单个项目风险，制定方案、选择应对策略并商定应对行动。

(6) 实施风险应对策略，即执行商定的风险应对计划。

(7) 监督风险，即在整个项目期间，监督商定的风险应对计划的实施、跟踪已识别风险、识别和分析新风险以及评估风险管理的有效性。

虽然在PMBOK®指南中，各个项目管理风险过程都是以界限分明和相互独立的形式出现的，但在实践中，它们可能会相互交叠和相互作用。

11.2 工程项目风险识别

风险识别是风险管理的基础。工程项目风险识别是指项目承担单位在收集资料和调查研究的基础上，运用各种方法对潜在风险以及客观存在的各种风险进行全面识别和系统归类的过程。通过风险识别将风险因素逐一列出，运用项目风险分解结构(Risk Breakdown Structure，RBS)进行全面风险管理。

在不同的项目阶段，由于目标设计、技术设计、实施计划以及环境调查的深度不同，人们对风险的认识呈现为由浅入深、逐步细化的过程。

11.2.1 工程项目风险识别的目的

1. 识别风险来源，辅助风险管理目标设定

由于项目内部及外部环境的不确定性因素是纷繁复杂的，需要利用科学的方法进行分析。没有风险识别的过程，风险管理就是盲目的、不切实际的。通过风险识别，可以识别出可能对项目进展有影响的风险因素及其性质以及产生的条件，据此衡量风险的大小，作为制订风险应对计划的依据。

2. 识别风险特征，提供适当的风险管理对策

风险识别是一个反复的过程，随着项目生命期的渐进，又会产生新的风险。风险反复发生的频率以及对项目过程的影响也会因项目而异，必须立足项目特性开展风险识别工作。风险识别直接影响风险管理的决策质量，进而影响整个风险管理的最终结果。在项目前期阶段，风险识别最为重要，此时决策者缺乏对项目的了解和认知，决策依据建

立在不够精确的预测和分析评估的基础上，决策者的知识水平及价值观也容易导致决策结果的不确定性，而这些因素都会影响项目的开展和项目目标的实现，因此，该阶段的风险识别对项目的未来发展至关重要。

3. 尽早识别风险因素，加强风险防范

在项目进程中，任何一种风险因素被忽略或未被识别，都可能导致整个项目风险管理的失败，造成不可估量的经济损失。越早识别风险，应对风险所需要的费用也会越低。随着项目生命期的推进，本该早期识别而未被识别的风险将产生更高的费用，甚至导致整个项目的终止。

11.2.2　工程项目风险识别的内容

在工程项目风险识别过程中，通常首先罗列对整个工程项目有影响的风险因素，然后识别对管理者自身有重大影响的风险因素。因此，应从多角度、多方面罗列风险因素，以形成对项目风险的全方位把握。风险因素应由总体到细节、由宏观到微观，层层分解。

1. 环境风险

在工程项目风险识别过程中，应首先分析项目环境可能存在的不确定性和变化，它们往往是其他风险的根源。常见的风险因素有以下几种。

(1) 政治风险。例如，政局的不稳定性；发生战争、动乱和政变的可能性；国家的对外关系；政府信用和廉洁程度；政策及其稳定性；经济的开放程度或排外性以及国有化的可能性；保护主义倾向。

(2) 法律风险。例如，法律不健全；有法不依、执法不严；相关法律内容变化；法律对项目的干预；可能对相关法律未能全面、正确理解；工程项目中可能有触犯法律的行为。

(3) 经济风险。例如，国家经济政策的变化；产业结构的调整；银根紧缩；项目产品市场需求变化；工程承包市场、材料供应市场、劳动力市场的变动；工资水平提高；物价上涨；通货膨胀速度加快；原材料进口限制；金融危机；外汇汇率变化。

(4) 自然条件风险。例如，地震；风暴；特殊的未预测到的地质灾害(如泥石流、暗河、溶洞、流沙等)；极端雨雪或冰冻天气；恶劣的现场条件；周边存在对项目的干扰源；工程建设可能造成对自然环境的破坏；不良的运输条件可能造成供应的中断。

(5) 社会风险。例如，宗教信仰的影响和冲击；社会禁忌；劳动者的文化素质；社会风气；恐怖活动。

2. 工程技术风险

现代工程技术发展迅速，结构体系复杂，专业系统之间界面协调处理困难，通常存

在以下两方面的风险。

(1) 工程生产工艺和流程出现问题，新技术不稳定，对未来的生产和运营产生影响。

(2) 施工工艺在选择和应用过程中出现问题。

3. 项目实施过程风险

项目实施过程风险是指工程项目在实施过程中可能遇到的各种障碍、异常情况，如工期拖延，技术问题，质量问题，人工、材料、机械和费用消耗的增加等。该项风险分析应以工作分解结构为研究对象，细致、认真地对各层次的项目单元进行研究分析。

4. 项目行为主体风险

对于项目行为主体风险，应从项目组织的角度进行分析。

(1) 业主和投资者。例如，企业经营状况恶化甚至倒闭，资信不好，撤走资金，改变投资方向，改变项目目标；业主违约、苛求、刁难、随意变更目标但又不赔偿，发布错误指令，非程序干预工程实施；业主不能承担合同责任，不能及时供应设备、材料，不能及时交付场地，也不能及时支付工程款。

(2) 承包商或分包商。例如，承包商的技术能力和管理能力不足，没有适合的技术专家和项目经理，不能积极履行合同；管理和技术方面的失误造成工程中断；缺乏有效的措施保证工程进度，无法达到安全和质量等相关要求；财务状况恶化，无力采购和支付工资；错误理解业主意图和招标文件，实施方案错误；报价失误，计划失效；设计单位设计错误；工程技术系统之间不协调；设计文件不齐全，不能及时交付图纸，或无能力完成设计工作。

(3) 项目管理者(项目经理、各专业工程师、监理工程师等)。例如，因项目管理者的管理能力、组织能力、工作积极性、职业道德以及公正性不足等导致的问题；因管理风格、文化偏见导致不能正确执行合同，在工程建设中要求苛刻等。

(4) 其他方面。例如，中介人的资信、可靠性差；政府机关工作人员、城市公共供应部门的干预、苛求；项目周边或涉及的居民或单位的干扰、抗议或苛求等。

5. 项目管理过程风险

明确项目管理过程风险，可为风险责任分析提供依据，主要包括以下几个方面。

(1) 高层战略决策风险。例如，因指导方针、战略思想失误，高层管理人员在项目选择和目标设计中，选择了错误的方案和错误的投标报价决策。

(2) 环境调查和预测的风险。

(3) 工程规划或技术设计风险。

(4) 计划风险。例如，对目标(任务书、招标文件)理解错误；合同中有不严密的、错误的、二义性的、过于苛刻的、单方面约束性的、不完备的条款；实施方案、报价(预算)和施工组织措施等方面存在错误。

(5) 实施控制中的风险。例如，合同风险；供应风险；新技术、新工艺带来的风险；由于分包层次太多造成计划执行和调整控制的困难；工程管理失误等。

(6) 运营管理风险。例如，准备不足，工程无法正常运营；运营操作失误；销售渠道不畅等。

6. 项目目标风险

项目目标风险是上述风险共同作用的结果，主要包括以下几个方面。

(1) 工期风险，即工期延误，工程未按计划投入使用。

(2) 费用风险，包括财务风险、成本超支、投资追加、报价风险、项目收益减少、投资回收期延长、回报率降低等。

(3) 质量风险，包括材料、工艺、工程不能通过验收，试生产产品不合格，工程质量未达标准等。

(4) 生产能力风险，即项目建成后达不到设计生产能力。

(5) 市场风险，包括工程建成运营后未达到预期的市场份额，销售不足，销路不畅，缺乏竞争力。

(6) 信誉风险，即对企业形象、职业责任、企业信誉的损害。

(7) 其他，例如，发生人身伤亡、安全、健康事故；工程或设备损坏；有可能被起诉或承担相应的法律责任或合同处罚；对环境和项目可持续发展的不良影响和损害。

列出风险因素后，可以采用系统分析方法对其进行归纳整理，形成相应的风险分解结构，作为后续风险评价和落实风险责任的依据。在项目风险因素中，有些风险是根源型的，有些风险是结果型的。环境风险是根源型的，它会引发其他所有风险；项目行为主体风险会引起项目管理过程风险、工程技术风险和项目实施过程风险；工程技术风险会引起项目实施过程风险。上述各种风险最终形成目标风险，即对项目目标产生影响。

各风险因素之间通常是紧密联系的，在分析项目风险过程中应注意考虑不同风险之间的交互作用。例如，经济形势恶化不但会造成物价上涨，而且可能会引起业主支付能力的变化；通货膨胀引起物价上涨，不仅会增加后期的采购、人工工资等各种费用支出，而且会影响后期工程费用；设计图纸提供不及时，不仅会造成工期拖延，而且会造成费用增加(由于人工和设备闲置，增加管理费开支)，还可能导致项目在原来可以避开的冬雨期施工，造成更大程度的工期拖延和费用增加。

在完成项目风险因素识别后，应预测项目风险可能引起的后果，并确定主要的项目风险因素。只有识别出各个项目风险的主要影响因素，才能更好地把握项目风险的发展变化规律，才能对项目风险进行应对和控制。在项目风险识别过程中，应全面分析各个项目风险的主要影响因素及其对项目风险的影响方式、影响方向、影响力度等。

11.2.3　工程项目风险识别的过程

工程项目风险识别过程是寻找风险、描述风险和确认风险的活动过程。工程项目风险识别过程一般分为以下5个步骤。

1. 确定目标

项目风险识别的目标就是识别风险，这个目标是明确的。但由于项目性质的不同以及项目合同类型的差别，项目风险管理目标也会存在一些差异。依据项目管理规划，项目发起人、设计项目组、监理项目组、施工项目组、承包商项目组需要分别确定本项目组的项目风险管理目标、范围和重点。

2. 明确重要参与者

根据项目组风险管理的重点和范围，确定参与项目风险识别的人员。项目风险识别需要项目组集体参与，因此项目经理不仅要了解项目的工程信息，还要了解项目涉及的人员信息，明确重要的参与者。这些参与者应具有经营及技术方面的知识，了解项目的目标及面临的风险，具备沟通技巧和团队合作精神，能够及时沟通和分享信息，这对项目风险识别是非常重要的。

3. 收集资料

在项目风险识别过程中，应收集以下几类资料。

1) 项目产品或服务说明

项目产品或服务的性质隐含多种不确定性因素，在某种程度上决定了项目可能面临的风险。例如项目产品投入市场的不确定性、项目产品市场需求的不确定性。因此，识别项目风险可以从识别产品或服务的不确定性因素入手，而项目产品或服务说明可以为我们提供大量风险识别所需的信息。通常情况下，应用较新技术的产品或服务可能面临的风险比应用成熟技术的产品或服务可能面临的风险更大。项目产品或服务说明可以参考项目章程、项目合同以及用户需求建议书。

2) 项目的前提、假设和制约因素

通过审查项目其他方面的管理计划，可以明确项目的前提、假设和制约因素。

(1) 项目范围管理计划。审查项目成本、进度目标是否设定得过高等。

(2) 人力资源与沟通管理计划。审查人员安排计划，确定哪些人员对项目的顺利完成有重大影响。

(3) 项目资源需求计划。确定除了人力资源外，项目需要的其他资源。例如，特种设备或设施的获取、维护、操作等对项目的顺利完成是否可能造成影响。

(4) 项目采购与合同管理计划。审查项目合同采取的计价形式，不同计价形式对项目组承担的风险有很大影响。通常情况下，成本加酬金类合同对业主不利，然而如果项目所在地的人工费、材料价格预期会下降，则成本加酬金类合同也可能对业主有利。

3) 与本项目类似的案例

借鉴类似项目的经验和教训是识别项目风险的重要手段。一般的项目公司会积累和保存所有项目的资料，包括项目的原始记录等。通常可以通过以下渠道来获得项目的经验和教训。

(1) 查看项目档案。项目档案内容通常包括经过整理的经验和教训、常见问题及解决办法，可在结合本项目实际情况的前提下作为参考。

(2) 阅读公开出版的资料。商用数据库、学术研究结果、基准测试和其他公开出版的研究成果通常能够提供有关风险识别的信息，可供参考。

(3) 采访项目参与者。向曾经参与项目的有关各方调查、征集有关资料。

4. 估计项目风险形势

估计项目风险形势就是要明确项目的目标、战略、战术以及实现项目目标的手段和资源，以确定项目及其环境的变数；还要明确项目的前提和假设。通过估计项目风险形势可以找出项目规划时被忽略的前提和假设，明确了项目的前提和假设可以减少许多不必要的风险分析工作；可以判断和确定项目目标是否明确，是否具有可测性，是否具有现实性，有多大的不确定性；可以分析保证项目目标实现的战略方针、战略步骤和战略方法；可以根据项目资源状况分析实现战略目标的战术方案存在多大的不确定性，明确项目有多少可以动用的资源。这对于实施战术，进而实现战略意图和项目目标是非常重要的。

5. 识别潜在的项目风险

为了便于进行风险分析、量化、评价和管理，还应该对已经识别的风险进行分组或分类。分组或分类有多种角度，一般可以按项目阶段进行划分，也可以按管理者进行划分。工程项目风险可以分为项目建议书、项目可行性研究、项目融资、项目设计、项目采购、项目施工和运营7组，其中项目施工阶段的风险可按管理者分为业主风险和承包商风险两类，而每一组和每一类风险都可以按需进一步细分。项目管理是一个不断改进和不断完善的过程，因此任何一个阶段的工作结果都要包括对前面工作进行改进的建议和要求，项目风险识别工作的结果也应该包括对风险识别过程中发现的项目管理其他方面的问题进行完善和改进的建议和要求。

11.2.4　工程项目风险识别的方法

从理论上讲，任何有助于发现风险信息的方法都可以作为风险识别工具。工程项目风险识别的方法有很多种，常用的方法有以下几种。

1. 文件审核

文件审核是从项目整体和详尽范围两个方面对项目计划与假设、文件及其他资料进行结构性的审核，从而对潜在的风险进行识别。

2. 头脑风暴法

头脑风暴法(brain storming)也称集体思考法，是以专家的创造性思维来索取未来信息的一种直观预测和识别方法。此法由美国人奥斯本(A.F.Osborn)于1939年首创，从20世纪50年代起就得到了广泛应用。头脑风暴法一般在一个专家小组内进行，以“宏观智能结构”为基础，通过专家会议，发挥专家的创造性思维来获取未来信息。这就要求主持专家会议的人能够通过会议开始时的发言激发专家们的思维“灵感”，促使专家们想要积极回答会议提出的问题，通过专家们之间的信息交流和相互启发，从而诱发专家们产生“思维共振”，以达到互相补充的效果并产生“组合效应”，获取更多的未来信息，使预测和识别的结果更准确。头脑风暴法于20世纪70年代末被引入我国，并得到广泛的重视和应用。

3. 德尔菲法

德尔菲法(Delphi method)是在20世纪50年代初，由美国兰德公司(Rand Corporation)在研究美国受苏联核袭击风险时提出的，并在世界上快速盛行。该法是依靠专家的直观能力对风险进行识别的方法，现已普遍应用于经济、社会、工程技术等领域。

采用德尔菲法进行项目风险识别的过程：由项目风险小组选定项目相关领域的专家，并与这些专家建立直接的函询联系，通过函询收集专家意见，然后综合整理，再匿名反馈给各位专家，再次征询意见。这样反复经过四至五轮，逐步使专家的意见趋向一致，作为最后识别的依据。这种方法有助于减少数据方面的偏见，并能避免因个人因素对结果产生不良影响。我国在20世纪70年代引入此法，并将其广泛应用于许多项目管理活动中，取得了令人比较满意的结果。

4. 情景分析法

情景分析法(scenario analysis)是由美国SHELL公司于1972年提出的，它是一种适用于对可变因素较多的项目进行风险预测和识别的系统技术，它在假定关键影响因素有可能发生的基础上，构造出多重情景，提出多种未来的可能结果，以便采取适当措施防患于未然。当一个项目持续的时间较长时，往往要考虑各种技术、经济和社会因素的影响，可用情景分析法来预测和识别关键风险因素及其影响程度。

情景分析法适用于以下情形：提醒决策者注意某种措施或政策可能引起的风险或危机性后果；建议需要进行监视的风险范围；研究某些关键性因素对未来过程的影响；提醒人们注意某种技术的发展会给人们带来的风险。

情景分析法自20世纪70年代中期以来在国外得到了广泛应用，并衍生出目标展开法、空隙填补法、未来分析法等具体应用方法。一些大型跨国公司在对一些大型项目进行风险预测和识别时都陆续采用了情景分析法，因其操作过程比较复杂，此法在我国的具体应用还不多见。

5. SWOT分析法

SWOT分析法又称为态势分析法或优劣势分析法，是一种被广为应用的战略选择方法，用来确定企业自身的竞争优势(strength)、竞争劣势(weakness)、机会(opportunity)和威胁(threat)，从而将公司战略与公司内部资源、外部环境有机地结合起来。当SWOT分析法用于项目风险识别时，可以对项目本身的优劣势和项目外部环境的机会与威胁进行综合分析，对项目做出系统的评价，最终实现识别项目风险的目的。

6. 核对表法

在应用核对表法时，应根据项目环境、产品或技术资料、团队成员的技能或缺陷等风险要素，把经历过的风险事件及来源罗列在一张表上。核对表的内容包括：以前项目成功或失败的原因；项目范围、成本、质量、进度、采购与合同、人力资源与沟通等情况；项目产品或服务说明书；项目管理人员技能；项目可用资源等。项目经理对照核对表，对本项目的潜在风险展开联想，相对来说，这种方法简单易行。相较于其他方法，这种方法所揭示风险的绝对量可能会少一些，但它却能够识别其他方法不能发现的某些风险。

7. 流程图法

在应用流程图法时，首先要绘制工程项目的总流程图与各分流程图，展示项目实施的全部活动。流程图可用网络图来表示，也可用WBS来表示，以便统一描述项目工作步骤，显示项目的重点环节，将实际的流程与想象中的状况进行比较，便于检查项目工作进展情况。这是一种非常有用的结构化方法，可以帮助工作人员分析和了解项目风险所处的具体环节及各环节之间存在的风险。运用这种方法获得的项目风险识别结果，可以为项目实施中的风险控制提供依据。

8. 现场视察法

在风险识别阶段，风险管理者对现场进行勘察非常重要，特别是工程项目，风险管理者应直接观察现场的各种设施及各种操作，以便能够更多、更细致地识别项目的潜在损失。

9. 财务报表法

通过分析资产负债表、营业报表以及财务记录，风险管理者可以识别本企业或项目当前的所有财产、责任和人身损失风险，再将这些报表和财务预测、经费预算联系起来，就能发现未来的风险。这是因为项目或企业的经营活动必然涉及货币或项目本身，这些都是风险管理的主要考虑对象。

案例1：尼日利亚宗格鲁水电站项目风险识别

尼日利亚宗格鲁水电站位于尼日尔州宗格鲁镇卡杜纳河上，距首都阿布贾约150公里。中国水电和中国电工组成联合体，与尼日利亚电力部签署EPC总承包合同，中国水电八局和三局组成八三联营体，承担了工程现场施工工作。项目合同总金额为12.94亿美元，其中75%的资金来自中国进出口银行“两优贷款”。项目主要由拦河大坝、坝式进水口、坝身溢洪道及消力池、坝后式厂房及尾水渠、开关站和输变电线路等组成，共布置4台额定容量175MW的立轴混流式水轮发电机组，总装机容量700MW，以发电为主，兼有防洪、灌溉、供水、养殖、航运等综合效益。

宗格鲁水电站项目于2013年9月开工；2023年5月，全部4台机组满负荷发电并网成功；2023年8月，水电项目正式获得业主签发的竣工移交证书，标志着该项目完工和移交业主。自此，历经10年匠心执行的宗格鲁水电站项目正式开始进入质保期。作为共建"一带一路"倡议提出10周年之际的重要工程，宗格鲁水电站不仅进一步证明了中国企业在国际工程承包领域的实力，也彰显了中国在推动全球能源绿色发展的积极作用。

在项目执行过程中，主要出现了以下风险因素。

1. 项目环境风险

(1) 社会治安风险。宗格鲁水电站项目执行初期，因项目在当地知名度和影响力相对较小，未出现社会治安风险。随着项目施工作业面的展开，项目现场逐步增加了武装警察安保力量，但在2014年初发生了一起绑架案件。人质被安全救出后，经项目部与业主方协调，尼日利亚军方安排了160人的武装部队驻扎项目现场，负责项目安保。

(2) 汇率风险。宗格鲁水电站项目是融资项目，使用美元支付。在项目执行期间，整体上没有受到奈拉与美元汇率大幅波动的影响，并在一定程度上因奈拉贬值节约了当地支出的成本。2013年项目生效时，美元兑奈拉汇率为1:150；2020年底，美元兑奈拉汇率为1:475。

该项目的汇率风险主要体现为承包商代业主垫付资金的汇率风险，业主在返还垫付资金时仅能使用奈拉支付，无法按照即时汇率折算成美元。

2. 项目参与者风险

(1) 业主违约风险。项目业主方尼日利亚联邦电力部是政府机构，不具备项目管理能力，故聘请了由法国和当地公司组成的联合体作为项目监理(业主代表)。项目执行过程中，政府预算执行效率过低，多次发生拖欠监理费用，导致监理停工(合计2.5年)，尤其在项目执行前期的设计审查阶段，对整个项目的执行工作造成了较大困扰。业主方出现资金问题，无法按时支付项目涉及的移民补偿款，当地村民多次对施工现场进行阻工，导致项目多次被迫停工。

此外，宗格鲁水电站项目使用的是由中国进出口银行提供的优惠买方贷款，由于政府工作效率过低，贷款协议项下的进度款项频频出现延误支付，为保障项目进度，承包商不得不经常垫付项目资金。

(2) 咨询监理风险。负责宗格鲁水电站项目设计审批的法国监理方，虽对中国承包商和中国标准有一定了解，但在设计方案审批过程中依然会提出不合理要求，选用欧美或中国标准中的上限，不允许进行设计优化，以拖延设计批复等方式损害承包商利益。

3. 项目管理风险

(1) 运输清关风险。根据合同条款，宗格鲁水电站涉及的设备、原材料在进口过程中免除关税，如承包商垫付了关税，可向财政部申请返还。根据当地政府规定，承包商拿到财政部免税批文后，海关部门才能免除相应关税。项目执行初期，为保障项目进度，承包商在免税批文办理滞后的情况下，在2013年用奈拉垫付了巨额关税，由于政府效率低下，该笔费用无法及时办理返还，即便成功返还，该费用由于汇率影响，折算成美元价值仅为原垫付金额的1/3。

受制于项目前期发生的延误，2019—2020年，在宗格鲁水电站项目设备交货高峰期，恰逢尼日利亚南部港口出现了严重的货物堆积和拥堵情况，货轮无法及时靠港、卡车无法及时装货，影响了项目现场设备的安装进度。此外，2020—2021年海运费的大幅攀升也增加了承包商的货运成本。

(2) 采购管理风险。项目工期跨度较大，在执行前期，监理方在设计方案中故意设置障碍，导致机电设备采购生产时间延后，错过设备原材料价格低谷期，从而增加承包商采购机电设备的成本。

(3) 工程延误风险。由于监理停工、征地不及时以及部分承包商原因，项目合计延误51个月。虽然经过谈判，承包商与业主方就新完工日期达成一致且互不索赔，但承包商不得不承担工程大幅延误所引起的项目管理及劳务成本、设备成本和运费成本的增加。

(4) 工程索赔。宗格鲁水电站项目在执行过程中，业主方增加了安保措施、尾水渠、大坝开挖高程等方面的变更要求，迫于项目进度压力以及合同额增加的考虑，承包商执行了变更工作，但在工程量变更及款项支付过程中，政府审批程序烦琐，且只能使用奈拉支付，导致承包商不得不承担相应的资金风险。

(5) 劳资纠纷风险。2013年，尼日利亚政府规定最低工资标准为18 000奈拉/月；2019年，政府将最低工资标准调整为30 000奈拉/月。虽然宗格鲁水电站项目在执行过程中，当地员工实际工资远高于政府规定标准，但是当地工会依然找理由煽动当地员工罢工，以谋取更高的薪资。

(6) 健康风险。疟疾、伤寒和艾滋病是宗格鲁水电站项目面对的主要当地疾病。艾滋病筛查相对简单，基本可以通过当地员工入职体检排除。但在每年旱季、雨季交替时节，都会有大量的中方和当地员工由于无法完全避免蚊虫叮咬而身患疟疾。项目现场设有诊所，基本可以保障疟疾、伤寒等疾病的及时医治。在施工强度较大的阶段，在关键岗位，项目部不得不增派人手以保证现场施工进度。

此外，2020年暴发的新冠疫情对项目施工进度也造成了影响。为了有效防疫，项目现场不得不将约4000名当地劳务人员遣散，在此期间仅依靠约300名中国籍员工开展施工工作。疫情出现一定好转后，虽召回了2500名当地劳务人员进行封闭施工，但是施工强度远低于疫情暴发前。由于国内疫情防控的需要以及对回国人员数量的管控，大量中国籍员工无法按期回国轮换休假，产生了较大的思想负担。

资料来源：吕博. 中资承包工程企业在尼日利亚的风险识别及管理对策研究[D]. 北京：对外经济贸易大学，2022.DOI:10.27015/d.cnki.gdwju.2021.000034.

11.3 工程项目风险评估

工程项目风险评估是指在掌握充足资料的基础之上，采用合适的方法对已识别风险进行系统的分析和研究，评估风险发生的可能性(概率)、造成损失的范围和严重水平(强度)，为接下来选择适当的风险处理方法提供依据。根据实际需要的不同，可以对风险进行定性分析和定量分析。定性分析一般是根据风险度(重要水平)或风险大小(概率×强度)等目标对风险因素进行优先级排序，为进一步分析或处理风险提供参考；定量分析是将体现风险特征的指标量化，加深对风险因素的认识，有助于风险管理者采取更具针对性的对策和措施。

11.3.1 工程项目风险评估的内容

工程项目风险评估是对风险的规律性进行研究和量化分析的过程。由于每一种风险都有自身的规律和特点、影响范围和影响量，可以通过分析将其统一为对成本目标和工期目标的影响，按货币单位和时间单位来计量。因此，应对每种风险进行如下分析。

1. 风险存在和发生的时间分析

许多风险有明显的阶段性，有的风险直接与具体的工程活动(工作包)相联系，所以应分析风险可能在项目的哪个阶段、哪个环节发生。这对风险预警有很大的作用。

2. 风险的影响和损失分析

风险的影响是一个非常复杂的问题，有的风险影响面较小，有的风险影响面很大，甚至可能导致整个工程的中断或报废。例如，建筑工程中的基础工程施工如果发生延误，就会对所有后续工程的开展产生影响。

风险对目标的干扰常常表现为对工程实施过程的干扰，因此在对风险的影响进行分析时，首先，应考虑未发生该风险的项目实施状况，如工期、费用、收益等；其次，引入风险，观察其变化，如实施过程、劳动效率、消耗的变化；最后，分析两者的差异，总结风险的影响。这实质上是对项目进行一次新的计划、新的估价，但风险仅是一种可能，所以通常又不必十分精确地进行估价和计划。

3. 风险发生的可能性分析

分析风险发生的可能性即分析风险发生的规律性，通常可以用概率表示。风险介于必然发生事件和不可能发生事件之间，它的发生有一定的规律性，但也有不确定性，具体可采用风险评估方法来预测风险发生的概率。

4. 风险级别的确定

虽然风险因素众多，涉及各个方面，但人们不可能对所有风险都予以同样的重视，否则将大大增加管理费用，而且过于谨小慎微，反而会干扰正常的决策过程。因此，需要确定风险级别。

(1) 风险位能的概念。通常对于一种具体的风险，若它发生，则损失为RH，发生的可能性为EW，则风险的期望值为

$$RW=RH\times EW \tag{11-1}$$

例如，一种自然环境风险如果发生，损失就会达20万元，而发生的可能性为0.1，则损失的期望值RW=20×0.1=2(万元)。

(2) ABC分类法。按照风险位能的不同，可对项目风险进行分类。

A类，即高位能的、损失期望很大的风险。这类风险发生的可能性很大，而且一旦发生，损失也很大。

B类，即中位能的、损失期望值一般的风险。这类风险通常发生的可能性不大，损失也不大，或发生的可能性很大但损失极小，或损失比较大但发生的可能性极小。

C类，即低位能的、损失期望极小的风险。这类风险发生的可能性极小，即使发生，损失也很小。

在风险管理中，A类风险应重点考虑，B类风险要顾及，C类风险可以不考虑。有时不采用ABC分类法，而是按照级别形式划分风险，如I级、II级、III级等，其意义是相同的。

5. 风险的起因和可控性分析

任何风险都有发生的动因，有的风险就是从产生根源上进行分类的，例如环境的变化、人为的失误等。研究风险起因是为风险预测、对策研究(即解决根源问题)和责任分析服务的。

风险的可控性是指人们对风险影响干预的可能性。有的风险是业主、项目经理或承包商可以控制的，例如承包商对招标文件理解的风险、实施方案的安全性和效率风险、报价的正确性风险等；而有的风险是不可控的，例如物价风险、反常的气候风险等。

11.3.2　工程项目风险评估的方法

风险评估通常是凭经验、靠预测进行的，但也可以借助一些基本的分析方法。风险分析方法通常分为两大类，即定性风险分析方法和定量风险分析技术。常用的方法有以下几种。

1. 德尔菲法

德尔菲法广泛收集专家对风险的意见和看法，在风险识别基础上，请专家对风险因素的发生概率和影响水平进行评价，再综合整体风险水平进行评价。该方法不仅可以用于风险因素的罗列，而且可以用于对风险影响和发生可能性的分析，具体可以采用以下两种实施方式。

1) 提问表的形式

专家以匿名的形式参与此项活动，主持人用问卷征询专家对项目风险的见解；收集问卷答案并汇总后，向专家反馈结果，请他们进一步发表意见。如此经过若干轮之后，就可以获得关于项目风险的一致看法。

2) 专家会议法

(1) 召集拥有实践经验和代表性的专家组成风险管理专家小组，成员人数通常控制在4～8人，主要讨论项目风险问题。

(2) 项目经理应让专家尽可能多地了解项目目标、项目结构、所处环境及工程状况，详细地调查并提供信息，尽可能带领专家进行实地考察，并对项目的实施、措施的构想进行说明，使专家对项目达成共识，否则容易增加风险分析结果的离散程度。

(3) 项目经理有目标地与专家合作，共同定义风险因素和结构以及可能的成本范围，作为讨论的基础和引导。专家对风险进行讨论，可从风险产生的原因、风险对实施过程及具体工程活动的影响等方面逐渐深入。

(4) 风险评价。各个专家针对风险的影响程度和发生的可能性给出评价意见，并逐渐达成一致。为了获得真正的专家意见，可以采用匿名的形式发表意见，也可以采用辩论方法分析。

(5) 统计整理专家意见，汇总评价结果。对各个专家意见按统计方法进行信息处理，得到整个风险影响值RH出现的可能性EW，进而获得各个风险期望值RW。总风险期望值RV为各单个风险期望值RW之和，表达式为

$$RV = \sum RW = \sum RHEW \tag{11-2}$$

该方法简单易行，可以在采用德尔菲法进行风险识别时同时进行，其优点是节约成本和时间；缺点是主观性强，过于依赖专家的能力水平和责任心。

2. 蒙特卡罗模拟法

蒙特卡罗模拟法(Monte Carlo method)又称统计试验法或随机模拟法，由于其依赖的概率统计理论与赌博原理雷同，便以欧洲著名赌城摩纳哥首都蒙特卡罗命名。它的原理是将风险评价指标和各个风险变量综合在一个数学模拟模型内，每个风险变量用一个概率分布来描述，然后利用计算机产生随机数(或伪随机数)，并根据随机数在各个风险变量的概率分布取值，算出目标变量值，继而得出目标变量的期望值、方差、概率分布等指标，据此绘制累积概率图，供决策者参考。

确定风险变量一般采用前述风险识别方法，如果风险因素较多，可以先进行敏感性分析，选择敏感的风险因素作为风险变量。风险变量的概率分布描述是进行模拟分析的基础，常用的有正态分布、β分布、三角分布、梯形分布、阶梯分布等。销售量、售价、产品成本等变量多采用正态分布描述；工期、投资等变量多采用三角分布描述。对于有历史数据的风险变量，可根据数据进行统计分析，估计其概率分布；对于没有历史

数据的风险变量，可采用专家调查法确定变量的概率分布。

该方法的优点是可以使用计算机模拟项目的天然过程，比历史模拟方法成本低、效率高，结果相对精确，还可以处理多个因素非线性、大幅波动的不确定性，并把这种不确定性的影响以概率分布的形式表示出来，克服了敏感性分析的局限性；缺点是依赖于特定的随机过程和选择的历史数据，不能反映风险因素之间的相互关系，需要有可靠的模型，否则容易导致错误。

3. 计划评审技术

计划评审技术(program evaluation and review technique，PERT)用网络图来体现项目中各项活动的进度和相互之间的关系，确定关键路径，计算总工期及概率，再综合考虑资源因素，得到最佳的项目计划方案。PERT主要用于对项目的进度管理，评价进度和费用方面的风险，适用于评价缺乏历史经验资料的科研或产品研发的项目风险以及与进度相关的项目风险。该方法的应用条件是假设项目每项活动的时间服从正态分布或β分布，总工期和关键路径都具有随机性，但是随着关键路径的确定，这一假设就失去意义，因此该方法具有一定的缺陷。

4. 敏感性分析法

敏感性分析是指在假定其他风险因素不变的情况下，评估某一个(或几个)特定的风险因素变化对项目目标变量的影响程度，确定它的变动幅度和临界值，计算出敏感系数，据此对风险因素进行敏感性排序，供决策者参考。这种方法应用广泛，常用于项目可行性研究阶段，有助于项目管理者发现重要的风险因素，具体又可分为单因素敏感性分析和多因素敏感性分析。该方法的缺点在于只能体现风险因素的强度而不能反映发生概率，也不能反映众多风险因素同时变化时对项目的综合影响。

5. 决策树法

决策树法是指利用图解的形式，将风险因素层层分解，绘制成树状图，逐项计算其概率和期望值，进行风险评估和方案的比较和选择。简单的决策树包括决策节点、状态节点和结果节点，决策节点与状态节点之间为方案分支，状态节点引出的分支为状态分支，决策节点上标注最终方案的收益期望值，方案分支标注方案名称，状态节点标注某个行动方案收益期望值，状态分支标注状态名称和概率，结果节点标注收益值。应用该方法时，一般会先求出目标变量在所有风险因素及所有概率组合下的期望值，再画出概率分布图，因此计算量与风险因素以及变化的数量成指数关系，并且需要有足够的有效数据作为支撑。这种方法层次清晰，不同节点面临的风险及概率一目了然，不易遗漏，能够适应多阶段情形下的风险分析，但用于大型复杂项目时工作量较大，也不适合用于缺乏类似客观数据的项目。

【例题】 对某种产品进行市场预测，在10年期间销路好的概率为0.7，销路不畅的概率为0.3。相关工厂有两个建设方案。方案A：新建大厂需投入5000万元，如果销路好，每年可获得利润1500万元；如果销路不畅，每年会亏损20万元。方案B：新建小厂需投入2000万元，如果销路好，每年可获得600万元的利润；如果销路不畅，每年可获得300万元的利润。试比较两个方案。

可采用决策树法进行比较，如图11-1所示。

A方案的收益期望为：E_A=1500×10×0.7+(−20)×10×0.3−5000=5440(万元)

B方案的收益期望为：E_B=600×10×0.7+300×10×0.3−2000=3100(万元)

由于A方案的收益期望比B方案高，选择A方案是有利的。

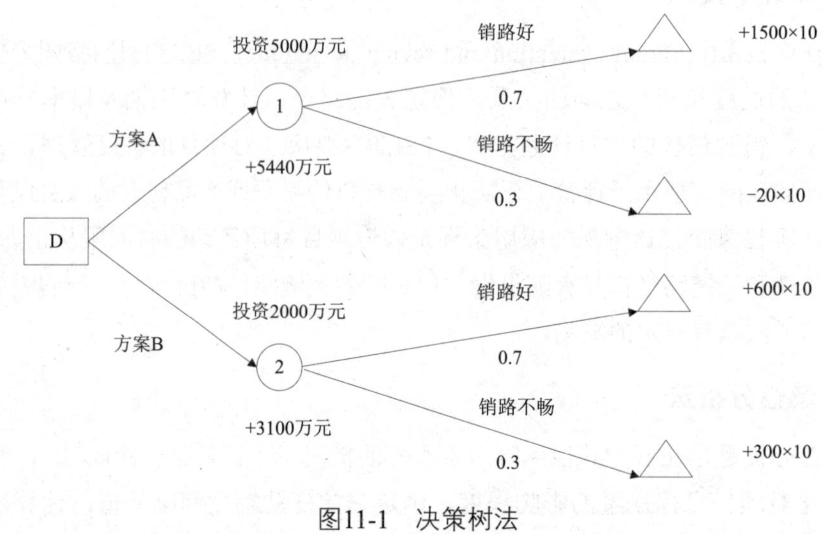

图11-1　决策树法

6. 影响图法

影响图是指由风险节点集合和反映风险关系的有向弧集合构成的无环有向图，它是在决策树基础之上发展起来的图形描述工具，包含对风险变量相关性的描述，既可以表示变量之间的概率依赖关系，又可用于计算，能够有效地把决策问题转化成模型，同时也是决策问题定性描述和定量分析的有效工具。影响图法的优点是概率估计、备选方案、决策者偏好等资料完整；图形直观、概念明确；计算规模随着风险因素个数的增加呈线性增长。缺点是需要获取大量的概率和效用值，对于复杂问题建模困难。

7. 模糊综合评价法

模糊综合评价法是一种基于模糊数学的综合评价方法，根据模糊数学的隶属度理论，把定性评价转化为定量评价，即用模糊数学对受到多种因素制约的事物或对象做出一个总体的评价。该方法具有结果清晰、系统性强的特点，能够较好地解决模糊的、难以量化的问题，适用于解决各种非确定性问题。风险也具有模糊性，主要表现为风险的强度或大小很难明确地界定。模糊综合评价法将项目风险大小用模糊子集来表达，利用隶属度及模糊推理的概念对风险因素进行排序，以改善的模糊综合评价法为基础，采用层次分析法构建风险递阶层次结构，进而采用专家调查法确定各层次内的风险因素指标权重，逐级进行模糊运算直至总目标层，最终获得项目各个层级以及整体的风险评估结果。

8. 风险矩阵法

风险矩阵法又称风险值法，是通过定性分析和定量分析综合考虑风险影响和风险概率两方面因素，评估风险因素对项目产生的影响的方法。应用该方法时，首先将风险事件发生的概率和影响程度分级评分；其次分别作为矩阵的行和列形成风险矩阵，将风险概率和风险后果估计值相乘即可得到风险值；最后按照风险事件在矩阵中的位置进行评估，如图11-2所示。该方法的优点是简洁明了，易于掌握，适用范围广；缺点是确定风险可能性及后果严重程度严重依赖经验，主观因素影响较大。

严重程度L等级	可能性P等级					
	1.不可能发生	2.几乎不发生	3.很少发生	4.偶尔发生	5.可能发生	6.经常发生
1. 无影响	IV	IV	IV	IV	IV	III
2. 轻微的	IV	IV	III	III	III	II
3. 较小的	IV	III	III	II	II	II
4. 较大的	IV	III	II	II	II	I
5. 重大的	IV	III	II	II	I	I
6. 特大的	III	II	II	I	I	I

图11-2　风险矩阵法

I类属于高风险等级，属于不可接受的等级；而IV类属于低风险等级，在安全风险可接受范围内。在风险管理中，I类是重点，II类要顾及，III类可以不考虑。

此外，还有人工神经网络技术(artificial neural network，ANN)、SWOT分析和灰色评价方法等评估手段，具体可视情况选用。

11.3.3　风险因素相关性评价

在项目实施过程中，通常存在多种风险因素，有些风险因素之间存在相关性，即一种风险出现后，另一种风险发生的可能性会增加。例如，自然条件发生变化有可能会导致承包商的技术能力不能满足实际需要；金融危机会导致业主支付能力不足等。

相关的风险因素具有交互作用，可以用概率来表示各种风险发生的关联性。假设某项目可能会遇到i个风险(i=1，2...)，P_i表示各种风险发生的概率($0 \leqslant P_i \leqslant 1$)，$R_i$表示第$i$种风险一旦发生会给承包商造成的损失值，具体的评价步骤如下所述。

(1) 确定各种风险之间的相关概率P_{ab}。P_{ab}表示一旦风险a发生后，由此导致风险b发生的概率($0 \leqslant P_{ab} \leqslant 1$)。$P_{ab}=0$，表示风险a、b之间无必然联系；$P_{ab}=1$，表示风险a出现，必然会引起风险b发生。根据各种风险之间的关系，就可以找出各风险因素之间的P_{ab}，如表11-1所示。

表 11-1　各风险发生概率P_{ab}

风险		1. 环境	2. 社会	…	…	i	…
1. 环境	P_1	1	P_{12}	…	…	P_{1i}	…
2. 社会	P_2	P_{21}	1	…	…	P_{2i}	…
…	…	…	…	…	…	…	…
i	P_i	P_{i1}	P_{i2}	…	…	1	…
…	…	…	…	…	…	…	…

(2) 计算各风险发生的条件概率P(b|a)。已知风险a发生概率为P_a，引起风险b的相关概率为P_{ab}，在a发生的情况下，b发生的条件概率$P(b|a)=P_aP_{ab}$，如表11-2所示。

表 11-2　风险发生概率及风险条件概率

风险	1	2	3	…	i	…
1	P_1	$P(2\|1)$	$P(3\|1)$	…	$P(i\|1)$	…
2	$P(1\|2)$	P_2	$P(3\|2)$	…	$P(i\|2)$	…
…	…	…	…	…	…	…
i	$P(1\|i)$	$P(2\|i)$	$P(3\|i)$	…	P_i	…
…	…	…	…	…	…	…

(3) 计算各风险的损失情况R_i。

$$R_i=\text{风险}i\text{发生后的工程成本}-\text{工程正常成本} \tag{11-3}$$

(4) 计算各风险期望损失值W_i。

$$W=\begin{bmatrix} P_1 & P(2|1) & P(3|1) & \cdots & P(i|1) & \cdots \\ P(1|2) & P_2 & P(3|2) & \cdots & P(i|2) & \cdots \\ \cdots & \cdots & \cdots & \cdots & \cdots & \cdots \\ P(1|i) & P(2|i) & \cdots & \cdots & P_i & \cdots \\ \cdots & \cdots & \cdots & \cdots & \cdots & \cdots \end{bmatrix} \times \begin{bmatrix} R_1 \\ R_2 \\ \cdots \\ R_i \\ \cdots \end{bmatrix} = \begin{bmatrix} W_1 \\ W_2 \\ \cdots \\ W_i \\ \cdots \end{bmatrix} \tag{11-4}$$

$$W_i=\sum P(j|i)R_j \tag{11-5}$$

(5) 将期望损失从大到小进行排列，并计算出各期望值在总期望损失值中所占的百分率。

(6) 计算累计百分率并分类。期望损失值累计百分率在80%以下所对应的风险为A类风险，是主要风险；累计百分率为80%～90%的风险为B类风险，是次要风险；累计百分率为90%～100%的风险为C类风险，是一般风险。

11.3.4　风险状态图分析

某些风险表现为不同的状态和程度。例如，某项目实施过程中发生通货膨胀的概率可能为0、3%、6%、9%、12%、15%共6种状态，工程估价分析得到相应的风险损失为0、20万元、30万元、45万元、60万元、90万元。现请4位专家进行风险咨询，他们预估的各种状态发生的概率如表11-3所示。

表 11-3　某项目通货膨胀风险分析

专家	风险状态：通货膨胀/%						合计
	0	3	6	9	12	15	
	风险损失/万元						
	0	20	30	45	60	90	
1	20	20	35	15	10	0	100
2	0	0	55	20	15	10	100
3	10	10	40	20	15	5	100
4	10	10	30	25	20	5	100
平均	10	10	40	20	15	5	100

对于4位专家的估计结果采用取平均值的方法作为咨询结果(如果专家较多，可以去掉最高值和最低值，再平均)，可以得到通货膨胀风险的影响分析结果，如表11-4所示。

表 11-4　通货膨胀影响分析

通货膨胀率/%	发生概率	损失预计/万元	概率累计
0	0.1	0	1.0
3	0.1	20	0.90
6	0.4	30	0.80
9	0.2	45	0.40
12	0.15	60	0.20
15	0.05	90	0.05

将导致通货膨胀的各种状态的发生概率进行累计，可绘制出通货膨胀风险状态图，如图11-3所示。

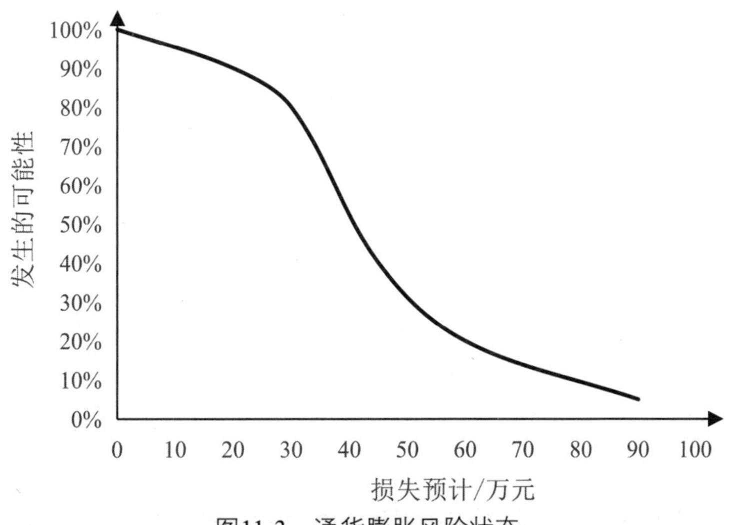

图11-3　通货膨胀风险状态

风险状态曲线可反映风险的特性和规律，如风险发生的可能性及损失的大小、风险的波动范围等。例如，当损失预计达45万元时，通货膨胀率达9%的可能性是40%。

一个项目中不同种类的风险，可以在该图上叠加求和。一般认为在图11-3中，概率在10%～90%范围内，风险发生的可能性较大。

11.3.5 风险分析说明表

风险分析结果应用文字、图表的形式表示，作为风险管理的文档保存。这个结果不仅可作为风险分析的成果，还可作为项目管理者实施风险管理的基本依据。图表可以按照分析对象进行编制，例如以项目单元(工作包)作为对象的风险分析表(见表11-5)，这是对工作包的风险研究，可以作为对工作包进行说明的补充分析文件。

表 11-5 工作包风险分析说明

工作包号	风险名称	风险的影响范围	原因	损失		可能性	损失期望	预防措施	评价等级(A、B、C)
				工期	费用				

同时，也可以按风险分解结构进行分析研究(见表11-6)，这是按照风险类别和风险因素形象而有条理地说明已经识别的项目风险的层次结构。

表 11-6 风险分解结构风险分析说明

风险编号	风险名称	风险的影响范围	原因	损失		可能性	损失期望	预防措施	评价等级(A、B、C)
				工期	费用				

此外，应在各项任务单(工作包说明)、决策文件、研究文件、项目报告等文件中对风险予以说明。需要注意的是，无论针对哪种对象进行风险分析，风险分析涉及的内容都是一样的，都包括风险的影响范围、原因、损失、可能性、损失期望等，因此针对不同对象的风险说明的格式和内容基本是一致的。

11.4 工程项目风险应对

11.4.1 风险应对计划

风险应对计划是研究和选择消除、减小或转移风险的方法，或做出接受风险的决定，它是项目计划的一部分，应与项目其他计划，如进度计划、成本计划、组织计划和实施方案等结合起来通盘考虑。在项目开始之前，风险管理者就应制订项目风险应对计划，并在项目实施过程中，实行目标管理，进行有效的指挥、协调和控制，保证风险管理目标的实现。

风险应对计划通常包括风险预防计划和风险应急计划。风险预防计划是指在风险事件发生前，通过采取有效的组织措施、管理措施、技术措施、合同措施等，降低损失发生的概率。例如，明确各部门和人员的安全分工；建立相应的风险预警工作制度；要求承包商提供履约保函。风险应急计划是指在风险损失基本确定后的处理计划，主要工作是在风险事件发生后，按照事先编制好的工作程序和具体措施，及时妥善处理，尽快全面恢复工程建设，减少进一步损失，将风险的影响程度降至最低。例如，按照工程项目新状态调整工程施工进度计划；在现场发生火灾时，及时安排人员安全撤离现场，救援及处理工程现场的伤亡人员等。在项目运行过程中，应对计划实施情况进行跟踪监测，做好信息反馈工作，从而及时调整风险应对计划，以适应不断变化的新情况，有效地管理项目风险。

11.4.2　风险应对策略

风险应对策略是项目实施策略的一部分，对于风险，特别是对重大风险，在选择风险应对措施前必须进行专门的策略研究，通常可采取以下策略。

(1) 风险规避。风险规避是指通过改变项目计划以排除风险，或保护项目目标，使其不受影响，或对受到风险威胁的一些目标放松要求。例如，不参加风险大的项目投标，放弃项目机会；延长工期或缩小工程范围。但在回避风险的同时，可能会失去一些机会。

(2) 风险减轻。通过采用技术、管理、组织手段，减轻风险可能带来的影响。例如，采用成熟的工艺、进行多次测试、选用比较稳定可靠的承包商等。提前采取措施降低风险发生的概率或者减轻风险对项目造成的影响，远比风险发生后再进行补救更为有效。

(3) 风险自担。风险自担是指不采取任何行动，也不改变项目管理计划，准备自己承担风险产生的损失。

(4) 风险转移。风险转移是指通过合同和保险等方法，将风险可能产生的后果连同应承担的责任转移给第三方。

(5) 风险共担。风险共担是指由合作者(如联营方、分包商)各方共同承担风险。

11.4.3　风险应对措施

工程项目参与者对自己承担的风险(明确规定和隐含的)应有思想准备和相应对策，还应制订计划，充分利用自己的技术、管理、组织优势和过去的经验制定措施并贯彻实施。然而，不同的人员对风险有不同的态度和不同的对策，常见的风险对策有以下几种。

1. 回避风险大的项目，选择风险小或适中的项目

对于那些明显会亏损或风险超过自己承受能力、成功概率极小的项目，应及时选择放弃。例如，不参与投标，不参与合资，甚至有时在工程进行到一半时预测到后期风险很大，持续推进必然会有更大的亏损，可以采取中断项目的措施。

2. 技术措施

技术措施包括方案、工艺和设备的选择。例如，选择有弹性、抵抗风险能力强的技术方案，一般不采用新的、未经过工程检验的、不成熟的施工方案；对地理、地质情况进行详细勘察或鉴定，预先进行技术试验、模拟，准备多套备选方案；采用各种保护措施和安全保障措施。

3. 管理和组织措施

对于风险很大的项目，加强计划工作，选派最得力的技术和管理人员，特别是项目经理；广泛收集信息，进行风险计划和控制，将风险责任落实到各个组织成员，促使大家树立风险意识；在资金、材料、设备和人力方面对风险大的工程予以更多支持，在同期项目中提高其优先级别，并在实施过程中进行严密控制。

4. 保险

对于一些无法排除的风险，例如常见的工作损坏、第三方责任、人身伤亡和机械设备损坏等，可以通过购买保险的办法来应对。当风险发生时，由保险公司承担(赔偿)损失或部分损失，前提条件是必须支付一笔保险金。需注意，对于任何一种保险，均要明确其保险范围、赔偿条件、理赔程序和赔偿额度等。

5. 要求合作方提供担保

这一措施主要针对合作伙伴的资信风险。例如，由银行出具投标保函、预付款保函、履约保函；在BOT项目中由政府提供保证条件。

6. 风险准备金

风险准备金是从财务的角度为风险所做的准备，在计划(或合同报价)中额外增加一笔费用。例如，在投标报价中，承包商经常根据工程技术、业主资信、自然环境、合同等方面风险的大小以及发生的概率，在报价中加上一笔不可预见风险费。

一般来说，风险越大，风险准备金越高。从理论上说，准备金的数量应与风险期望损失值相等，风险期望损失值即风险发生所带来的损失与发生的可能性(概率)的乘积。

但是，风险准备金存在以下基本矛盾。

(1) 在工程项目实施过程中，经济、自然、政治等风险的发生是不可预见的。许多风险突如其来，难以把握其规律，有时预计仅5%可能性的风险发生了，而预计95%可能性的风险却未发生。

(2) 风险若未发生，风险准备金会造成一种浪费。例如，合同风险很大，承包商报出了一笔数额较大的不可预见风险费，结果风险未发生，业主损失了一笔费用。有时，项目风险准备金会在无风险的情况下被用掉。

(3) 如果风险发生，风险准备金不足以弥补损失，因为它是按一定概率计算的额度，所以仍然会带来许多问题。

(4) 确定风险准备金的数量是一个管理决策问题，除了要考虑理论值的高低外，还应考虑项目边界条件和项目状态。例如，对承包商来说，决定报价中的不可预见风险费应考虑竞争者的数量、中标的可能性以及项目对企业经营的影响等因素。

如果风险准备金很高，就会降低报价竞争力以及中标的可能性，也就是说，增大了不中标的风险。

7. 采取合作方式共同承担风险

工程项目通常不可能完全由一个企业或部门独立承担，需要多家企业或多个部门合作完成。

1) 有合作就有风险分担

合作方式不同，风险不同，各方的责、权、利关系也有所不同。例如，借贷、租赁业务、分包、承包、联营承包和BOT项目，它们有不同的合作紧密程度，有不同的风险分担方式，进而有不同的利益分享方式。

2) 寻找抗风险能力强、可靠、信誉好的合作伙伴

双方合作越紧密，对合作者的可靠性要求就越高。例如，如果合作者为政府、资信好的大型公司、金融集团等，双方合作后，项目的抗风险能力就会大大增强。

3) 通过合同分配风险

在许多情况下，通过合同排除(推卸)风险是最重要的手段，合同规定了各责任人分担风险的责任。例如，承包商要减少风险，在工程承包合同中应明确规定以下内容。

(1) 业主的风险责任，即哪些风险应由业主承担。

(2) 承包商的索赔权利，即要求调整工期和价格的权利。

(3) 工程付款方式、付款期，以及对业主不付款的处置权利。

(4) 对业主违约行为的处理权利。

(5) 承包商权利的保护性条款。

(6) 采用符合惯例的、通用的合同条件。

(7) 注意仲裁地点和适用法律的选择。

8. 采取其他方式

在现代工程项目中，可采用多领域、多地域、多项目投资来分散风险。理论和实践证明，在项目投资中，当多个项目的风险之间不相关时，其总风险最小，抗风险能力最强。当前，许多国际投资公司通过参股、合资、合作开展项目经营，既拓展了投资面，扩大了经营范围，提高了资本效用，又能引入其他企业共同承担风险，进而降低了总经营风险。

应对风险的措施应包括在项目计划中，对于特别重大的风险，应提出专门的分析报告。对于选用的风险对策措施，应考虑是否可能产生新的风险，因为任何措施都可能带来新的问题。

案例2：某工程项目风险管理流程

某城市地铁1号线工程建设项目通过可行性研究以及相关项目调查得出，最大的风险是地下工程施工风险。项目管理者针对该风险设计了管理流程，如图11-4所示，并开展了如下风险管理工作。

1. 风险管理目标设置

根据本项目前期策划过程中的风险分析以及项目总目标，结合其他同类工程的经验教训，设置地下工程施工风险管理目标。

2. 周边环境调查

(1) 沿线水文地质资料分析。本市沿线地质条件复杂，地貌类型涉及冲积平原区(有河漫滩、古河床)和低山丘陵区。

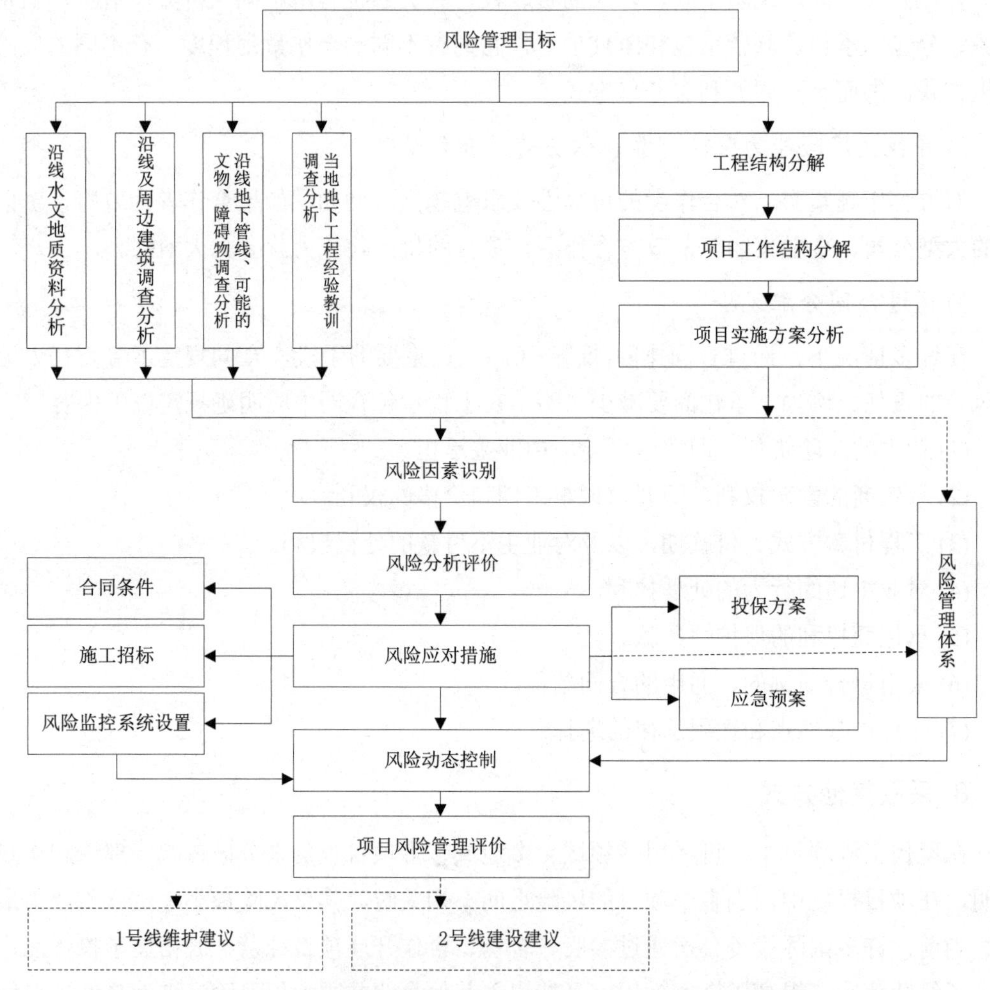

图11-4　某城市地铁1号线工程建设项目风险管理流程

(2) 沿线及周边建筑调查分析。地铁工程施工常常会引起周边建筑不均匀沉降甚至坍塌，必须对可能影响范围内的建筑进行具体分析。

(3) 沿线地下管线、可能的文物、障碍物调查分析。该市为我国著名古城，地下有许多不明管线和古文物，会诱发地下工程施工风险。

(4) 当地地下工程经验教训调查分析。

3. 工程项目系统分析

(1) 工程结构分解。

(2) 项目工作结构分解。

(3) 项目施工方案分析。根据不同的地质条件，本项目隧道施工方法涉及矿山法、明挖法、盾构法等。车站施工方法主要有盖挖逆作和明挖顺作两类，并采用不同的维护结构，例如地下连续墙、复合墙、钻孔桩桩间锚喷、挖空咬合桩、钻孔咬合桩、土钉墙等。

4. 风险因素识别

根据前面研究的结果，针对具体标段和工程施工方案预测可能发生的地下工程施工风险。

5. 风险分析评价

对风险发生的可能性、发生时段、可能导致的损失进行分析，特别要分析重大施工风险的诱因。

6. 风险应对措施

(1) 施工招标。由于本工程为该市第一条地铁，风险大，必须委托能力强、有经验的施工单位，在招标中要提高施工单位资质和过去同类工程经验的分值，同时设置对施工项目经理的资质要求，并赋予一定的分值，降低合同价格分值。

(2) 合同条件。在施工合同条件中，调动承包商风险管理的积极性，合理分配风险，加强承包商的风险责任，同时给承包商更多的盈利机会，例如制定奖励措施、放宽合同价调整条件。

(3) 风险监控系统设计。采用现代信息技术，在地上、地下、施工现场及周边设置监测点，对施工过程中的地质状况进行实时监测，不断进行预警，定期重点分析。

(4) 风险管理体系。在工程建设项目管理体系中，构建风险管理体系，包括风险管理方针、组织责任、流程、控制点、管理文件等。

(5) 应急预案。针对重点标段、重点风险型施工方案编制应急方案，制订相应的应急处理计划，并准备一定量的备用资源。

(6) 投保方案。购买保险，在保险合同中列出相应的条款。

7. 风险动态控制

在项目实施过程中，不断收集和分析与风险相关的各种信息，预测可能发生的风险，对其进行监控并提出预警。风险刚发生就积极采取措施，执行风险应对计划，及时控制风险的影响，降低损失，防止风险蔓延，保证工程的顺利实施。

8. 项目风险管理评价

在项目结束后，对风险管理过程进行分析和评价，总结风险管理的经验和教训，提出分析报告，为以后类似项目的风险管理提供借鉴。同时，对后续的工程运行维护和未来地铁线路建设提出意见和建议。

(1) 对1号线后续的工程运行维护提出意见和建议。

(2) 对本地地铁2号线的建设提出意见和建议。

11.5 工程保险与担保

工程保险与担保是转移风险的实现方法。投保人通过购买工程保险，将本应由自己承担的责任转移给保险公司。工程担保是指通过担保公司或银行或其他机构与组织开具保证书或保函，在被担保人不能履行合同时，由担保人代为履行或做出赔偿。工程保险和担保都是一种补偿机制，其中担保主要是对人为责任的补偿，而保险是对非人为或非故意人为责任的补偿。在工程项目风险管理体系中，工程保险与工程担保都发挥着不可替代的作用。

11.5.1 工程保险

1. 工程保险的定义

工程保险是针对项目建设过程中可能出现的自然灾害和意外事故而造成的物质损失和依法应对第三者的人身伤亡和财产损失的经济赔偿责任提供保障的一种综合性保险，主要以各类民用、工业用和公共事业用建筑工程为承保对象。

2. 工程保险的类型

按适用对象进行划分，工程保险可以分为建筑工程(一切)险和安装工程(一切)险。区分两者的主要依据是工程项目中土建和安装部分投资所占比例，通常以25%为界限，即在建筑工程中，如果安装项目的投资比重在25%以下，就采用建筑工程(一切)险；同样在安装工程中，如果建筑项目的投资比重在25%以下，就采用安装工程(一切)险；如果土建、安装工程投资都超过25%，就应当采用不同的保险分别承保。

经中国保险监督管理委员会批准的《建筑、安装工程保险条款》(列明风险条款)主要针对一些中、小型项目工程保险的产品，其特点是责任范围相对较窄，操作简单。

3. 引入工程保险机制的重要意义

(1) 合理运用风险转移机制，保证建设项目按时、按质完成。项目业主和承包商可以将项目建设过程中的大部分风险转移给保险公司，特别是发生重大自然灾害等毁坏性很强的风险时，可以从保险公司及时得到物质补偿，有助于尽早恢复施工，可减少资金方面的追加投入，保证建设项目按时、按质完成。

(2) 有助于加强对施工单位的风险管理，减少风险和损失的发生。由于保险公司在工程施工方面存在利益因素，同时，根据保险合同规定的权利和义务，保险公司会主动对工程施工实施必要的监督。尤其是在工程施工的安全管理等方面，通过保险公司对工程施工进行风险检查和提出隐患整改意见，有助于加强项目业主和施工单位的风险管理，降低风险和损失发生的可能性。

(3) 有利于保障投资人和贷款人的资产安全和效益。投资人和贷款人的资产安全和效益往往与建设项目能否按时、按质完成有密切的关系。在以往情况下，投资人和贷款人不得不承担因工程发生意外受损或停工而导致的投资、贷款损失，或因追加资金而导致的资金收益降低。引入工程保险机制后，这种损失的大部分将转嫁给保险公司。在一定条件下，贷款人还有直接收回部分贷款资金的可能。

(4) 工程保险的引入是我国工程建设体制与国际接轨的重要环节。按照国际工程建设惯例和要求，每一个工程项目都需要办理工程保险。我国的工程建设在与国际接轨的过程中，必然要引入工程保险机制。

(5) 工程保险是建设项目风险管理体系的重要组成部分。工程建设所面临的风险是多方面的，引入风险管理相关配套机制，采取风险共担和利益相关的方法，建立科学合理的工程风险管理体系是工程建设的必然要求。工程保险作为对工程风险进行分散和控制的一种重要手段，在工程风险管理体系中占有重要的地位，同时也是不可或缺的部分。

4. 工程保险的特点

工程保险属于财产保险领域，但是它与普通财产保险相比具有显著的特点，主要体现在以下5个方面。

(1) 工程保险承保的风险具有特殊性。一是工程保险既承保被保险人财产损失的风险，同时承保被保险人的责任风险；二是承保的风险标的中，大部分处于裸露环境中，其抵御风险的能力大大低于普通财产保险的标的；三是工程施工是一种动态的过程，各种风险因素错综复杂，这也使风险程度加大。

(2) 工程保险的保障具有综合性。工程保险的主责任范围一般由物质损失部分和第三者责任部分构成。同时，工程保险还可以针对建设项目风险的具体情况，提供运输过程中、工地外储存过程中、保证期过程中等各类风险的专门保障。

(3) 工程保险的被保险人具有广泛性。工程建设过程复杂，可能涉及的当事人和关系方较多，包括项目业主、主承包商、分包商、设备供应商、勘察设计单位、技术顾问、工程监理等，他们均可能对工程项目拥有保险利益，成为被保险人。基于这种广泛性的优点，可以将相关方面均置于一个保险项目下，避免相互之间的责任追索。

(4) 工程保险的保险期限具有不确定性。工程保险的保险期限一般是根据工期确定的，往往是几年，甚至十几年；工程保险的保险期限起止点也不是确定的具体日期，而是根据保险单的规定和工程的具体情况确定的。为此，工程保险采用工期费率，而不是年度费率。

(5) 工程保险的保险金额具有变动性。工程保险的保险金额在保险期限内是随着工程建设的进度而增加的。在保险期限内的不同时点，工程保险的保险金额都是不同的。

5. 工程保险的一般事项

(1) 申请承保。申请承保通常是由投保人向保险公司提交投保申请文件并提供必要的资料，例如工程合同、工程量清单、工程设计书、工程进度表、工程地质报告、工程略图等。由于工程保险的特殊性，往往需要与保险人具体协商制定承保方案。在保险方案确定后，投保人与保险公司签订保险合同并交纳保险费。保险费是投保人为转移风险取得保险保障而应付出的代价，亦是保险人承担保险合同所约定的保险责任，为被保险人提供风险保障服务而取得的报酬。

一般情况下，保险费可以分为纯保费和附加保费两部分。纯保费是保费的主要部分，用以建立保险赔偿与给付基金，它是保险费的最低界限，根据对保险标的未来保险损失的预测(期望值及一定的安全附加)而确定。附加保费用于保险人的经营管理开支，包括职工工资、业务费用、管理费用、中介费用、宣传费用、税金等，同时包含预期利润。

(2) 申请理赔。一旦在保险责任范围内发生风险事故，投保人或被保险人应当在第一时间向保险公司报案，向保险人提供所需的材料和证明并提出索赔要求，协助保险公司进行损失确定的有关工作，并就保险公司的损失核定提出意见。在保险公司确定理赔数额之后，收取赔款并出具收据。

(3) 申请批改。签订保险合同后，被保险人如果对保险合同中的有关内容有新的要求和意见，可向保险人提出批改保险合同的要求，经双方协商确定，由保险人出具批单。

6. 保险索赔

投保人安排工程保险的主要目的之一就是在发生保险事故时，能够得到及时和充分的补偿，缓解财务压力，尽快恢复施工。工程保险属于经济合同的范畴，投保人要维护自身的合法权益，关键是要严格按照合同的有关规定执行，包括履行合同规定的各项义务，按照合同规定的程序操作。

工程保险合同规定的索赔程序主要有及时报案、保留现场、协助查勘和提供证明材料。在以往的实践过程中，建设项目工程保险工作存在内部脱节的问题，即安排工程保险的部门(财务部)不负责索赔工作，而负责索赔的部门不了解保险合同的具体情况。因此，建立内部管理协调机制是十分重要的，通过这个机制可以协调内部的各种资源，包括信息资源，这样有助于各方共同完成保险合同的管理工作，尤其是索赔工作。

在与索赔相关的工作中，及时报案最为重要。不少大型项目尽管安排了工程保险，但由于内部信息不通畅，责任不明确、不落实，事故发生之后，没有及时地向保险公司报案，甚至根本没有报案，也就不可能进行查勘定损工作。待到日后提起索赔时，事故现场已被破坏，一方面保险公司无法确定损失的真实情况，另一方面被保险人也难以举证损失情况，这样也就不能或者难以得到充分赔偿。

事故现场的第一手资料是保险人确定保险责任和损失金额的重要依据。因此，除非是抢救工作的需要，或事先获得保险人的书面同意，否则在保险人对损失原因和损失程度的核定工作完成之前，投保人和被保险人应当尽力保护事故现场的任何实物证据。

在保险事故的处理过程中，对于事故的定性和定量鉴定是一项专业性很强的工作，需要进行大量细致和专业的工作。在我国，以往这项工作是由保险公司的查勘定损人员完成的，被保险人的相关人员进行配合。但是，由于双方立场的相对和利益的对立，往往容易产生矛盾和争议。要解决这个问题，可以采用公估人制度，即保险合同双方共同指定和委托独立的第三方(公估人)对保险事故损失进行鉴定，以确定事故原因是否属于保险合同范围以及损失的金额。对于一些大型建设项目工程，可以采用事先约定的方式，即在订立保险合同时，就约定对于损失金额超过一定数额的事故，由某一家保险公估公司负责事故鉴定工作，双方均接受其提供的理算报告。公估费用通常计入赔款，由保险公司负责支付。

11.5.2 工程担保

1. 工程担保的定义

工程担保引入保证人作为第三方，对建设工程中一系列合同的履行进行监督，并对违约承担责任，这是一种促使参与工程建设各方守信履约的风险管理机制。开发商、承包商、保证人三者之间形成保证担保关系。开发商和承包商是合同的主体，在不同的担保品种下，设定一方为被保证人，另一方为权益人(受益人、监管人)，在被保证人不履行合同义务给权益人造成损失的情况下，权益人(监管人)可以要求保证人承担保证责任。在我国，保证人主要有银行、保险公司、担保公司3类。

2. 工程担保的作用

工程担保是在建筑行业发展诉求下，通过与担保制度相兼容所产生的担保类型，它在提高承发包交易行为的规范性、减少市场各方的风险、确保工程质量、推动建筑行业持续发展等方面都发挥着关键作用。

(1) 提高承发包交易行为规范性。推行工程担保可促使建设各方主体树立诚信守约的意识，加强诚信履约的自觉性，形成一种保护守约行为、惩戒违约行为的环境。由此，优质诚信的企业可及时获得担保保证；而资质差、不守信的企业很难申请担保，也会因缺乏参与工程建设的机会而被淘汰。

(2) 减少市场各方的风险。建筑工程本身具有复杂性，工程担保可以促使工程建设各方更加重视对风险的管控，有效防范和化解债务人的违约风险，保证整个建筑工程能够顺利完成。

(3) 确保工程质量。工程担保能够确保工程质量，保证承包商按照合同规定的标准和要求，按时、保质、保量地完成项目建设。在工程缺陷责任期内，承包商应负责工程保修和质量维护，从而有效防范和避免出现工程质量事故。

(4) 推动建筑行业持续发展。在工程建设领域，工程担保制度作为一项通用的国际惯例，被广泛应用于国际工程项目建设中。实施和完善工程担保制度对于我国建筑行业与国际接轨、实现健康可持续发展具有推动作用。

3. 工程担保的类型

常用的工程担保类型有投标担保、履约担保、工程款支付担保、预付款担保、工程质量担保。

(1) 投标担保。投标担保是指投标人应招标人的要求，为防止投标人在中标后对中标价反悔而不愿履约、中标者不签订合同等情形导致招标人遭受损失，向招标人提供的担保。如果中标人违约，保证人将在保额内赔付招标人的损失。投标担保的形式有银行保函、担保公司担保书、同业担保书、投标保证金等，具体方式由招标人在招标文件中规定。投标担保主要用于筛选投标人，确保合格者投标以及中标者签约，并提供发包人所要求的履约、预付款担保。

投标担保的有效期应当在保证合同中约定。保证合同的有效期截止时间为投标有效期后的30天至180天。担保金额一般为投标总价的2%，但最高不超过80万元。

(2) 履约担保。履约担保是承包商在与业主签订施工合同时向业主提交的第三方担保，保证承包商按照合同约定全面和实际履行合同责任和义务。承包商不履行合同约定的，业主可要求保证人在担保金额内承担保证责任。保证人在承担保证责任后，可依法向承包商追偿。履约担保的目的在于保护发包人的合法权益，促使承包商履行合同约定，完成工程项目建设。一旦承包商违约，履约担保人就要代为履约或赔偿。

履约担保的有效启动时间是项目开始的日期，有效期一般会在承包商完成项目(保修期到期)之后结束。当承包商在施工过程中违约或没有完成合同约定事项时，保证人可以向承包商提供经济支持，使他们能够履行合同约定，也可以另外安排承包商接管完成项目。

(3) 工程款支付担保。工程款支付担保是以开发商(业主)为被保证人，以承包商为受益人(权益人)，保证开发商严格按照合同约定的条件、时间、金额向承包商支付工程款的保证担保。如果开发商违约，承包商可以依据业主支付担保书规定的条件在担保金额内要求保证人承担保证责任。业主应按照合同规定的时限，在规定时间内向承包商分配施工费用。这种担保的目的在于保护承包商的合法权益，促使业主按时履行支付工程款的义务。

(4) 预付款担保。预付款担保是指保证人为承包商向业主提供的，对承包商履行扣还预付款义务的保证。在工程项目建设中，通常业主会预先支付一定数额的工程款以供承包人周转使用，工程预付款担保是为了保证承包人将这些款项用于工程建设和业主的资金安全而建立的一种信用担保制度。

预付款担保既可以有效保障业主的合法权益，又能对施工企业提高资本有机构成形成一种激励机制，促使企业合理配置资金，立足长远，增强企业活力。预付款担保在发包人支付预付款之日至发包人按合同规定向承包人收回全部工程预付款之日有效，随着业主按照工程进度支付工程款并逐步扣回预付款，预付款担保责任随之逐渐降低直至最终消失。

(5) 工程质量担保。工程质量担保是指承包商根据法律规定提供的有关工程质量的担保。如果发现工程质量不符合法律规定的要求，承包商必须负责纠正、重新施工等。此外，承包商还必须提供符合法定要求的担保措施，以承担工程质量担保责任。设立工程质量担保的目的是保证承包商在工程竣工后的一定时期内(缺陷责任期)，负责工程保修和质量维护。这种担保一般可包含在履约担保当中。

作为市场经济环境下维护合约双方信用的一种手段和方式，工程担保制度得到国家的高度重视和关注。在政府政策支持、市场推动和技术发展的共同作用下，工程担保行业也在不断发展，但相较于其他建筑业发达国家，工程担保制度在我国的发展时间较短，发展程度尚不成熟，仍有很大的发展与完善空间，因此，对于工程担保制度的发展研究与功能探索尤为必要。

复习思考题

1. 全面风险管理包括哪些内容？
2. 简述工程项目风险识别的过程。
3. 通常可以从哪几个角度进行工程项目风险分析？
4. 针对常见的工程项目风险因素有哪些对策措施？
5. 简述工程担保的作用。

扫码自测

参考文献

[1] 成虎，陈群. 工程项目管理[M]. 北京：中国建筑工业出版社，2009.

[2] 丛培经. 工程项目管理[M]. 北京：中国建筑工业出版社，2012.

[3] 丁士昭. 工程项目管理[M]. 北京：中国建筑工业出版社，2014.

[4] 邓铁军，杨亚频. 工程项目管理[M]. 北京：北京大学出版社，2012.

[5] 吴卫红. 工程项目管理理论与实践[M]. 北京：机械工业出版社，2016.

[6] 叶苏东. 项目管理流程及方法[M]. 北京：清华大学出版社，2019.

[7] 许程杰，刘广杰，张淑华. 工程项目管理[M]. 3版. 武汉：武汉理工大学出版社，2021.

[8] 张军辉，等. 工程项目管理[M]. 北京：中国建筑工业出版社，2014.

[9] 戚安邦. 项目管理学[M]. 北京：科学出版社，2019.

[10] 李金海. 项目质量管理[M]. 天津：南开法学出版社，2006.

[11] 徐霞，叶彩霞，杨会东. 工程项目管理[M]. 北京：清华大学出版社，2021.

[12] 杨晓庄. 工程项目管理[M]. 武汉：华中科技大学出版社，2018.

[13] 黄琨，张坚. 工程项目管理[M]. 北京：清华大学出版社，2019.

[14] 王祖和. 现代项目质量管理[M]. 北京：中国电力出版社，2014.

[15] 詹姆斯·R. 埃文斯，威廉·M. 林赛. 质量管理与质量控制[M]. 北京：中国人民大学出版社，2010.

[16] 顾慰慈. 工程项目质量管理[M]. 北京：机械工业出版社，2009.

[17] 中国建筑业协会工程项目管理委员会. 中国工程项目管理知识体系[M]. 2版. 北京：中国建筑工业出版社，2011.

[18] 卢有杰. 中国营造管理史话[M]. 北京：中国建筑工业出版社，2018.

[19] 张之峰，胡文军. 工程项目管理[M]. 南京：南京大学出版社，2020.

[20] 戴宏坤，徐玖平. 项目沟通管理[M]. 北京：经济管理出版社，2008.

[21] 程建，张辉璞，胡明. FIDIC合同下的国际工程索赔管理——非洲某公路项目索赔案例实证分析[J]. 国际经济合作，2007(9)：59-62.

[22] 崔东红. 建设工程招投标与合同管理实务[M]. 北京：北京大学出版社，2009.

[23] 陈文晖. 项目管理的理论与实践[M]. 北京：机械工业出版社，2008.

[24] 丁荣贵. 项目组织与人力资源管理[M]. 北京：电子工业出版社，2009.

[25] 格雷戈里·T. 豪根. 项目计划与进度管理[M]. 北京：机械工业出版社，2005.

[26] 李伯鸣，卫明. 工程项目管理信息化[M]. 北京：中国建筑工业出版社，2013.

[27] 刘萍. 项目成本管理[M]. 哈尔滨：哈尔滨工业大学出版社，2011.
[28] 刘尔烈. 项目采购与合同管理[M]. 天津：天津大学出版社，2010.
[29] 吕玉辉. 建设工程项目管理[M]. 武汉：华中科技大学出版社，2011.
[30] 陆惠民. 工程项目管理[M]. 3版. 南京：东南大学出版社，2015.
[31] 肖凯成. 建筑工程项目管理[M]. 3版. 北京：北京理工大学出版社，2020.
[32] 臧秀平. 建设工程项目管理[M]. 北京：中国建筑工业出版社，2011.
[33] 戚安邦. 项目成本管理[M]. 北京：中国电力出版社，2014.